强

关河五十州 著

军神韩信

四川人民出版社

尔文

趣物博思　科学智识

战争史上兵仙神帅
大汉帝国开局推手
却从"国士无双"到"身亡族灭"……
他终结了霸王神话，却逃不过帝王猜忌。

《军神韩信》以惊心动魄的战役串联韩信传奇，
再现"兵仙"开挂人生：灭五国、斩龙且、定天下，
每场战役堪称军事教科书，指挥的经典战役次数位列
兵家之首。

纪实文学作家关河五十州倾情执笔，
带你重回楚汉战场，
见证千古军事奇才的辉煌与悲怆，
在历史的棋局中，读懂英雄的抉择与无奈。

目　录

第一章　谁识英雄之辈

　　那一年，二十岁的司马迁云游名山大川，来到了淮阴。后来，他在《史记》中郑重写道："淮阴侯韩信者，淮阴人也。"

　　包括《史记》在内的史书中都没有提及韩信的家世渊源，很可能连司马迁也没有能够从当时的资料和实地寻访中，得到相关的确凿信息。已知的情况是，韩信的父亲早亡，韩信和母亲相依为命，而且家境贫寒，及至母亲去世，韩信在很长时间内都过着饥一顿饱一顿的日子。

　　令人不解之处在于，司马迁亲访淮阴之际，曾听闻当地人讲述，青年韩信不管走到哪里都喜欢随身佩带刀剑。淮阴在春秋战国时为楚国国土，楚地民间尚武风气炽盛，然而自从秦统一六国后，对关东各国民间武器的管控趋向严格，普通百姓是不允许藏有刀剑的。秦法又以严酷著称，在此背景下，难以想象韩信这样一个社会底层的布衣百姓，从何处得来刀剑，又怎么敢在淮阴市集来去招摇？

　　事情似乎显得很不可信，但司马迁前去淮阴考察时距韩信去世不到百年，故老对韩信的事迹皆耳熟能详，如数家珍，像这样的细节，众口一词，按说是不会有误的。再者，若韩信幼时或者说其父尚健在时，韩家就已一贫如洗，韩信又怎么能够阅读兵书，接受较为系统的兵法和智谋训练？

司马迁在其淮阴之行中，特地拜谒了韩信母亲的墓冢。值得注意的是，淮阴只有韩母墓冢，除此之外，一无父冢，二无祖坟。由此可推测，韩信及其父母应该都不是淮阴本地人，是后来因故才迁徙到淮阴的，并且在来淮阴之前，韩父就已去世。

韩家原先居住在哪里，韩信的生父是谁，先祖如何，这些都成了谜，因而韩信的出身越发显得扑朔迷离。

或是王孙

秦朝时的淮阴被称为淮阴故城，因县城就在淮水（即淮河）南岸，旧以水之南为阴，故得名淮阴。韩信自己不会料理生活，自母亲去世后，在无人照料的情况下，生活变得更加窘迫，只得常到城北淮水边钓鱼以维持生计。

那时，凡漂洗蚕丝棉絮的老妇皆称漂母。淮水边正好有几位漂母在漂洗蚕丝棉絮，其中一人看到韩信饥肠辘辘的样子就把自己带来的饭食分给他吃。这位漂母在水边漂洗了几十天，也就给韩信吃了几十天的饭。挨饿的滋味不好受，如今终于有东西吃了，韩信喜出望外，对漂母说："我现在还没有钱，但将来一定会加倍地报答您老人家！"

孰料这话不说还好，一说漂母就生气了，对韩信说："男子汉大丈夫，最为羞耻的事是不能自己养活自己！我不过是看你这个'王孙'可怜才给你饭吃，难道是希图什么报答吗!"

这就是"漂母饭信"的故事。

秦末六国先后被灭，亡国的贵族后裔，所谓"弱冠王孙、绮纨公子"大多流落到了民间，连楚怀王的孙子熊心都沦为了牧羊人，"王孙"也因此成为民间对人的尊称。从故事本身来理解，漂母不以韩信饥贫落魄，仍称他为"王孙"，应该是从其善良本心出发，对于被帮助者的一种尊重。不过，由此称呼再联系关于韩信身世的诸多疑点，也让人不禁浮想联翩：漂母或许早就对韩信的身世有所耳闻，这让她除了垂怜韩信眼下生活无着的困境，还有着作为底层民众对于昔日金枝玉叶破败后的同情和悲悯。

二十世纪七十年代，在湖北省云梦县睡虎地秦墓中，发现了秦朝时的大量竹简，此即著名的云梦秦简（也称睡虎地秦简）。根据云梦秦简的记录，韩国被秦国攻灭后，韩国旧贵族曾组织韩国人在韩国旧都新郑进行大规模的反抗，但随即就被秦军镇压，大批参与反抗的韩国人遭到杀戮。专家相信，秦始皇事后为了避免聚族而居的韩国故民再生事端，应该是对之进行了分散迁移，即将在反抗中幸存的韩国人向东流放至楚国境内。

很可能韩信的父祖都是韩国贵族，而韩父还是新郑反秦一役的领导者之一且在反抗中牺牲了，所以韩信才会随其母流落迁徙至属于楚国的淮阴一带。由于害怕继续受到迫害，韩信母子固然只能对其家世讳莫如深，但淮阴本地人通过各种渠道，可能多少还是知道了一点韩家的底细，漂母脱口而出称韩信为"王孙"，自然也不足为奇。

实际上，关于韩信可能为韩国没落贵族出身的猜测，由来已久。明代出现了很多以韩信为题材的戏曲，即所谓韩信戏，其中被称为韩信戏巅峰之作的《千金记》就将韩信称为"韩襄王之裔孙，淮阴世胄"（韩襄王是战国末期的韩国君主）。

如果韩信"或是王孙"的猜测属实，那么，围绕在他身上的那些看似与常理相悖之处，也就可以得到较为合理的解释了。十几年前，湖南大学岳麓书院从香港古董市场购藏了一批秦代简牍，学界称为岳麓秦简。由岳麓秦简可知，秦朝允许六国故民中凡拥有爵位却没有官职者，每人最多可以携带一把剑。与此同时，在岳麓秦简、云梦秦简等出土秦简以及其他史料中，均有原六国将相贵族之后得到特殊赐爵的记载。以韩信在淮阴时的状况，他自然不会有官职在身，能够仗剑而行或是因其为六国故民，但也有可能是作为六国贵族之后而得到秦朝的特殊赐爵。不过即便是有赐爵，韩信所能得到的爵位应该也很低且有名无实，除了可以佩剑，再无其他任何特殊待遇。

在司马迁实地走访淮阴时，故老们回忆，韩母去世后，韩信即便穷得连发丧的钱都没有，仍四处寻觅只为把母亲安葬在一个又高又开阔的地方（"行营高敞地"）。他还说，那块地方未来可以容纳上万户人家居住，意思是一旦将来自己封王封侯，可安排人为其母守墓，此处也必将成为居住着万户人家的熙攘城镇。

司马迁拜谒韩母之墓，发现墓地的环境果如人们所言。按照古代墓葬的风水观念，高敞之地被认为能够聚气、聚势，有利于后代的兴旺发达，故而达官显贵死后往往都喜欢选择高敞处作为墓地，这种风气在战国时期尤为盛行。根据新中国成立以来的考古资料，战国贵族的陵墓大多处于高墩之上，当代的一些研究者据此指出，韩信的墓地选择或许也正与其昔日显赫的望族门楣有关。

游　士

秦朝自商鞅变法后，除规定以军功斩首可以为官，主要采用文法吏考试、推荐、征召等方式选官。韩信不可能通过前者进入仕途，后者则需要同时具备几个硬条件：有一定的家资；会书写；年龄至少十七岁（秦规定的壮年年龄）；要有"品行"或者说有一定的社会声誉。

韩信会书写，他肯定是读过书的，在母亲去世前后其年龄条件也达到了，而之所以不能为官主要是因为"贫无行"，即家庭财产和"品行"因不具备资格而受到了限制。淮阴人虽在司马迁面前将韩信葬母择地一事解读为其很早就胸怀壮志、抱负远大，但那毕竟已是韩信发迹以后的事了。真实的情况可能是，青年时期的韩信在淮阴并不受待见，人们对他不但没有好的评价，甚至还讨厌他。这样一来，韩信所谓的"品行"自然拿不到高分，相应地也就难以得到被推荐、征召的机会。

也有人从韩信"或是王孙"的推测出发，把他定位为"反对暴秦王朝的硬骨头"，认为韩信的故国被秦所灭，父亲又死于秦军之手，国仇家恨使他主观上宁愿穷得无力为炊、忍饥挨饿，也不肯为秦王朝效力以谋富贵。

不管是哪一种原因，总之，韩信的仕宦途径已被完全堵死了。一当不了官，二没有"王孙"的身份和家族财富，人生出路就只能为商为民。韩信既无本钱，又缺乏经商做买卖的头脑，商贾一行与其无缘，同时就其志向来说，他也不肯甚或不屑混迹于普通百姓之中，以苦力治生。

先秦时期，在权贵和商民之间，还有一个极为特殊的社会阶层，这就是"士"。士通常没有封地和特别的谋生技能，但可以通过自己的文韬武略或者一技之长，获得"君"（即养士之人）的赏识，并由此获取生活来源和社会地位，后者谓之"养士"。战国养士之风盛行，楚国本身就是有名的养士之国，春申君黄歇手下罗致了很多宾客。

秦末去战国不远，先秦之风尚存，韩信才兼文武，他将自己定位为士，是一件很自然的事。在士这一阶层里面，层次最低的是游士，游士一般没有固定的官职或依附，靠到处游历来寻找自己要服务的对象，生活也因此很不稳定。按照韩信的条件，他只能是游士。有的学者认为，韩信在淮阴时总爱仗剑而行，实际上正是先秦游士的一种普遍身份标识。

六国尚存时，齐国的孟尝君田文也以养士闻名，据说有食客三千。游士冯谖穷困潦倒，寄食孟尝君门下时随身唯有一剑。孟尝君最初也没有重视冯谖，给予他的待遇较差，于是冯谖就"弹铗而歌"，也就是用弹剑唱歌的方式来发牢骚，说自己"食无鱼""出无车""无以为家"。孟尝君觉得敢提条件的冯谖必有异能，就爽快地满足了他的全部要求，而最终冯谖也通过为孟尝君出谋划策，不仅帮助他夺回了曾经拥有的齐相宝座，还使其安居高位达数十年之久。

像冯谖这样得偿所愿，应该是大部分游士的奋斗目标，只可惜时移势易，孟尝君、春申君们自己都已经国破家亡乃至灰飞烟灭，又如何还能够养士、用士？好不容易，韩信得以寄食于一位南昌亭长门下。

亭是秦末的一个地方机构，秦制郡辖县，县辖亭，南昌亭属于淮阴县下辖的一个亭。南昌亭长作为南昌亭的负责人，虽然仅属于低级小吏，级别不高，但县官不如现管，在当地仍拥有一定的实权，也有能力接济投靠他的人。韩信在南昌亭长家生活了一段时间后，开始还好，没想到几个月后，亭长妻子就先看不下去了，不仅对之不理不睬，还决定不再给这个老是"蹭吃蹭喝"的家伙供饭。

原本一到饭点，韩信就会和亭长家人一道吃饭，结果亭长妻子一大早就做好早饭拿到卧室，一家人关起门来便把饭都给吃完了。等韩信按正常饭点赶来亭长家吃饭时，已经没有吃的了，而亭长妻子并不打算为他准备食物。韩信一看，马上明白了人家的意思，愤而离去，从此再也不到亭长家去了。

在韩信看来，自己寄食亭长家是以游士的身份，做亭长的门客，主客由此建立了互有义务的契约。作为门客的韩信对亭长负有义务，远者需为其筹划将来，近者只要亭长发生危险，有人要侵犯他，韩信就必须拔剑护卫，哪怕为之付出生命的代价。相应地，作为"君"的亭长就应对韩信负有供养的责任，给他一口饭吃乃是最基本的要求。

这是先秦养士之风的残存，也是韩信信奉和恪守的道德准则，所以他绝不会觉得自己是在亭长家吃白食。相反，这碗饭他吃得天经地义，堂堂正正。然而，当亭长妻子因嫌弃韩信而不给他饭吃，亭长本人又不予阻拦时，也就表示亭长无意再供养韩信，实际上是把他给驱逐了。

在门客没有任何过错的情况下，"君"单方面撕毁契约乃是难以容忍的严重违约行为，韩信之愤怒即缘出于此。实际上，在他走出亭长家大门的那一刻起，就意味着与亭长从此恩断义绝。

胯下之辱

韩信认为自己所投非人，南昌亭长并不是理想中那种有大志的养士之人，也或者，先秦时代的那类养士之人早已经不存在了。某种程度上，韩信仿佛就是他那个时代的堂吉诃德，虽然一身抱负却四顾茫然，无路请缨。最痛苦的，恐怕还是没有人能够理解他，他的价值观和道德观在现实世界可谓处处碰壁。

贵族待之以礼、庶民还之以利是士人的一大行为准则。韩信寄食亭长家，亭长给韩信供饭，韩信坦然接受亦不言谢，这叫"食君之禄，担君之忧"。等到亭长违约，韩信在观念里也就把亭长与庶民划为一等了。

同样是给韩信饭吃，本是庶民的漂母和韩信之间则没有任何义务。韩信第一时间想到的就是"滴水之恩，当涌泉相报"。他要加倍报答漂母，这叫"礼不下庶人"。问题是当时的韩信一贫如洗，钱只能以后再给，更让他感到羞愧和困窘的是，漂母根本就听不懂或不相信这一套，对韩信只是"哀其不幸，怒其不争"：你一个大小伙子，为什么只知道成天佩个剑东游西逛，而不能正正经经地找个事儿做？你连自己都养不活，居然还吹牛说将来要报答我，快省省吧！老人家的观感和多数淮阴乡亲应该是一样的，在这种情况下，就免不了有无赖之徒直接欺负到韩信头上。

一天，正在街上游荡的韩信被一个年轻屠夫拦住了去路。很明显，屠夫是来挑事的，他见韩信虽然身材高大健壮，好佩刀剑，却常常连饭都吃不上，就欲当众羞辱韩信。屠夫说你小子看上去人模人样，其实是个怯懦的胆小鬼，并且挑衅道："你要真的不怕死，就用剑刺我；如若怕死不敢，就从我的裤裆下钻过去！"说着，屠夫竟然把两条腿张开，等着韩信从其胯下爬过去。

面对这个突如其来的无理要求，韩信先是愣神不动，站着细看了屠夫半天，接着便俯下身子从他的双腿间钻了过去，而且钻过去后仍匍匐在地，似乎都不敢马上爬起来。韩信的举动惹来哄笑声一片，满街市的人都嘲笑韩信，认为确如屠夫所言，韩信是个胆小怕事的懦夫。

"胯下之辱"也是司马迁在淮阴采集到的一则故事，后来他在《史记》中以细致的笔墨描绘了事情的发生经过。其中"孰视"（仔细打量）、"俯出"（俯下身子，从双腿间钻了过去）、"蒲伏"（匍匐在地）几个词用在韩信身上，极其形象生动。清代学者牛运震评价说："孰视、俯出、蒲伏，形容如画。"并因此指出司马迁写作《史记》的特点之一，是"每于英雄微困时，不厌详悉曲尽"。

当年胯下受辱日，正是英雄微困时。在那个时代，士阶层的普遍观念是轻生死、重荣辱。韩信自命为士，面对一个恶徒的肆意侮辱和挑衅，自应在忍无可忍、无须再忍的情况下，拔剑相向，诛杀对方以维护自己的荣誉和尊严。不过这样一来，杀人者偿命，韩信不免也要因此身陷囹圄，以命抵命。他坚信自己的才华，相信有朝一日终能成就大事，如果连命都没了，还怎么发挥才华，成就大事？

理智告诉韩信，他必须留下有用之身以待将来建功立业，而不能鲁莽到与眼前这个叫嚣的无赖匹夫以性命相搏，争一时之长短。可是另一方面，韩信也明白，若是他甘受胯下之辱，一旦自己"怕死"的名声传出去，从此就没人会再看得起他，这对一个游士而言简直就是致命打击。

"孰视"，说明韩信内心在经历着激烈而复杂的斗争。当司马迁在淮阴采风，初次听到"胯下之辱"的故事时，他对此的理解或许还是浅层次的。但等到他在《史记》中正式予以描写时，想必一定已经感同身受，因为在此之前，他由于一言不慎触犯了汉武帝，也面临着一个伤害性极大、侮辱性极强的两难选择题：要么接受死刑被处决，要么接受宫刑苟活下来。

士可杀不可辱，宫刑就是对一个士大夫的最大侮辱。司马迁痛陈，"悲莫痛于伤心，行莫丑于辱先，诟莫大于宫刑"，他说他每次一想到"宫刑"这个词，后背就全是冷汗，连衣服都被沾湿了。在儒家"舍生取义"观念的影响下，司马迁曾想过要以死全其名节，但其时《史记》尚未动笔。他觉得如果自己就这样死了，不但"若九牛亡一毛，与蝼蚁何异"，而且也会因不再有机会创作《史记》导致个人抱负无法实现，"没世而文采不表于后"。司马迁和韩信一样，都对自身的才华有着充分的自信，他坚信，即将从自己手中诞生的《史记》必是一部伟大的作品，只有完成《史记》，才能实现自己"立德、立功、立言"的人生价值。为此，他痛苦地做出抉择，决定忍辱苟活以成伟业。

司马迁懂得韩信，虽然在《史记》"胯下之辱"一章中，他并没有具体描述韩信的心理活动，但就其内心的煎熬挣扎以及强自隐忍都已跃然纸上。

临潼斗宝

"人固有一死，或重于泰山，或轻于鸿毛"，韩信选择了前者，并且通过"俯出""蒲伏"示弱于无赖，以避免其继续纠缠自己。《千金记》专门有一出"韩信受辱"的戏，戏中韩信抱一腔凌云志，在离去时自言"我一身自有屠龙计，肯轻生与你无徒争死"，又说"忍羞称勇士，含耻是男儿"。

屠夫作为韩信的陪衬，在韩信走后也看破了其中的情由，他对怂恿其挑衅韩信的一个伙伴说："也不是我和你两个人有本事，只是那韩信保身为重，以此忍耐而去了。"接着，又有人问韩信之所以甘受胯下之辱，是不是怕打不过屠夫，韩信立即辩白道："我岂不能杀他，只恐自伤其身。古人云：'千金之躯，不死于盗贼之手。'只得忍耐回去吧。"

《千金记》的作者站在同情韩信的角度，又是让他的对头无赖自叹弗如，又是让人通过问话将韩信忍辱负重的初衷示众。现实世界里，这些情形自然都不存在，在经历胯下之辱后，淮阴城里的韩信已经成了一个人人厌弃不屑，避之唯恐不及的"胆小鬼"兼孤家寡人，没有任何一个阶层能够接纳他。

上层显贵处，本就没有他的位置；中层士人，韩信既"名誉尽毁"，又有谁肯资助并把他当作宾客；下层庶民，在他们的认识中，以前的韩信虽然一无所长，只会到处瞎逛，但好歹仗把剑还像个混社会的样子，谁知道最后却发现他连混的胆量都没有，简直就是个让人鄙视到骨子里的窝囊废！从相逢亭长、漂母到遭遇无赖，韩信的人生道路似乎已经越走越逼仄，越走越黯淡了。

秦汉之后，元明两代剧作家都很青睐韩信，元杂剧中有不少以韩信为主角的历史剧。现存元杂剧《萧何月下追韩信》，第一折开篇就落笔于韩信落魄淮阴，剧中韩信自言道："想自家空学的满腹兵书战策，奈何满眼心曹，谁识英雄之辈，好伤感人呵！"

元代剧作家多为不得仕进、沉于下僚的文人，韩信早年壮志难酬的境遇及其所处万马齐喑的时代，与他们的情况颇有类似之处，因此二者之间很容易形成共鸣。这也使得他们在描绘韩信这位失路英雄时能够感同身受，对其内心活动的描绘更是显得格外传神和真切。

居淮阴时期的韩信虽然"好伤感"，但并没有因为身处奚落与鄙夷之中就流于自暴自弃的境地，也从未被穷困潦倒又孤独无助的处境所打倒，相反，他对自身的文才武略始终充满自信。剧作家隔着时空，以"史"写"心"，满怀激情地给韩信设计了台词："凭着满腹才调，非咱心傲！论勇呵那里说卞庄强，论武呵也不数廉颇会，论文呵怎肯让子产高，论智呵我敢和伍子胥临潼斗宝！"在这里，卞庄、廉颇、子产、伍子胥分别作为春秋时期勇士、武将、文臣、智者的代表，剧作家把他们的优点集于韩信一身，可见对韩信的青睐和喜爱。

"伍子胥临潼斗宝"出自元杂剧，并非史实。它讲述了秦王在临潼设会，邀请各国诸侯斗宝，代表楚国的伍子胥如何在会上制服秦穆公的故事。现实中，韩信也一直在期盼着属于他的机遇，期待自己能够像伍子胥那样坐上命运的马车，前去进行他的"临潼斗宝"。

世事变幻，终于，这一看似无望的等待出现了转机。

公元前 209 年，陈胜、吴广在蕲县大泽乡发动起义。大泽乡起义如同一把大火，迅速点燃了当时遍布各地的干柴，昔日为秦所灭的六国旧贵族，见时机已到也纷纷从各处起兵响应。其中就有楚国旧贵族，而响应起义的楚国旧贵族里面最为引人瞩目的，则是项梁、项羽叔侄。

项氏家族在楚地有着很高的声望。项梁的父亲项燕，智勇双全，谋略有方。作为楚国最后一位名将，他在大厦将倾之际临危受命，指挥楚军一度击败了当时号称战无不胜，几乎已成摧枯拉朽之势的秦军团，令不可一世的秦王嬴政（即后来的秦始皇）也为之大惊失色。项燕因此成了楚人心目中的大英雄，无论贵族还是庶民都认定项燕必能重振楚国雄风。只可惜，战国末期的时势已非一两个英雄所能挽回。嬴政请出已退休的秦国名将王翦上阵，并且举秦国之力发六十万大军入楚后，项燕终未能敌而兵败身死，楚国亦随之沦亡。

楚人不能接受被秦灭亡的残酷现实，传言项燕依旧活在人世，只是藏于某隐秘地点，待时机一到，即会率领楚人复国。项氏叔侄正是借助项燕的威名，在会稽揭竿而起并建立了一支颇具声势的楚军。

公元前208年，项氏楚军渡过长江北上，接着又在淮阴一带渡过了淮河。韩信就在此时仗剑投军，毅然加入了项梁的队伍，不过只能充当守门兵，而且在这个位置上一待就是三年。其间，韩信始终默默无闻，并无任何一鸣惊人的表现。

项梁和其父项燕类似，是一个有头脑的将领，先前他避难蛰伏于吴中时就已聚集起一批贤士、宾客，以及宗族中的有为子弟作为其起兵的武力基础。这说明项梁有识人之能，那他为何会忽略韩信呢？

楚军北上后，前来投奔者可谓纷至沓来，能得到项梁重用的一般都带着人马，因为这些武装的加入，楚军也就如同滚雪球一般，越滚越大。韩信是单枪匹马来入伍的，自然很难得到与那些领兵之人同等的待遇。

光杆投军且被项梁奉为上宾之人，也不是没有，比如时年已经七十高龄的老谋士范增。可人家范增是靠脑子和嘴皮子谋生的隐士，而且在楚地应该已经很有名了。韩信当然也"有名"，然而却是恶名声，正所谓"好事不出门，恶事行千里"。加入楚军的百姓定有不少，其间不排除一些人就是韩信的淮阴老乡或者是附近地区的人，韩信在淮阴当地的口碑以及"胯下之辱"的传闻，不免会经他们之口而传入项梁耳中。退一步说，即便没有事先的口耳相传，当韩信的名字进入项梁的视野时，能不能用他，项梁势必也要进行一番初步调查。一了解下来，原来韩信是个"贪生怕死、懦弱无能"之辈，你让项梁作何感想？

当兵不怕死，怕死不当兵。就算项梁能够看出韩信有某方面的潜质，但在这种情况下，先把韩信放在士兵的位置上作进一步考察，也是他的必然之选。

对于韩信来说，初入军旅也有一个逐步适应、将平生所学与战场实践结合起来的过程，因此暂时沉默一段时间并不一定就是坏事。可以想见的是，在此期间，韩信亦曾随军南征北战，既见识了战争的残酷血腥，也让他更加深入地了解到战争的本质，认识到战争的规律。

血流成河

楚军渡过淮河不久便得到确切信息，陈胜吴广起义军被秦将章邯击败，陈胜、吴广也都已身亡。

陈胜、吴广在大泽乡起义之初，以项燕之名号令天下，建立政权后更是起名为"张楚"（即张大楚国之意），因此陈胜、吴广可以说是楚地反秦势力的先驱。确证他们已死，项梁便接受范增的建议，拥立楚怀王的孙子熊心为新的楚怀王，并定都于盱台（今江苏盱眙）。此举使楚地原有各路义军得以迅速整合，项梁也事实上成为最核心的楚军领袖。

公元前208年，项梁发起定陶战役。最初仗打得很顺利，项梁大败章邯，将其困于濮阳。三川郡守、秦丞相李斯长子李由率兵来援，又被项羽、刘邦联军击溃，李由本人也被斩杀。项梁乘胜指挥大军逼近定陶，准备一举攻克这个秦朝的东方大城。

连战连捷之下，项梁对于秦军及其主将章邯都产生了轻视之意，以为对方大势已去，但他不知道的是，此时敌我力量已悄然发生变化。

章邯军在秦军序列中被称为中部军团，这支军团本是大泽乡起义后，秦廷为对付起义军，以骊山刑徒为主临时组建出来的新军，屡败于楚军主力之手，亦属正常。重要的是章邯并不气馁，表面上他做足戏份，率部龟缩濮阳于城内，佯作示弱用以麻痹项梁，暗中则一面加强后勤保障，一面连召援兵。在章邯的不断催促下，秦廷同意从王离的部队中抽调兵力来援。王离是王翦的孙子，王家的新一代名将。王离原在长城一线，担任蒙恬的副手，与之共同统领秦军中最为精锐的北部军团（也称长城军团）。后来蒙恬在秦廷的权力斗争中被赐死，北部军团便由王离接管，也就是说，秦廷给章邯派来的援兵乃是秦军王牌部队！

王离军一部再加上其他几路援兵，奉令悄悄渡过黄河，成功和章邯军会合。至此，定陶战场的秦军战力猛增，士气大振，而楚军却在连胜之后陷入了将领骄傲、士卒慢惰的不利处境。

章邯看准时机，突然率领秘密集结的全部秦军，从濮阳出发急行军200多里，直奔定陶，对项梁军实施了反包围。定陶城的秦军听到动静后也里应外合，从城内杀出，两军像包饺子一样将楚军夹在中间。项梁及其部下将士毫无防备，又正值晚间，上下乱成一团，根本无法组织起有效的抵抗，以致原本应该势均力敌的战斗，几乎变成了秦军一边倒的屠戮表演。

这是项氏楚军自出师以来最为惨烈的一仗，楚军被杀得血流成河，最终这支部队基本被歼灭，项梁本人也当场战死。

定陶惨败时，韩信是否在场，史书没有明确交代。《千金记》将史实倒置了一下，演绎了一个项梁欲乘夜出兵章邯军，反被对方击杀的情节。舞台上，就在项梁即将出兵之际，韩信曾试图予以阻止，并断言出兵必败，理由是刚刚有一阵狂风从营前呼啸而过，是为凶兆。而且他看了星象，"九星过度，恶曜冲天"，表明将有不幸事件发生。

项梁自然没听韩信的，以致在定陶城下兵败身死。而后《千金记》又用两场戏对此进行了强调，一场是项羽说："前日我叔父武信君（项梁拥立楚怀王的自号），不听韩信之策，阵乱而亡。"另一场是韩信自言："我韩信从戎以来，奈武信君项梁，不能听用吾计，以致阵败而亡。"

这显然都是《千金记》为增加韩信的主角光环特地在加戏，因为就算韩信当时也在定陶，身为普通士兵，连近距离接触项梁的机会都没有，又如何向他献计？实际上，项梁身边也不乏明白人，事发前部将宋义就已提醒他，应注意楚军将骄兵惰的问题，并发出了秦军援兵正源源不断赶来，楚军危在旦夕的警告，只不过项梁并没有把他的话当回事而已。应该说，如果韩信能够处在与宋义一样的位置，他也必定会有此见识，而根本用不着装神弄鬼，大言"卜得凶兆、夜观星象"。当然以项梁彼时迷迷糊糊的状态，无论何人劝谏，结果很可能仍是徒劳。

项羽来了

项燕及楚军主力被歼在前，项梁及新楚军主力被歼于后……定陶一战，在令楚军遭到空前重创的同时，也让楚人仿佛又回到了战国末期王翦入楚的那段黑暗岁月。从楚怀王到高级将领直至一般士卒，史书中都用同一个字形容他们当时的状态："恐!"

基于不利形势，项羽、刘邦等被迫领军东撤。大家都怕章邯乘胜追击，令人意外的是，这时章邯却居然置余下的楚军于不顾，突然又掉头北去。

其实说意外也不意外。自陈胜起兵后，六国旧贵族纷纷加入反秦队伍，或自行组织反秦活动，进而称王建国，掀起了所谓的六国复国运动。在新楚国诞生的前后，昔日为秦所灭的五国，即齐、燕、韩、赵、魏也基本都已复国，因此秦朝不但要对付楚国，还得解决其余五国。当章邯与楚军交战时，王离正在北方全力进攻赵国。在章邯看来，项梁军既已被他消灭，黄河以南残留的楚军皆不足为虑。他眼下的当务之急是北渡黄河，配合王离赶快拿下赵国，至于楚国，大可等解决了北方的后顾之忧后，再回头慢慢收拾。这是一个事后足以让章邯把肠子都悔青的决策。乘此机会，楚怀王迅速迁都彭城（今江苏徐州），并在彭城重整旗鼓，对楚军进行整顿、训练和改编。

在此整训过程中，韩信归入项羽所部，被任命为执戟郎中，成为项羽的武装侍卫。项羽是项燕的孙子、项梁的侄子，此人天生就具备成为一流武将的体能和潜质，史书记载他"力能扛鼎"，也就是双手猛力一托便能把一只巨大的青铜鼎高高举起。秦灭楚后，项羽随项梁流亡于吴中，秦末的吴中主要指以今苏州为中心的江南地区。与近代的温婉形象不同，彼时的吴中民风彪悍，吴中子弟多勇猛好斗，但大家却都惧怕项羽，没人敢招惹他。

项梁很看重项羽，想将其培养成材。他先教项羽识文写字，孰料项羽学业未完，便自作主张要学击剑之术。项梁满足了他的要求，可是项羽未等剑术精妙，竟然又不肯学了。项梁对此很生气，严词苛责，项羽倒是回答得振振有词："读书写字只要能用来记姓名就行了，击剑只能对付一个人，不值得学。我要学，就学万人敌！"项梁听了，虽未必同意项羽的全部观点，不过也觉得侄子壮志可嘉，于是便顺着他的意思，亲自教授其兵法。项羽高高兴兴地跟着项梁学习兵法，然而他在略知大意后又不肯继续学下去了，而项梁也只得听之、任之。

这是史书所见项羽与兵法的首次、也是唯一一次结缘。项羽能够把"万人敌"置于剑术之上，首先说明他懂得兵法谋略要重于个人武力，并不是一个只知用力而不知用谋的莽撞武夫。其次，项羽学习兵法，虽和学习其他任何技艺一样缺乏按部就班、深究细探的耐心，但毕竟也"略知大意"，对兵法有一定的学习和了解。况且，学习兵法对于用兵虽有帮助，然而真正要在实战中克敌制胜，其实多半还得靠用兵者的天赋及其融会贯通的能力，项羽恰恰就具备这些条件，否则就不能解释为什么项梁熟知兵法，可军事成就与造诣却远不如项羽。

项羽与生俱来的天赋和能力，在投入战场后很快就形成他对于行军打仗的理解及运用。东汉史学家班固所撰《汉书·艺文志》是现存古代首部书目，其中列"兵家·形势家"条目，条目之下专门收录了《项王》的书名。尽管《项王》原书早已散佚，后人无从得见其真容，但通过"兵家·形势家"这一条目也能揣摩出一个大概。

形势家，实际上是班固总结提出的一个兵学流派。按照《孙子兵法》的解释，"形"是指军事力量，即军队的实力、装备、训练等；"势"是指军事力量的发挥，即利用军队的实力和条件，创造出有利于作战的态势。班固将形势家的用兵特点概括为："雷动风举，后发而先至，离合背乡，变化无常，以轻疾制敌者也。"项羽的用兵之道与之完全吻合，由此可知《项王》的主要内容，应该就是记述项羽在这方面的军事策略和实战运用。

公元前208年冬，项羽以上将军的名义统领经过休整业已恢复元气的近十万楚军主力，急速北上，援救赵国。此时，赵国君臣已在巨鹿城被秦军围困达三个多月之久，而包围巨鹿的秦军主要就是王离所率领的北部军团主力。三个月前，赵国大将陈馀率先驰援巨鹿，结果来了之后，一看秦军那阵势马上就傻了眼，只得远远停驻于秦军外围。

巨鹿城内被包围的赵王歇和丞相张耳，眼看日子一天比一天难熬，多次派人突出秦军的包围圈，冲进陈馀军营恳请他攻击秦军，以缓解城内巨大的压力。陈馀还是按兵不动，张耳急了，又派战将张黡、陈泽突围至陈馀营垒，当面责问陈馀：为什么连君王和我这样的"刎颈之交"，你都见死不救？

"刎颈之交"一词，本源于战国时的廉颇和蔺相如，用来形容这对赵国君臣同生死、共患难的友情，当时则被舆论移用至张耳、陈馀，可见其交情之深。可交情再好，陈馀也不敢往火里面跳，他坦率地告诉张黡、陈泽，以他现在的军力若进攻秦军，不仅解不了巨鹿之围，还可能全军覆灭，就像拿鲜肉去喂猛虎一样，倒不如等来援的诸侯军到达，再合力解围。

张黡、陈泽自己就是拼死从秦军包围圈里跑出来的，秦军有多么凶猛，他们又岂能不知，可是来都来了，总不能就这样向赵王和张耳复命吧？在二人的再三要求下，陈馀被逼得实在没办法，终于同意拨出五千精兵，交给张黡、陈泽先试着冲锋，若有效果，他再率大部队随后跟进。

张黡、陈泽急于解巨鹿之围，二话不说就带着这五千精兵，杀入围城的秦军之中。接着，惊悚的一幕出现了，包括张黡、陈泽在内，五千能战之士竟然在极短的时间内便全部阵亡！那情形，就如同投入水中的轻草，被巨浪一卷便无影无踪了。这一幕，城外的人全都看得清清楚楚。至此，不管城内再怎么派人死催，陈馀亦只能充耳不闻，继续深沟高垒作壁上观。

随着各国援兵陆续赶到，巨鹿城外的诸侯军光营垒就添了十多座，可是却没有一支部队敢派兵出战。在秦军那足以令人窒息的气势和战力面前，大家全都望而却步，害怕像张黡、陈泽和陈馀那五千精兵一样，打虎不成反被啃得连一根骨头都不剩。

关键时刻，项羽来了。

破釜沉舟

项羽到达巨鹿前线后，一刻也没停顿，即刻派部将英布等率两万楚军渡过漳水，作为游军前去捣毁秦军的运粮甬道。

兵形势家的两大要义，其一为"离合背乡，变化无常"，其二为"以轻疾制敌"。前者是说要灵活变换战术，时而集结兵力，时而分散行动，不拘泥于常规，让敌人难以捉摸；后者则是说要以轻装疾进的部队迅速打击敌人。项羽分兵即缘于此，而因此直接受到打击的乃是章邯。原来在章邯扔下楚军，率中部军团加入巨鹿战场后，即致力于修建运粮甬道以保证王离及北部军团能够持久围困巨鹿，持续对城内守军进行消耗。

项羽一袭粮道，章邯和王离都着了慌。章邯本来除了维护甬道，还与王离在作战时进行协同配合，二者联系非常紧密。但因粮道遭到威胁，章邯不得不与王离分开，专心应付楚军的骚扰和破坏，至于巨鹿城下的王离军也不免在心理上受到影响，变得惴惴不安起来。

尽管这样，双方正面的攻守形势仍未有显著改观。眼看再不采取行动，巨鹿可能就支持不住了，陈馀急忙派使者到项羽处，希望楚军赶紧派出主力攻击秦军。

如果换成别的诸侯将领，不仅会予以拒绝，还可能要回怼陈馀："你那么早就来了，为什么不把主力派上去？"陈馀在派使时，自己应该也没抱太大希望，不过是能催一下就催一下，死马权当活马医。想不到项羽早已心意已决，就算陈馀不催，他也要对秦军动手了。

项羽果断发布决战命令，亲率楚军主力全部渡过漳水。之后，他又做出了一个令敌我都为之瞠目的举动，那就是凿沉所有渡船，打破炊具，烧掉营房，只让每个将士留下三天的粮食，此即"破釜沉舟"。

项羽背水而战，只持三日粮的做法等于主动将自己和将卒陷于了"死地"。这其实也并非项羽的原创，《孙子兵法》中不仅有"死地则战"，而且还提到了"焚舟破釜"。项羽明显是受到《孙子兵法》的影响，可见他少时跟从项梁所学的兵法中，一定就有《孙子兵法》。

先秦是兵学发展的黄金时期，涌现出以孙武、吴起等人为代表的中国最早的一批"兵家"。这些对作战深有研究的人，纷纷将自己的作战实践和思考记录下来，遂成"兵书"。到了战国，随着大规模战争的频繁爆发，兵书也如同雨后春笋大量出现并得以广泛传播。孙武所著《孙子兵法》以及吴起所著《吴子兵法》，作为其中的第一流者，更是几乎到了家喻户晓的程度，所谓"藏孙、吴之书者家有之"。秦朝一代，纵然禁书之令那么严苛，仍不能完全禁绝先秦兵书在民间的流传。在这种情况下，《孙子兵法》被项氏列为重要学习内容，乃是再正常不过的一件事。

当然，其他习兵学者也都有机会能接触到《孙子兵法》，重要的不是学不学，而是学习之后如何在实战中活学活用。在《孙子兵法·势篇》中，孙武讲到，只有湍急的流水才能冲走石头，只有凶猛的雕鹰才能捕杀雀鸟，所谓"激水漂石""鸷鸟之急"。为此，水流要在上游蓄足势能，雕鹰要把握出击的时机节奏。对于项羽而言，他必须首先采取非常策略，用陷之死地、自断后路的办法把自己和将卒一往无前、奋力杀敌的勇气和潜能最大程度地激发出来，如此才能使楚军成为"湍急的流水""凶猛的雕鹰"，进而以寡敌众，冲垮和歼灭眼前的超级强敌。

"破釜沉舟"后，项羽身先士卒，一马当先，率楚军迅速冲向王离军。在项羽的鼓舞和带动下，楚军的战斗激情如同山洪一样暴发，将士们人人奋勇、个个争先，恰如兵形势家的第一要义所言，"雷动风举，后发而先至"。

秦军从战国末期开始就已所向无敌，王离的北部军团更是其中的佼佼者。秦军将卒多年卫戍北方，长期与匈奴作战，见多识广、战斗力强，一旦展示身手，陈馀的那五千精兵确实都不够塞牙缝的。面对楚军的冲锋，他们起初并没感到有多大压力，可是一接战就发现不对劲了。楚军士兵山呼海啸，挥刃举盾，一往无前，似乎已没有任何东西能够对其进行阻挡和限制。

一个人乃至一群人不怕死，在战场上倒是经常能看到，但近至十万之众，每个人都不知死亡为何物，那就是一件罕见并且极其可怕的事了。与此同时，这些人仿佛都不知疲倦。要知道，在冷兵器时代，大部分时候都是纯肉搏，而人的体力毕竟是有限的，基本上经过半个小时的白刃相接，肌肉就会疲劳，手脚就会发软。可楚军不一样，他们就像打了兴奋剂一样，没有人停下脚步，唯前仆后继，至死方休。

从现存的秦兵马俑造像中可以看到，当时的秦兵不仅武器精良，训练有素，而且普遍身材高大，这使得他们在既往的肉搏战中都能占据压倒性的优势。问题是这些优势突然一夜之间全都化为乌有，楚兵呼声动天，以一当十，斩杀秦兵如同砍瓜切菜，秦兵反而像被狂风巨浪裹挟着的小舟一样，虽然拼命挣扎，奈何早已身不由己。

这是项羽第一次让他的敌人承受"激水漂石""鸷鸟之急"，感受他那种特有的泰山压顶、排山倒海、摧枯拉朽式的力量。一天之内，楚军九战九胜，先是完全断绝了秦军甬道，继而更将王离北部军团二十多万精锐基本予以歼灭。秦军主将王离被俘，副将苏角被杀，另一名副将涉间不肯投降楚军，入帐自焚而死。

此战成为项羽军事生涯的巅峰之作。早在春秋时期，兵家内部就分成了两个流派，即"勇战派"和"谋战派"。勇战派推崇集中全力，通过无畏的勇猛精神，以雷霆万钧之势迅速击败敌人。截至巨鹿之战，无人在这一领域能够表现得比项羽更好，他也因此理所当然地被后人誉为勇战派的杰出代表。

当楚秦两军作殊死战时，诸侯军都躲在自己的营垒里观战。大家本以为"可怜"的楚军很快就会被秦军一口吞噬，万没料到形势发生了一百八十度的大反转，一时全都目瞪口呆，竟然连出兵相助的命令都忘记发出了。

经过巨鹿之战，诸侯均慑服于项羽的威力，战后项羽召见诸侯军众将领，当众将进入楚军辕门时无不曲膝而进，诚惶诚恐，没有谁敢抬头仰视项羽。从此，项羽不仅是楚军的上将军，还成了诸侯的上将军，所有诸侯军都不得不听从他的统一指挥和调度。

躁

韩信在成为项羽的执戟郎中后，必然也会追随项羽征战，其中就包括巨鹿之战。可以想见，这一系列的战争历练都会令韩信变得更加成熟，其经验和见识与当初只身仗剑投军时相比，已经不可同日而语了。

与普通士卒不同，韩信对军政大事十分留意，而执戟郎中这一职位又给他提供了与项羽近距离接触与观察的机会。项羽过人的勇武及其非同一般的军事才能，毫无疑问给韩信留下了深刻的印象。但与此同时，他也逐渐对其华丽外表下的另一面有了全新认识。

项羽这个人，性格中最大的问题可以概括为一个字：躁。首先是"暴躁"，不但"暴躁"而且残暴。项羽每攻一地，屠城基本是必选项，用韩信的话来说就是"所过无不残灭"，凡项军所过之处，就鲜有不遭到其残害毁灭的。虽说其他楚军将领甚至有仁厚之名的刘邦，为了对敌方顽强抵抗的军民进行报复或者起到杀一儆百的恐吓作用，也常以屠城作为手段，但在这方面"名声"最大的恐怕还得数项羽。项羽之"暴躁"就连楚怀王身边的几个老臣都在背后悄悄嘀咕，直指其"性格暴躁，喜爱杀人"。

项羽的令人诟病之处，远不止于此。巨鹿大战后，章邯被迫率秦军中部军团二十多万人投降，项羽竟然下达命令用哄骗的方式，一个晚上就把这二十多万降卒全都给坑杀了。

令人叹异之处在于，项羽虽然嗜杀成性，视人命如同草芥，但他对家人和爱姬却又情深义重，对属下的士兵亦和蔼可亲，关心爱护有加。韩信亲眼所见，项羽身边的人生了病，他会为之伤心落泪，还会把自己吃的东西分给病人享用。

在项羽身上，明显具有多重人格症的典型特点，这很可能与他的生长环境和早年际遇有关。

项羽出身于"世世为楚将"的贵族之家，少时的优渥生活不难想见。忽然有一天天降大祸，作为家族支柱的爷爷项燕被杀，项氏赖以生存的楚国被灭，项羽所处的周遭环境也立即随之发生急剧转变。从此，项羽不得不随叔父项梁流亡吴中，其间饱尝了国破家亡、背井离乡的辛酸和苦楚。那时的项羽尚幼，正处于心理塑造期，这种巨大的落差必然对他造成了猛烈冲击，并成为其内心痛苦的种子。

"幸运的人，一生被童年治愈；不幸的人，一生都在治愈童年。"项羽或许就属于后者，童年的心灵创伤时不时就会发作，使其痛苦不堪，而项羽用以宣泄痛苦的方式之一就是杀戮。这其中既有疯狂报复秦朝的针对性杀戮，也有许多毫无必要和非理性的滥杀，总之就是一句话：肆逞杀欲，以快己心。

对于项羽这种恣意烧杀、草菅人命的行为，韩信显然是相当反对的。韩信在其青少年时代常常穷得无以为炊，由此也深知民间之疾苦，百姓生活之艰难；另一方面，他又曾得到漂母等父老乡亲的无私帮助，这使他发自内心地对于苍生有一种同情之心、关怀之意。元杂剧《萧何月下追韩信》专门对此进行了刻画，比如韩信在淮阴时天降大雪，他没有为自己将挨饿受冻发愁，而是想到："似这般大雪呵，街上黎民也懊恼；似这般大雪呵，山上樵夫也怎熬；似这般大雪呵，江上渔翁也冻倒。"因为有着这样的情怀，韩信自己后来带兵打仗，不但从无屠城记录，而且战场上也尽可能通过心理战和击溃战的方式，用最小的代价取得胜利，以减少己方士兵的伤亡。

另一方面，在韩信看来，即使从政治军事的角度考量，项羽无节制的滥杀也绝非明智之举。屠城固然可能在短时间内起到恐吓敌方、削弱其抵抗意志的效果，然而对那些身处绝境、走投无路的军民而言，他们在明知必死的情况下反而会迸发出无畏的勇气，选择死战到底。届时就算能攻下城池，己方力量也会因此遭到很大损失，这无疑是一种得不偿失的战术。况且，人口在古代社会具有举足轻重的地位，其价值甚至在某种程度上超越了地盘本身。屠城之后的城池，人都被杀光或逃散殆尽了，这样一座失去人口支持的空城，还有多大价值？至于坑杀秦军，更是徒留万千仇恨的愚蠢之举。要知道，被坑杀的那二十多万降卒多为骊山刑徒，并不都是秦人，其中还有不少来自六国，因此项羽得罪的不光是秦人，更是天下人！

想当初，人们响应陈胜、吴广，揭竿而起，奋力向秦王朝冲击是因为"天下苦秦久矣"。没想到的是，打着反秦旗帜，近乎一手灭秦的项羽自己却成了"亡秦之续"，其残暴程度在某些方面较之秦始皇都有过之而无不及。无怪乎，后人会由之发出感慨："天下苦秦又一秦，天资好杀不好仁。"

因为在反秦战争中厥功至伟，项羽被诸侯尊为霸主。此时的项羽雄霸天下，号令诸侯，控制四方，睥睨一切。可是韩信却通过观察发现，项羽的残暴酷虐早已经使得民愤汹汹，"天下多怨"，老百姓怨声载道，根本就不愿意亲近依附于他，眼下只不过是迫于其威势，勉强归顺罢了。

自古得道多助，失道寡助，一个失去人心的所谓霸主，无论其原来多么强盛，这种单凭暴力的"强"都是缺乏根基的，很容易由强转弱。韩信敏锐地预感到，如果项羽继续这样一条道走到黑，而不能及时改弦更张，失败将是必然的结果。

妇人之仁

项羽的第二"躁"，是浮躁。

项羽之浮躁，从他少时不管学什么都半途而废便可窥知一二。项羽学习兵法，仅略知大意即将其弃之一旁，虽然此后他凭借过人的天赋和超强的感悟能力，一样成为顶尖的军事统帅且在兵学上自成一家，但不得不说由于学习不足、思考不够，他的兵法修养有很大欠缺，在政治战略和军事谋略方面都缺乏深度。从史实可知，一方面项羽的军事指挥能力和骁勇善战的程度都接近于完美，在战场上所向披靡，锐不可当，甚至只要他出现在战场上，楚军都能战而胜之；可是另一方面，项羽又没有全局性的政治军事战略规划，以至于战场指挥的成功与战略指导的失策之间形成了巨大反差。

早在巨鹿之战前，楚怀王熊心即与诸侯约定，要巩固复国运动成果，使天下重返昔日战国七雄的时代。楚怀王还允诺，无论是谁，只要第一个攻入咸阳就可以封王，并将秦国旧土分封给他。这就是"怀王之约"。

公元前 207 年底，刘邦率领另一支楚军，先于各路诸侯进入关中。秦王子婴素车白马，举咸阳向刘邦投降，秦朝自此灭亡。按照"怀王之约"，刘邦应封王，但项羽听闻后勃然大怒，盛怒之下几欲举兵相向。

同为楚军，项羽和刘邦出兵的方向不同，所要对付的秦军力量也不一样。项羽面对的是秦军主力，刘邦无须跟秦军主力硬扛，自然入关就快，概言之，刘邦在这件事上确实占了大便宜。问题是"怀王之约"乃为各诸侯所承认的天下公约，你项羽出兵前也是认可的，怎么能因为心理不平衡说推翻就推翻呢？项氏行事的蛮不讲理、横行霸道，于此可见一斑。

项羽兵发关中后，轻而易举就攻破了函谷关，而后屯兵鸿门，与刘邦驻地仅相距四十里。当是时，项羽拥兵四十万，刘邦只有十万，仅就兵力而言，刘邦就不是项羽的对手。眼看在劫难逃，刘邦急忙通过项羽的族叔项伯给自己说好话，又亲临鸿门谢罪，表示自己虽先入关，但并无称王之意，之所以还留在关中是要等待项羽到来，好把地盘交给他。项羽吃软不吃硬，一听怒气全消，虽然一开始还有些犹豫不决，但最终还是放过了刘邦，此即"鸿门宴"。

原本胜券在握、杀气腾腾而来，结果被对方几句话一说就又缩回了了手，项羽的这种行为逻辑相较他在战场上的杀伐果断简直判若两人。

有专家分析，这可能也与项羽出身贵族有关。自春秋战国以来，贵族在其内部必然要遵循一定的规矩，接受一定的约束。然而，随着周围环境的日益严酷，许多旧有的规矩和约束都因不合时宜而被淘汰。以韩信为例，即便他真是韩国贵族的后裔，现实的生活环境也让他与平民无异，甚至更加艰辛。于是他身上所残存的先秦贵族风尚便仅仅表现为待之以礼的道德观和价值观，那种宋襄公式的"仁义"早已不复存在。

项羽的情况则有所不同，他少时虽随叔父项梁躲在吴中，但吴中有楚国旧部族的庇护，加上项梁自己在当地也非常有人望，故而项羽在其成长过程中，一直维持着较好的生活水平。换句话说，就是除了失去祖辈在楚国的社会地位，项羽在生活上其实并没有吃过多少苦。

相对优渥的环境和条件使得贵族文化，其中也包括那些拘泥不化和自以为是的习气，对项羽一直影响很大。项羽在鸿门宴上之所以不杀刘邦，就是因为当对方把"仁义""廉耻""义气"一类的东西都摆上桌面后，项羽人格中贵族的一面便会自动跳出来，对此进行回应，并自我要求予以顾及。韩信有一个词可以形容这种情形，那就是"妇人之仁"——做事像女人一样优柔寡断，不识大体。

巨鹿大战前，项羽显然没有料到刘邦一路所遇秦军那么不堪一击，刘邦的进展又是如此神速，所以当时才未对"怀王之约"提出异议。如今项羽羽翼已丰，声威和力量都已今非昔比，站在他的角度，只要能够夺回关中，并且干掉刘邦这个崛起中的对手，哪怕是失信于众一样值得。毕竟，在某些人看来，"不守信"本就是政治圈子里的常态，只有成功才是政治伦理的第一规则。问题是项羽在付出失信的代价之后，却又以"妇人之仁"，放任刘邦毫发无损地从"鸿门宴"里走了出去，这种放虎归山的操作着实让人无语，同时也令项羽浅薄的政治头脑显露无遗。

几天后，项羽引兵入咸阳，"妇人之仁"又变成毫无理性的纵兵烧杀。秦廷以及咸阳的秦朝守军早就已经投降，但项羽照旧屠城，秦王子婴连同秦国的嬴姓宗族也被全部诛杀。秦朝宫室素以巍峨壮丽著称，项羽在将宫内的金银财宝、宫女嫔妃抢掠一空后，派人四处放火，将宫室基本烧毁殆尽，史书称"火三月不灭"。当时的秦宫室不仅有壮丽的楼台亭榭，还收藏有天下之图书典籍。

沐猴而冠

急躁，为项羽的第三"躁"。

血洗咸阳，不仅使项羽彻底失去了关中人心，而且也如以往一样，屠城令咸阳的价值大打折扣。项羽入关，本为与刘邦争夺咸阳，可看着被大火烧得残破不堪的秦宫室，他又起了思乡之念，觉得还是东归楚地为好。谋士韩生劝他，关中地理位置优越，土地肥沃，完全可以在此成就一番霸业。谁知项羽却说："富贵不归故乡，如衣绣夜行，谁知之者!"在外面闯荡，不发达便罢，发达了若不回乡显摆一番，就好像是穿着锦绣衣裳在黑夜里行走，好看是好看，但没人知道，那还有什么意思？

天下形势已经发展到了如此地步，项羽念念不忘的居然还是荣归故里，炫耀他项氏家族的世袭荣光。项羽格局之小以及目光之短浅，让韩生目瞪口呆，事后便对人言道："都说楚人'沐猴而冠'，果然不错。"

韩生本是秦人，在项羽进入咸阳后才投奔了项羽。韩生这句话的意思是，他听闻楚人徒有其表，就好像给洗了澡的猴子戴上冠带，虽然猴子装扮成了人的样子，但仍脱离不了其本性。他以前还不怎么相信这种说法，自从和项羽谈话，听到他说"衣绣夜行"后，才知道此言不虚。很快，这话就传到了项羽的耳朵里。项羽勃然大怒，立即派人将韩生抓来残杀掉了。

"沐猴而冠"还有另一层含意，就是猴子脾气急，给它穿上冠带后不久，它就会不耐烦地脱掉，因此韩生此语不仅是在形容项羽胸无大志，同时也是在暗指他性情急躁，不能从容干大事。项羽烹杀韩生，恰是其急躁误事、不能容人的另一写照：韩生是谋士，提意见是其分内之事；"沐猴而冠"一话虽然有些难听，但也是事实，正所谓"忠言逆耳利于行，良药苦口利于病"。再退一步说，你不接受他的意见也就算了，可也不必将之烹杀呀？

公元前 206 年，项羽如其所愿返回彭城。南返前，他佯尊楚怀王熊心为"义帝"，实则将其完全架空，在此基础上宣布建立西楚国。所谓西楚国是将原楚国一分为四，其西南方向的三个疆域被切出去，留下来的地方再加上从魏国旧土划来的一部分建立的国家。作为新楚国的主宰，项羽定都彭城，自号"西楚霸王"，这也就是其"项王"称谓的由来。

接着，项羽又凭借其霸主的威势和实力，在戏水（渭水的一条支流）岸边大会诸侯。在会上，他重定天下秩序，将已经复国的六国，即楚、赵、魏、韩、燕、齐全部撤销，再比照秦朝原先的郡治，对天下领土进行重新分割，以此分封建立了十八个新的诸侯国。

秦末距战国不远，诸侯分封的政治体制及意识形态仍然深入人心。"怀王之约"实际就是先秦的"天子-诸侯制"，亡秦之后，行诸侯制更成为反秦精英们的共识，就项羽本人而言，列国分封在他的政治观念中也一样根深蒂固。在这一背景下，分封诸侯实乃大势所趋。问题在于，戏水分封已经严重背离了"怀王之约"的初衷和设计，说好的恢复战国七雄，除项羽自己的西楚与战国时的楚国相比相差无几，其余"五雄"皆已面目全非。这自然不免引起关东六国的旧贵族，尤其是参加了反秦起义的那部分人的不满。

项羽一方面私心自用，冀图通过这种析分的方式对诸侯们进行削弱；另一方面限于时机、实力等原因，他又没能完全实施有利于自己的"天子-诸侯制"。

项羽本人既无天子之名，亦无天子之权，在他手中诞生的也不是一个类似于东周那样的国家，甚至可以说连联盟都算不上，十八个诸侯国与项羽的西楚国之间，处于完全平等的地位！

在欠缺考虑的新体制之外，项羽还有更为匪夷所思的操作，那就是他在封王时十分随意，几乎完全以个人的好恶或以对方与自己关系的亲密程度作为标准。

比如最先入关的刘邦，就算不按约定封其为关中之王，至少也该把他封到相对好一些的地方；或者将心比心，让刘邦去距自己家乡较近的地区（刘邦的老家在沛县）。项羽倒好，虽将刘邦封为汉王，划给他的地盘却是巴蜀之地，要知道当时的巴蜀道险蛮荒，先前一直都是秦朝流放犯人的地方。

又比如原来的齐国，齐王田市曾派大将田都带兵参加巨鹿大战，又跟随项羽入关。正常看来，田都即算有功也该由齐王田市考虑是否予以擢升，旁人最多只能对之加以赏赐。然而项羽为了卖弄自己的权威，一高兴，居然把田都封为齐王，而把本来的齐王田市发到偏僻之地去当了胶东王。还有原齐国丞相田荣，原本他才是齐国的实际掌控者，重要性不言而喻，但由于田荣和项梁、项羽素有过节，项羽在把他看得顺眼的几个齐将、宗室都封王的情况下，愣是什么爵位封赏也没留给田荣。

不分封还好，项羽这么一分封直接造成了自己在政治上的孤立，即原先与其关系不睦的变得更加敌对，而本来可以争取的同盟伙伴则纷纷转到了他的对立面。

用人唯亲

韩信后来说，在项羽身边时，他曾多次向项羽进言，提出自己的建议。至于具体是哪些建议，韩信没有明说，史书也未交代。不过大致应该就是他平时关注的那些问题，如屠城和坑杀俘虏、对待有力对手刘邦、择都（咸阳还是彭城）、封赏天下等。除了试图对项羽所犯错误予以纠正，韩信可能还针对性地向项羽献过一些计策。不幸的是，韩信的建议均未被认可。这当然不奇怪，以项羽之心胸和度量，且不说从谏改过，韩信能不因言获罪重蹈韩生之覆辙就已经算是走运了。

同样，韩信所献计策也不可能得到采纳。一方面，这时候的韩信并无战争实绩可引证，自然只能用自己所学的兵法来进行战略战术推演；而项羽是个实战派，向来厌弃空谈兵法知识，韩信的献计献策，在他眼中不过是纸上谈兵。另一方面，项羽本质上是个极度崇尚武力、以冲锋陷阵为能事的武人，笃信在战场上以所谓堂堂之阵、整整之旗，"光明正大"地打败对手，对于计谋之类不感兴趣。当然这也涉及项羽的打仗风格，兵形势家和勇战派除了强调务必在气势上压倒敌方，使用计谋的地方确实不多，而项羽过往在战场上叱咤风云、无一败绩的经历，又一次次地固化了他恃勇不重智的成见。

甚至还可以做这样一个推测，韩信在淮阴的所作所为，尤其"胯下之辱"的笑话，既能为项梁所知，当然项羽也会有所耳闻。在这种情况下，韩信的计谋越是极尽巧思，在项羽眼里越会被视为"胆小鬼"为逃避正面厮杀而想出的"阴谋诡计"，他对此自然是不屑一顾，乃至深以为耻。除了意见和计策都被漠然视之，韩信在项羽麾下也难以看到自己的出头之日。

与在项梁手下时相比，项羽一开始给韩信提供的职位应该说还是不错的，毕竟韩信在加入楚军时的起点很低，既没有自己的队伍，也没有威望之士对其加以引荐。不过，这是不是就意味着项羽慧眼识英才，想把韩信放到身边经观察和锻炼后再予以重用？答案恐怕是否定的。更可能的原因是项羽此人拥有强烈的贵族情结，而且极好面子，执戟郎中需要在统帅营帐外站岗放哨，他自然就会注意挑选形象较好又接受过良好教育的士卒充任，而韩信恰好符合这一条件。有人还从韩信是韩国贵族后裔这一假设出发，认为韩信在随母迁居淮阴之前，曾接受过良好的贵族教育，故而拥有贵族素养，也通晓一定的贵族礼仪，才会被项羽看中。

韩信在初至项羽麾下时必然也心存希冀，然而正所谓希望有多大，失望就有多大。韩信亲眼所见，一方面项羽对部属和身边的人嘘寒问暖，知疼知热；另一方面，当将士们立了功，应该封赏时，他却把已经刻好的官印紧紧捏在自己手里，即便把官印把玩到破旧，印的棱角都被磨去了，他还舍不得授给对方。

需要指出的是，这在项羽军中并非秘密。曾在项羽手下干过的陈平就说项羽有贵族风度，表面恭敬爱人，亲和力十足，所以好礼的士人多去投奔他。但后来大家发现，他居然舍不得给下属论功行赏，于是士人们又纷纷离去，即便出于种种原因留下的人也不愿再亲附于他。

显然对于立功者而言，光在生活中爱护有加是远远不够的，只有论功行赏才是最大的激励。相对于多数身处后方的士人，将士们上战场都是要把脑袋拴在裤腰带上玩命的，若事后得不到封赏，将对他们的士气和信念造成很大打击。韩信身为项羽军中的一员，对此深有体会，直言这就是项羽的"妇人之仁"。

有人认为，项羽对有功者吝啬归咎于他年轻气盛，贪于功名利禄，不懂得与人分享。然而实际上，项羽也有大方的一面，只不过能够与之分享名利的，不是项氏的宗室子弟，就是其妻妾的兄弟。这类人才能真正得到其宠信和重用，比如项佗为魏相、项伯为左尹、项庄为将军等。按照刘邦谋士郦食其的说法，项羽"非项氏莫能用事"，即除了他项氏家族的人，外人都不能被其信任。

项家人除了项梁、项羽叔侄，其余大多能力平平，战绩乏善可陈，有的还给项羽帮倒忙，最典型的就是项伯。项伯其实就是刘邦的"内鬼"，此人又是向刘邦泄露项羽的军情，又是替刘邦在项羽面前说好话。鸿门宴上，更是公然拔剑保护刘邦，使得范增欲杀刘邦的计划最终破产。奇怪的是，项羽明知此情，不仅不加以惩罚或责备，而且还继续予以重用。

近代史家吕思勉分析认为，追根溯源，身为楚国世家子弟的项羽，其用人还是沿袭了分封制时代的旧习惯，即地位低的人不能超过地位高的人，关系疏远的人不能超过关系亲近的人。说白了，就是"用人唯贵，用人唯亲"。

去哪里

项羽"用人唯贵，用人唯亲"，直接导致天下才智之士皆被其摒于门外，陈平嗟叹，即使有奇才前来投奔项羽也无法得到他的重用。

当然也不能说项羽所用之人都是贵族或项氏子弟，确实也有少数非六国旧贵族，亦非项家人的幸运者能得其垂青和提拔。只不过那都得是项羽特别喜欢的类型，即和他一样，不是惯于冲锋陷阵的勇将，就是看起来无所畏惧的赳赳武夫。

甚至对于敌方之将，项羽也以此作为鉴人标准。鸿门宴上，刘邦的猛将樊哙为救其主公，不听号令，径直闯入大帐。项羽不仅不以为罪，反而另眼相看，称之为"壮士"，赐肉赐酒，对其礼遇有加，有种英雄相见恨晚之感。

相形之下，韩信、陈平之辈皆很难入项羽的法眼。韩信虽然身材魁梧，但他的特点是谙于谋略、长于斗智，力战非其所长，故而在如巨鹿大战那样以力战取胜的战役中，他是很难有所表现并脱颖而出的。倘若再加上可能早已传入项羽耳中的"胯下之辱"等"劣迹"，项羽或许从心底里压根就瞧不起韩信，自然就更谈不上对其提拔重用了。

项羽既不听韩信提出的建议，又不用他出的主意，得不到应有的关注和欣赏的韩信心情沉重，情绪低迷，为自己，也为项羽。的确，项羽足够威猛有气势，他站在那里就是什么都不做，仅仅一声叱咤便能把上千人吓得一动不敢动，可是这有什么用呢？不能任用才智之士，此人即便再威猛、再有气势，也不过是

"匹夫之勇"，而一个空有"匹夫之勇"的王侯将相，终究是成不了气候的。

韩信意识到，一方面是项羽表面强大，实则不堪辅佐；另一方面，如果他继续在项羽麾下当差，不出意外的话将长久停留于现有位置，即官不过郎中、位不过执戟。整天拿着一个戟在项羽的门口站岗，接下来就算是待的时间再长，也是虚度光阴，他不会再有任何出路。

在先秦时期，士若在一国或一君下面不得志，他们会果断离开，改换门庭。诸如吴起先事鲁国，鲁国容不下他，即奔魏国，魏国待得不如意了，再入楚国。像吴起这样一人先后为三国服务的士，比比皆是，正所谓"此处不留爷，自有留爷处"。离开已经不用商量，问题是去哪里，韩信的选择是投奔刚刚被项羽封为汉王的刘邦。

项羽虽在鸿门宴上与刘邦达成和解，但这并不意味着他完全消除了对刘邦的疑忌。项羽很清楚，关中乃形势险要之地，纵然他自己已决定返回彭城，不直接予以掌控，但决不能将其留给刘邦。在和范增商量后，项羽便通过戏水分封将道险偏僻的巴蜀封给刘邦，表面的解释是巴蜀在战国时曾属于秦国，所以也算关中之地，将此处封给刘邦也是在履行"怀王之约"。

至于真正的关中地区则被一分为三，即雍、塞、翟，项羽将秦军降将章邯、司马欣、董翳三人封王，分别统辖此三地，这就是"三秦王"。三秦王是在灭秦战争中被项羽一手打服然后投降的，首先腰杆就不硬，更重要的是，秦人对他们也各种怨恨和不服。项羽知道章邯等人在关中处境尴尬，因此他不仅不用担心三人居关中造反，还可以专门利用他们对付刘邦。

原本刘邦就只分到巴蜀，他的客卿张良重金贿赂项伯，通过项伯请求项羽将汉中之地顺带也划给他。汉中距离关中，相对巴蜀之地更近，然而问题是根据"怀王之约"，刘邦为了给自己称王关中提前作好战略部署，在尚未入关时就已派部将郦商西定汉中。换句话说，刘邦是可以名正言顺地拥有汉中的，且此时汉中的实际控制权也尚不在项羽或章邯等三秦王手中。项羽有碍于此，又自恃有章邯等人坐镇关中，刘邦终究翻不出他的五指山，尽管心有不甘，但还是将汉中增封给了刘邦。

巴、蜀、汉中就是汉国的全部所辖区域，对刘邦而言，与其说受封，不如说是遭到了放逐，但在项羽的威压下又不敢不从。一边是项羽洋洋得意，衣锦还乡；另一边则是刘邦忍气吞声，踏上了去汉国都城南郑的路途。

当行至距南郑不远的褒中时，张良因为要去追随韩王，遂告别刘邦欲独自返回关中，而就在张良返回关中的途中，他烧毁了自己所经过的栈道。关于后者，张良事先曾向刘邦请示并得到了刘邦的同意，为的就是向项羽示弱，表示我刘邦到南郑后就绝没有再入关中、返回秦故地的打算。项羽见状，果然放下心来，转身去料理他认为重要的其他事务了。

用项羽的标准来衡量，这样的刘邦肯定是不够硬气，甚至还有点尿。但在韩信看来，其行为却是能屈能伸、明智有为的表现。身处乱世，唯如此具有格局和韬略的君主，方能成就大业。同时韩信还发现，汉军中迄今为止一直都缺少一位真正能打仗的大将，这使他相信以刘邦现在所处的黯淡局面，一定会对自己求贤若渴。

此时的韩信，虽然只不过是统帅帐下的一名侍卫，但却早已有了出任方面大将，战必胜、攻必取的自信和渴望。刘邦入驻南郑不久，他就迅速逃离楚军，来到了汉中。

突如其来的一嗓子

韩信满怀期待，可是在刘邦军中的遭遇，却又再一次让他感受到了寒意。

不能说刘邦对前来投奔他的人不欢迎，凡主动归属于汉军的他国将士，刘邦都大体采用了官制对等接受的原则，也就是你在别的诸侯国当什么官，来了还做什么官，特别是归属过来的别部楚军，更是被与汉军同等看待。

虽然在刘邦被封为汉王后，刘邦军自此已被称为汉军，但从上至下仍自视为楚军的一部分，官制也还是采用原来楚国的官制。韩信被编入汉军后任命为连敖，连敖就是楚国官名，其级别不低于郎中，至于具体职责则是接待宾客，与侍卫相比这也可以算是有所升迁了。

韩信显然对此极不满意，连敖充其量只是个小官，与其希冀中的方面大将相去甚远。韩信早已为自己确立了人生和职业规划，并不是一步一个脚印在军中逐步加官进爵，最终积功升迁至大将，那样太慢了，等不了。再者，在项羽军中担任执戟郎中时就在项羽身边，甚至还可以对其进言，现在反而与刘邦离得很远，几乎没有能够直接进入其视野的机会，更不用说进言了。

韩信郁郁不得志，失望、失落的情绪与日俱增，终于有一天，一群触犯军规的官兵遭到逮捕并被判处了死刑，韩信赫然在列！韩信究竟触犯了什么军规，非得被处死不可，史书无载。从汉军当时的情况来看，其基本部队多为楚人，基本部队外的人马也有不少出自关东，他们追随刘邦征战，本以为灭楚之后可居于关中或可返回故乡。谁料刘邦既没有被封为事先约定的关中之王，留居关中，也没能返乡，而是被困囿于偏僻的巴蜀汉中一隅。今后还能不能东归，大家毫无信心，由此造成人心动摇，逃亡者络绎不绝。韩信虽是主动来到汉中，也没有怀乡思归的想法，但既觉得在汉军中同样不受重视，对他而言，加入逃亡者队伍以求另谋出路，就不是一件不可能的事了。估计韩信等人很可能是在策划集体逃亡，结果事泄，逃亡未果，被当作逃兵抓了起来。

　　军队行刑雷厉风行，不一刻，与韩信同案的十三个人都已人头落地，眼看就轮到了韩信。韩信亡楚归汉，等到的不是重用却是死神的召唤，如此死得不明不白、毫无价值，让他如何甘心，因此直到押赴刑场，他都在拼命寻求活命的机会。就在屠刀即将落到自己脖颈之上的一瞬间，韩信抬头仰望，恰好看见了监斩官夏侯婴，基于一定要活下去以便建功立业、扬名后世的那种强烈的求生欲望，使得他不顾一切地对着夏侯婴大喊："汉王难道不想取得天下吗？为什么要斩杀壮士啊！"

　　就是这突如其来的一嗓子，引起了夏侯婴的注意。他觉得韩信虽然是在求饶，但说话很有气魄和胆量，话语不像是一般军士能说得出来的。又见韩信魁梧挺拔、相貌堂堂，于是便示意刀斧手停止行刑，将韩信松绑。接下来，夏侯婴和韩信进行了一番交谈，这一谈话不要紧，夏侯婴随即认定，韩信并非情急说大话，而确实是个有能力帮助刘邦取得天下的"壮士"。

夏侯婴如获至宝、欣赏异常，他不仅决定免韩信死罪，还立刻将相关情况汇报给刘邦，并向刘邦极力推荐韩信之才。韩信到底对夏侯婴说了什么震撼人心的内容，足以令夏侯婴对他如此刮目相看，史书同样没有具体详述。不过就韩信的阅历和知识范围而言，既可以侃侃而谈又能打动夏侯婴的，其内容不会有他，一定就是谈兵法。

夏侯婴原为刘邦家乡沛县的一个候补县吏，在沛县的马房里掌管养马驾车，随刘邦起兵后，他指挥兵车作战，屡立战功，因而被刘邦任命为滕县县令，人称"滕公"。从滕公之前的人生经历来看，他应该不具备接触兵书的机会，但毕竟已通过实战积累了一些军事经验，在打仗方面起码不是个外行，韩信所谈兵法是否契合实际，他侧耳倾听是分辨得出来的。

在汉军中，夏侯婴可不是寻常角色，他不但是刘邦的同乡，还和刘邦是生死之交，刘邦视其为心腹。见夏侯婴如此推重韩信，刘邦也没二话，除了认同夏侯婴对韩信的赦罪决定，还当场拍板，授韩信以治粟都尉一职。

萧　何

古代往往把协同主力部队作战的指挥官称为别部将军，治粟都尉虽不属于将军的范畴，但已相当于别部将军的级别，况且负责主管军队的后勤供应又是一个肥缺。然而韩信并无喜悦之感，因为他希望的是指挥三军，而不是在后方管管粮草，甚至于利用职务之便捞一把小财之类，则完全不在他的考虑范围之内。

韩信对新职缺乏热情，自然会影响到管理后勤的质量。刘邦对韩信本来就没有动心，他之所以任命韩信为治粟都尉，只是不想驳夏侯婴的面子而已。现在一看韩信的表现，就更加觉得此人不过尔尔，并不像夏侯婴所说有何非同寻常之处。

在韩信担任治粟都尉后，因为管理后勤的关系，与汉国丞相、负责整个诸侯国行政事务的萧何有了接触。萧何对于韩信管理后勤的效果虽然也未必满意，但通过与韩信数次交谈，他却和夏侯婴有了一样的感受，那就是韩信确实非同一般。

韩信能够对萧何讲的，自然不可能是他并不热衷的后勤事务，应该还是兵法。萧何身为文官却有识人之明，他预感到韩信可能正是汉军中急需的军事天才，为此既惊又喜，马上啧啧赞叹。随后，萧何即向刘邦推荐韩信，希望刘邦能够亲自面见韩信，听取韩信的看法，并对之予以大胆破格任用。

萧何也是刘邦的老乡，而且在刘邦微末时就交好于刘邦，双方关系非常深厚。夏侯婴推荐韩信时，刘邦很爽快地就对其进行提拔，但这次不同，萧何碰了一鼻子灰。

刘邦不想见韩信。这一方面或许是因为自他任命韩信为治粟都尉以来，发现韩信做事并不起劲，由此对韩信的印象已经大打折扣。另一方面，可能是之前他根本不知道或者不了解韩信，现在则做了一些调查。然而不调查还好，这一调查，不但证明韩信在项氏军中泯然众人，并无任何军功或者本事，同时韩信在淮阴的那些事也都一股脑儿地钻进了刘邦的耳朵。

刘邦原是沛县的一介平民，起兵前任泗水亭长，在秦末民变大潮中，他率众击杀沛县令，从此自称"沛公"。沛公年轻时游手好闲，贪酒好色，行事不拘小节，这使他具备从底层生活中得来的一种柔韧性格，即非常善于包容别人。后来弃项羽而投刘邦的陈平，在家乡时就有和自己嫂子私通的传闻。陈平来到汉军后，作风依然不廉洁、不检点，私下收受贿赂，有贪污行为。可是刘邦却对前者（"盗嫂"）直接无视，在陈平解释他是因为没钱可用才不得不收贿后，刘邦也立刻表示理解并给予丰厚的赏赐。

对于刘邦而言，只要对方是人才，"盗嫂"、贪污之类那都不叫事，不过胆小怯懦却不在其中。刘邦任亭长时虽然归其管辖的区域不过十里，但他却敢于戏弄郡府县衙里的官吏，那时就只有他耍弄别人的份，没有谁能欺负到他头上。同样是从底层中来，刘邦对于韩信过去的生活场景可谓再熟悉不过，甘受"胯下之辱"的韩信，在他看来无非就是一个不中用的尿包而已，这种人他是看不起的，自然也不觉得有亲自与之面谈的价值和必要。

刘邦可以这样想，但他不能这样跟萧何说。好在即便抛开这些心中所想，他能够拒绝萧何的理由也足够多了：你让我去和韩信面谈，那肯定就是说一定要对他继续提拔了，可是韩信不久前才刚刚触犯军规，即将被处斩，结果我不仅免予处分，还在有过无功的情况下委之以治粟都尉的重任，这不就是破格再破格吗？韩信担任治粟都尉后，也没见他有什么突出表现，忽然又要提拔，如何服众？此事就算我同意，你让那些跟着我们一道起兵的兄弟们怎么想，更何况，他们中的很多人一路冲杀下来，已经遍体鳞伤，可到现在都还没做成都尉呢！

刘邦也没说他不提拔韩信，他强调的是，饭要一口口地吃，路得一步步地走。"不积跬步，无以至千里"，毕竟世上从无一步登天的道理，等韩信立下战功，提拔的事自然水到渠成。可怜丞相费尽唇舌，最后能够得到的，也就只有这些敷衍之词了。

第二章　汉中对

　　却说韩信与萧何谈话后，心中很自然地又生出了希望，他估计萧何等人一定会在刘邦面前举荐他，便开始等待消息。然而等来等去，刘邦既未召见，自己的职位也未出现任何变动，韩信何等聪明，他马上猜到，不是萧何没有推荐或推荐不力，而是刘邦对他根本就不重视。

　　都是从楚军中投奔过来的人，刘邦对陈平的态度就截然不同。陈平一入汉军便受到了刘邦的亲自召见，刘邦不仅赏赐饮食，还和他交谈甚欢。虽然在职务安排上，刘邦也只是以官制对等接受的原则，按照陈平在楚军中的都尉一职，仍旧授之以都尉，但他又另外授权陈平主管监督全体汉军将领，并听取和采纳陈平的各种建议，将之和张良一起，视为谋士中的左膀右臂。这才叫赏识，这才叫重用！幸亏此时陈平还未投奔刘邦没有对比，否则韩信在心理上所受到的打击和伤害，恐怕还要沉重得多吧。

　　即便如此，韩信也已深感沮丧和失望。他原本以为，凭借自己的才华和萧何、夏侯婴等人的推荐，必能够在刘邦麾下大展拳脚，但现实却给了他一记响亮的耳光。元杂剧《萧何月下追韩信》，通过韩信唱词，生动贴切地再现了韩信的心境："恨天涯流落客孤寒，叹英雄半世虚幻！"

萧何月下追韩信

夏侯婴推荐，仅谋得治粟都尉，尚可以解释为夏侯婴的话语权不够。萧何乃是汉国丞相、文臣之首，连萧何出面都无效果，可见自己在汉军中是真无前途可言了。心灰意冷之下，韩信决定从汉军中抽身出逃。

实话实说，韩信这个时候逃走并不是一个明智的选择，起码不够成熟和冷静，甚至还带点孩子气。先说如果不能如愿逃走，一旦被抓必然死罪难逃，回想韩信初次触犯军规就是因为逃亡，那这次就是"累犯"，按律应受到更严厉的处罚，罪不在赦。即便是初逃，监斩官不可能次次都是夏侯婴，也不可能次次都能说情成功，化险为夷。

其次，就算出逃成功，人海茫茫，又能去哪里呢？要知道，韩信与其他因思乡心切而逃的人有所不同，他原本是项羽属下军官，是在刘邦入蜀时亡楚归汉的。此时项羽、刘邦虽还未公开为敌，但暗中都对彼此持敌对和提防的立场，因此韩信对于楚军而言，既是逃亡者，又是背叛者，别说重新投奔旧主不可能，弄不好还要掉脑袋。

项羽是当时名头最响的"西楚霸王"，唯我独尊，能后起者居上并与之竞逐的只有刘邦。关东固然诸侯林立，可问题是他们都不具备争衡天下的实力，也就是说除了刘邦、项羽这两棵大树，并无其他树可承载韩信这只大鸟，为其才华施展提供平台。你说让韩信自己招兵买马、另立旗帜吧，以他自身的条件来看也不大可能，再说就算他能够勉强招到兵，力量也很微小，没准很快就会被诸强消灭，那还不如去投奔关东诸侯了。

由此可见，韩信一直到出逃前都不清楚还能转投何处，新的可事之君又在哪里。而他也不管这些，只是继续他作为"士"的思维：你刘邦不重用我，我就走，哪里能让我充分施展才华，我就去哪里！

当然韩信也不是不知道自己前途茫茫，在元杂剧《萧何月下追韩信》中，创作者将韩信出逃时那种痛苦、失落、怅惘、迷茫的情绪，展现得淋漓尽致：

前番离了楚国，今次又别炎汉，不觉的皓首苍颜。就月朗回头把剑看，忽然伤感蓦上心头，百忙里揾不干我英雄泪眼。

剑仍在手，却恍如英雄末路；时机易逝，空余壮志似水流。剧中"韩信"忍不住发出悲叹："唱道惆怅功名，因何太晚，似这般涉水登山，休、休、休，空长叹。"就在现实中的韩信凄凄惶惶，跋涉于山道之际，一个人出现在他面前，这个人就是丞相萧何。原来萧何在得知韩信逃走后就立即心急火燎地亲自策马追赶，结果是他不但追上了韩信，而且又成功地劝说韩信随其回转军营，此即脍炙人口的"萧何月下追韩信"。

萧何月下追韩信历来是文本书写的重心，但实际上，韩信逃亡的路线、萧何追韩信的时间和过程，以及追上后两人的交谈，史书中都没有详细交代。正因如此，有人甚至推断它只是流传于民间的一个传说，未必完全属实。同时，韩亡萧即追、韩又随萧归，情节竟然如此富有戏剧性，也引来诸多猜测。明代小说《西汉演义》就描写韩信实际是为了刺激萧何，以便让他给刘邦"下猛药"，所以才故意逃离，而萧何纯粹是在不知情的情况下被动地配合韩信完成了他的这场策划。一些明清学者则怀疑这是韩信、萧何合演的一出双簧，当然其目的也是向刘邦施加压力，以便让刘邦能够重视和任用韩信。

史实细节不足，给予了后人巨大的探究和想象空间。关于韩信逃亡的具体路线就有多种说法，成为留给学界的一桩历史公案。从汉至宋，萧何追韩信均无时间交代，一直到元代，杂剧中出现了"月朗回头把剑看"的韩信唱词，"月夜追"才得以确立。

相比于元杂剧，明代小说演绎得更加精彩。好几部小说都描写萧何之所以能追上韩信是因为天降大雨，山洪暴发，韩信被阻在了寒溪河边，这才被萧何追上，故而有"不是寒溪一夜涨，哪得刘朝四百年"的说法。

萧何与韩信交谈的内容，也在文学作品中得到了填补。按照明代小说《全汉志传》的描述，萧何在寒溪拦住韩信，对他说："现在我奉汉王的命令，任命你为上将，你怎么能私自出走呢？"韩信自然不肯相信，答道："丞相您这是什么话，您一定是在戏弄我！"听得此言，萧何也下了狠心，对韩信说："你错了！你暂且回去，如果汉王不能拜你为上将，那我就和你一起逃走！"

就这样，萧何一番赌咒发誓，终于打动了韩信。两人正要回营，忽然武将樊哙带兵赶来，说："我奉汉王的命令来追你们两位。"萧何马上对樊哙说："你可以回去了！"他们一同回营，韩信、樊哙各归本寨，萧何则独自前去面见刘邦。

除了樊哙的出场系小说家增饰的情节，萧何与韩信的交谈内容应该与实际情形是相吻合的，因为接下来，萧何与刘邦之间还有一段至为关键的对话，而这段对话足以证明萧何确实已经下定了决心。

"国士无双"

萧何追赶韩信时，由于慌乱心急，走之前都没来得及向刘邦禀报，也没能将情况告知身边的人。结果大家都以为他也逃跑了，便据此向刘邦报告。

刘邦一听，顿时如同五雷轰顶。萧何不仅是汉国行政管理的总负责人，更是汉军兵员粮草供应的主心骨，因为有萧何在，所以韩信那个治粟都尉干得究竟是好是赖，刘邦其实并没有那么在意。对他来说，其他人跑不跑都无所谓，反正多一个不多、少一个不少。但萧何不能走啊，他这一走，扔下的摊子可怎么办！再要派人追，已经追不上了，刘邦为此罕见地大发雷霆，痛心疾首得就好像是他突然折断了左右手。

过了一两天，已经带着韩信回营的萧何一个人前来谒见刘邦了。刘邦看到萧何，一方面喜出望外，另一方面又很生气，指着萧何骂道："怎么连你也要逃走，究竟是为什么？再说你逃什么啊，要走，直接告诉我一声，我让你走！"萧何据实回答："臣不敢逃跑，臣是去追赶逃跑的人。"刘邦好奇地问道："你追赶的人是谁呀？""是韩信。"刘邦不听犹可，一听更来气了，因为他觉得萧何是在骗他，于是又高声骂道："鬼才相信你说的话！军中逃跑的光将领就已不下数十人，你什么时候去追过？居然说追韩信，纯粹是撒谎！"

显然，在刘邦看来，韩信的价值尚在逃跑将领们之下，但萧何对韩信的评价却与刘邦极不相同，他对刘邦坦言："那些逃跑的将领都不过是泛泛之辈，得之不足喜，失去不足忧，所以臣没必要去追。可是韩信不一样，'国士无双'，普天之下，恐怕再也找不出像他这样杰出的人才了！"

萧何的这番话，于不经意间创造了一个流传千古的成语——"国士无双"。所谓"国士"，是指一国之中最优秀的人才，"无双"二字，既言其人才难得，更道出其独一无二，世间再无第二人可与之比肩。萧何既然已下定决心，非把韩信给推上去不可，此番跟刘邦说话时连气势都不一样了，与先前相比，简直判若两人，这让刘邦也不禁为之动容。

萧何继续说道："大王您如果只想长久地在汉中称王，自然没有用得着韩信的地方；倘若您要争夺天下，除了韩信，就没有可与您图谋大业的人了。只看您做哪种抉择！"

萧何的话确实触及了刘邦的心病，他快快道："我也是想要东进的，怎么能够忧郁沉闷地老待在这里呀！"萧何见刘邦的态度已经发生变化，便立刻趁热打铁："如果您决计向东发展，那么就应该起用韩信，这样韩信自然就会留下来；如若您不能起用他，我看韩信终究还是要走的。”

刘邦对韩信虽然还是没有多大把握，但他倚重萧何，知道萧何一向行事持重，假如这韩信不是真有些本事，断不会亲自追回韩信，而且语气还如此激动。刘邦故而略作考虑后，即表示："我看你的面子，任命他作将军吧。"

韩信的要求是"上将"，而不是一般的将军，萧何对韩信的承诺也是这个，基于此，刘邦的让步并没有令萧何满意，他坚持说："即便是封将军，韩信也不一定肯留下来。"

如果是别的君主，被臣下如此不依不饶地讨价还价，兴许就要怒发冲冠，暴跳如雷了，但这真得佩服刘邦，他不仅没生一点儿气，而且顺势接受了实际是由萧何代表韩信提出的"报价"："那就按照你的意思，任他为大将军吧。"萧何一听，大喜过望，脱口而出："太好了!"

刘邦说到做到，马上就要召见韩信，欲授其以大将军官职。萧何却觉得有哪里不对劲。任命大将军，这在军中可是非同小可的事，怎么能像呼喝小孩儿一样，把韩信叫来，说给你一个大将军干干，你愿不愿意？这成何体统！韩信自尊心那么强的一个人，一定会认为自己受到了轻慢，觉得刘邦是在逗他玩，将士们也并不把他这个大将军当回事，如此一来，让他今后怎么指挥三军？

以萧何对刘邦的了解，刘邦向来就有待人傲慢无礼的毛病，也就是说他以轻慢的态度对待韩信，并非本意如此，而是没往深处想。于是萧何毫不客气地当场指出了刘邦的问题，说你这样慢待韩信，难怪人家要跑了，如果真要授韩信以大将军，就必须郑重其事："请选择吉日，进行斋戒，设置拜将的坛台和广场，准备举行授职的完备仪式，这才行啊！"

刘邦身上有很多毛病，但难能可贵的是只要别人提醒，他都能改正，这回也不例外。他痛快地答应了萧何的要求，决定设坛拜将。

拜　将

"国之大事，在祀与戎。"在中国古代，国家凡遇到战事都要告于祖庙，设于明堂，作为一种高规格传统仪式，过去主要用来分析形势、制定战略，设坛拜将还是破天荒第一遭。

汉军众将闻讯皆暗自欣喜，人人都以为刘邦是要拜自己为大将军，然而等到仪式正式开始，列立于坛台之下、广场之上的他们，才意外地发现登上新筑拜将台的未来大将军，竟然是韩信！众将惊讶得连眼珠子都要瞪出来了，不仅是他们，现场观礼的士兵们也一样，几乎所有人都惊讶不已，无法相信眼前所发生的一切。

军中不封大将军便罢，要封大将军不得优先从那些随沛公自沛县起兵，出生入死打进咸阳的有功之将中挑选吗？况且，谁不知道韩信是背楚归汉的人员，在汉军当中属于无资历、无军功、无声望的"三无人员"，他能当个治粟都尉就算烧高香了，又有何德何能，可以超越诸将被拜为大将军？

即便后世也很容易对此生出突兀之感，所以有人还专门设计了铺垫的情节。明代小说《两汉开国中兴传志》，小说里韩信做了个梦，在梦中他向一位占卜者询问，占卜者回答他说："你将来必定会登上将领之位。"

秦末女相士许负擅长相面，在小说里，她也对韩信说："你的相貌，预示着你会大富大贵，地位将达到王公级别。"谁都想知道，当给予韩信这种超常规跃升的时候，刘邦心里到底是怎么想的。事实上，直到决定设坛拜将的那一刻，韩信是否真的能被赋予重任，刘邦仍然没有确定把握。另一方面，站在刘邦的立场上，倘若他已战胜项羽，奠定大局，又倘若其时不是天下大乱而正处于太平盛世，他大概率也不会如此行事。

刘邦最后之所以能够在萧何近乎"逼宫"般的极力推荐下，"不拘一格用人才"，做出拜韩信为大将军这一让几乎所有人都惊掉下巴的非常之举，不得不说，他此时所面临的困境乃是其最大驱动力。

自沛县起兵以来，刘邦东拼西杀，终于得以从群雄中脱颖而出成为楚军中仅次于项羽的第二大实力派，尔后更是率先攻入关中，拔得灭秦的头筹。可是接下来在项羽的刻意打压下，他却连遭厄运，不仅没能如愿凭功坐镇于关中，反而还虎落平阳，深陷于偏僻绝地而无法自拔：巴蜀环境闭塞，交通艰险，汉中也是一个被大山包围的狭小盆地，仅有几条险峻的山间小道可连接关中，而这些通道又都处于以章邯为首的三秦军的严密封锁之下。

关山阻隔，进退无路，加上部下离心，将士不断逃散，刘邦之焦虑苦闷，可谓日甚一日。在当着萧何的面吐露心声时，刘邦表示他并不甘心就此沉沦，返回关中，转而东进，乃是其夙愿。可问题是汉军如今兵仅数万，地只一郡，如此势单力薄，别说跟项羽较量了，就连章邯那一关都过不去。换言之，在韩信出现之前，刘邦一直都没能找到脱出困境的钥匙。同时放眼军中，樊哙等勇将虽然比比皆是，但能够统领三军，以弱胜强，与章邯、项羽进行对抗的将领，却一个都没有。

萧何一再坚持，韩信手中就握着刘邦梦寐以求的那把"钥匙"，而他本人则是可以填补汉军空白的唯一大将之才。刘邦在半信半疑中，一下子就萌生了未尝不可一试的念头：如果看错了韩信，由他统领的汉军固然将遭遇重大损失，甚至自己和汉国也都将因此蒙受灭顶之灾，但是面对项羽的压制，他刘邦的胜算本就很渺茫，与其坐以待毙，不如让韩信试着一搏；万一看对了韩信，此人被证明还真有那么大的本事，自己从此便可以借此脱出牢笼，凭风翱翔于九天。

这就是刘邦设坛拜将，一步到位地把韩信提拔为大将军的直接动因，可以说他是"病急乱投医"，但也可以说他是在进行一场史无前例的豪赌。

和韩信在淮阴时曾寄食过的那个南昌亭长一样，刘邦也出身亭长，但此亭长非彼亭长。刘邦在家乡沛县时，行事那是相当大度，他吃什么，跟着他混的兄弟们就吃什么，从来没有发生过因为一碗饭就把身后的小兄弟逐出门外的事。

早在大泽乡起义前，刘邦就已经"落草为寇"。当时他原本以亭长的身份，奉命押送徒役去骊山修建秦始皇陵，但还没等他们走出沛县辖区就有很多徒役私自逃走。如果换成是别人，可能只会严密监管剩下的徒役，防止他们逃走，同时继续按照命令，星夜昼程地押送徒役赶往咸阳。刘邦不一样，他估计，如果继续往前走，就算到达目的地，徒役也将逃散一空。于是有一天晚上，刘邦就干脆停下来饮酒，并乘夜将所有徒役予以解绑释放。徒役们见状大为动容，有十几个壮汉自愿追随刘邦，刘邦便带着他们逃匿于山泽之中，后来才逐渐形成自己的队伍。

也正是刘邦拥有这种容人、用人的气度，以及关键时刻总是豁得出去的胆量和劲头，他才乐于且敢于为韩信赌上一把。

既然已经把筹码甩在了桌上，刘邦就不能不认真了，他必须相信韩信确实具备常人所不及的本事，并且能够凭着本事给自己带来丰厚回报。拜将仪式一结束，刘邦就立即延请韩信上座，虚心向其咨问天下大计："丞相屡次向我称道您，您将拿什么计策来开导我啊？"

反其道而行之

在众人惊恐怀疑的目光中，韩信通过极具仪式感的封拜，从一个出身卑微且素无名望战功的"素人"，一跃成为统领三军、挥斥方遒的大将军。韩信也由此一扫先前的颓唐之色，变得容光焕发，神采奕奕。元杂剧《萧何月下追韩信》，仅仅通过一句唱词就把韩信此时的欢愉之态和气吞山河的凌云之志表现得淋漓尽致："手摘星辰，脚平踏禹门潮信，吐虹蜺千丈丝纶。"

在重塑对于自己以及未来信心的同时，韩信内心或许还会有些许遗憾，那就是没能早一点儿遇见刘邦。如今，他跟刘邦之间的关系无疑就是其心目中"士"和"君"的理想模式，就好像当年冯谖之于孟尝君。

孟尝君在善待冯谖时，尚无危机之虞。刘邦则不同，他正面临着严峻的形势和劲敌的挑战，急需有人能为其运筹解困。韩信对此早已成竹在胸，在刘邦向其问计后，他先是谦让一番，接着便开门见山地问刘邦："如今向东去争夺天下，您的对手难道不就是项羽吗？"

刘邦瞬间便被触动了心思。他是有志于天下的人，私底下也曾与萧何等人有过多次关于争夺天下的议论，但项羽实在太强大了，在其震慑之下，只要是公开场合，刘邦根本就不敢提与项羽争锋的想法。他对着出关许愿，最大的期待也不过是希望项羽能践"怀王之约"，重新把关中王的封号以及关中还给他而已。可是韩信在这里说得非常很明确，要么不东向，只要东向出关就是冲着项羽去的，项羽就是主要对手，东向的目标就是要打击他。然后才谈得上争权天下，在这个问题上，没什么可犹豫的！刘邦点头称是，而这也意味着他已经决定抛弃所有顾虑，孤注一掷地要与项羽一决雌雄了。

接下来的谈话更加坦率直白，韩信问道："大王您自己估量一下，在骁勇善战、雄霸天下、刚强不屈等方面，您与项羽比，谁强？"刘邦沉默许久，终于答道："我不如他。"

刘邦有一个很大的优点，就是不管周围的人怎么吹捧，始终都知道自己是谁，正是有着如此良好的心态，他在认真掂量之后才会坦然承认项羽在这些方面确实要强过他。不过韩信问话的目的并不是要故意让刘邦难堪，而是希望他能够明确其竞争对手的优势所在，对双方的实力对比有更深层次的认识。

刘邦的坦诚，让韩信很是欣慰，他朝刘邦拜了两拜，表示认同刘邦在这几个方面确实比不上项羽。继而又话锋一转，指出以他曾就职于项羽手下的经验来看，项羽亦有很多致命问题。

项羽有哪些致命问题？归纳起来，就是韩信在项羽军中时所观察到的那三个"躁"，即暴躁、浮躁、急躁。"三躁"互相影响和作用，共同构成了项羽在用人、战略、政策等方面的一系列严重失误。

韩信把项羽的问题都一一罗列出来，是要告诉刘邦，项羽的那些优势只是表象，项羽所谓的强大也只是虚有其表，己方只要紧紧抓住并利用好其背后的种种缺陷，便一定可以战而胜之。具体来说，就是要"反其道而行之"：项羽不能任人唯贤，我们就任用天下英勇善战的人才，那还有什么对手不能诛灭？项羽有功不奖，舍大义取小爱，我们就把天下的城邑封给有功之臣，那还有什么人会不心悦诚服？项羽恃强凌弱，不得人心，我们就打出正义之战的旗帜，用来号召本就思念故乡，欲图东归的将士，那还有什么敌人打不垮、击不溃？

关　中

在把"反其道而行之"作为战胜项羽的关键战术之后，韩信建议以关中作为汉军出击的突破口。

刘邦恢复关中的念头虽然一直都有，但这在很大程度上还只是来自"怀王之约"，韩信则从与项羽争夺天下的高度，对此重新进行了通盘筹谋。刘邦要打破项羽的"画地为牢"，冲出巴蜀汉中，与之争雄，其实并不只出击关中这一个选项。汉国四围，除章邯的雍国、司马欣的塞国，西北、西南均为当时的蛮荒之地外，尚有临江国、衡山国与之相邻。

不过若细加分析，就会发现，临江、衡山二国均不宜入手。首先，临江王共敖、衡山王吴芮虽为项羽所封，但他们并不是项羽的铁杆盟友，尤其吴芮在刘邦入关灭秦时还曾派部将相助。因此对刘邦一方而言，共敖、吴芮是有可能被拉拢过来的，至少也可以让他们保持中立。若是贸然对之发动进攻，无疑就是多给自己增加了两个对手。

其次，临江国在地理位置上也与项羽的西楚国相邻，汉军进攻临江国，必然会在第一时间触动项羽。同样，衡山国和英布的九江国相邻，而衡山王吴芮与九江王英布关系密切，汉军进攻衡山国，英布大概率也会发兵相救。先不说临江、衡山防御力量如何，就算能够迅速拿下，由于这两处地方均无险可守，面对项羽、英布的强力反击，汉军也很难长期据守。

再次就是政治舆论方面的考虑。项羽戏水分封，实际是在原战国七雄疆域的基础上，将一国析分成几个小国，战国时期的秦国疆域，就这样被他析分成了汉、雍、塞、翟四个诸侯王国。既如此，如果汉军首先出击关中，还定三秦，关东诸侯甚至项羽就有可能仅仅视之为"秦国"内部的纷争，并相信刘邦只是因为对"怀王之约"念念不忘，想要拿回本该属于他的东西而已。反之，如果汉军从临江或是衡山出兵，外界就会立刻联想到刘邦有争夺天下之心，诸侯们本能地都会产生兔死狐悲、唇亡齿寒式的恐慌，届时不光项羽将视刘邦为敌，其他诸侯王也会视他为一大威胁，这对刚刚出师的汉军而言，显然是相当不利的。

韩信着重强调的，是关中的战略地位。关中沃野千里，物产丰饶，向有"陆海"之称，特别是自战国商鞅变法以来，此处极为富庶，所谓"天下之富，什居其六"，被张良誉为"金城千里，天府之国"。关中又一直实行兵农合一的耕战政策，加上拥有陇西、陕北、巴蜀等广大后援地区，因此谁占据了关中，就意味着谁能拥有源源不断的粮饷和兵员，取得与对手周旋的足够资本。与此同时，关中还是一个易守难攻的天然战略要地，据于关中，只要守住函谷关，退可固守以求自保，进可东出争夺天下。

关中地区如此重要，项羽却不据关中而定都自身缺乏后方的彭城，在韩信看来，乃是自动放弃"地利"的重大战略失误。他提醒刘邦，汉中距离关中很近，应该抓住机会东进，夺取关中。

刘邦固然做梦都想重返关中，但如同他需要鼓足勇气才能下决心与项羽面对面地掰手腕一样，对于夺取关中、还定三秦，他同样表现得有些信心不足。韩信对此心知肚明，他仅用一句话，就轻轻松松地解决了刘邦的疑虑："今大王举而东，三秦可传檄而定也。"

大王您如果起兵向东，只要向三秦之地发布一道征讨的文书，就可以平定！

知己知彼

人们相信，韩信的军事才能，在很大程度上得益于他对兵法的深入研读和灵活运用。可以推断，韩信在其少年时就已经开始学习兵法，遗憾的是，对于他究竟学习了何种兵法，历史却未留下明确记载。司马迁在《史记》中对韩信的军事谋略及成就，虽给予了浓墨重彩的描述，但也没有交代出他师出何门，以至韩信的超级粉丝、明代学者茅坤急得直嚷嚷："太史公（司马迁）传淮阴，不详其兵法所授，此失着处。"

茅坤认为司马迁是疏忽了，然而若考虑到韩信后来特殊的人生际遇，或许在司马迁那个时代，韩信的师承就已经和他的家世渊源一样，湮没无闻，无从考证了。换句话说，作为一个严谨的史家，司马迁不是忘记或者不想记录韩信的师承，而更可能是连他也不掌握这方面的确凿信息。

因为缺乏相关史料，后代读者只能进行推测。现淮阴的运河边上有甘罗城遗址，甘罗初为吕不韦的近侍之臣，因年仅十二岁就出奇计蚕食燕、赵而被秦王封为上卿，遂成为中国历史上有名的神童政治家，有诗赞曰"甘罗年十二，雄辩立高名"。甘罗是楚人，淮阴当时可能是其封地，所以才会出现甘罗城。像甘罗这样一个名声高扬、不世出的异人，会不会对居于淮阴的韩信产生影响？当代就有人据此提出韩信可能师出甘罗，但因这一说法缺乏证据，支持者并不多，更多人是通过对韩信的言谈及作战方式的研究，倾向于把《孙子兵法》列为韩信的第一军事教科书。无独有偶，明代《千金记》也安排了这样一个桥段，韩信在淮阴桥头偶遇两位道士，道士以宝剑、兵书相赠，此兵书即为《孙子兵法》，这说明民间也认为韩信的军事思想主要得自《孙子兵法》。

作为里程碑式的兵学名著，先秦兵法的全面总结和集大成者——《孙子兵法》首次提出了"知己知彼，百战不殆"，这也是《孙子兵法》的精粹所在。韩信显然早已深谙其道，他所称

"三秦可传檄而定"绝非夸口，因为他做出这一预测的前提条件，就是不仅"知彼"，亦颇"知己"。

"知彼"。关中之地现在被项羽一分为三，由被他封王的章邯、司马欣、董翳三人分别统辖镇守。章邯等三人均为秦降将，他们率秦人子弟作战经年，手下战死沙场和逃亡的士卒多得数也数不清，这些将士的家属虽然悲伤，但也无法因此就怨恨统兵之将。问题是章邯等先是欺上瞒下，擅自率部投降项羽，继而又未能保护好部下致使二十多万秦兵降卒惨遭坑杀。当然你们也可以说自己无力保护，可是士兵们都死了，唯独你们三个还活着，并且还被项羽封了王，这算什么事！难道你们不应该集体自刎以谢秦人么？

韩信了解到的情况是，秦地父老对章邯等三人切齿痛恨，可以说已经恨到了深入骨髓的地步。本来他们哪儿都能待，就是不应该还待在秦地，但项羽却不管这些，他倚仗自己的威势仍强行把三人封在了关中。秦地百姓对此虽然敢怒不敢言，然而也注定章邯等在关中难以立足，一有风吹草动，无人会替他们卖命。

"知己"。刘邦当初入关后，与百姓约法三章，不但秋毫无犯，还废除了秦朝的严刑苛法，以此收揽了民心，树立了自己在关中的威望和信誉，秦地百姓没有不希望刘邦在关中做王的。这是其一。其二，按照"怀王之约"，刘邦本就应该称王关中，秦地百姓对此都是知道的，然而最后项羽却依恃自己的武力和霸道，将刘邦放逐于汉中巴蜀。秦地百姓在大失所望之余，更加同情刘邦，同时怨恨项羽及三秦王，在刘邦被迫率部离开关中时竟有数万民众自愿随刘邦而去，民心之向背，于此可见一斑。

在知己知彼的基础上，韩信得出结论，汉军若卷土重来，进攻关中，势必将得到关中民众的热情拥戴，无须太多兵卒，传檄就可以将关中拿下。继而以关中为基础，向东争权天下，如此，定可战胜项羽。

如果按照士的划分，韩信并非擅于辞令的辩士，他在日常生活中也从不喜欢社交。但刘邦问策当天韩信却能洋洋洒洒、口若悬河，说明他在军事谋略这块领域，确实已经达到了纵横捭阖、如数家珍的境地。韩信的这些论述，就是历史上著名的"汉中对"。它是中国军事史上最上乘、实践中也被证明最为成功的战略计划之一。战略决策的主要层次，即敌我态势、目标方向、进攻时机、实现手段皆在其中得到了充分体现，同时这四个层次又彼此互为联系、相辅相成，最终融为一体。

元代学者杨维桢慨叹，"韩信登坛之日"，还定三秦之谋已定于其手。明代大吏董份则说他通过"汉中对"，发现韩信的智谋实在是太高了，可以断定其才能绝不仅仅局限于策划普通的军事谋略，而是真的具有改变天下局势的雄心和能量。就连乾隆皇帝也对韩信在"汉中对"中的见解极为欣赏，他说韩信登上拜将坛后不过寥寥数语，就已经能够对刘邦必将兴盛、项羽必将败亡的前景了如指掌了。

韩信初为大将军，深感刘邦"知遇之恩"，一上来就给对方献上了一份价值不可估量的见面礼。"汉中对"对于已深陷困境的汉军而言，不啻于一盏拨云见日、茅塞顿开的指路明灯。

刘邦也是个识货的，在韩信长篇大论的讲述过程中，他没有再插嘴询问一句，而是全程都在耐心细致地倾听。等韩信讲完，刘邦的反应不仅是大喜过望、激赏连连，而且还生出了一种与韩信相见恨晚的遗憾之感。

"汉中对"被刘邦予以全盘采纳，他同时让韩信对东进关中、还定三秦进行具体的研判和筹划。

申军法

尽管韩信在"汉中对"中，豪言关中可"传檄而定"，但这只是就整体战略而言，具体落实到行动，则远没有如此简单。

汉中说与关中较近，其实也只是相比巴蜀而言，从汉军大本营所在地南郑，到咸阳的直线距离就有五六百里。当然如果是在平原行军，这点路本来也算不了什么，关键是巴山、秦岭、汉水、渭水横亘其间，沿途尽为险峻难行的山道，而且所有必经要道都已被章邯派重兵控制住了。

身为三秦王之首的雍王章邯，毫无疑问是汉军东进最大的拦路虎。此人原先是个文官，在陈胜的起义军兵临函谷关，咸阳一片空虚之际，是他首先提出建议并亲自将七十万骊山刑徒编成作战军团，尔后又率军团将起义军一举击退，直至令陈胜败亡。

作为文人出身的统帅，章邯兼二者之长，既老成持重，思维缜密，同时又坚忍顽强，敢斗能杀。即便巨鹿之战，王离兵败，章邯仍独自抗衡项羽达半年之久，也正是趁着章邯、项羽两雄相争、难分高下，刘邦才得以乘隙攻入关中。

章邯投降项羽后，在现有楚军阵营中，以军事才能而论，他被公认为仅次于项羽。项羽将章邯和另外两位秦降将封于关中，就是认为以章邯的将略，再借助天险和三秦军，已足以阻遏刘邦。章邯领会了项羽的意图，自被封王起，即将刘邦作为自己的假想敌。鉴于原先追随他的刑徒军和新征发的秦人子弟兵，多战死和被坑杀，兵力已明显不足。章邯在整体上对刘邦实行了有重点的防御，除紧紧扼守从汉中通往关中的要道外，还派兵分别驻守于渭水南岸、陈县等要隘，以求能够完全堵死刘邦的出路。

与此同时，章邯还以攻为守，在背后玩了一些小动作。在秦末大起义中，偏处一隅的巴蜀未出现大乱，所以在秦朝灭亡后，控制巴蜀的地方官仍是原秦朝旧吏。章邯便趁刘邦刚刚得到蜀郡封地，还没来得及将其完全控制起来之机，借自己故秦将及雍王的身份，抢先封赐对方为蜀郡太守。章邯此举，一要让对项羽放心，表示他不仅不会在背后跟刘邦暗通款曲，还将与其死磕到底；二是欲通过咄咄逼人的战略挑衅，诱使刘邦将其战略关注点置于西面，从而无暇向东发展。刘邦一方自然也不是吃素的，当时还是刘邦客将的林挚出手杀掉了章邯所封蜀守，接着又受刘邦委托担任蜀郡太守，从而稳定了汉军后方。自此，章邯与刘邦的关系也变得更为紧张，双方早早就处于敌对状态。

项羽所居彭城离关中、汉中较远，但他也在函谷关以东布置了多家与其亲近的诸侯，对刘邦实施重重防御。在这种情况下，如何顺利攻入关中，对汉军是一个巨大的考验。韩信的应对之策是一面及时掌握项羽方面的情报，静待时机；一面以大将军之任"申军法"，对汉军作大规模的整编和训练。

古代"兵法"中的"法"实有两层含义：一是谋略、方法，一是律令、法规。前者主要用于指导带兵打仗，后者主要用于规范军队的组织、训练和作战行为，也就是"军法"。战国时代，秦军一口气出了一批厉害的君主、能战的名将，之所以能够屡战屡胜，令各国闻风丧胆，除了不断上升的国势，一个更为根本的原因就是从商鞅变法开始，秦国通过一系列改革逐步建立起了以严格和完备著称的秦军法。

秦统一六国后，秦军法曾经被推行至全国，不过随着秦末大乱，六国复国运动风起云涌，各国又重新恢复了其原有军法。怀王时期的新楚国也是如此，楚军各部包括刘邦军在内，均实行楚军法。韩信在汉中"申军法"，就面临着这样一个问题，即究竟是亦步亦趋，继续沿用楚军法以迎合以楚人为主的汉军将士，还是勇于变更采用就当时来说最为先进、效率最高、效果也最好的秦军法。

根据《汉书·艺文志》，韩信和张良曾共同编有《兵法》，这部《兵法》是军事律令类文献，可知也就是韩信所主创的汉军军法汇编。此《兵法》虽然早已亡佚，但值得庆幸的是，二十世纪七十年代末，考古人员在青海的上孙家寨汉墓中发现了一批木牍，木牍所载大多是汉代军事律令，且与韩信、张良《兵法》之间渊源甚密。

木牍显示，"保护主将失职律""违抗将令律"和"擅自退却律"是汉军法中比较重要的几条军律。"保护主将失职律"规定，战斗中如果主将没能得到应有的保护，先于卫兵、下属军官阵亡，则其卫兵、下属军官须服劳役，全体士兵也要受罚。"违抗将令律"是指即便战斗失利、矢尽兵折，但未经将领允许便擅自停战者，必须予以处罚。"擅自退却律"同样极为严厉，除了战斗中擅自退却的，须由身后士兵依法当场处死外，就连行军时发生逗留不前、畏惧懦弱行为的，也要处以腰斩之刑。

专家研究认为，这些军律应该就是韩信、张良《兵法》的主体内容，而这与秦军法又有颇多相似之处，因此可大致推定：韩信当年在汉中进行军制变革，其所"申"军法就是秦军法！

实际上，秦军法治核心的部分并非治军严格，而是其独有的军功爵赏制度，这也是秦军法与楚军法及其他关东诸国军法最重要的区别。以楚军法为例，它跟爵禄没有关系，楚爵的获得方式，主要来自世袭的社会地位等。但秦国自商鞅变法后，便实行"以功授爵"的军功爵赏制，其军功爵共分二十级，士兵不问贵贱，均可凭借自己的军功获得爵位，并逐级递升。战国时代的秦兵能够个个如狼似虎，让敌人闻风丧胆，可以说与军功爵的实施密切相关，因为几乎每个秦人士卒在上了战场后都渴望通过杀敌立功来提升自己的社会地位和享受更好的待遇。

以秦军法替代楚军法，显然是韩信所做出的一个正确选择。经过整训，汉军开始有了昔日秦军虎狼之师的影子，同时这也为尔后作为兵源的秦人继续源源不断地加入提供了制度保证和文化归属感。

最佳时机

反秦起义结束后，原本均立志推翻秦朝的各路豪杰，一时间失去了共同目标，相应也就失去了凝聚力，各种隐藏的矛盾都逐步呈现出来。偏偏项羽又是一个独断专行、傲慢自负的人。在戏水分封中，他仅以一己之好恶、亲疏之远近，作为分封诸侯的重要依据，既未能按功分封，也没有充分考量各种复杂利益的平衡，致使旧有问题尚未解决又人为地制造了很多新矛盾。关于这一点，韩信通过"汉中对"已经分析得清清楚楚，他之所以对此予以特别关注，就是看到这些问题和矛盾等于播下了动乱和纷争的种子。而关东一旦爆发新一轮大动荡，就是项羽将由强转弱的节点，届时也就是汉军乘势出击的最佳时机。

果不出所料，公元前 206 年，从关东传来消息，田荣已在齐地起兵！项羽在分封诸侯时，像析分秦国疆域那样，也将原齐国分割成了胶东国、齐国、济北国三个诸侯国，此即"三齐"。齐将田都、田安因为与项羽关系亲近，分别被其封为齐王、济北王，原本的齐王田市却受到贬抑，只能到偏远的胶东国为王。

田市是原齐国丞相田荣的堂侄，在六国复国运动中，他被田荣拥立为王，又一直在田荣的监护下当政，实际是个傀儡。田荣与项羽不对付，结果自己在分封时也一无所得，田荣对此极为愤怒，一生气，他决定拒绝接受项羽的分封命令，让田市继续在齐国都城临淄当齐王。

那边田都还不知情，喜滋滋地就要来临淄接受封国，田荣毫不客气地领兵相向，田都打不过田荣，兵败后只得逃往楚国寻求庇护。田市一方面胆子小，害怕项羽进行报复；另一方面可能也有乘机脱离田荣的控制，实现独立执政的想法，因此背着伯父偷偷离开临淄跑去做他的胶东王了。田荣一腔怒火又都发泄到了他这个侄儿身上，当即进兵杀死了田市，干脆自己做了齐王。

田荣自立为王后，深知单凭他自己难敌项羽，便开始积极寻找盟友。田荣找到的第一个帮手是彭越，彭越也参加了秦末起义，但彭越一直保持独立地位，不固定从属于任何一个大的政治势力。他在战争中也基本上是见秦军强盛就马上躲起来，等到发现哪一路义军有希望取胜再跑出来引兵相助，以便从中谋利。田荣瞅准彭越的"生意"头脑，以齐王的名义授其以将军印绶，命令他出兵配合齐军行动。彭越果然大为动心，遂按照田荣的要求，领兵进攻济北，杀死了济北王田安。

田荣驱走田都，又借彭越杀死田安，三齐之地尽入其囊中，他也由此重新统一齐国成了名副其实的齐王。此举在打乱项羽戏水分封体系的同时，也大大激励了其他自认为在分封中遭受不公、对项羽甚为不满的人，陈馀是其中最突出的一个。

陈馀就是巨鹿之战中在城外率先出场，驰援巨鹿的那个赵国大将。他与赵国丞相张耳本是"刎颈之交"，但巨鹿战后，两人却因为产生误会而关系交恶，陈馀"由爱生恨"，连张耳的脸都不愿再看一看了，当下便带领部下数百人脱离了赵国。项羽分封时倒也没忘记陈馀，封他为侯，领有赵国边境南皮附近的三个县。可是当陈馀看到项羽将他昔日的挚友、现在的死敌张耳封为常山王后，心理就失衡了。他认为自己与张耳同时起兵，反秦功绩也不相上下，张耳封王，他也应当封王，然而项羽却在封张耳为王的同时，只封他为区区三县侯，简直是在羞辱人。

南皮紧靠齐国，陈馀派使者拜见田荣，向他陈述自己对于项羽和张耳的不满，请田荣帮他进攻常山国，并表示愿意联合反楚。田荣正急于扩大反楚势力，当即便应允下来，随即派军队协同陈馀进入常山国，攻击张耳。张耳不敌陈馀和齐国联军，大败而逃。

项羽在分封中，将原赵国疆域一拆两半，除张耳的常山国外，他另将原来的赵王歇改封为代王，让其统辖代国。陈馀在打跑张耳后，复立赵歇为赵王，而自己则掌握了赵国的实权。至此，田荣和彭越、陈馀联手，公开竖起了反楚大旗，田荣甚至还指使彭越南下对西楚进行攻击骚扰，直接将战事蔓延扩大到黄河下游的南北两岸。

随着项羽的分封体制出现动摇，其他诸侯也变得不安分起来。在戏水分封中，原燕国疆域被项羽一分为二，原燕王韩广被封为辽东王，其部将臧荼因跟随项羽救赵、入关有功，则被项羽封为燕王。这一与齐国分封颇为类似的处置方式，当然令韩广不满：既然齐国那边能掀桌子，我当然也能掀。于是韩广拒绝前往辽东。臧荼不干了，两人打了起来，最终臧荼攻灭韩广，并顺势将辽东并入燕国。

项羽被接二连三的突发事件弄得焦头烂额，穷于应付。燕国统一，本与其分封本意不合，但臧荼既是项羽所封的燕王，他捏捏鼻子也就认了。赵国和陈馀也可以暂时放在一边，项羽最无法容忍的还是田荣和彭越，他先派手下大将萧公角前去攻打彭越，萧公角号称楚军悍将，谁知道竟打不过彭越，在彭越手中吃了瘪。没办法，项羽只好亲自上阵，对已深入楚国境内的彭越展开攻击，彭越一见项羽就现了原形，败出楚国境内，与前来增援他的田荣会合，以联军的姿态与项羽进行对峙。

既然证明战场之上，还是只有自己出马才最灵效，项羽也就不差遣手下战将了，他亲自率领楚军主力北上。在进入齐国境内后，与田荣、彭越联军展开鏖战，中原地区由此战火绵延，一发不可收拾。韩信判定，汉军东击关中的最佳时机已至：项羽与田荣、彭越大战，必然分散他对三秦地区的注意力和精力，这个时候出兵三秦，正可趁虚而入，把项羽可能进行的干涉降到最低。往后看，田荣、彭越之辈终究不是项羽的对手，假以时日，还是要被项羽击败，届时随着局势的稳定，项羽的地位将进一步得到巩固，如果到那时再兴兵与项羽争夺天下，实难有获胜之望。

除了项羽的干涉，也要考虑直接对手章邯等人的情况。在秦末大起义中，三秦大地遭受巨创，满目疮痍，此时距离秦灭亡未久，关中当地的军事、经济等尚未得到恢复，实力正弱，也正适合乘虚而攻。若是等到章邯等人在关中站稳脚跟，又是招兵买马，又是强化防御，届时想要还定三秦，难度亦非当下可比。

韩信在汉中"申军法"，将汉军原有的楚爵改制为军功爵，士卒受到激励后，个个跃跃欲试，大家都希望能够尽快征战疆场，以便在实行东归愿望的同时，通过战场杀敌来获得爵位，提高待遇。显然，这正是士气可用之时，"气可鼓而不可泄、劲可提而不可松"，倘若一再拖延不战，士卒必将重新陷入日益惰怠乃至逃亡的泥潭。

机不可失，时不再来，韩信向刘邦建议，应立即兴师东进。刘邦完全同意，决定除留下萧何收取巴、蜀两郡的粮食租税，为军队提供后勤保障外，其余主力人马全部参加东进的军事行动。

陇西战略

由汉中直接进入关中，须穿越秦岭，其间共有五条谷道可供选择，分别是傥骆道、褒斜道、子午道、陈仓道、祁山道，这些谷道除子午道在司马欣的塞国境内外，余下四条道都在章邯的雍国境内。傥骆道是咸阳和汉中之间最短的谷道，但也是最险峻的道路，所谓"屈曲八十里，九十四盘"，因为过于狭窄险峻，人马通行一般都不予考虑。褒斜道即战国时秦国取蜀的通道，在秦岭谷道中最负盛名。张良在与刘邦分别，返回汉中时，走的就是褒斜道，他曾将其所经过的栈道予以烧毁以示项羽，刘邦再无返回三秦、东向争雄之意。

张良烧毁栈道，其实也就只能用来哄哄项羽。章邯身为秦人，对关中地形本就很熟悉，自从奉项羽之命，接过封锁刘邦之责后，他对进出汉中的道路自然就研究得更为仔细了。同样的做法被章邯看在眼里，反而增加了他的疑虑，让他觉得刘邦是在欲盖弥彰：烧毁的栈道又不是不能重修，一旦修好栈道，你刘邦还不是照样可以乘隙而进吗？

在刘邦进入汉中后，章邯丝毫没有放松对他的挑衅和监控，本身也说明张良之计对章邯难以起到作用。章邯接到的第一个军报，正是来自褒斜道方面的报告：汉军正在对褒斜栈道进行修复。报告证实了章邯的猜测，即焚烧栈道是在演戏，刘邦是在借此隐藏其东进意图。不过章邯也并不相信汉军会从褒斜栈道大举反攻，因为修复栈道需要时间，而且褒斜道乃是小道，就算栈道修通，大兵团要想短时间通过也不是件容易事，有这工夫，已足以让他做好迎击准备。

　　章邯接到的第二个军报，是陇西方面发来的。章邯的雍国拥有三秦诸侯国中最大的地盘，共辖三个部分，即咸阳以西的关中，以及陇西、北地两郡。在此前刘邦、章邯或明或暗的较劲中，章邯以任命蜀郡郡守的方式进行挑衅。刘邦亦还以颜色，在陇西郡处于章邯统辖的情况下，公开任命部将郦商为陇西都尉，也即陇西郡的军事长官。

　　陇西地势高于汉中、巴蜀，自汉中、巴蜀仰攻陇西较难，而自陇西下攻汉中、巴蜀则较易，如果章邯要想凭实力夺取蜀郡，陇西郡乃是必由门户。刘邦任命郦商的举动表明，他有意通过攻占陇西达到屏蔽汉中、巴蜀的目的，这就是"陇西战略"。在过去，陇西战略毫无疑问是刘邦用以自卫、自保，对章邯的挑衅、威逼予以反制的一种战略手段。

　　古汉水上游由于河道壅塞，形成了一种巨大的山间水道型湖泊，被称为"天池大泽"。天池大泽的储水抬高了水道，故而在这种湖泊存在时，汉水上游的水路交通极其便利，从汉中出发逆流而上，指日可达陇西。陇西方面的军报表明，汉军正是借助了水路便利的条件，沿汉水西行，向陇西实施了攻击。

　　章邯对此并不感到特别吃惊，甚至于他心中还有些"彼入吾毂中"式的窃喜。这是因为刘邦的陇西战略本就在章邯的算计之内，先前他之所以私自任命蜀守，既是政治上的挑衅，其实更是一种军事上的引诱：刘邦要么不敢轻举妄动，若是其敢于出手，最好就是为守住汉中、巴蜀而直奔陇西。只有这样，三秦军才有充足时间进行防御和反击，甚至在必要时候请项羽前来施以援手。

根据军报，有两位汉将参加了陇西战略的军事行动，其中曹参进攻的是陇西郡下辨县，樊哙更进一步向西北进军，其军锋直指陇西郡西县。西县已接近上邽，而上邽乃是陇西郡得失与否的标志，汉军这一行动，大有一举攻取陇西郡之势，很快，陇西方面又发来新的军报，曹参业已攻陷下辨。

章邯以陇西为饵引诱刘邦往西进兵，但这并不意味着他能坐视占其地盘三分之一的陇西被刘邦轻而易举地收入囊中。因此他即刻下达动员令，一面命陇西郡军向西县、上邽一带集结，对汉军进行堵截，以遏制其进攻势头；一面抽调部分北郡军，增援陇西。

谋　算

章邯是一个极有城府谋略的将领，其率部所处的地理位置又居于和刘邦对峙，有你无我、有我无你的前线，这就决定了他的警惕性和防范意识都很强，绝无麻痹大意或掉以轻心一说。在调整陇西部署并调兵予以增援的同时，他也没忘记思考一个问题：刘邦这次大动干戈，难道就真的只为了争夺陇西？

联想到汉军对褒斜栈道的修复，章邯认为不能排除一种可能，那就是刘邦在声西击东，即明争西面的陇西，实为东面的关中，或者说汉军攻击陇西的行动，只是其攻击关中的前奏和掩护。如此，关中也不能不防。傥骆道难走，褒斜道固然也过不了大兵团，但即便把它们暂时放到一边，其余子午道、陈仓道、祁山道三条谷道，汉军大部队可都是能够出入的。三条道口均已有守军把守隘口，然而如果刘邦是以陇西战略为掩护，实欲偷袭关中，则还需进一步加强防守，关键就是不知道汉军究竟会从哪条谷道出来。

以汉中和咸阳之间的距离论，三谷道中祁山道最为迂长，地理位置也较偏远，相比之下，子午道、陈仓道尤其距离最短的子午道，更值得怀疑。子午道也就是刘邦当初去汉中就任封国时所走的谷道，在章邯看来，刘邦有很大可能还会重出子午口：其一，子午道距咸阳近，符合偷袭中兵贵神速的要求，而且汉军已经走过一次，对道路相对熟悉；其二，从子午道口一出来就是塞国所属的道县。三秦诸侯国中塞国最小，相对于章邯所统领的雍军，塞军也要弱得多，乃是围堵刘邦兵出汉中的薄弱环节。

经过慎重考虑，章邯将相关情况以及自己的分析判断，向塞王司马欣做了通报，让他迅速加强杜县一带的防守，确保汉军无法出子午口。另外，章邯也下令加强陈仓一带的防守，以防汉军从那里突然冒出来。汉军既然已进入陇西，则亦有可能从陇西顺势攻击关中，不过就算陇西被汉军攻占，也还有陇山阻断其路，以雍军为主的三秦军可以从容调遣集结，将其堵在陇山以西。基于这些谋算，章邯将雍军主力集结于雍国都城，位于渭水北岸的废丘，作为机动兵力，随时驰援杜县或陈仓，若陇西告急，则封锁陇山，从而保证关中腹地不致受到直接威胁。

公元前206年，陇西郡军在西县落败，这一坏消息并未令章邯坐卧不安，因为紧接着，塞国方面就发来通报，证实汉军正在秘密抢修道路且先锋部队已出没于子午道口一带。看来自己的判断是对的，汉军主力真正的攻击方向，不在陇西，而在子午口。章邯传令所部整装待命，做好增援塞国的准备。战争进展非常之快，时隔不久，司马欣就派军使快马加鞭地赶到废丘，报告汉军先锋部队业已攻占子午口，后续大部队正源源不断地在山道上行进。

这个时候，再不能犹豫了，章邯拍案而起，亲自统领雍军主力，离开废丘，火速向杜县进发。部队刚刚移动，雍军自己扼守的陈仓方面便传来军报，告知汉军一部突然出现于陈仓道，并已开始攻击道口的故道县城，守军请求章邯予以增援。章邯稍一思忖，即判定出陈仓道的汉军只是佯攻，是为了配合汉军主力出子午口，他下令陈仓及其附近雍城的守军就近增援故道，他自己则率部继续前往杜县。

未几，陇西方面报告，陇西境内的汉军已停止攻击，退守西县、下辨。然而还没等章邯松口气，他就又接到了来自陈仓的紧急军报：从陈仓道涌出的不是"一部"，而是汉军大部队，他们已攻破故道县城，继而越过大散关，北上渭水，包围了陈仓县城，守军在城头观察，对方军中赫然出现了汉王刘邦、大将军韩信的旗号。

章邯急忙询问子午口的情况如何，回答是攻占子午口的汉军并未出山口攻击道县，只是据山固守观望而已。章邯如闻晴天霹雳，心立刻凉了半截，他明白自己上当了，汉军实施"陇西战略"也好，出子午口也罢，都是在打烟幕弹，为的是掩护主力由陈仓道闯关！

韩信之计

汉军东进之役，系由刘邦亲自领导和部署，但作战方案则是韩信提供的，包括众将接受的任务和所要攻击的目标，也都来自韩信的筹谋，即《史记》中所称的"听信计"。

对于"韩信之计"，《史记》等史书均语焉不详。不过只要在地图上将众将的行军路线和轨迹一一标示出来，就像在地理棋盘上呈现出一张对弈棋谱，再结合征战状况立刻就能从中看到"韩信之计"的大致内容及步骤，并将其蕴含的兵机初步解析出来。

一开场，韩信就露了一手障眼法，那就是重修已被烧毁的褒斜栈道。修其实是真的在修，并且安排了刘邦的亲信将领、在东进之役中从属于韩信的汉将周勃，亲自监督施工。只不过在大张旗鼓修复栈道的同时，韩信并没有把褒斜道作为主力闯关的出入口，而暂时只将它作为吸引章邯的注意力，对其进行迷惑的一个手段，这也就是后世兵家所概括的"明修栈道，暗度陈仓"。

接着，就是发动陇西攻势。作为还定三秦的序幕战，韩信在兵出陈仓前进攻陇西，有着一箭双雕的作用。

其一，汉水既可帮助汉军逆流而上，直抵陇西，亦能为雍军所用，顺流而下，威胁汉中和巴蜀。兵发陇西，意味着先一步封锁了汉水航道，扼住了陇西雍军的咽喉，使其在汉军大出陈仓后无法乘机袭击汉中，从背后攻击汉军。

其二，针对章邯的政治挑衅和军事引诱，将计就计，把章邯的注意力吸引到陇西地区，为出其不意地暗度陈仓作准备，此谓"明出陇西，暗度陈仓"。

真正的突破口是陈仓道，而沿陈仓道进兵的汉军，正是刘邦所亲率的汉军主力。

在刘邦所辖巴蜀地区，有一个擅长弩射的部族，因其在与敌厮杀时，使用木板为橹（即盾牌），故被称为"板楯蛮"。板楯蛮的头领之一范目，认为刘邦一定会夺取天下，于是主动前来拜见刘邦，请求带着由其招募的本部族壮丁，跟随刘邦征战。此次范目被刘邦任命为先锋，在大部队前面逢山开道、遇水搭桥，板楯蛮对于山地作战可谓如鱼得水，他们很快就从陈仓道潜出，然后突施冷箭，攻下了陈仓道的重要据点，该据点位于秦岭山梁之上的故道县城。

刘邦攻占故道城后，原本在下辨的曹参也按计划折向东北，与刘邦大军在此会合。故道县城的北面，即是从陈仓道进入关中的重要关隘：大散关。

大散关地势险要，易守难攻，历来是兵家必争之地，章邯又早早就在此处部署了重兵，致使大散关成了一块难啃的骨头，汉军屡攻而不能下。正当刘邦进退两难，考虑是否要撤兵时，谒者（即近侍）赵衍求见。赵衍是汉中本地人，对当地的地形地貌、道路情况非常熟悉，除地图上会明确标示、通常被作为主要通行路线的正道外，他还知道正道之外的别径，所谓"他道"。赵衍在求见刘邦时，就指出了这样一条可绕过大散关，直通陈仓县城的"他道"。

刘邦立即派范目带着他的板楯蛮部众，循"他道"而行，大部队随后跟进，由此迅速包围了陈仓县城。陈仓城里的守军说同时看到了刘邦、韩信的旗号，刘邦当时确实就坐镇于故道县城调度指挥，但韩信本人却并不在陈仓，而在子午口。

就在章邯把他的关注点从褒斜道挪开的时候，周勃已经悄然完成了栈道的修复。紧接着，韩信便与周勃共同率兵，沿着修通后的褒斜道秘密北进，中途两人策略性地分开，韩信率军一万，脱离褒斜道，独自进兵。

在汉军东征之役中，萧何虽不在前线，但他搜集的一个法宝却给刘邦、韩信等人帮了大忙。原来出身秦吏的萧何，深知档案资料的作用，当初随刘邦攻入咸阳时，其他将领都忙着争夺财物，唯有萧何把秦的律令图书都收藏了起来，其中就有秦朝地图。按照萧何所获的秦朝地图，韩信率部行走于无人区，最后循秦岭而东，切进了子午道北段。

塞国最早在子午道所观察到的汉军动静，秘密抢修道路以及先锋部队已经出没于道口等都是真的，而且韩信还特地安排了骁将灌婴负责实施和指挥，但那也只是韩信用来惑敌的虚招。实际上，这时韩信早已带兵从褒斜道切入了子午道，而章邯对于韩信的这一隐秘行踪，却是两眼一抹黑，啥也不知道。这使得他虽然断定汉军主力出子午口的可能性最大，但在出援时机的把握上则非常不及时，结果韩信便趁其迟疑观望，拥兵于废丘之际，一举夺占了子午口。

奇　正

后人往往难窥"韩信之计"的庐山面目，东汉时有人撰碑文，碑文中曰："高祖受命，兴于汉中，道由子午，出散入秦。"

这是把韩信在子午布疑兵作为了前提，把刘邦从陈仓口、大散关进行突破，继而进入关中作为了结果。然而实际上，"道由子午，出散入秦"与"明出陇西，暗度陈仓"以及民间熟知的"明修栈道，暗度陈仓"一样，都不是"韩信之计"的全部，而只是它的某一个环节，同时这些环节又都相互呼应，共同指向还定三秦的最终目标。

在中国古代军事辞典中，有两个非常重要的术语，可用来对各环节的具体运作进行解析，这两个术语一为"正"，一为"奇"："正"即正兵，是为直接、正面的对抗；"奇"即奇兵，是为变幻莫测、出敌意外的打法和部署。

历来兵家都十分重视对奇正之术的研究和运用，向有"战不过攻守，术不过奇正，形不过虚实"之说，而在奇正之间，又以正较易，出奇为难，所谓"将贵智，谋贵奇"。可以看出，"韩信之计"从头至尾，都贯穿着一个"奇"字，即从敌人意想不到的路线进军，向敌人意料之外的地点攻击，并时时将其与半真半假的正兵，近乎天衣无缝地捏合在一起，以此达到攻敌不备、出敌不意的效果：周勃修理褒斜栈道为正，韩信从褒斜道切入子午道为奇；曹参、樊哙虚张声势地进攻陇西为正，刘邦率主力部队兵出陈仓道为奇；在子午道故意弄出动静，又是抢修道路，又是出没道口，是为正，最终大军袭夺陈仓口，越过大散关，包围陈仓城，给予章邯致命一击，是为奇。

应该说，章邯把他该想和能想的都想到了，但"韩信之计"的复杂和精妙程度，却还是远远超出了他的想象。其中那些令人眼花缭乱的战术布局，即便久经战阵，老练如章邯，也见所未见、闻所未见。《孙子兵法》强调"致人而不致于人"，就是要能够调动敌人而不被敌人所调动，章邯恰成反例，这让他瞬间就陷入了手足无措、顾此失彼的不利境地。

在陈仓口、子午口均已告破，陈仓、道县二城又同时告急。考虑到陈仓县城既已被包围，围城汉军又是打着刘邦、韩信旗帜的主力部队，加上出子午口的汉军暂时也未继续向道县攻击，两害相权取其轻，章邯觉得自己还是应该先救援陈仓为好。

忙乱间，章邯急令麾下部队掉转方向，火速驰援陈仓城。然而他还是迟了一步，此时周勃已穿越褒斜道，并经褒斜道对凭临渭河，据守着褒斜通道的眉县发起攻击。眉县处于废丘、陈仓之间，周勃在攻打眉县的同时，也阻滞了章邯对陈仓的驰援。差不多在同一时间，发现章邯已经选择驰援陈仓，韩信也对道县发起进攻，这些都大大影响了雍军的士气和推进速度。

还没等章邯率部赶到陈仓，在他们跑到雍城时就得知陈仓城已经陷落。章邯暗暗叫苦，只得在雍城停住，以便抵御他预料一定会乘胜进逼的汉军。

果不其然，得手后的汉军一鼓作气，杀至雍城。这支汉军大部队的力量又有所增强，原因是之前已攻占陇西郡西县的樊哙，在按计划虚晃一枪，甩开他在陇西的对手退回下辨后，也沿着已经被打通的陈仓道，突入雍城。

刘邦、曹参、樊哙合兵一处，夹击章邯。汉军东归之心似箭，自突出道口后即如同出山之虎一般，个个勇猛异常。反观雍军，经过长途奔驰，早已疲惫不堪，兼之又无险可恃，作战中很快就落于下风。章邯在从废丘向陈仓驰援时，便已经是被动应付，现在一看打还打不过，更是心慌意乱，遂不得不撤出雍城，退回废丘。

曹参、樊哙虽都已移师陈仓，但汉军在陇西的攻势并未因此减弱，汉军骑将靳歙继之而起，大败陇西方面的雍军。章邯的弟弟章平率一部分败兵也被迫撤到关中平原，退守好畤。这下好了，兄弟同陷困境。雍城一线的汉军于是再次分兵，刘邦率主力沿渭河东进，直逼废丘，曹参与樊哙则率部追击章平，围困好畤。

"韩信之计"还在继续向前推演。在樊哙的协助下，周勃攻克了眉县，随后以眉县作为据点，居中策应从陈仓东进的大军，协作呼应。与此同时，韩信也攻取了杜县。

值得一提的是，就在韩信攻取杜县的过程中，有个叫杨喜的人投于韩信麾下。日后垓下之战，共有五名汉军将士凭借夺取项羽尸首的功劳，获得刘邦的丰厚奖赏，杨喜即为其中之一。杨喜出身秦朝将门世家，同族的杨翁子曾与蒙恬同修长城，连杨氏都投奔韩信，足见韩信在"汉中对"中所分析的秦地父老对章邯等三秦王皆恨之入骨，三秦可因此传檄而定的预判，确实言之有据。

杜县东去近处是刘邦在关中的旧驻地灞上，北去不远即为咸阳，这意味着汉军已经插入了关中腹地。

关键一步

项羽戏水分封时，特将关中分封给章邯等三个诸侯王，本意是想把三人制衡刘邦的积极性都调动出来，然而实际情况却是分化了秦地的军事力量。关中平时不需用兵便罢，一旦需要用兵，三个诸侯王之间便很难形成统一调度，亦难合力御敌。眼看汉军狂飙突进，三秦王方面，可以看到却只有雍王章邯一个人在来回调兵，其余两位诸侯王，除了司马欣在子午道防御上还起了点作用，翟王董翳几乎就成了局外人。

事到临头，章邯亦无他法，唯有与章平背靠背地分守废丘、好畤，一边以掎角之势阻止汉军大举东进，扼守前往咸阳的通道，一边等待塞国和翟国派兵增援。

千呼万唤，司马欣、董翳终于派来了援兵。军势复振后，章邯赶紧举军西出废丘，向汉军实施反攻。此时刘邦已经完全占据优势，他在从正面顶住章邯攻击的同时，秘密调动围困好畤的曹参、樊哙两部南下，从侧翼对其进行突袭。在汉军的两面夹击之下，章邯大败，只能再次退回废丘。

废丘之战是汉军反攻关中过程中，具有决定性意义的一次大战。经此一战，以雍军为主、塞军、翟军加入的三秦军主力，被完全击溃，三秦军就此丧失了主动攻击汉军的能力。废丘之战后，章邯唯困守废丘一途，无法再向城外走出一步，对整个战局而言，他的存在事实上已经无关宏旨。

汉军乘胜一路向东，集中力量攻破了好畤，章平弃城而逃。好畤一破，通往咸阳的道路也就被打开了，汉军随即占领咸阳，刘邦进入咸阳，他的感觉终于又和第一次攻破咸阳、终结秦朝时的那股兴奋劲贯通了。

咸阳现在属于司马欣塞国的统辖范围。就在司马欣为紧急驰援章邯，被迫拆东墙、补西墙向废丘之战投入兵力时，此前一直在子午口虚张声势的灌婴，趁着其防线上出现空虚，也兵出子午，一举攻取了塞国都城栎阳。

已经夺取关中腹地的刘邦，开始以优厚条件招抚三秦各地守军。眼看大局已定，塞王司马欣、翟王董翳先后投降，只剩下章邯兄弟尚在雍国的部分区域困兽犹斗，苟延残喘。

刘邦重夺关中，是他突破封锁，由困顿走向发展的关键一步。随着塞、翟两国被改置为郡，成为汉国的直辖郡，雍国也有一部分被掌握，汉国的实控区域一下子扩展到了关中的大部分地区。汉军上上下下欢欣鼓舞、群情振奋，曾经兵逃将亡的现象一去不复返，思乡情结也早已从影响军心稳定的因素，变成将士们打回东方去的动力，而这种动力又因东征之役的大获全胜，得到了空前地增强和巩固。

其实，在刘邦接受韩信的建议"还定三秦"之前，即便萧何也主张暂时接受现实，首先养精蓄锐，整军经武，积累力量，然后再伺机而动，考虑东进。不是说这些主张没有道理，若是条件允许，亦不失为稳妥之计，问题是项羽会答应吗？

如韩信所料，以项羽的能力，他要打垮田荣、彭越等人并无多大悬念。受此震慑，恐怕几年之内，对项羽有所不满的其他诸侯便没人敢再向其叫板了，天下也因此将出现数年之安。要知道，人心动则难静，静则难动，一旦诸侯各安其位，百姓各安其业，随着有能力且敢于向项羽挑战者逐渐销声匿迹，项羽虽非天子，但诸侯霸主的地位将变得更加不可撼动。

一战成名

　　萧何月下追韩信，向来都被传为美谈，且后世对其真实性很少质疑，与之相应，则很多人都觉得刘邦设坛拜将的故事有些不可思议。要知道，这可不是普通的破格提拔，而是前无古人、后无来者的破天荒任用。在此之前，韩信不过是个寂寂无闻的小卒，且没有任何显赫的战绩可以用来证明其能力。就算有萧何"国士无双"的鼎力推荐，刘邦也信了，难道就能马上提拔他为诸将之上的大将军？无怪乎有的专门研究秦汉史的学者，在解读这段史料时，都说不合情理，无论如何也不敢相信世上还有这样的事情。

　　但这就是刘邦，也唯有刘邦才能做出这样令古今之人都感到匪夷所思的事。人们之所以迷惑不解，究其实，一是对刘邦还缺乏深入认识，二就是对他的处境不能完全感同身受。彼时的刘邦被困巴蜀汉中，不得东归，一筹莫展，韩信就是他孤注一掷的选择。

　　直到刘邦与韩信见面谈话，并欣然接受韩信的"汉中对"，这场他不得已而为之的赌博也才刚刚开局。毕竟在真正见效之前，韩信所有的侃侃而谈，以及其还定三秦、逐鹿天下的计策，说到底都只不过是纸上谈兵而已。想当年，赵括也一定曾经以自己的方式打动过赵王，但结果却是一手葬送了赵军和赵国。韩信会是另一个赵括吗？如果是，刘邦及其汉国都将步昔日赵国的后尘，跌入万劫不复的深渊，而历史的面貌也将完全不同。

　　幸运的是，刘邦赌胜了，拜将韩信成为改变楚汉相争走向的一个重大转折。看似偶然的背后，自有其必然的因素。就用人而言，换作"用人唯贵，用人唯亲"的项羽，他连高看韩信一眼都做不到，更遑论拜其为将，其他贵族出身的诸侯也大抵如此。刘邦与他们不一样，刘邦本身就出自草野，他用的人也大多来自社会底层，如萧何、夏侯婴、曹参等原来小县城的刀笔吏，在其阵营中都还算是"体面人"，樊哙甚至是个屠夫，周勃只是给人办丧事的吹鼓手……跟刘邦身边的这些"布衣将相"相比，韩信之出身低微和寂寂无闻也就不算什么了，而刘邦也根本不看重他们的出身、履历，他看重的是能力，以及能否为他带来实际贡献。

吕思勉指出，秦末之际，真正同时具备智慧和勇气的人，已与世袭的贵族家庭无缘。韩信即是如此，而且他还是站在智勇队伍最顶端的那个人。

民间往往把刘邦拜韩信为大将，与刘备三顾茅庐请诸葛亮出山作比，所谓"葛亮顾庐，韩信升坛"。巧合之处在于，四百多年后，诸葛亮也是由汉中出发，五次兴师北伐，目标直指关中。史载，大将魏延在随诸葛亮由汉中进攻关中时，多次建议"如韩信故事"，就是采用当年韩信反攻关中的战略战术，与诸葛亮一正一奇，分道而行：诸葛亮统领主力部队为正兵，直接出褒斜道进攻关中；魏延自己统领一万士兵，其中五千作为作战的精兵，五千背负粮草，这是一支奇兵。后者若从褒斜道上的褒中出发，沿着秦岭向东行进，然后经过子午道向北，这样预计不超过十天就可以兵临长安城下，对长安发动奇袭，以此吸引关中敌军的注意，使之顾此失彼。

按照魏延的设想，两军按此方案彼此呼应，夹击敌军，最终将在潼关会合，从而达到一举占领关中的目的。令人扼腕的是，魏延的建议始终未被采纳，这里面有诸葛亮用兵谨慎，出奇制胜非其所长的原因，恐怕也有时移世易，具体的情况和条件已发生变化的因素，总之，五次北伐都没有成功。

实际上，由韩信发动并谋划指挥的还定三秦之役，乃是历史上唯一一次由汉中反攻关中的成功战例。韩信之后，再无继之者，而这也从反面印证了韩信用兵之精妙，以及这场战事取胜的不易。战役打响前，韩信的军事才能有多高，甚至连他究竟有没有军事才能，都不可避免地受到质疑。还定三秦一役石破天惊，韩信由此一战成名，不仅所有质疑都烟消云散，他在汉军将士中的威信也随之真正建立起来。

第三章　木罂夜半飞渡军

谁能想到一个曾经落魄于淮阴街头的无业青年，会突然扶摇直上，成为万人瞩目且初出茅庐就斩获奇功的汉军大将军？当年，人们都嘲笑韩信懦弱无能，认为他腰间的宝剑不过是无用摆设，现在却发现他只是没有拔剑而已，宝剑一旦出鞘，整个天下都将为之震颤！

这是一个富贵斗转、风云骤变的时代，又是一个令人目眩神迷、英雄辈出的时代。这个时代需要巨人也必然产生巨人，而韩信就是从小城青年蜕变而成的巨人，在告别生命中必不可少的灰暗时期后，他那耀眼的才华终于有了用武之地，他全部的生命激情和活力也得以充分释放。

司马欣、董翳投降后，章邯死守废丘。刘邦坐镇咸阳，组织汉军主力攻打废丘，但几次攻击都未奏效，自身还蒙受了较大损失。与此同时，从好畤逃出的章平也纠集雍军残部，呼应废丘城中的章邯，继续作零星抵抗。

在劝降章邯兄弟遭拒的情况下，刘邦接受韩信的建议，停止对废丘的死打硬攻，转而分兵一部与韩信，让他在废丘城外修筑城壕壁垒，对废丘进行长围久困。除此之外，刘邦把消灭章平等残余武装的任务也交给了韩信，自己则亲自指挥汉军主力，准备继续东进，这也就是韩信最新提出的战略：西围东进。

出　关

刘邦攻取关中时，项羽正率楚军主力在齐国境内，与田荣、彭越作战，汉军占领关中的消息，让他一下子犯了难：这边田荣未灭，那边刘邦又在搞事，到底该先剿灭哪一头？

就在项羽支颐琢磨之际，他收到了张良的上书。

张良是有据可查的韩国贵族后裔，向以"灭秦兴韩"为己任，他之前以客卿身份跟随刘邦征战，也是奔着这个目标去的，所以刘邦封于汉中后，他就告别刘邦，前往韩国封地颍川。项羽在分封时，同样将原韩国疆域一分为二，其中原赵国将领申阳被封河南王，领有三川郡，而张良一直追奉的韩王成仍为韩王，领有颍川郡。对此张良君臣已经很感委屈了，但更让他们无语的是，韩王成虽得分封，项羽却又以其未随同入关以及无战功为借口，把韩王成带到了彭城，不让他就国。

张良只能在颍川坐等韩王归来。借助于张良与项伯的关系，刘邦正好托他替自己解脱，于是张良就把刘邦写给项羽的一封信，转呈项羽。这实际上是刘邦的请和信，信中他为自己攻占三秦的行动辩白，声明其行动只是按照昔日"怀王之约"，即先入关中为王的约定，从三秦王手中取得他本应得到的旧秦国地盘而已。他还信誓旦旦地宣称，自己的行动将以"怀王之约"所规定的关中地区为限，绝不会违约走出关中。张良在转呈信件的同时，也通过上书帮着刘邦敲边鼓："汉王只是不甘于失去应得的封职，一心想要得到关中，并没有别的野心。我想他只要一实现先前的约定，就一定会止兵停战，不敢东进了。"

除了刘邦的信件，刘邦、张良还弄到了一份绝密文件：田荣写给赵王歇的密信抄件。田荣在信中以项羽封赵王歇为代王，无理地将其迁徙至偏僻的代国一事，痛斥项羽分封天下不公，并约请赵歇起兵和他联合作战，共同灭楚。张良在将此密信抄件呈送项羽时，同样加了评点："齐国想要同赵国一起灭掉楚国。"

项羽出于直觉，虽然对于刘邦止兵关中的誓言仍旧半信半疑，但刘邦的请和信以及张良敲的边鼓，还是让他把刘邦还定三秦的性质，与燕国臧荼攻灭韩广、吞并辽东国搅和在了一起，即认定为原秦国疆域内各诸侯之间的内讧。另一方面，田荣给赵王歇的密件则惹得他勃然大怒。

若刘邦只是想做秦王，则尽可等以后再收拾，唯有这个田荣，一手破坏霸局，引发动乱，如今又想联合齐赵力量跟我作对，必须一分钟都不耽搁地灭掉他！况且齐国紧邻西楚，又对燕赵等国具有很大影响力，不先平定齐国的叛乱，黄河以北也绝不会消停。就这样吧，首先剿灭田荣，以后再找机会对付刘邦。项羽决定继续留在齐国境内作战，但对于已经攻占关中的刘邦，他也没有放松警惕，任由其发展，而是通过在黄河两岸部署防线，把相应的监视、牵制和阻击任务移交给听其调遣的诸侯。

在黄河南岸，项羽命河南王申阳构筑防线，密切监视刘邦，防止他兵出函谷关。光是这道防线，项羽还觉得不放心，他又废韩王成，剥夺了对方的王号，贬爵为侯，另封楚将郑昌为韩王，命郑昌在申阳身后，构筑起防止刘邦东进的第二道防线。

郑昌被封韩王，意味着韩王成的颍川郡被项羽直接吞并，张良理想中的韩国失国了。张良失去复国的希望，遂从小道逃出韩国，重归刘邦麾下。项羽听到消息后，干脆以张良降汉为由，杀害了韩王成，从此以后，项羽和他的西楚，便代替秦始皇和秦朝，成为张良不共戴天的新仇人。张良开始以"灭楚兴汉"为奋斗目标，竭尽全力地对刘邦进行辅佐。

张良的到来，使刘邦帐中重新有了运筹帷幄的首席军师。好事成双，在此期间，被陈馀和齐国联军赶下台的张耳，也前来投奔刘邦，加入了汉军阵营。

刘邦当然不会如他对项羽所宣称的那样，老老实实地待在关中，等到项羽跟田荣彼此厮杀不可开交之际，他便乘机统领大军出函谷关，直抵陕县。张耳本是刘邦的多年老友，他前来投奔刘邦，也正好随手给刘邦送上一份厚礼：张耳曾出任赵国丞相，申阳原为赵国将领，是张耳的旧部。配合着汉军的浩大声势，张耳成功将申阳劝降。

随着申阳所辖的河南国向汉军敞开大门，项羽在黄河南岸部署的第一道防线不攻自破。接着，在张良的安排和策划下，刘邦又以战国时期韩国的王室后裔韩信（此韩信与本书主角韩信同名，因他后来被刘邦封为韩王，故史书一般称其为韩王信，本书亦遵此例）为将，以重新恢复故国的名义组织韩军，对郑昌的韩国展开进攻。

自食其果

张良年轻时任侠刚勇，曾破家求士，在秦始皇东巡至阳武博浪沙时，埋伏刺客，以百余斤重的铁锥投向其车驾，此即"古博浪沙刺秦"。后来张良因此亡命天涯，避祸时他遇到一段奇缘，在闲步游于圯上时，一位自称黄石公的隐士，在对他进行考验后，授之以一卷《太公兵法》，此即"圯上受书"。

《太公兵法》是一本相传为姜太公所著（实际也可能是托名所作）的先秦兵书。相对于孙吴兵法等纯兵家兵法，《太公兵法》基本属于道家兵法的范畴。张良加以认真研读后，在领悟道家兵法要旨的同时，也使自己的性格乃至命运得到了改变。

道家兵法的一个重要特点，是把道家的哲学引入军事实践，不仅关注一般意义上的战略战术，更注重人性、思维以及文化因素对战争的影响。张良把韩王信推出来，就是要利用韩国旧王族、韩国民众对空降式外来户的排斥情绪，把郑昌变成孤军寡人，让他在韩地立不住脚。果不其然，受命出击的韩王信顺风顺水，一口气便打下了十几座城池，刘邦又率汉军主力跟进支援，郑昌实在招架不住，不得不举旗投降。

在占领河南国和韩国，将其控制区扩张至黄河以南后，刘邦暂时退回关中，对关中根据地进行巩固。期间，韩信一面继续将章邯围困于废丘外，一面派周勃、靳歙平定陇西，派另一名汉将郦商平定北地，最后陇西、北地两郡的雍军残部均被消灭，章平也被擒获俘虏。

眼看黄河以南的两道防线均被击破，关中章邯亦无起死回生的希望，雍国只剩下废丘孤城一座。面对此情此景，你要说项羽不着急，那是假的，但他又苦于被田荣、彭越缠住，一时无法脱身西顾。暴躁、浮躁、急躁，本是项羽的致命伤，这个时候便又都一股脑发作出来，使他接连犯下大错。

第一个错误，是密令九江王英布等人杀害了已遭放逐的"义帝"楚怀王熊心。当初陈胜兵败，外界总结的教训之一就是不立楚国宗室之后而自立为王，结果号召力有限，政权也因此不能持久。正是意识到这一点，项梁才听取范增的建议，决定拥立熊心为楚王，以此建立楚国法统。这说明，熊心虽是傀儡，但并非无用，现在项羽杀害熊心，等于是主动放弃了自己的道德合法性，把项梁给他搭的桥拆了个精光。

当然项羽能打也是真的能打。在与田荣、彭越联军反复周旋多个回合后，双方终于在城阳展开决战，楚军大胜，联军大败。田荣、彭越各自溃逃，田荣原打算渡黄河撤往赵国，但走到平原县时即为当地人所杀。

田荣死后，项羽攻占齐国都城临淄，立跟随他的齐国宗室田假为齐王。到了这个时候，项羽本来就可以抽身了，但他余怒未消，竟率兵跑到田荣生前故地北海，将这里的城郭、房屋一律烧光、铲平，又活埋田荣的降兵，接着还将当地的老弱、妇女都抓起来。充作战利品随军。

肆无忌惮的烧杀、坑杀和劫掠成为项羽在此阶段所犯的第二个大错误。齐人对此极为愤恨，遂重又相聚而叛，其中田荣的弟弟田横，更是通过四处收拢，集中和整顿了被打散的几万齐军败兵，从城阳起兵反楚。重新起兵后的齐军士兵们想到如果被项羽俘虏，必然难逃一死，既然战是死、降也是死，则还不如战死，因此作战时人人奋勇，不畏生死。最主要的还是田横学乖了，他不再像其兄那样跟项羽决战，而是绕来绕去地和项羽打游击战。

项羽自食其果，既抓不住田横，又明知他所立的齐王田假不中用，只要楚军一旦退出齐境，就将前功尽弃。这一进不能胜、退亦不甘心的窘境，使得项羽只好继续留在齐地，战争也因此呈现出胶着状态。

反楚联盟

见项羽已深陷泥潭，刘邦意识到，他的机会又来了。公元前205 年，刘邦率汉军主力在黄河渡口蒲津关集结，兵锋直指黄河东岸的魏国。

当初项羽在决定先解决北面的田荣和齐军，再对付西面的刘邦和汉军，即"先齐后汉、北攻西守"时，于黄河两岸都建立了防御刘邦东进的防线。黄河北岸的防线也有两道，第一道是领有河东地区的魏王魏豹，第二道是领有河内地区的殷王司马卬。

项羽要用魏豹，但魏豹却早就对他心生不满。起因还是跟戏水分封有关。原来项羽对原魏国疆域的最初分封方案，是将其一分为二，身为战国时期魏国王室后裔、被封为西魏王（习惯仍称魏王）的魏豹，与被封为殷王的司马卬，各据其一。但是项羽很快发现魏国故都大梁一带较为富庶，且又靠近他的封地西楚，于是就借自己主持分封之便，将大梁划入西楚，而将魏豹改封至河东。

魏豹对于改封一事，愤气填胸，平时只是敢怒不敢言而已，要让他在关键时候替项羽卖命，那是根本不可能的。眼看汉军由蒲津关渡河东进，在魏国境内大步推进，攻势锐不可当，魏豹很干脆地选择了临阵倒戈，加入刘邦一方。

　　在魏豹的协助下，汉军很轻松地就渡过黄河天险，借道河东，逼近了司马卬的殷国。司马卬与河南王申阳一样，原先也是赵国将领，巨鹿之战后统领赵军一部参加联军，随同项羽作战，因立有战功而被项羽封王，当然司马卬在殷国的根基也不牢固，只能是做一天和尚撞一天钟。

　　对于同样的症结，刘邦这边开出的"药方"毫无二致，那就是派他们的老上司张耳出马，故技重施，对之进行劝降，而司马卬也没落在申阳后面，顺势委身，投附于刘邦。

　　司马卬归附刘邦标志着从戏水分封开始。项羽为围堵防御刘邦而先后设置的关中防线、黄河南北防线，至此全部崩溃，汉军之犀利兵锋，已经直指楚国本土。项羽则还在齐国战事的泥淖中难以自拔，情急之下，他决定接受谋士范增之计，集结魏国籍将士前去攻击司马卬，牵制刘邦。

　　项羽在分封诸侯时，将原属魏国的部分领土划入了他的西楚国，楚军营中的魏国籍将士就来自这些地方。统领他们的将领亦由范增所推荐：当时还在楚军中任职的陈平。

　　范增认为陈平精明强干，本身又是魏国人，让他统领魏籍部队去攻击司马卬，系以魏人打客居魏国（殷国）的赵人，乃是最合适的。这个与张良派韩王信打郑昌相似的计策，果然很快收到效果，陈平出击殷国后，没花上多少力气，就通过软硬兼施，迫使司马卬宣布重回西楚阵营。

陈平载誉回到西楚，远在齐国的项羽很高兴，特委任陈平为都尉，并以黄金作为赏赐。然而让人意想不到的是，此时司马卬趁着陈平离开殷国，居然又一次易帜倒戈，把屁股挪到了刘邦一边。项羽闻讯大怒，马上又派人责备陈平等人，说他们没看好司马卬，言下已有诛杀之意。陈平本来就觉得项羽不能成大事，又不甘心白白送命，遂将刚刚得到的受封印信和黄金留下，只身一人逃出营盘，仗剑西去，投奔了刘邦。

这下好了，前有韩信，后有陈平，原可为项羽所用的两个顶级人才，全都被他自己推给了对手。如前所述，陈平投奔刘邦后立即受到重用，被任命为护军都尉。刘邦不仅让他与张良一起策划东进战事，还将监督各部将领的要务也一并交给了陈平。

拿捏住司马卬，又收了陈平，刘邦率部继续往东，由平阴津南渡黄河，到达洛阳的新城县。在新城县，刘邦接受当地父老的建议，为先前被项羽所杀害的义帝发丧，同时历数项羽之罪，发檄天下，以此号召各路诸侯共同讨伐项羽。

刘邦对项羽正式宣战了。因为对义帝的处置不当，项羽不再占有政治上的主动地位，加上他一贯的专横暴戾，使得许多早就对项羽心怀不满的诸侯、将领纷纷叛楚附汉，集聚到刘邦所树的"讨逆"大旗之下，形成了如同滚雪球般愈滚愈大的反楚联盟。

在新近加入刘邦系反楚联盟的诸侯中，陈馀颇具代表性。他复立赵歇为赵王，自己又被赵王封为代王，这就意味着只要能够把他拉入反楚联盟，赵国和代国都将击楚。当刘邦派人来联络陈馀时，陈馀只有一个要求，那就是杀掉张耳。刘邦当然不能这么做，他的办法是找了一个貌似张耳的人，斩其首送给陈馀。其实如果陈馀细究，不难辨出真假，但陈馀想都没想，就顺着台阶下，决定派兵助汉攻楚。

陈馀的反应，足以说明其时大环境有了什么样的变化。事实上，仅仅一年前由项羽分封的诸侯王，就已有一半以上进入了刘邦系反楚联盟。楚汉相争也由此进入了新的阶段，犹如战国时代"南北为纵，东西为横"情景的重现：刘邦承继秦国，成为连横的盟主，而项羽则承继楚国，成为合纵的霸王。

对　决

公元前 205 年，在完成攻楚的全部准备后，刘邦以汉军为核心，与由河南王申阳、韩王信、魏王豹、殷王司马卬、常山王张耳所组成的五路诸侯军，共同组成反楚联军，总兵力达到五十六万。之后，刘邦兵分三路，乘项羽和楚军主力仍被牵制于齐地，无法脱身之机，直扑楚都彭城。

当初项羽率诸侯联军攻破函谷关时，兵力也只不过四十万。如今刘邦的反楚联军还比那时多出整整十六万，彭城又是四战之地，没有函谷关那样的险隘可以凭借，因此刘邦没费什么周折，几乎是兵不血刃地就拿下了彭城。

项羽的大本营就这样被端掉了。刘邦春风得意，喜不自禁，自攻入彭城后，就忙于搜罗项羽宫中的财宝美女，且天天设置庆功酒宴与部将宾朋一起欢歌畅饮。这一刻，不光是刘邦，几乎所有联军将士都陶醉了，甚至可能连素来头脑清醒的张良、陈平都不例外。张良在随刘邦入咸阳时，曾规劝刘邦不要碰秦宫财物，还军灞上，但史书中却找不到他和陈平在彭城提醒刘邦的只言片语。

齐地的项羽已被人遗忘，人们似乎都不记得他是第一流的兵家，以寡敌众、反败为胜乃是他自巨鹿之战以来的拿手好戏。

当彭城失守的消息传至齐地，项羽再也无法坐视。此时田横已拥立田荣的儿子田广为齐王，项羽命令众将按原计划继续攻打田横、田广，平定齐国。同时集结军中的骑兵车兵，组成一支三万人的精锐机动部队，由项羽亲自率领，秘密回救彭城。

齐地四周皆为平原，地形上不利于守，但却利于四出以攻人，而且齐地本就靠近彭城，这些都为楚军的行动提供了极其便利的条件。在项羽的指挥下，他们昼伏夜出，避开城池，从反楚联军的接合部一穿而过，很快就如同闪电一般插入了彭城地区。

刘邦被胜利冲昏头脑，精神上戒备松懈是事实，不过他也毕竟久经沙场，并非没有设防。联军是自西而东攻入彭城的，刘邦便将其军锋分别向北、东、南三个方向展开，用以扩大战果，主力则被他集中布防于彭城东北面，准备随时对回救彭城的楚军予以迎头痛击。问题是项羽恰恰没有按照刘邦所设想的路线进击，而是利用对本土地形熟悉的优势，率部绕道至彭城西面，从仅注意防范东北面的汉军背后突然出现，紧接着挥手一刀，乘夜攻占了萧县。

打蛇打七寸，萧县为联军运送粮草和回撤的必经之路，正是联军的"七寸"所在！得知一夜之间，大军的补给线和退路被同时截断，刘邦大惊失色，仓促中只得赶紧指挥联军掉过头来，迎战项羽。

对决从清晨开始。楚军首先发动凌厉攻势，骑兵自两翼展开，利用其快疾的速度，迅速迂回插入联军纵深。项羽则亲自统带车兵，身先士卒，从正面如同砍瓜切菜一般，对联军军阵进行极其凶猛的冲击和切割。

在此之前，刘、项之间从未直接交手，战场之上，项羽特有的排兵布阵以及其本人的无比悍勇都给刘邦造成了极大的心理冲击，甚至还为此蒙受了心理阴影。一个令人印象深刻的佐证是，直到项羽败亡后，英布举兵与刘邦作对，当刘邦亲征英布之时，见其排兵布阵如同项羽，内心仍然有又恨又怕的厌恶之感。

刘邦率五十六万大军进攻彭城，此时能够集中起来决战的人马，少说点也有数十万之多，如果仅从兵员数量来看，似乎联军占据着绝对优势。然而此时代战争的调度指挥，主要依靠旗帜金鼓，主帅要指挥数十万大兵团与敌作战，其实是一件非常困难的事，特别是在仓促应战的情况下，往往各部之间相互阻隔，根本就指挥不动。当天的联军就是这样，看似队伍乌泱泱的，一眼望不到边，但其实除了混乱还是混乱。

相比之下，三万人的楚军，反而更容易协调和调动。楚军另外一个值得注意的特点是，他们乃清一色的车骑兵，且由项羽冲锋在前，身先士卒地进行"示范式"指挥。由此不仅车兵可以就近跟随项羽进行高速冲击，相隔不远的骑兵也可以通过观察到统帅的旗帜，保持统一行动。

以开战后的场面来看，楚军就像一把锋利的剔骨刀，而汉军则似一盘散沙，如同一群又一群乱哄哄不知所措的待宰羔羊。汉军主阵地很快就遭到突破，本来勉强还能看得过去的军阵，也被对方从不同侧面强行分割开来，各部都陷入了各自为战，只剩招架之功、没有还手之力的苦境。

这是一场经典的速战，到了中午时分，联军即如同脆弱的冰层一般，轰然瓦解，数十万人丢盔弃甲，仓皇奔逃。由于无法西退，大家只好南撤，项羽率楚军骑兵一路狂追，将其压迫在彭城南面的谷水和泗水北岸，那一带地形非常狭窄，联军被斩杀及自相践踏、落水而死者，就有将近十万之多。

渡过谷水和泗水而逃的将士，也没能就此获免，因为楚军还在他们背后穷追不舍。当联军逃至灵璧东面的睢水北岸时，终于被楚军追及，刀劈剑捅之下，十余万联军竟生生地被逼入睢水，淹死者不计其数，以致尸体塞满河道，睢水为之不流，情形格外骇人。

作为主帅的刘邦自己也被楚军骑兵包围，绝望之际，幸好突然刮起一阵西北风，一时间，飞沙走石，地暗天昏，楚军的战马受惊纷纷走避，使得阵脚大乱。靠着这一几乎是老天恩赐的救命稻草，刘邦才得以在数十名警卫骑兵的掩护下，狼狈脱逃而去。

"灭楚三杰"

彭城战役，是项羽继巨鹿之战后军事生涯的又一巅峰之作。在极为不利的形势下，他无惧于盟友背叛、后方失守、两线作战、兵力悬殊等种种险情，从齐国闪电回师，以区区三万人，就把数十万联军打得崩溃奔逃，兵形势家和勇战派第一人的头衔，可谓是实至名归。

对于刘邦而言，彭城之役则是他一生中最为惨痛的一次大败仗。此役，以汉军为主的二十多万联军有生力量被消灭，随军征战的殷王司马卬战死，河南王申阳下落不明。

在再一次领教项羽的无敌战力，以及其西楚霸王的凛凛威风后，诸侯、将领们又纷纷向项羽低下了头。随征彭城的塞王司马欣、翟王董翳，当时就选择了临阵投降。魏王豹在战后耍了个滑头，他以归国探母病为由，先脱离刘邦阵营，返回魏国，继而派兵严密封锁黄河上的蒲津关等重要渡口，宣布叛汉归楚，倒戈于项羽。

代王陈馀、赵王歇加盟出兵攻楚，是把赌注投在刘邦这边的，刘邦惨败令他们心凉了半截。恰巧战前刘邦杀假张耳的事又暴露了，陈馀大怒之余，便趁机与刘邦断交，转而加入了以西楚为首的反汉同盟。

最令人吃惊的还是齐国。项羽回师彭城后，田横趁机打跑了项羽在齐地所遗楚军，包括项羽所立的齐王田假，重新统一齐国。眼看来硬的一时奈何不了田横，拉拢诸侯对付刘邦更重要，项羽便杀掉了他认为已无作用的田假，并借田假的人头与田横达成了和解。如此，齐国不说走到刘邦的对立面，至少也已不再能够起到牵制项羽的作用。

随着楚汉战局的急转直下，以汉国为核心的反楚联盟事实上已经难以维持，原先的与盟诸侯，只有常山王张耳、韩王信还继续留在刘邦营中，但他们的真正身份其实是刘邦的部下，诸侯云云，不过是用以对外号召的名义而已。

刘邦也确实不愧是有志于天下的一代枭雄，还在败逃途中，他就下马靠着马鞍对众人说："我想把整个关东地区都拿出来，作为封赏，有谁可以和我一同成此大业?"张良正在刘邦身旁，他当即进言，认为如果刘邦这么舍得下本，有三个人可以帮刘邦击破项羽。刘邦觉得言之有理，便接受了张良的这一建议。

张良所推荐的前两个人，分别是英布和彭越。英布本是楚军猛将，但新近和项羽产生了隔阂。刘邦说干就干，马上派辩士随何前往英布所在的九江国进行游说，结果随何成功策反英布，使其决定叛楚归汉。至于彭越，彭城战役前曾加入反楚联盟，兵败后暂时脱离联盟，处于蛰伏休整状态，如今要用他也简单，重新召唤即可。

刘邦赋予英布的任务和使命，主要是袭扰楚国的后方，项羽为此不得不分兵应对，由此大大影响了他继续追击刘邦的速度和力量，让刘邦获得了宝贵的喘息时间。彭越最大的本事是打游击，在受到刘邦重用后，对楚军进行袭击、烧毁楚军积聚的粮草辎重成了他的拿手好戏。

以上两人，皆被列入后来所称的"灭楚三杰"，刘邦在楚汉战争中颇得二人之力。不过，将来真正能够对于灭楚起到决定性作用的，却还不是英布、彭越，而是张良所推荐的第三个人，同时也是"灭楚三杰"之首的韩信。

张良亲身经历了彭城大战及其战败后的夺命狂奔，项羽有多厉害，他从此有了深切体会。刘邦在握有优势兵力、相对条件也要大大好于项羽的情况下，仍被打得如此之惨，也让他明白了刘邦非不能战，但其军事能力绝非项羽的对手。韩信被拜大将军，策划和直接参与指挥还定三秦之役时，张良尚在韩地，但不妨碍事后他对此进行了了解，他本身是懂兵法的人，稍微一研究就对韩信的能力有了充分认识。

张良虽知兵法谋略，然而他体弱多病，也从来没有独自领过兵、打过仗，故而只能跟随刘邦左右，做个出谋划策的谋臣。韩信则不同，他既娴习兵书、熟谙兵法，长于运筹帷幄、谋划大计（"汉中对"），又能够披甲执锐、统兵作战（兵出子午，攻打杜县），是极为少见的大智大勇、身兼诸长之将。张良由此建议刘邦放手使用韩信，并指出在现有楚军将领中，唯有韩信可以单独委以大事，指挥大军独当一面。言下之意，韩信是可以代替他刘邦，正面挑战项羽的唯一人选。

荥阳防线

彭城大战时，韩信被刘邦留在关中，用以对付固守孤城废丘的章邯。其实在韩信使用长围久困的战术后，攻破废丘已经毫无悬念，彭城战役后没多久，汉军就通过引水淹灌废丘城的方式，摧毁了守军残存的坚守意志，章邯被逼自杀，其残部献城投降。

闻知汉军大败溃逃，韩信连忙率部出关接应，沿途收罗逃散败兵，最后在荥阳与刘邦会合。荥阳位于黄河南岸，系中原通往关中的交通枢纽，也是保证汉军此时还能够继续占据半壁河山的关键城邑。荥阳县城西北的黄河边上，有一座敖山，秦始皇时期，在敖山置仓积谷，建立粮储中心，此即"敖仓"。汉军溃退至此，既能在荥阳集结部队，守住入关的必经通道，又可以利用敖仓的积粟供给大军，故而对于荥阳和敖仓势必得死守到底，一步不退。

刘邦在彭城大战中虽然败得十分难看，但好在他临危不乱，撤退途中采取了许多措施：派被策反的英布以及自己的偏师，对楚军主力进行纠缠和牵制。因而在项羽追至荥阳之前，赢得了近一个月的宝贵时间，用以整顿军马，调整队伍。

另一个对汉军有利的因素，是这时汉国已拥有以关中为主的大片战略区，无论领土，还是人力、物力，都较刘邦被封汉中前成倍地得到扩张。在刘邦的老本已近乎蚀光的情况下，一直负责后方经营的萧何，迅速调集和征发关中的兵员、物资，并源源不断地对前线进行供给。

史书记载，萧何甚至把关中不列入服役名册的老老少少，也全部送往了荥阳。根据出土的云梦秦简中秦律相关内容，秦朝规定服公家徭役的起始年龄是十七岁，至五十六岁（有爵位者）或六十岁（无爵位者）方可免于服役。汉承秦制，可见萧何为了填补汉军在彭城大战中的巨大兵员损失，在适龄役男之外，连未满十七岁的孩子、五十六或六十岁以上的老人都被他派上了前线。

这里需要说明的是，所谓老少皆征，其实是在强调萧何对关中人员的征发已是竭尽全力，而不是说他供给荥阳的士卒尽为老弱——临时上阵的老弱，真打起仗来实际是乌合之众，不会有多大战斗力。

从关中征发的老少兵，应该只是承担为大军运送粮饷等后勤保障任务，能够编入作战队伍和在前线参战的，主要还是关中壮丁，故而史料中有着"丁壮苦军旅，老弱疲转饷"的记载。与此同时，自韩信在汉中"申军法"，实施以秦军法替代楚军法的军制改革后，汉军更像一支新的秦军，在这样的军事团队里，秦人新兵相应能够融入得更快。

萧何发关中力量进行支持，加上收罗的残兵和韩信从关中带来的部队，荥阳一线起码在兵员粮草上已不至于捉襟见肘。经过近一月时间的休整，汉军的实力和士气都逐渐得以恢复，也有了能够与楚军作战的基本条件。韩信部队毫无疑问是荥阳防线的生力军，除此之外，刘邦又按照张良此前的建议，让他率部阻击楚军。也就是说，虽然刘邦本人就在荥阳，亦将参加接下来的战斗，但整个阻击战役的实际指挥者，已经换成韩信。

自韩信被拜为大将军后，从还定三秦到彭城战役，两次大战役都是由刘邦亲自指挥的，韩信最多只是筹谋和参与，直到这时，他才被正式赋予独当一面的权力和责任。这固然是因为前有韩信在还定三秦等役中的出色表现，后有张良的极力推荐，但也与刘邦自己在彭城大战中被项羽打得失魂落魄、手足无措有关。他自知非项羽的对手，如果刚刚才有所恢复的汉军，在他指挥下再吃个大败仗，那可就要万劫不复，再也爬不起来了。

凭借还定三秦之役，韩信早已在汉军将士中赢得很高威望，谁打仗都希望由战无不胜的名将来指挥，得知实际主帅是韩信，将士们都极为振奋，三军士气大振。

近一个月的时间转眼即逝，楚军终于突破牵制，追至荥阳。来者仍是在彭城大战中击垮数十万联军的那三万车骑兵，项羽一如既往地亲自统领着他的这支精锐部队，紧迫刘邦不舍，试图一鼓作气，继续以雷霆之势，将汉军予以全歼。

然而现在情况不一样了，项羽的对手换成了韩信。

骑兵军团

楚军已经远远地看到了荥阳城，车骑兵们气势汹汹，都自以为汉军会像先前那样望风而逃，荥阳立马便可拿下。让人没有想到的是，汉军不但不避，而且其阵营中还多出了一支从没见过的骑兵军团，后者一下子就挡住了楚军的去路。

刘邦起兵之初，其部多是徒兵（即步兵），骑兵较少，后来在与秦军作战的过程中，才通过俘虏、争取等方式，吸收到一些秦军骑兵和战马，不过也只是分散于各部中使用，战时与秦军的车骑部队作战，平时则作为刘邦或诸将的侍卫。比如刘邦就有一支车骑亲随卫队，其中的车骑兵分别由夏侯婴、靳歙负责统领。靳歙、夏侯婴原来的官职均为"中涓"，"中涓"乃内侍性质的官员，由此也可见保卫刘邦才是他们的本职。实际上，夏侯婴平时就兼任刘邦的车夫。

刘邦被封汉王，在汉中积蓄力量时，曾对骑兵进行整编，骑兵被更多地赋予了野战攻伐的职能，靳歙就在这次整编中被迁为骑都尉，另一名汉将傅宽也被迁为右骑将。等到还定三秦战役打响，靳歙以野战骑将的身份出场，不但大败陇西雍军，还把章平打得落荒而逃。在此期间，汉军骑兵中还出现了"郎中骑将"的头衔，还定三秦后，樊哙就以"郎中骑将"的身份，率领骑兵作为先锋，与三秦军的车骑部队作战并取得胜利。

尽管如此，直到彭城大战前，汉军骑兵仍不习惯于成建制集中作战，这与整个彭城战役中楚军骑兵长途奔袭、所向披靡的表现，形成强烈对比。刘邦由此痛感骑兵之重要，一俟与韩信部队会合，即决定集中由韩信带来的骑兵和战马，组建独立编制的骑兵军团，称为"郎中骑兵"。

"郎中骑兵"的字面意思虽然还是贴身侍卫，但性质上已与"掌守门户、出充车骑"的侍卫骑军完全不同，其编制和规模也相当可观，绝非通常仅百人的侍卫骑兵可比，且随着关中继续调来兵马，队伍还在不断扩充。

刘邦在组建郎中骑兵时，原本打算以李必、骆甲中的一人作为这支骑兵军团的统领。李必、骆甲都是习于骑战的旧秦军骑兵将校，但他们颇有自知之明，认识到郎中骑兵里秦人和旧秦军很多，如果再由他们来当这个统领，长此以往，必出问题，因此坚决推辞并请求刘邦在其左右亲信中选择精于骑术的人为骑将，他们愿意作为副将竭力辅佐。

刘邦一听，此话正说到了自己心坎上，于是欣然接受了他们的建议。经过一番斟酌，随韩信从关中赶来的灌婴被刘邦选中了。灌婴在刘邦起兵之初即随其征战，刘邦做汉王后将灌婴调到身边担任近臣，非常看重。自还定三秦战役开始，灌婴又被直接拨至韩信麾下听用。灌婴虽是元老宿将，但他的年纪较小（灌婴的"婴"即小儿之意，他也因此被戏称为"灌小儿"）：一方面机警灵活，打仗虎虎有生气；另一方面也不像有的元老那样爱摆老资格，故而韩信对他也很欣赏，在还定三秦战役时委之以重任，派他率兵扮成汉军的先锋部队，在子午道迷惑敌军。

灌婴一会儿抢修道路，一会儿出没道口，戏演得非常逼真，不仅骗过了扼守子午道的司马欣，也骗过了总揽局面的章邯。等到司马欣、章邯都乱成一团，灌婴又不失时机地迅速出兵子午口，一举攻克塞国都城栎阳。既能完美地执行所交付计划，又能随机应变，自出奇兵，灌婴由此更得韩信的器重，视之为汉军的奇兵之冠，到哪儿都带着他，以便随时随地加以调遣。

灌婴为刘邦所信任，同时他还是韩信的爱将，在韩信被授权统一指挥汉军各部的情况下，如果骑兵军团的统领正好又是韩信如意的指挥将领，自然对作战只有好处，没有坏处。基于这些考虑，刘邦遂任命灌婴为郎中骑兵的骑将，李必、骆甲为左、右校尉，作为副将辅助灌婴。

骑兵军团有了，但究竟怎么使用、什么时候使用，还是一个问题。毕竟楚军的车骑兵太厉害了，以一支刚刚成立的骑兵部队与之相抗，岂非以卵击石？骑兵们本来分散于各部，这边损失了，那边还有，若是就这样集中起来后被楚军消灭，倒等于是在帮楚军的忙了！

若是换他人甚至刘邦自己指挥，肯定都会这么想，在使用郎中骑兵时也会分外小心，轻易不会让其出动，但韩信不是，他第一时间派出的就是郎中骑兵。

骑兵对骑兵

首先是骑兵和车骑兵的较量。项羽有骑兵也有车兵，韩信手中只有郎中骑兵这一支骑兵，但相比于车兵，骑兵其实具有更高的机动性和灵活性。

荥阳与彭城不同，在地理环境上，当时的荥阳城为山地与平原的重要分界线，其西多为崎岖山地，其东为黄河冲积平原。在这样的战场环境中，汉军骑兵能够做到有进有退，进则冲入平原，对敌人或突袭或包围，退则转入山地，快速调整阵型，而楚军车兵由于战车体积大，相对笨重，只能在平原的开阔地形中上作战，无法及时跟进。

单兵作战方面，车兵也不如骑兵。那个时候因为马镫尚未出现，以及受到游牧民族战术习惯的影响，骑兵尚不能像车兵一样担负正面冲击的职能。然而韩信本来也不需要用骑兵去冲击楚军军阵，因为楚军的后续步兵主力都还没能赶到荥阳。韩信需要骑兵们做的，只是骑在马上，用弓箭在远距离内对敌人进行杀伤。在这种情况下，楚军车兵通常就是个活靶子，项羽除了用骑兵对骑兵，没有别的办法。

骑兵对骑兵，项羽的骑兵作为能征惯战的老骑兵部队，看似能碾压作为新军的郎中骑兵，实则不然。

刘邦的汉军和项羽的楚军原本同出一源，其成员大多是楚人。楚人从小生活的南方区域，自古即为农耕区，并无骑射的传统，他们参军当兵后，多数接受的也是步战，或最多是车战的训练。也就是说，项羽军和刘邦军一样，一开始几乎全是步兵或车兵，少有骑兵，双方开始出现骑兵其实是和秦军交战以后的事，他们的骑兵部队和相关的技术也都是在和秦军优势骑兵的对抗中才逐渐形成的。

秦人与楚人不同，从其先祖开始，因为居住地靠近草原，秦人便已经习染和养成了游牧民族的骑射风气。战国七雄中，拥有大规模骑兵部队的国家，除了赵国，就是秦国。郎中骑兵以关中秦人作为骨干，不但普通骑士多为善于骑射的秦人，中高层指挥官如李必、骆甲等，也多为拥有骑兵管理和作战经验的旧秦军将校。因此之故，郎中骑兵在组建后，稍加捏合就可成为一支具备一流水准的骑兵部队。

李必、骆甲原为塞王司马欣的部下，是灌婴出子午道攻取塞国时，随同司马欣一道投降并加入汉军的。秦人对三秦王恨入骨髓，李必、骆甲跟着司马欣打仗自然也不会有多卖力，但是加入汉军，特别是与项羽的楚军作战后，情形就不同了。

秦二世本已失秦人之心，孰料继之而起的项羽却比前者残暴，作为降卒的秦人子弟被坑杀了，咸阳被屠城了，种种行径令人发指。相反，刘邦对秦人"约法三章"，宽仁以待，这就成了秦人在情感上愿意跟随刘邦与项羽作战的一个源动力。

对于李必、骆甲以及其他骑兵将士而言，另一个有效的激励方式，就是汉军中所采用的秦军法，即与原秦军如出一辙的军功爵赏制。他们清楚地知道，只要自己在战场上奋勇作战，努力杀敌，就可以如愿以偿地获得升迁、封赏和荣誉。

郎中骑兵既有战斗能力，也有战斗愿望和意志，虽是新军，亦能挑老军于马下。至于他们的对手，固然是楚军之精锐，也是项羽前前后后赖以纵横天下的基本力量，战斗力是没说的。但这支骑兵部队自齐地回师以来，已经历了近三个月不停顿的激战与长途跋涉，到达荥阳时，实已是至于强弩之末的疲惫之师。

兵法有云，"百里而趣利者蹶上将，五十里而趣利者军半至"，意思是说军队若急行军百里而与敌争利，将可能会损失掉上将军，就算是只急行军五十里而与敌争利，能够按时到达预定地点的人马，也可能仅有一半。项羽和他的车骑兵急行军的里程，不知道已有多少个百里、五十里了，相比之下，郎中骑兵组建前后，将士们在荥阳已休整训练了近月时间，可谓是以逸待劳。

韩信从不打无把握之仗，他敢把郎中骑兵派上阵，并将其作为荥阳阻击战的主力使用，就是知道郎中骑兵可堪大用，而且也准确掌握了敌我特点以及此时战场的形势变化。果然开战后，灌婴所率的郎中骑兵出手不凡，成功地将楚军阻击于荥阳附近的京邑、索亭之间，荥阳阻击战也因此被称为京索之战。

自此，京、索之间成为楚汉骑兵激烈攻防的主战场。双方都有战损，但汉军能够得到关中方面持续不断的补充，汉军老资格的骑将靳歙、傅宽都来到了前线。楚军就不行了，因为无法及时得到补充，只能是损失多少，实力就相应减弱多少。

即便悍勇如项羽，对于这种情况也大感头疼。意识到前线兵力相对于汉军越来越薄弱，自彭城大战以来那种疾风暴雨式的长驱急进模式已不可持续，项羽被迫决定暂停强攻，转入短期休整。楚军再一次对荥阳防线发起大规模进攻，已经是近三个月以后的事了。在此之前，楚汉进入了对峙阶段，换句话说，在极为不利的局面下，韩信通过他所指挥的京索之战，不仅有效阻止了溃败之势，而且还为汉军赢得了近三个月的喘息时间。这对于因彭城大败，一度处于风声鹤唳中的汉军而言，无疑求之不得，宝贵至极。

无怪乎西晋文学名家陆机，在一篇赞颂韩信战功的颂文中，于还定三秦之后，紧接着就肯定了韩信率师阻击楚军于京索的功绩，谓之"京索既扼"。陆机出身将门，乃三国东吴名将陆逊之后，自己也有实战经验，他将"京索既扼"与韩信指挥的其他著名战役并称，足见其识见的高明。

魏王豹

京索之战标志着楚汉试探性序幕战的结束。战后，刘邦采纳韩信、张良以及另一位谋士郦食其等人的建议，阻险固守于荥阳、成皋一线，坚壁不战，与西楚比拼整体实力。不久，他又趁项羽忙于调集援兵平定内部，难以及时做出强有力反应之机，抽身返回关中，对后方进行巩固。

彭城大战后，天下政治格局发生重大变化，由刘邦一手构建的反楚联盟土崩瓦解。刘邦不仅损失了数十万大军，而且已经投降和归附他的诸侯，也纷纷改换门庭，跳到了项羽的船上，魏王豹就是其中之一。

当初魏豹投降刘邦，一者是因为他对项羽改封不满；二者在汉军压向魏境时，距魏豹建立西魏仅仅十个多月，事实上他也来不及做相应的战争准备，根本无力应战，只能投降。本来投降刘邦就有点勉强，在魏豹率军随汉军东进时，又未能受到刘邦的重视，这使他更加不悦。而在之后的彭城战役中，因魏军无所建树，魏豹还受到了刘邦的申斥，这种不悦便迅速转化成不满乃至愤恨。

彭城一战，魏豹完全被楚军那种骇人的气势所吓倒了，他由此深感形势不妙，认为刘邦不是项羽的对手，自己应当另谋出路。再加上他与刘邦之间本已形成且日益加深的那些嫌隙，遂找理由回到了魏地。在自己的封国，发生了一件足以令魏豹心驰神往、想入非非的事。魏豹的岳母请术士许负到魏王府，给魏豹的妻子薄氏相面，许负说薄氏生的儿子将来能做天子。

这个许负，就是明代小说中那个神奇的女相士，据说相面的准确率极高。后来魏豹败亡，薄氏被刘邦纳入后宫，薄氏给刘邦生下了一个儿子，此即汉文帝刘恒。当然这都是后话，彼时的魏豹做梦也不会想到命运竟会如此诡异。他只是觉得，既然自己的儿子能做天子，他作为天子的父亲，没有理由不是天子，哪还能再跟在刘邦屁股后面干呢？于是他下定决心，说翻脸就翻脸，下令封锁黄河渡口，叛汉而再与项羽约和。

魏王豹据河东五十二县，是一个相当有实力的北方诸侯。其若西进，可威胁关中，扰乱汉国后方；若南下，可切断关中与荥阳、成皋一线汉军的联络。因此之故，项羽对于魏王豹的重新投怀送抱是相当欢迎和重视的，毕竟这样的盟友对他来说，乃是给予刘邦沉重一击的重要助力。为了帮助魏王豹增强军事实力以对抗刘邦，项羽特地将其侄子项佗封为魏相，派他到魏国带兵，同时协助魏王豹谋划军事机宜，以便积极配合项羽即将发动的正面攻势，从侧翼打击汉军。

刘邦对于魏王豹这种晨汉暮楚、反复无常的行为，可以说极其厌恶和痛恨，但考虑当前应集中力量对付项羽，不应另外树敌，他又不得不暂时压下怒火，先礼后兵，采取较为审慎的策略来应对。按照刘邦的安排，以能言善辩著称的谋士兼辩士郦食其，动身前往魏国，劝说魏豹回心转意，重回汉营一起反楚。孰料如今的魏豹根本就不把刘邦放在眼里，他不仅坚决不买刘邦的账，而且还对着郦食其说出了自己的心里话："人生一世，如白驹过隙。汉王傲慢无礼，喜欢侮辱别人，责骂诸侯、群臣，如同对待家奴一般，完全没有上下尊卑之礼，我是绝不愿意再见到他了！"

伐　魏

魏豹说"汉王傲慢无礼"，倒也真没有冤枉他。一年后，九江王英布被项羽所派大军击败，被迫逃往汉国。英布抵达汉军驻地时，刘邦正坐在床边洗脚，居然一边洗脚，一边召英布觐见。英布原是骊山刑徒，虽然算不上讲究人，但也被刘邦的无礼给惊得不轻。他为此怒火中烧，对自己被刘邦策反，现在又落魄到前来投奔他一事感到很是后悔，甚至气到想要自杀。不过当英布从刘邦那里出来，走进刘邦为他安排的客舍时，却大吃一惊，喜出望外：客舍的陈设、饮食、侍从官员，竟然都与刘邦完全相同，他英布得到了汉王级别的待遇！

刘邦并不是只对英布一人如此。在这方面，韩信的感受就特别深，按照他的描述，自刘邦拜其为将后，便"解衣衣我，推食食我"，即刘邦会脱下自己的衣服让韩信穿，也会把自己的食物推过来，让给韩信吃。韩信、英布都是在项羽手下待过的，项羽贵族出身，待人接物彬彬有礼，绝不可能像刘邦这样，光着个湿淋淋的脚丫子就召见别人。但也不要指望项羽会舍得"解衣推食"，把自己的好东西拿出来跟你分享。

这就是项羽和刘邦的区别，怎么看待、如何抉择，全看当事人自己，或者说是在权衡利益后进行抉择，就把特别强调的那一方面当作为自己辩护的理由。现在魏豹自己想做天子，又认为项羽势大，决定站在他那一边，借其力对抗刘邦，自然就要突出刘邦的不是。至于刘邦曾申斥过他的那些事，其实反而已没有那么重要了。

郦食其出使魏国失败，怏怏而归，看来"先礼"这条路已经走不通了。要想彻底解除魏军对汉军侧背造成的严重威胁，保障荥阳、成皋的核心防线以及河渭的物资运输，维护后方关中地区的稳定与安全，唯有出兵一途，且要赶在项羽发动大规模进攻前。否则，荥阳防线必会遭到项羽和魏乃至赵、代等国的前后夹击，汉军所面临的形势将变得危如累卵，严峻异常。

刘邦当机立断，决定对魏国予以武力解决。他任命韩信为左丞相，担任出征魏国大军的前敌总指挥，灌婴、曹参分别统领骑、步兵，听命于韩信指挥。之前曹参就以其军功被刘邦授为"假左丞相"，即代理左丞相，但仍被安排作为韩信的部属，此时韩信在汉军中的声威，以及刘邦对此次伐魏之役的寄望之高，可见一斑。

这是汉军自彭城大败后，首次主动出击征伐敌国。成败之数未定，刘邦不免心怀忐忑。古语云："千金易得，一将难求。"《孙子兵法》更把"将孰有能"，也就是将帅的本事大小，作为测定战争胜负的重要因素之一。刘邦此次征魏，最大的信心就是韩信，那么魏豹又会遣出何将与韩信较量呢？

郦食其出使魏国前，刘邦曾许诺如果他能说服魏豹附汉，就将魏地之万户封给他。郦食其未能完成既定使命，当然也就只好与"魏地之万户"失之交臂了，但他却给刘邦献上了自己在魏营期间，通过悉心观察所获得的无价之宝：关于魏军军事部署和重要将领的最新动态！

郦食其这种收集情报的主动性与刘邦平时的重视显然是分不开的。汉军营中专设护军这一军情机构，用以搜集敌方情报，陈平投奔刘邦后，先后担任护军都尉、护军中尉，他搜集情报和开展间谍活动的能力很强，平时就不断向刘邦提供包括敌方将领在内的各种信息。郦食其获取了最新情报，刘邦掌握了最新军情，这成为他们分析敌情，预测攻魏是否有制胜把握的重要依据。

刘邦问郦食其，魏军现在的大将是谁，郦食其告之是"柏直"。刘邦知道柏直的底细，一听魏豹任命柏直为帅，立刻就松了口气，说："这是个乳臭未干的毛孩子，怎么能抵挡得了韩信！"帅对帅，已无问题，接下来是将对将。

刘邦先问郦食其魏军骑将是谁，回答是"冯敬"。刘邦即刻从脑海里调出关于冯敬的资料，并作出评判："他是秦将冯无择的儿子，虽然贤能，却也无法抵抗灌婴。"再问魏军步将，得知是"项佗"。项佗的名字一出，刘邦变得一身轻松："这个人抵挡不了曹参。如此我就没有什么可担心的啦！"

知己知彼，方能百战不殆。《孙子兵法》甚至提出，如果想攻击敌军及城郭，就连敌军主将的左右、谒者、侍卫兵、勤务兵等，都得预先探悉。实战中虽不至于如此细致，但将敌方将领的性格、军事谋略、用兵特点一一打听明白，却是多数名将每战之前都必做的功课。韩信就是一个典型，他用兵长于"用间"，即不通过总部护军，自己直接派遣间谍刺探敌情。

"用间"的结果显示，魏国有个名叫周叔的人在打仗方面颇有本事和见识。韩信对此深感不安，于是他便问郦食其，魏国有没有可能用周叔为大将。在郦食其向其确认，魏国统帅是柏直而不是周叔后，韩信的反应和刘邦相似，释然地说："柏直嘛，一个小子罢了！"随即就胸有成竹地开始部署进兵魏国事宜。

化不利为有利

虽然刘邦、韩信不约而同地通过魏国将帅的人选及其能力高低预测了伐魏之战的结果，似乎战未发，胜利的天平已然掌握在汉军手中，但实际情况却还远没有如此简单。

冷兵器时代，据险隘或城郭以守是非常有利的。以巨鹿大战为例，赵国当时人少力寡，却愣是凭借一座巨鹿城，将几十万如狼似虎的秦军阻于城外达三个多月之久，否则就算项羽来了，也难有作为。与赵国相比，魏国不但有高大城郭，更有难以逾越的险隘。

汉魏两国以黄河为界，自其时汉国的都城栎阳出发，若欲东渡黄河，进入魏地，蒲津关乃必经之地。蒲津以东岸蒲坂而得名，系黄河的重要渡口和秦晋之间的重险之地，战国时魏国即设关于此，因其西岸为临晋，当时曾被称为临晋关。在战国的历史记录中，所有黄河津渡，以"临晋"的出现频率为最高，特别是秦魏之间，曾围绕临晋关有过频繁的军事冲突和外交往来，足以说明这一津渡险关特别重要，乃攻守双方争夺的焦点。

也正是因为这个原因，虽然蒲津以南即为著名的风陵渡，但风陵渡在魏豹、柏直的防御策略中尚处于次席，占于首位的仍然是蒲津关。魏豹、柏直在蒲坂集结了大量军队，身为大将的柏直坐镇于蒲坂，统率兵马加强河防，封锁渡口，阻击可能由西岸临晋东渡的韩军（以下韩信所指挥的汉军皆称韩军或韩信军），史载"魏王盛兵蒲坂，塞临晋"。

韩信亲临作战前线侦察，当他来到黄河岸边的临晋津口时，但见对岸营帐密集，旌旗飘扬，便知道魏军早已严阵以待。

刘邦在首次打破项羽的黄河北岸防线时，曾率汉军闯过蒲津关渡河东进，并迫使魏豹加入己方，但那是在人家魏豹没有做好充足准备的情况下。现在魏军警备森严，可就不一样了。须知在项羽、刘邦之外，魏国也称得上是地广兵强的诸侯国，身为国王的魏豹亦非手无缚鸡之力，只会坐享其成的王室后裔，其本人由行伍起家，乃是一员勇将。而且他既然已经叛汉拒降，当知被俘的后果，所以必然会依托险要地势，以黄河为屏，死战到底。若是韩军再由蒲津关强渡黄河，可想而知，魏军仅仅依靠半渡而击，就可以将他们消灭于黄河的波涛之中。显然，由蒲津渡河，已不是一个好的选择。

作战地形的利害与战争胜败关系极大，这是确凿无疑的，然而天下从来就没有攻不破的险要，所谓"险可恃而不可恃也"。韩信策动还定三秦时，汉中与关中之间隔着的秦岭，在别人看来，也是难以克服的困难和障碍，不照样还是一越而过？秦岭也好，黄河天险也罢，所有这些普通人眼里的不利因素，韩信都不以之为难题，而视为发挥自己智慧的机会。他的本事之一就是能够巧妙驾驭和利用复杂地形，化不利为有利，出奇制胜，神兵天降，令敌人防不胜防。

韩信在实地侦察中，认真观察魏军的动静，了解河流的流向，熟悉黄河两岸的地形地貌特征。回到营中后，他又分遣探卒（侦察兵）沿着黄河上下流详细察看两岸地形。

汇总大家的侦察所得，蒲坂一带魏军确实布防严密，无懈可击，不过在其他地方却有重要发现：从蒲津出发，沿黄河北上百余里，系汾阴津。汾阴津，东岸为汾阴，西岸为夏阳，从汾阴津再往北，就是龙门，设有龙门关。汾阴津乃是蒲津关和龙门关之间最好的一个古渡口，黄河流出龙门峡谷到达这里，河面开阔，岸低水缓，较易行船，另外夏阳有二十里平川，也有利于军队的集结。这么有利的渡口，魏军却未设防。让韩信感到更加兴奋的是，汾阴身后即为河东重镇、魏军指挥中枢安邑以及魏国都城平阳，而经过侦察，安邑、平阳均兵力薄弱，且疏于戒备。

魏豹勇则勇矣，但显然缺乏足够的军事头脑，被他任命为三军统帅的柏直，于用兵方面还稚嫩得很，否则焉能出现如此疏漏？当然，从魏豹、柏直的角度出发，如此部署也不是没有一点道理。对于防守者而言，兵再多都不算多，为了解决防守兵力相对不足的问题，只能实行重点防御。魏国北与赵、代两国相接，西有黄河天险作为屏障，因为汉军曾由蒲津渡河至河东，魏豹、柏直的第一个设定，便是韩军会再次由此渡河，所以他们才尽可能地将军队增调至临晋一带。

至于汾阴津，首先魏豹、柏直根本没想到韩信侦察得这么细致，会把关注点放在这里，二人都一厢情愿地以为只要守住蒲津关，堵住这个自春秋以来就被兵家所公认的要道关津，韩军即无可奈何。其次，就算包括汾阴津在内的临晋以北渡口突然出现韩军，他们也认为自己完全来得及进行调整，即除火速从重点防守区域调兵外，还可近向赵、代等国，远向西楚求援。

经过对战场地理环境、黄河水流形势，以及魏军防守兵力分布的详细调查和综合分析，韩信的思路开始变得异常清晰。那就是从汾阴津偷渡黄河，而且要速战速决，以奇兵突然袭取安邑，绝不能给对手留下从临晋等处抽调援兵，以及从盟国处得到援军的机会。

以奇用兵

春秋时期，宋楚两国隔水决战，宋军列队迎敌，楚军渡河，宋将公孙固要出兵袭敌，但宋国国君宋襄公却说不可乘人之危。等到楚军渡过河，尚在列阵，公孙固又请命攻击，宋襄公还是坚持说不可乘人之危。直到楚军整装列队完毕，宋襄公这才下令发起进攻，但进攻的最佳时机已过，宋军落得了一个惨败的下场，宋襄公本人也受了重伤。

这就是"宋襄之仁"的典故。从表面上看，宋襄公过分拘泥于所谓"仁义"之道，做事迂腐而不切实际，但他实际遵循的是春秋早期"陈阵而战"的作战原则。只不过即便在宋襄公所处的时代，若完全按照这一套来办也已经显得有些食古不化了，故而宋襄公才会吃那么大的亏。

从春秋晚期起，随着社会秩序的"礼崩乐坏"，以及各国之间竞争的加剧和战争规模的扩大，礼仪和道德对战争的约束越来越薄弱。"礼仪用兵"开始全面转向"诡诈用兵"，孙武就通过《孙子兵法》明确提出，"兵者，诡道也"。

春秋的战争更多地还只是一种争霸的手段，到了战国则已经上升为你死我活的灭国之战，"诡诈用兵"由此被大规模用于实战并成为一种普通现象。战争中，各种手段无所不用其极，真正实现了《孙子兵法》中所谓"出奇设伏，变诈之兵并作"。

韩信所擅长的奇兵，实际上是"诡诈用兵"中的上乘，这一风格体现在兵学流派上，即为与勇战派相对的谋战派。到了东汉，班固又将其归纳为兵权谋家，他在《汉书·艺文志》中，专列"兵家·权谋家"条目，并将韩信推为兵权谋家的代表。

"以奇用兵"，是班固所认为的兵权谋家必须具备的重要特征。"以奇用兵"的要义是"攻其不备，出其不意"，也就是说，要在敌人无准备的情况下实施攻击，在敌人意想不到的情况下采取行动。这既是兵权谋家的本色，也是他们在战场上能够取胜的奥妙所在。

一般认为，"攻其不备，出其不意"的实现，至少应满足三个先决条件。前两个条件，一是选择适当的时间和地点；二是迷惑和调动敌人，巧妙地隐蔽自己的意图和行动。对于前者，韩信已经运筹成熟并制定了预案，后者更是他的拿手好戏：早在还定三秦之役，韩信就已通过以假乱真、亦真亦假、声东击西等战术，把对手弄得晕头转向，不知所从。

此番韩信再次发挥出其超人一等的智谋和想象力，他在蒲津一带征集了大量船只，又将灌婴所部骑兵全部集结于蒲坂，虚设金鼓旗帜，演练舟船停靠，摆出一副随时准备渡河，誓与魏军决一死战的架势。

蒲津关的空气变得更加紧张，两军隔河对峙，剑拔弩张，战云弥漫。当然这些都不过是韩信有意制造且希望达到的效果，为的是吸引魏军的注意力，使魏豹、柏直更加确信韩军将会自蒲津关抢渡，继而坚持集中兵力于临晋不动摇，只有这样，才能确保魏豹、柏直反应不过来，对汾阴津等薄弱环节予以迅速填补。

就在魏军被牵制而集结固守于临晋之际，韩信和曹参一起，率韩军主力悄悄地北上直奔汾阴津。夏阳对岸的汾阴，才是韩军抢渡的真正目标！

"临晋设疑，夏阳偷渡"与还定三秦中的"明修栈道，暗度陈仓""明出陇西，暗度陈仓""道由子午，出散入秦"，其实可以归类为同一种战术套路，即声东击西、避实击虚、奇正并用。它们的目的都是要迷惑敌人，隐蔽进攻，不同之处只在于需要隐蔽的对象有所不同："暗度陈仓"需要隐蔽的是攻击路线，而"夏阳偷渡"需要隐蔽的是攻击目标。

惑敌型战术本质上属于具有一定风险系数的心理战术，究竟能否使用这套战术，要根据敌军主将来定，这就是韩信战前一定要查明魏军统帅的原因：如果魏王豹任用周叔为帅，此人老练成熟，心志稳定，声东击西的手法很可能被他识破。结果魏王豹用了柏直，柏直像魏王豹本人一样有勇无谋，而且少不更事，心浮气躁，大战前心志极易混乱，一乱自然就难以透过战场的纷纷扰扰，洞察对手的真实意图和变化。

"临晋设疑，夏阳偷渡"以其构思精巧、效果突出，成为后世称颂和推崇的一个出色战法。唐代纵横家赵蕤博于韬略，时称"赵蕤术数，李白文章"，他对韩信顶礼膜拜，认为韩信在黄河岸边的"设疑"和"偷渡"，已经把奇正之法运用到了极致。元末明初的军事谋略家刘基，在其军事著作《百战奇略》中设"远战"篇，并将"临晋设疑，夏阳偷渡"作为"远战"的经典战例加以剖析，指出"远而示之近"乃是"远战"的根本法则：如果你打算从远处进攻敌人，就必须像韩信那样，伪装成从近处出击的样子，以吸引敌人的兵力，然后乘其远处空虚之隙，迅速渡河或采取其他方式进击敌人。

奇中之奇

按照班固的诠释，兵权谋家所必须具备的第二个重要特征，是"先计后战"。所谓"先计后战"，也叫"先胜而后战"，就是在任何战役战斗开始之前都要根据具体情况细密谋虑，先有成熟的谋策，然后再付诸实施，做到未战即稳操胜券，不战则已，战则必胜。

为了保证"夏阳偷渡"的隐蔽性，达到蒙骗敌方的预期效果，必然不能在汾阴津使用舟船，问题就是在一无舟楫、二无桥梁的情况下，究竟该如何率大军渡过素有天险之称的黄河？

首先能想到的是扎木筏，但这需要砍伐和运输相当数量的木材，短时间内绝非易事，且木筏的载重能力较小，也不适合将大批士兵和物资快速运到对岸。经过精心探索，韩信别出心裁地创造了新的渡河器材：木罂。

罂是一种盛酒或水的用具，小口大腹，形制上比通常的缶还要大些，多为陶质瓦器，但也有木制的，比如《墨子》一书在说到城防军用器具时，就将瓦罂与木罂并提，称为"瓦木罂"。不过后世兵家通过研究，认为韩信所谓"木罂"，并非木罂的实体，而是指一种制作方法，即"以木缚瓮为筏"。简单来说，就是用绳索将木材和瓦罂紧紧捆绑在一起，以此制作而成的简易木筏。相比于普通木筏，木罂只需少量木材和绳索，瓦罂则是现成的，军队里本来就有，就算数量不够，在民间临时征用也很方便。按照研究者的描述，韩信所制木罂包括四个以上的瓦罂，每个瓦罂能装载一个士兵或等重量的物资，这样整个木罂至少能承载四个士兵或等重量的物资。瓦罂与瓦罂之间的间隔约为五寸宽，罂底部用绳索相互勾连，以此确保木罂的稳定性。

木罂的整体形状长而方，大木居外、小木居内，左右两侧安装有划桨的棹，前端设有控制方向的筏头，后端装有平衡木筏的梢，其顶部还将长矛、竹枪等编织在一起，用于增强抢渡时的作战和保护能力。取材便利，制作简单，操作灵活，攻防兼备，就彼时而言，木罂乃再理想不过的渡河工具。班固在《汉书·艺文志》中，分列四个兵学流派，即"兵四家"，相对于"兵四家"中较为抽象的兵权谋、兵形势等，兵技巧家是看起来最为具体形象的一个流派，而武器的使用和创制正是兵技巧家所长。韩信虽然本身是兵权谋的代表，但发明木罂就足以彰显他对于兵技巧的独特见解与应用能力。

如果说"临晋设疑，夏阳偷渡"是在用奇兵，木罂渡军便是奇中之奇，堪称中外战争史上前无古人的一大创造，其间韩信想象之新颖奇特、大胆果敢，令人叹为观止。也正因如此，古今中外亦不乏质疑其真实性的声音，有人甚至认为，"所谓韩信用'木罂缻'把汉军渡过黄河的描写，不过是文学创作而已"。

事实上，在韩信之后，学习和效仿木罂渡军且取得成功者，大有人在。《史记》记载，有一个叫高邑的汉将后来归于韩信麾下，就曾用木罂帮助军队渡河。到了三国时期，孙策以澄清水源，防止士兵喝了污水腹痛为名，准备了数百个罂缶，黄昏后他命令所部用木材、绳索将罂缶绑起来，称为"甍筏"（甍即瓮）。晚上孙策大军乘着"甍筏"，沿水道对敌军发起突袭，得以大获全胜。这些战例都说明，木罂渡军具有现实可操作性，于史有据，绝非传说或出自文人的虚构杜撰。

潜驻于夏阳的韩军主力，很快就完成了全部木罂的制作，并开始乘夜悄悄渡河。在汹涌澎湃、奔腾不息的黄河之上，大军要以木罂夜渡，其风险和困难之大，不言而喻：夜晚视线不佳，通讯困难，一个个木罂随时都有被急流或大风浪冲散的危险，特别是一旦被敌方察觉，提前进行部署防御或予以拦截，不仅整个渡河计划可能面临夭折，韩军也将损失惨重，元人因此有诗句描写道："木罂夜半飞渡军，缚筏驱丁命如蚁。"

幸运的是，韩信在筹谋之初就已规避了潜在的不利因素：抢渡的时间经过精心选择，当晚月明星稀，视野相对清晰；汾阴津一带的黄河水面开阔，流速较缓，适于木罂抢渡；最重要的还是"临晋设疑，夏阳偷渡"发挥了作用，魏军对韩信抢渡汾阴津的军事行动丝毫没有察觉。

就在韩信、曹参率部渡河之际，南面的蒲津关，灌婴正按照韩信的预先指示，带领士兵自临晋渡口上船，作势要向魏军发起进攻，将士们击鼓的击鼓、呐喊的呐喊，声势浩大，杀声震天。对面的魏军一看这阵势，连忙各就各位，准备阻击渡河的韩军，但他们伸着脖子等了老半天，却始终不见韩军渡河。

魏豹、柏直此时都被蒙在了鼓里，两人做梦也想不到，同一时间，韩军主力会在汾阴津渡河。倒不是他们对这一潜在渡河点从未予以关注，而是那里一直报告没有船只，既然没有船只，韩军怎么抢渡呢，难道插翅膀飞过去？唐代学者刘伯庄研究《史记》时特地为此加注："夏阳旧无船，豹不备之，而防临晋耳。"

这正是韩信用兵的高明之处，他一方面准确地判断出魏军的防守重点，另一方面又巧妙地利用魏军的疏忽，选择了一个看似不可能，实际却最为有利的渡河点。自然，在此过程中，惑敌是必不可少的，韩军在正式抢渡之前，所有伪装、佯动和欺骗都是为了迷惑敌人，以达到"攻其不备，出其不意"的目的，而最终的结果也臻于完美。

在未遇到任何阻挡，己方几乎毫无损失的情况下，韩军主力一口气渡过黄河，在汾阴实现登陆。木罂渡军成功了！

史论把木罂渡军视为韩信"功烈卓伟"的第一战例，并指出韩信一生，最擅以奇兵袭敌，"种种皆古今未有之奇"，在这些"古今未有之奇"中，木罂渡军同样居于首位。明万历年间刘应卜写诗赞曰：

　　木罂飞渡笑艨艟，相拒蒲津让首功。坛上英雄随水去，涛声犹似战河中。

决定性的突袭

韩信指挥韩军渡过黄河后，即派曹参迅速插向安邑。

地理位置，向来是影响战争胜负的重要因素。安邑是战国时期魏国早期的都城，此城周围地形险要，乃可攻可守的军事重镇。当年商鞅为秦孝公分析形势，认为魏国是秦国的心腹大患，将来不是魏国吞并秦国，就是秦国吞并魏国。他所举的例证之一就是魏国可凭借安邑的优越地理条件，在与秦国的对峙中灵活应对，即当形势有利时能够向西侵扰秦国，扩张势力；一旦形势不利，又能够向东收缩，稳固后方。

如今的安邑虽已非都城，却是魏军指挥中枢所在地，现集结于蒲坂的魏军主力，赖此提供后勤给养，这是其一。其二，安邑所在位置为魏国的河东地区（今晋西南），河东地区的北段是临汾盆地，南段是运城盆地，自先秦以来就形成了临汾盆地以平阳为中心、运城盆地以安邑为中心的大致格局。

运城和临汾两大盆地之间，又有着一道由山岭形成的天然地理障碍，仅几处隘道可以相通。如果韩军渡河后，放任魏王豹率魏军主力从蒲坂退至安邑（魏王豹此时尚在蒲坂），再退守现都城平阳，韩军必然只能屯兵于隘道之外或坚城之下。与魏军相比，韩军在兵员数量上并没有绝对优势，加上又深入敌境，后勤运输压力很大，旷日劳师而不能冲破隘道、攻克各城的结果，只能是无功而返，这当然不是韩军所愿意看到的。

"攻其不备，出其不意"的第三个，也是最后一个先决条件，是以迅雷不及掩耳之势的速度和力量，对敌人实施突然攻击。因为前面两个条件，无论是选择时间地点，还是迷惑调动敌人，说到底都是为了促使对手错误地变更部署，分散兵力。一俟敌人中计，己方就必须毫不犹豫地集中兵力，攻虚击弱，唯其如此，才能最终达到攻其不备、出其不意的目的。

韩信教科书般地把这一军事思想落到了实处，他所制定的战略方案就是乘虚而入，进行决定性的突袭，把魏军主力就地歼灭于运城盆地。在韩信的指挥下，曹参出其不意地从安邑北面迂回至敌后，趁对方不备，首战就在东张城击破魏军，继而乘胜渡过纵贯运城盆地的涑水，直扑涑水河南岸的安邑。

由于魏王豹事先已将魏军主力全部调遣至蒲津关，本应为军事重镇的安邑兵力空虚，在韩军的猛攻下很快就陷落，守将王襄也被俘虏。魏王豹没有料到韩信来得这么快和突然，顿时大惊失色。安邑是蒲坂魏军的依托，韩军攻占安邑，不光阻绝了他们的给养来源，同时也掐断了蒲坂与魏都平阳之间的联系。换句话说，安邑是万万丢不得的，即便丢掉，也得马上抢回来。

魏王豹赶紧从蒲坂回师，试图通过全力反击，重新夺回安邑。他这一掉转身不要紧，蒲坂的防守又变得异常薄弱。韩信早在悄悄引兵北上夏阳时就已交代灌婴，让他见机而发，等魏军从蒲坂撤兵时即可渡河追击魏军。现在灌婴见魏军果然撤出了蒲坂，便立即按照韩信的既定命令，挥师过河，一举占领蒲坂后，又从魏军背后对其发起追击。快速追击正是骑兵的强项，灌婴所率郎中骑兵很快就咬住了魏军，那边韩信、曹参也已经反客为主，严阵以待。南北两路韩军密切配合，将魏军夹击于蒲坂与安邑之间，使其首尾不能相顾。

这场战斗的结果自然不会再有悬念，魏军大败，向东南逃窜。曹参紧追不舍，追至曲阳，再破魏军。魏军接着逃，曹参接着追，最终在黄河北岸的武垣将魏军残部全部歼灭，魏王豹也被生擒。主力被歼，元首被擒，意味着魏军基本已无抵抗能力。韩军这才回师平阳，将这座魏国都城轻松拿下。

从偷渡汾阴津悄悄登陆夏阳开始，在前后不到一个月的时间里，韩信指挥韩军行军千余里，破敌东张，大战安邑，穷追曲阳，武垣城下擒魏豹，回师平阳如探囊，整个战役过程从头到尾有条不紊，一气呵成，证明战势的发展全部都在他的掌控之中。

古往今来，名将辈出，但能在歼灭敌人与稳固战果方面达到韩信高度者，实属凤毛麟角。就拿项羽来说，他以百战百胜闻名，战绩可谓辉煌，然而关键时刻却常常无法给予敌人致命打击，让对手得以喘息并再度积聚起更强的反击力量，而自己则逐渐陷入了疲惫与不利的境地。

相比之下，韩信不仅追求每战必胜，更致力于取得彻底的胜利，绝不拖泥带水，遗患于将来。在生擒魏王豹后，韩信迅速分兵略地，以风卷残云之势横扫魏属河东地区，将河东五十二县全部收入囊中。接着，他又遵照刘邦的指示将这些区域重新划分，设置为直属汉国的河东、上党、太原三郡，从而彻底瓦解了魏国这个曾经雄踞一方的割据势力。

以后韩信也是如此，即每次作战都必定要将敌方首要人员或擒或杀，且牢固地占领敌方控制区域，在确认敌已无任何死灰复燃的可能后，这才宝刀入鞘，收兵回营。也因此，凡经韩信之手攻取的敌方地域，一般都很稳固，很少出现得而复失的情况。

第四章　扮猪吃老虎

　　韩信首次在北方独立指挥大规模战役就赢得了满堂彩，这也是自新战场开启以来，汉军所获得的第一个战略性胜利。此战通过突破魏国河防，在使得关中后方更加稳固的同时，干净利落地拔掉了扎在汉军背上的芒刺，成功地解除了侧翼威胁，汉军将士由此备受鼓舞，士气大振。然而汉军所得到的，也并非全是好消息。因京、索之挫，项羽被迫滞于坚城之下，经过近三个月的休整，他的骑车兵逐渐缓过劲来，后续步兵主力也到达了前线。尤其是在获知韩信发兵征讨魏王豹的消息后，项羽意识到荥阳空虚，遂重新对荥阳一线发起了大规模进攻。

　　项羽投入荥阳的楚军，系随其破秦击齐，历经百战的精锐部队，无论骑步兵皆剽悍勇猛、精锐无比，而且他们常年追随项羽南征北战，统帅与士卒之间的默契度极高，项羽长戟所向，所部随指即赴。反观刘邦在彭城之败中损兵折将，韩信从关中带来的部队又已随其前去征魏，力量对比上明显处于下风，故而整体上颇为被动，防线岌岌可危。

避实击虚

韩信刚刚灭魏，尚未完全稳定下来，刘邦就立即派人赶到魏地，将被俘的魏国精兵以及缴获的大量作战物资统统调到荥阳，用于补充正面战场。这批生力军和物资的加入，对于在正面战场上苦撑的汉军来说无疑是一场及时雨，虽然依旧被楚军打得不敢露头，只能龟缩于荥阳以西，但总算阻止了楚军的西进，并继续与之形成对峙。

奉刘邦之命，韩信将魏王豹及其全家也送至荥阳。此行他还派专使给刘邦送来了一份信件，信中对当前形势进行分析并提出了一项新的作战方案。

虽然韩信迅速灭掉了魏国，解除了汉军在正面战场上的后顾之忧，但总体战略形势仍十分不利于汉，随着项羽率领楚军不断对荥阳防线进行冲击，汉军在正面所承受的压力越来越大。当然如果韩信能带兵直接增援荥阳，则荥阳一线也可望回到京索之战时的状况，但这终究不是根本的解决之道。退一万步来说，就算汉军能在正面击退楚军，甚至还能马上进攻彭城，可那又怎么样呢？彭城之败就是前鉴。事实证明，在消灭项羽的有生力量之前，贸然攻入楚国心脏地区是十分危险的，弄不好会再次把老本折个精光。

另一方面，京索之战后，项羽不仅抓紧时间对自己的楚军进行了休整和补充，还进一步加强了以他为首的反汉同盟，形成了从南到北全面包围汉国的态势。项羽的战略意图十分明显，就是要让诸侯们在侧翼进行配合，自己则亲率主力，攻破荥阳，直捣关中，彻底消灭刘邦这个冤家对头。

依附和听命于项羽的南北诸侯，以北方诸侯对汉国的威胁最大。韩军进攻魏国时，赵国曾积极支援魏王豹，代国则派相国夏说领兵直接进入魏国境内协助魏军抗汉。只是由于韩信灵活运筹，不仅快速瓦解了魏军的抵抗，而且完全巩固地占领了魏地，使得韩军像一个巨大的楔子插入了项羽与北方诸侯之间，项羽拟议的侧翼进攻计划这才被迫受挫搁浅。不过这注定只是暂时的，一旦汉军守不住荥阳防线，或者魏地的汉军也被全部调往荥阳前线，北方诸侯必会乘虚而入，配合项羽攻击汉军。

如何扭转这一不利局面，化被动为主动？

"用兵的规律有点像水的流动，水是避开高处而向低处奔流，用兵也应避开敌军主力或者防守牢固之处而攻击其薄弱的地方。"这是《孙子兵法·虚实篇》中的论述，原文为："兵形象水，水之形，避高而趋下，兵之形，避实而击虚。"

春秋时的晋楚城濮之战，是关于避实击虚有史可考的最早战例。晋楚列阵对攻，晋军指挥部了解到楚阵里面，中军实力最强，左右两军都较弱，便避开楚中军，同时对自己的下军进行包装，将驾车的马全部蒙上虎皮，然后命令下军首先进攻楚阵中战斗力最弱的右军。楚右军看到"老虎"驾着的战车向他们狂奔而来，顿时惊骇万状，立即溃散。接着，晋上军又以佯败之计，引诱楚左军，尔后与晋中军反攻夹击，将楚左军大部予以歼灭。楚中军见势不妙，急忙撤退，逃回楚地，这才免于全军覆灭。

城濮之战，发生在孙武生活年代之前数十年。作为一代"兵学之祖"的孙武，显然对此进行过深入研究和思考，再结合其他战例和自己的用兵实践，他归纳总结出了"用兵宝典"：避其锐气，击其惰归；避其严整，击其危乱；避其饱食，待其饥饿。

韩信在信中向刘邦提出的方案正是运用了这一宝典。在他看来，正面战场，项羽的楚军最为强大，是为"实"；侧翼的北方诸侯，如果一个个地对付，相对而言就要好打得多，是为"虚"。楚汉版的避实击虚，就是要先逐一打击和清理反汉同盟中势力较薄弱的环节，也即侧翼的诸侯国，对项羽所率楚军的正面进攻，则坚持严防死守，不予反击。等项羽的锐气消磨殆尽，终于陷入"惰归""危乱""饥饿"的困境之际，再集中力量，彻底打败他。

北方策

韩信避实击虚的设想，有一部分也来自他在破魏后所得到的启示。

魏国的太原、上党两郡原本系赵国的领土，项羽戏水分封时将魏国故都大梁划入西楚，作为补偿才将这两块区域划给了魏国，因此魏国与赵国乃毗邻之国。赵、代两国亦以魏国作为缓冲，韩信突入魏国时，赵、代积极支援魏国，不光是由于同为反汉同盟成员，双方负有互援的责任和义务，同时也是出于唇亡齿寒的顾虑，害怕魏国被灭之后，下一个就轮到自己。

魏国终究还是被韩军迅速攻占，随之而来，汉、赵变成邻国，赵、代两国紧张之余，与汉国的关系更趋紧张，彼此间剑拔弩张，战争一触即发。

民间传说韩信为象棋之祖，今日韩信故里的淮阴侯庙前庭院即设计了一个中国象棋的图形，以作纪念。象棋是否真的为韩信所发明，如今已不可考，但可以想见的是，两千多年前的韩信，在他成功灭魏之后，面对汉赵接壤、局势紧张的新局面，他心中所考虑的绝非一城一池的得失，而是如何站在汉国的角度下一盘精妙绝伦的大棋。

战国末期的六强当中，楚国居首，但秦灭六国却并非从灭楚开始。晚于商鞅的秦相范雎向秦昭王献"远交近攻"之策，明确提出秦国若要成就霸业，必须首先攻取邻近的韩、赵、魏，然后才能逐步兼并较为边远的楚、齐、燕。秦王室接受了范雎的主张，几代秦王坚持不懈终获成功，得以扫清六合，一统寰宇。

彭城之战后的形势，已使汉国居于当年秦灭六国的地位，而以实力论，现在的西楚更令战国时期的楚国难以望其项背。在这种情况下，就不妨借助破魏后所获得的战略发展空间，以魏地为跳板，沿着当年秦国的进攻路线，继续大胆东进，在黄河北岸开辟出一个新的战场。

韩信向刘邦提出的具体方案，不过寥寥数语："愿益兵三万人，臣请以北举燕、赵，东击齐，南绝楚之粮道，西与大王会与荥阳。"内容看似简单，却至少包含三层意思：

其一，坚守。让刘邦率汉军主力坚守荥阳正面战场，利用荥阳、成皋一带的有利地形，持久地与项羽抗衡和周旋。

其二，进攻。由韩信率领部分兵力，在北方战场狂飙突进，大举出击，逐一消灭代、赵、燕、齐等诸侯国，将其并入汉国版图，在完成对西楚战略包围的同时增强汉国实力，彻底改变楚汉双方的力量对比。

其三，迂回。北方诸国一旦归汉，西楚后方将直接暴露于汉军的后锋之下，由韩信自齐地挥师南下占领项羽的后方，继而转兵南下与刘邦会师，围歼项羽于荥阳城下。

韩信的这一建议和方案可称为"北方策"。刘邦在与张良等谋臣协商后，决定予以采纳，给韩信增兵三万，让他放手指挥整个北方战场，同时又指派常山王张耳在带兵前去支援的同时，利用其熟悉代、赵等国情况的优势，对韩信予以协助。

"北方策"被认为是韩信继"汉中对"后所提出的又一极具战略眼光和想象力的宏伟计划，有人更形象地称它为"断项羽右臂计划"。韩信、项羽同为秦汉之际最善战之人，若就此将他们作一个简单对比，项羽在实际战场表现方面称得上是一个高明的军事战术家；韩信则不仅在战术上无可挑剔，而且还是一位少有人及的军事战略家。正是后面这一点，逐渐拉开了两位顶尖兵家之间的差距。

自此，韩信正式和刘邦分开，开始别领一军，在北方进行独立作战。形象地说，就好像在大地上画了一个同心圆，刘邦在中心部分进行小范围活动，而韩信则在外圆周边不断进行大范围移动。这也使得韩信肩上所担负的责任重若千钧，盖因楚汉形势能否得到根本逆转乃至最后胜负，都将取决于其开辟北方战场的结果，如近代政治家郭嵩焘所言，"尤为楚汉兴亡之一大关键也"。

千里杀将

赵、代两国都出自原赵国疆域，代国定都代王城（今河北蔚县一带），领雁门郡和代郡。陈馀在得到田荣援助，击败张耳后，从代县迎回了被项羽徙封为代王的赵歇，重新拥立他为赵王，而赵王歇为感谢陈馀，又封陈馀为代王。

陈馀认为赵歇势单力薄，难以单独支撑国事，遂任命部下夏说为代国相国，负责全权处理代国政务，自己则留在赵国，以丞相的身份辅佐赵王。与魏王豹不同，赵王歇虽是一国之主，却是碌碌无能之辈，被陈馀拥立后就是一个傀儡而已，赵国的军政大权实际由陈馀一手把持。由此可以看见，赵、代名为两国，实为一体，事实上，它们在对外政策上完全一致，也常以联军的形式共同御敌。

代国以晋中盆地为其政治、军事中心。如果韩军要从其始发地即晋南的临汾盆地出发，前往晋中盆地，共有北上和东向两条路线可供选择。两条路线上，又各有一处自先秦时期就存在的要塞：阏与、邬城。

代军指挥中枢设于代县的代王城，代王城紧挨着赵国，地理位置一度被认为得天独厚，一旦发生战事，既便于防守南来之敌，又能得到与之唇齿相依的赵国的军事援助。然而自韩信灭魏后，代相夏说在代王城里就待不住了，代王城距离阏与、邬城有千里之遥，已经超出了应急情况下军队的集结和机动能力，倘若阏与、邬城被韩军攻克，光守着一座代王城还有多大用处呢？于是夏说便决定亲自去阏与进行防守，邬城防务则交由其别将戚将军。

《孙子兵法》云："为兵之事，在于顺详敌之意，并敌一向，千里杀将。"意思是用兵打仗，要顺应并详细探究敌人的意图，然后集中兵力攻击一个方向，其间，即使敌方目标远在千里之外，也要毫不犹豫地发起攻击，甚至直接斩杀敌方将领。韩信发起的破代之战，直接将孙武的这一论述运用到现实之中。

首先，摸清敌人的谋划。代国国小兵弱，但它有赵国作为后台，可想而知，只要汉、代打起来，赵国就一定会派大军进入代国，与之组成抗汉联军，届时若战之不下，事情便会变得非常棘手。了解到这一点就会明白，只有在代、赵组成联军之前，出其不意地实施突袭，以闪电般的速度进军代国，干净利落地歼灭代军，才能让对手彻底束手无策：代、赵被太行山相隔，赵军仓促之下，根本来不及接应代军，也难以进行策应与配合。

其次，选定正确的主攻方向。前往晋中盆地的两条路线，北上线是直行线，但这条线路上的交通状况不佳，特别是当进至邬城地区时，其北面是一片沼泽地，南面是横亘于前的高壁深堑，均不利于大部队行军。

先秦时期，若要前往晋中盆地，兵家一般都不选择邬城作为主攻方向。当然，对韩信而言这并不是决定性的，以前大家都不选邬城，若反其道而行之，往往倒还能剑出偏锋，出敌不意。问题在于北行线行军缓慢，会极大地影响突袭效果，一着不慎，就会让代、赵军反应过来。

东向线是绕行线，即须先绕道东进，然后再北上，但这条线没有北上线那么崎岖难行。更重要的是，东向线上的阏与扼守太行山东西交通要道，系连接山西与河北的关键节点，历史地理名著《读史方舆纪要》称之为"心膂之地"。外来军队一旦控制了这块"心膂之地"，就可以此作为基地，进一步深入赵国腹地。换句话说，攻克阏与可以做到一举两得，即在进取晋中的同时，也顺势打开了进击赵国的通道，也因此，代相夏说才会放下相国之尊，亲自到阏与城充当守将。

战国时秦昭王接受范雎"远交近攻"之策，欲率先用兵兼并韩、魏，但又顾忌赵国之强，遂找了个理由攻打当时尚处于赵国境内的阏与，秦赵阏与之战由此爆发。直到今天，古阏与城中仍保留有若干枯井遗址，经考证，群井系秦兵围城期间赵军所凿，其他如青铜带钩、三棱青铜箭镞等战国遗物，也都见证着当年这场攻守战的激烈程度。

在阏与被围后，赵王派兵紧急救援，最后秦军不但攻阏与不下，还被赵军打得大败。经此一役，秦国也遭受了那一时期最大的军事挫折，以致多年后仍不敢轻举妄动。

秦军失利的一个重要原因，是阏与得到了强援，另一方面，当初阏与的强援之"强"，其实也并不表现在有多少赵兵来援，而是因为援军统将乃名将赵奢！

现在的情况与当年完全不同，赵国既不知道要派出援军，夏说跟赵奢相比，也明显不在一个层次。《读史方舆纪要》说阏与"当四达之冲，山川环抱，形要之地也"，除了表明阏与乃四通八达的交通枢纽，着力强调的是此处被山川环绕，乃地势险要、易守难攻的天然防御屏障。然而地理环境和条件就是再好，用兵者不会利用，其价值也接近于零。

因势利导地掌握敌人意图，在代、赵得到风声前，不失时机地展开行动；选定东向线，集中力量打击阏与这个虽是要害之地，但兵力却很虚弱的要塞。这两个条件同时具备，也就创造出了作战的突然性，"千里杀将"自然水到渠成。

陈 馀

计议已定，韩信率部从平阳出发，经快速行军，直抵阏与，其后不出意外地一战便击垮代军，擒获了夏说。

韩信接着北进至晋中，在晋中，他与曹参分兵，派曹参返身西进，回围邬城。至此，破代已无悬念，在基本消除自己东下击赵时可能来自侧翼的威胁后，韩信旋即挥师太行山。与此同时，他们的对手、赵国丞相兼赵军统帅的陈馀，也已做好了迎战的准备。

陈馀本是魏国大梁人，青年时为了学习儒术，曾数次在赵国游历，由此为人所知并渐有贤名。有一位富有的公乘氏认为陈馀绝非平庸之辈，遂将他的女儿嫁给了陈馀。在青年时本已声名初显，再加上富人期许和嫁女，陈馀的名气就更大了。无独有偶，陈馀的大梁老乡张耳也是年少成名，曾在位列"战国四公子"之首的魏国信陵君门下做过门客，而且后来因故亡命天涯，也娶富家女为妻。正是这种极其相似的人生轨迹，使得陈馀、张耳虽然年纪相差很大，却得以惺惺相惜，结成了忘年的"刎颈之交"。

张耳的岁数比陈馀大，成名也比陈馀早，二人结交，使得陈馀的贤名愈发得到传扬，以至于秦始皇在灭魏数年后知道了魏地还有这样两位名士，认为不能不除，遂悬赏重金缉拿。张耳、陈馀被迫更名改姓逃到陈县，靠充当里巷的看门人以谋生。

陈胜在蕲县大泽乡发动起义，不久进入陈县，张耳、陈馀前去拜谒陈胜。陈胜及左右早就听闻二人是贤者，彼时陈胜正值扩张力量之际，如此贤者来投，对他而言自然是一大助力，因此大喜，立即委以重用。张耳、陈馀由此加入陈胜的起义军，参与北略赵地。

陈馀能文能武，巨鹿之战前，他率军击败过引章邯攻赵的赵国叛将李良；巨鹿之战中，是他首先驰援巨鹿，只是由于实力与秦军过于悬殊，才未能直接为巨鹿解围。因对项羽分封不满，后与张耳反目，仅用三县兵力和田荣支援的部分兵力就一举击破张耳的常山之兵，打得张耳最后只能逃到刘邦的汉国避难。

在带兵打仗方面，陈馀虽然到不了项羽那样的层次，但在北方诸侯国的将领中，能超过他的人却并不多。此外，陈馀还拥有纵横捭阖的政治才能和手腕，先是联合田荣赶走张耳，继而又复立赵歇为赵王，使得他在赵国的声望和地位一时无两，赵王也因此赐予陈馀"成安君"的称号。

先前和韩信交过手的统将，如果说柏直年少稚嫩，陈馀称得上阅历丰富；夏说平庸无奇，陈馀则颇有才略；魏王豹有勇无谋，陈馀足智多谋且很少失算，按照赵国谋士李左车的说法，陈馀拥有"百战百胜之计"。

陈馀一直都很注意韩信的动向，他未能保住自己的代国，不是他放松了警惕，实际上还是夏说措置不当所致。身为代军统帅，夏说本该在代王城据城固守，一面策应各方，消耗韩军的锐气；一面等待赵军的支援，进而对韩军形成夹击之势。结果他居然弃代王城不守，自己跑到阏与去充当守将，这岂不是正中韩信的下怀？不错，阏与是非常重要，但完全可以派别的将领去守，这样还可以组织代赵联军援阏与，届时或者重演秦赵阏与之战那辉煌的一幕，也未可知。代国也就那样被夏说给交待了，眼下陈馀要做的，就是汲取夏说盲目出击的教训，集中兵力，以逸待劳，御韩军于赵国国门之外。

赵国位于华北平原之上。华北平原与山西盆地之间，隔着绵延千里的太行山，由于河流的穿切，太行山上形成了一些交通孔道，比较著名的是八条重要通道，所谓"太行八陉"。井陉位于太行山中段，系"太行八陉"的第五陉，也是其中最为有名的一条通道。

从先秦时期开始，井陉即为连接晋冀的咽喉要道。战国末期，秦将王翦灭赵，其北路大军就是由井陉直趋当时赵国都城邯郸的。井陉有东西两个出口，东出口位于太行山的河北一端，西出口位于太行山的山西一端。西出口的险要之处称为故关，虽然凭地势险峻为历代兵家所看重，但陈馀以夏说之败为鉴，还是决定将故关连同西出口一起予以弃守。他和赵王歇集结赵军主力，号称二十万，将其部署于东出口那一带，准备凭借优势兵力与韩军一决高下。

谋　攻

韩信率军越过故关防线，屯兵井陉道西口。尽管这一路上基本畅通无阻，然而韩信的心情却并不轻松，因为此时的他，正面临着自领兵作战以来最为严峻的考验。

按照一般的军事原则，进攻者至少要有多于敌方三倍以上的兵力，才能拥有作战行动的主动权，所谓"致人而不致于人"。《孙子兵法·谋攻篇》明确指出："用兵之法，十则围之，五则攻之。"当你的兵力十倍于敌时，你就可以实施包围；当你的兵力五倍于敌时，你就可以进攻。

韩信最初带兵西渡黄河时，基本部队只有两万多人，在他向刘邦献开辟"北方策"后，刘邦才应其所请，派张耳带了三万人加入，使韩军扩充到了五万多人。以五万多人进攻代军，是有优势的，至少局部是这样。

什么情况下不能轻易交战？孙武的论述是"倍则分之，敌则能战之"。就算你的兵力是敌人的两倍，贸然攻敌也非上策，正确的选择是分散敌人的兵力，然后逐一击破；如果你和对方的兵力差不多，则已不是攻不攻敌的问题了，而是该做好准备，挫败敌人的进攻。

赵军的规模非代军可比。通常情况下，"号称"的数字会超过实际数字。比如鸿门宴时，项羽军"号百万"，实际是四十万；刘邦军"号二十万"，实际是十万。赵军既然只是"号称二十万"，当然肯定不会真的有二十万，其实际兵力应该和那时的刘邦军差不多，即十万左右。

本来韩信破代后，尚有俘虏的代军可以补充，但就像之前灭魏后那样，这些兵员连同缴获的军资被刘邦一个不少地调往了荥阳。非但如此，刘邦还派人又从韩信那五万兵马中抽走了一部分，这样一来，再加上正在围困邬城的曹参部，韩信能用于攻赵的实际兵力仅剩三万余。

好在刘邦派来协助他的张耳，虽不擅于军事，却因在赵地经营多年，熟悉当地情况，拥有较为深厚的本地人脉资源。在张耳的帮助下，韩信从已直属于汉国的太原郡临时征调士兵，补充兵源，这才使其可用之兵重新达到了五万。即便如此，依然是汉寡赵众，韩军的条件连"敌则能战之"都达不到。

孙武对此的建议是"少则能逃之"，如果你的兵力比敌人都少，对不起，还是三十六计走为上吧，避开敌人才是上上之选。孙武如果能够复生，韩信所面临的现实情况，恐怕会让他为难，因为韩信面对的可不光是兵少的问题。

刘邦从韩信部队中抽走的，全是精兵。也就是说，剩下的三万余人里面已经没有特别能打的战士了。这个姑且不论，单说从太原郡招募的近两万新兵，那可都是既未经过系统训练，也缺乏必要战斗经验的"菜鸟"，讲穿了就是一群刚刚披上战衣的普通老百姓。韩信本人虽因形势所迫，不得不把这些新兵仓促投入战场，但对于他们能否在对赵一战中发挥作用也同样心存疑虑。此外，部队匆匆编组，新兵与新兵之间、新兵与老兵之间、将领与士兵之间要立刻产生紧密的依附与信任关系，亦非易事，可谓是"将不知兵，兵不知将"，而这将直接影响部队战斗力的发挥。

好在孙武老前辈见多识广，总是能为后来者提供合适的解决方案："不若则能避之。"如果你的兵非常少，又已经弱到明显不如敌人的地步了，还说啥呢，赶紧逃，不光逃，还得躲，最好不要让敌人发现你藏身于何处！

从韩信的战争实践来看，《孙子兵法》的理念早已深入其骨髓，孙武所讲的这些他又岂能不明白，问题是此时的他已经没有了"逃之""避之"，甚至"战之""分之"的可能，只有一个选择，那就是——攻之。

险恶之地

韩信连续破魏击代，令诸侯们大惊失色，在深感唇亡齿寒、兔死狐悲之余，他们不约而同地将汉国视为自己的主要对手。项羽也随即调整了战略目标，将原拟用于对付齐国的重兵，陆续调集至荥阳、成皋一线，并不断对汉军防线发动进攻。刘邦依据地势阻挡项羽的攻势，虽还能勉强维持住防线，但也是越来越吃力，故此才会不顾北方战场的需要，连韩军中的精兵都要抽调一空。

项羽之所以一直都没能直接派兵增援他的北方盟国，一个重要原因是受到英布在其后方的牵制。这个时候英布尚在南方与项羽的大军作战，项羽除了全力以赴进攻荥阳防线，暂时没有多余兵力可用于北方战场。然而如果韩信不能迅速拿下赵国，待项羽击灭英布军后重新整合兵力，必然会腾出手来派军队与赵国合击韩信。

以英布的实力来说，最终被项羽击败并无多少悬念，只是时间早晚而已（后来也确实如此，英布被迫只身逃往汉国），一旦项羽派楚军进入赵国，韩信将难逃被两面夹击的命运。

从代地传来的消息，代军残部仍在其别将戚将军的指挥下固守郓城，曹参能否破城也有一定的变数。戚部虽然已残破不堪，但若形势转变，一样可加入楚赵联军的行列，对韩信军形成可怕的侧面威胁。

楚汉两军的战略态势，以及周围和侧翼随时可能爆发的危机，都预示着持久战将对韩信十分不利。他只能冒险进入赵国境内，主动向赵军主力发起决战性质的进攻，并且还要速战速决，用最快的速度一战击溃赵军主力，使其无法再对汉军形成威胁。

韩信自掌军以来，每战必胜，从无败绩，但战争毕竟是残酷的，朝荣夕毙乃是常态，世上从没有绝对意义的常胜将军。谁能真正做到永胜不败呢？韩信也不敢夸这个口。面对如此严峻的形势和不利的条件，他同样战战兢兢、如履薄冰。因为军事博弈与下棋有类似的地方，即就算你走对了九十九步，只要一步走错，往往也会满盘皆输。

韩信在大帐中殚精竭虑，苦苦琢磨和推敲作战计划中的每一个环节，他首先要解决的就是该如何安全穿越井陉。

井陉向为重险，是《吕氏春秋》中所列的天下九塞之一，其周围山势自西南而东北，方数百里内层峦叠嶂、参差环列。当山势延伸至井陉县东北五十里处时，有山名曰陉山，陉山四面高平，中下如井，仅一条小道蜿蜒其间，"井陉"之名由此得来。

这条小道就是井陉古道。井陉古道早在先秦时期就被开辟为驿道，秦始皇统一天下后，下令在全国范围内修筑驰道，井陉古道遂也被修为驰道。秦始皇病死于沙丘，其尸体正是从沙丘运出，穿过井陉驰道返回咸阳发丧的，因此井陉古道也被称为"秦皇古道"。

井陉古道长约几十公里，两边绝壁陡立，中间道路非常狭窄，军队沿此行军，"车不得方轨，骑不得成列"，也就是车辆都不能并行，骑兵都不能成列，显然非常不利于大部队行动。最早修订于清雍正年间的《井陉县志》记载："山谷崎嶒，险同蜀道，马驰竟日，蹄破筋疲。"直接说井陉古道的艰险程度已与蜀道不相上下，连马匹在古道上走一整天都会蹄足磨破，筋疲力尽，更不用说人了。《井陉县志》的成书时间与秦末汉初相隔近两千年，近两千年后的状况犹然，当初古道之艰险难行，可见一斑。

　　如此险恶的地理状况，万一处理不好，极可能会落个覆军杀将的悲惨下场，这是任何一个有理智的兵家都要竭力避免的。韩信在下决心挥师出击前，令他为之头疼的也正是这件事，他特别担心自己的部队在穿越井陉古道的时候，会遭到赵军侧翼的袭击和正面的堵截。一旦遇袭，最要命的就是粮道被截。当时前线各路汉军的粮草辎重几乎都由萧何调配，从关中补给。韩信在北方连续作战，破魏击代后就直接东击赵国，战线被拉得很长，千里之遥的长途转运路程，不但劳民伤财，而且由于在运输过程中会有大量损耗，到达前线时往往就已经所剩无几。

　　从关中至井陉，一方面在继续拉长运输路线，另一方面井陉古道蜿蜒曲折、狭窄险要的交通条件，也使得运输更加困难。本来后勤补给就已滞后不济，倘若陈馀再别出一军，利用其对地形的熟悉，对后勤辎重部队进行袭击，夺其辎重，截其粮秣，这对韩军而言，无疑是灭顶之灾。

　　《孙子兵法·军争篇》里说得很明确："军无辎重则亡，无粮食则亡，无委积则亡。"意思是一支军队，没有辎重就会失败，没有粮食就会灭亡，没有物资储备就无法维持。可以想见，如果韩军彻底失去了辎重、粮食、物资的补充，就算没有外力攻击，也会迅速自行崩溃。

韩信向以"先胜而后战"作为用兵原则，既善战而又慎战，绝不是那种只知鲁莽轻战，却不知胜负利害关系的赳赳武夫，但凡有可能，他决不会率疲惫薄弱之师，贸然轻闯井陉这样的险恶之地。可是，正如他为求必胜而且速胜，不得不主动对赵军发动进攻一样，除了井陉古道，眼前已别无选择：只有通过井陉口，才能在最短的时间内进入赵国和击败赵军。

此时，赵军也正在筹谋。让韩信事后一回想起来，后背便直冒冷汗的是，赵军高层中竟有人窥破天机，把他最为焦虑的那些秘密全都给抖搂了出来。

"活在表层"的人

此人就是李左车。李左车在史书中的履历比较简单，只知道他是赵国名将李牧的孙子，在六国复国运动中，因辅佐赵王歇并立下赫赫战功而受到赵王的认可，被封为"广武君"。

李左车熟读兵书战策，极富谋略。三国曹魏时期，曹丕与曹植发生夺嫡之争。曹丕的心腹兼智囊吴质，写信给曹丕表达自己对曹丕的忠诚和支持，此即《在元城与魏太子笺》。信笺中有一句话："皆怀慷慨之节，包左车之计。"意思就是我们这些人都怀有慷慨激昂的节操，具备像李左车那样的智谋和计策。由此可知，李左车的高超智谋对后世的影响之大，以至于吴质等人皆把他作为偶像和标榜。

作为那个时代的顶尖谋士，李左车确实拥有非同一般的观察和逻辑思维能力，他一直在搜集情报，分析韩军的状况。韩军在后勤上的软肋和困境被他一眼看穿，李左车为此引用了古籍中的一句话，"千里馈粮，士有饥色；樵苏后爨，师不宿饱"。意即粮草转运要经过千里之遥，官兵就会常常面露饥色；军队每到一个地方，还得临时砍柴割草，烧火做饭，说明其无隔宿之食，无法保证每顿饭都能吃饱。现在的韩军正是如此。李左车发现，韩军的行军队伍前后拉开竟有数百里之距，他据此作出判断，最后面的必定是辎重部队，也就是说，韩军的随军粮草辎重远远地落在了大部队后面，而这正是韩军后勤补给已经无法满足部队所需的实证。

陈馀是赵军主帅，掌握着前线兵权。李左车请求陈馀临时给他调拨三万人，他打算以这三万人作为奇兵，亲自率领，自小道出击，乘韩军行军之机，截夺其辎重粮草，并配合正面的主力部队，从后方进行夹击。

李左车同时建议陈馀继续率赵军主力深挖壕沟、高筑营垒，坚守不出战，只与韩军周旋相持，总之要让韩军向前无仗可打，退后无路可回，野外无东西可抢，把他们逼入绝路。他估计，只要运用这一战法，不到十天，就能彻底消灭韩军，将韩信、张耳的头颅献到陈馀帐前。

李左车的奇兵出击之策，不仅切实可行，而且具有极高的前瞻性。他的这种战法在军事学上被称为积极防御，即在防御中组织进攻，通过灵活多变的战术手段，争取战场上的主动权。相对于死守阵地的所谓消极防御，积极防御不仅更加主动灵活，而且能够更为有效地应对战场变化，故而一直到近代，都被人们广泛研究和运用。

李左车建议陈馀凭险据守，也有现成的战例可予以支持。事实上，就在巨鹿之战前，秦将王离曾率其长城军团攻击过井陉口，试图由此攻入恒山郡，进而南下直逼赵都邯郸。可是始终都未能如愿，在此之后，才有了巨鹿之战。换句话说，如果当时秦军能够成功突破井陉，可能也就没有后来那场大战了。

以王离和长城军团兵力之多、战力之强，尚不能攻破井陉口，韩信及其韩军自然更难以突破。李左车对此相当有信心和把握，他敦促陈馀认真予以考虑，说我们要是不这么干的话，后果只有一个，那就是为韩信、张耳所擒。

不出奇兵或不守险关即会为韩张所擒的结论，既可能确是李左车的预测，也可能是他为说服陈馀而采取的话术。然而无论是哪一种，最后都遭到了陈馀的否定，因为陈馀压根就不相信自己会败于韩信之手。陈馀虽以喜好儒术和拥有贤名出道，但他在儒学方面并无实际建树，早期也没有与其贤名相匹配的事迹流传，甚至从陈馀发迹一直到成为将相，在他身上也看不到一点儒者或贤人的风度。

有人说，陈馀是个"活在表层"的人，此评价可谓入木三分：他并非真儒，好儒术然而仅止于"术"，对于更为重要的儒家之道，则不识其门径所在。他因"好儒术"而招致贤名，最初的这种"贤名"固然为他后来发迹创造了条件，但也使他始终活在"贤名"的光环下，在享受着由此得来的尊敬和助力的同时，见人见事却因此多受限于表面，难以触及事物的内核。

对陈馀而言，"儒"是外层的，"贤"也是外层的，二者从来没有能够真正进入其内心。反倒是以相似方式出道的张耳，在其身上多少还能看出他们这种人设所应该具备的涵养和城府。

当年为了躲避秦始皇的迫害，在张耳的谋划下，陈馀随其隐姓埋名，在陈县的里巷看大门。两人相对而居，张耳特地嘱咐陈馀，任何情况下都不能暴露身份，但是有一次，里巷小吏因陈馀犯了过失鞭打他，陈馀按捺不住，起身就要反抗。如果真的反击或杀死小吏，他们要么会被官府缉捕归案，要么只能继续亡命天涯，后果将不堪设想。张耳见状，急忙踩住陈馀的脚，示意他保持冷静。等小吏离开后，张耳把陈馀拉到一旁，责备他说："我之前是怎么跟你说的？你难道连这么一点小小的侮辱都忍受不了吗？"

在这里，张耳的沉稳老练与陈馀的冲动易怒形成了鲜明对比。事实也证明，张耳的意见是对的。后来，秦朝悬赏捉拿他们，二人正是巧妙地利用了自己作为看门人的身份，暗中联络里巷中的人，让他们为自己作伪证，这才成功地避开了官府的追捕。

倍则战

要了解陈馀的性格缺陷，不妨再来回顾一下他与张耳友情破裂的经过。

如前述，陈、张二人原为"刎颈之交"，两人闹到绝交的地步，缘于巨鹿被困时产生的矛盾：事后张耳认为陈馀见死不救，且杀害了他派出城外寻援的张黡、陈泽（张耳不知道他们已死于秦军阵中），而陈馀所作的解释又未被张耳认可，二人再起争执，误会更深。

陈、张纠纷本来很难说是谁的责任多一点。陈馀在强敌面前，既要顾及朋友情谊，又要保全自家性命，自有他的苦衷；张耳在城中日日忍受煎熬，盼望挚友搭救，可是望眼欲穿都等不到救兵，最后还是靠项羽得胜才得以劫后余生，也是失望得紧。

问题在于作为当事人的陈馀，对于纠纷的处理态度和方式。张耳年长陈馀一轮，陈馀曾经把张耳当作自己的父亲一般看待，相当于陈馀的父辈兼至交。面对他的责问，陈馀就算确有委屈之处，似乎也应以情谊为重，劝解转圜，可是在整个过程中，陈馀都表现得毫无胸襟和气量，在史书记述这段插曲的文字中，"陈馀怒"曾两次出现且每一次都激化了矛盾。

随后，陈馀、张耳的关系彻底破裂，各奔东西。本来交情散了也就散了，就算不再携手，彼此相忘于江湖也未尝不可。然而陈馀却从此对张耳恨之入骨，不但打得对方落荒而逃，当刘邦约其加入反楚联盟时，他还以杀掉张耳作为条件。

"活在表层"的人，对生活的体验和洞察往往容易流于表面，会不自觉地表现出心胸不够开阔，以及易怒、自大、看轻旁人的倾向。陈馀在陈县里巷的那段往事，完全可以与韩信在淮阴的"胯下之辱"相对照。同样是身处困境，受到挫辱和欺负，韩信能够强自忍耐，陈馀则还需张耳"踩脚"才能勉强克制。那毕竟还是落魄之际，所以陈馀尚能接受好友的告诫，待到身份显达，自我和外在的约束似乎都突然减弱，毛病便一一暴露出来，且与过去相比有过之而无不及。

尽管慑于韩信连战连捷的威名，陈馀不敢再保存实力，已经做好了全力以赴与之决战的准备，但作为一个成名已久的大将，他对于眼前这个一直寂寂无闻，新近才得以"爆红"的对手，内心恐怕是很看不上的。韩信早年甘受"胯下之辱"，给陈馀留下的印象不是胸怀大志、深沉内敛的壮士，而是懦弱无能、逆来顺受的懦夫。认为这样一个懦夫有可能打败自己，对陈馀来说，不啻于一种莫大的侮辱。在陈馀看来，韩信能够破魏下代，不是韩信有多高明，说到底，还是魏王豹、柏直、夏说等太过无能，如果他亲自出马，岂能让韩信得逞？

李左车强调不出奇兵、不守险关就将为韩信所败、被韩、张所擒的观点不但未被陈馀所接受，反而让他心生厌恶。原本陈馀还能耐着性子让李左车阐述他的方案，现在则是一个字都不想听也听不进去了。

陈馀自诩"儒者""儒将"，虽然实际做的事并不符合却很喜欢把自己置于道德高地。出师之前，他就声称赵军是"义兵"，所谓的"仁义之师"不用诈谋奇计照样能打败敌人。当然陈馀自己也不是真的相信这些，他常年领兵作战，按照李左车所说，又有"百战百胜之计"，岂能对《孙子兵法》的"兵者，诡道也"熟视无睹，尤其在李左车这样高级别的谋士面前，不谈兵法，谈"仁义之师"，就更显得荒谬可笑了。

陈馀用于驳斥李左车的理由之一是"兵法十则围之，倍则战"。攻赵韩军号称数万，而赵军号称二十万，实际只有十万，按照同样的比例，韩军的实际兵力不只有数千吗？以十万对数千，"十则战"都不止，再说韩军跋涉千里，必定已经精疲力竭，在这种情况下，拥有兵力优势且以逸待劳的赵军，只要不节外生枝就稳赢无疑。

因为内心轻视韩信，陈馀对韩信破魏下代以来的战法及其部队变动，从未做过认真的调查和研究，连韩军的实际兵力也未探查清楚。他不知道的是，韩信素以虚虚实实见长，韩军的"号称"与赵军的"号称"不同，其中并没有掺杂多少水分：用"数万"来代称五万的实际兵力，都算说少了。如果陈馀确切地知道韩军有五万人，赵军无法"十则战"呢？那也没关系，他还有一个"倍则战"。

陈馀驳斥李左车的论据其实也出自《孙子兵法》，只不过原文为"十则围之……倍则分之"。如前所述，孙武的"倍则分之"是主张当己方兵力两倍于敌时，应通过智谋和巧妙的战术，设法分敌之兵，削弱敌军力量。陈馀的"倍则战"则是认为在这种条件下，可以直接与敌军交战，二者差异一目了然。

以十万对五万，也就是"倍"的水平。为了彻底堵住李左车的嘴，陈馀"超越"孙武之见，预设了一个底线：即便赵军只有韩军的两倍，也无须像你李左车所说的那样分兵奇袭或守关不战。别忘了，夏说是怎么败的，不就是因为没有借助代赵联军之力，孤立无援于大部队之外吗？我们把兵力集中在一起，何愁不能击破对方的疲弱寡少之师，有什么必要胆怯地缩在后面？总之，不用去费神多想，我们只须直接与韩军正面交锋，即可战而胜之！

陈馀的打算

陈馀是巨鹿之战的亲历者，在那场震惊海内的大战中，他第一个驰援巨鹿，但却被王离所率的长城军团吓得裹足不前，只能在城外作壁上观。其他陆续赶来的诸侯军也都一样。直到项羽远道而来，破釜沉舟，一战击破长城军团，局面才得以彻底扭转。战后，包括陈馀在内的诸侯将领们入辕门参见项羽，全都膝行而前，连抬头看一眼项羽都不敢，可想而知，项羽之勇当时在他们心中曾激起过怎样的波澜。

巨鹿之战是反秦战争中最辉煌的一战，"巨鹿一败，秦不复振"，项羽也正是凭借此战绩一跃成为诸侯上将军，拥有了分封天下诸侯的权威和能力。接下来就是陈馀未能像张耳一般封王，一怒之下，跳出来反对项羽并加入了刘邦的反楚联盟，最后随着形势的变化，他又叛汉归楚，和项羽结成了联合阵线。

陈馀是懂政治的，不管是先前的联汉反楚，还是如今的联楚反汉，都从未把刘邦或项羽真正作为自己依靠的对象，也从来没有打消对他们的戒心。与此同时，巨鹿之战给陈馀留下的深刻印象，也让他时常想象着自己能以与项羽类似的方式，在特定的时间和地点，一战定乾坤，在海内打响名号，使得刘邦、项羽以及其他诸侯各国，在看到赵军的实力后，谁都不敢再轻易来打赵国的主意。

项羽是怎么打仗并取得辉煌的？在平原之上，当着诸侯们的面，以雷霆万钧的磅礴气势，从正面出击，一个回合就打垮敌人。唯其如此，才能震得住世人！

眼前就是可以如此作战，如此取胜，如此取得影响力的最好机会。陈馀的打算是，不在井陉道上"为难"韩军，而是屯兵于井陉口以东的石邑（今石家庄市鹿泉区），那里地势相对开阔平坦，可以与韩军在上面堂堂正正地打，堂堂正正地赢！他质问李左车："如果依你之见，对汉军这样的疲弱之师都不迎头痛击，若再有更强大的敌人，如何对付？况且，诸侯各国听说此事后，也必定会认为我赵国胆怯畏战，从此以后，轻启战端，进犯赵国的事恐怕会越来越多。"

不管李左车怎么劝谏，陈馀都执意不从。人们猜测，陈馀私下里或许还有一个不便启齿的理由，那就是他还得提防着李左车。更准确地说，陈馀是要提防张耳。

张耳在赵国任丞相多年，可谓树大根深，门生故吏遍于朝野，更重要的是，他在赵国的声望和号召力惊人。作为原赵军将领，原河南王申阳、殷王司马卬是由项羽分封才得以作王的。项羽对他们着实不薄，但在张耳的劝说下，却都先后在很短时间内叛楚归汉。李左车让陈馀给他拨兵三万，他要独立行动，你知道他脱离大部队后是要去执行他所谓的奇兵突袭计划，还是带着队伍倒戈投奔张耳？万一是后者，那就等于赵军的兵力将剧降至七万，韩军则凭空多出三万，如此还有何兵力优势可言？

韩信最不希望出现的情况最终没有发生。

韩信用兵作战，"用间"即暗中派间谍搜集情报是必不可少的，这次也同样有韩军间谍身负窥探军情的使命潜入了赵国。可以想象的是，张耳凭借着他在赵国和赵军中的深厚人脉，一定又在其中起到了很大作用。陈馀百般设防，至多也就能确保赵军高级将领不再被张耳拉过去，张耳要通过关系在赵军高层安排一个或几个打探消息的"内线"，还是做得到的。

很可能，间谍就是通过张耳的渠道，从"内线"那里得到了关于赵军的最高级别绝密情报：李左车如何依据井陉地形，献计于陈馀，提出了侧面奇兵突袭、正面坚壁不战的作战方案；陈馀刚愎自用，好大喜功，自仗兵力雄厚，韩军长途远征、人困马乏，断然拒绝李左车的建议，独断决定凭借优势兵力，在平原上与韩军决战。

前者令韩信大惊失色，后者则令韩信大喜过望。鉴于陈馀的决定和部署使得原先所担忧的问题已不复存在，韩信遂率军大胆进入井陉并在井陉古道上径直前进。果然，沿途他们既未遭到侧翼袭击，也没有被正面堵截，韩军由此迅速越过了太行山。傍晚，在距井陉东出口还有三十里的地方，韩信下令停止进军，筑营就食，同时让将士们早早休息。

尽管因李左车之计不被陈馀所用，韩军侥幸躲过一劫，但韩信所面临的被动不利局面并没有因此而有减少太多。汉赵两军在实力对比上依旧相差悬殊，如果韩信按照常法，率部前去攻打赵军，面对面地和赵军决战，则还是将正中陈馀下怀，遭遇败绩是毫无疑问的。

早在进兵井陉之前，韩信就已经在思考这样一个问题：韩军固然兵力不足，而且没有任何可能再得到补充，但其实同样的兵力，用于进攻和用于防御，其效果是完全不同的。

变易主客

"守则不足，攻则有余"是《孙子兵法·形篇》中的一句话，意谓如果你兵力不足，那就实施防御；如果你兵力有余，就组织进攻。

1972年，银雀山汉墓出土了竹简本的《孙子兵法》，这是西汉早期的手书版本，也是迄今为止关于《孙子兵法》的最古老版本。相较于一直流传于世的今本，同样的句子，竹简本也许更能让人立刻就领会其中的深意："守则有余，攻则不足。"此句何解？同等兵力的情况下，用于防御则兵力有余，用于进攻则兵力不足。

是的，如果你觉得兵力不够，很可能是因为你一心只想着进攻，但倘若换一个思路，把自己当成防御方，那情况也许就大为不同了。银雀山汉墓同时还出土了竹简本的《孙膑兵法》（此书原本在东汉末年就已彻底失传），明确指出：当你处于防御位置（"主"）时，即便敌军（"客"）兵力是你的两倍，你的兵力只及敌人的一半，但照样可以与之抗衡（"客倍主人半，然可敌也"）。

事实上，主客和攻守共同组成了中国古代兵学的两个重要范畴。一般来说，进攻一方为客，防御一方为主，韩信击赵，计划中应是严格意义上的进攻作战，是为"客"。可是韩军在兵力上处于劣势，若用进攻的方式正面破赵，几无胜算可言。那怎么办？可以将主客位置互易对调，你当"主"，让对方当"客"，这叫"变易主客"。

"变易主客"也就是要转攻为守，自己转入防御，同时调动敌人主动发起进攻，这样，攻守就恰好变成"孙膑模式"，虽然进攻中的赵军仍是韩军的两倍（韩军五万、赵军十万），但不用再背负兵力较少的压力，也因此拥有了以弱克强、战而胜之的条件。

接下来，如何调动敌人成了关键。在率军进入井陉前后，韩信已经通过研究地图和进行实地侦察对即将作战的地理状况进行了一遍俯瞰，并筹划出一个成熟方案。

就在韩军宿营休息的当晚，到了半夜，韩信突然下令部队起营整军，他首先挑选两千轻骑兵，命令每人手拿一面汉军红旗，沿着偏僻小道前进，秘密进入抱犊山。赵军在石邑所屯堡寨，后世名为"赵壁"，抱犊山与"赵壁"仅八里之遥，韩信交给骑兵部队的首要任务是潜伏并密切关注赵军的动向。

除了执行神秘任务的骑兵，韩信又派遣一万人为前军（即前卫部队），乘夜先行出井陉口。部署完毕，他安排副将传送一些食物给将士加餐，又让副将传话，说等天亮后击败赵军，再大摆宴席，正式款待大家。听说当天就要摆庆功宴，众将全都觉得难以置信，听出来韩信不是在信口说大话，而是想借此激励士气，给部队壮胆，可是又不好驳主帅的面子，让他下不来台，于是只好一个个假意应承，诺诺称是。

韩军能不能立即取胜，此事姑且不论，单说向前推进一事。骑兵相对较少，又是秘密行进，应该不容易被赵军发觉，但出井陉口的一万前军动静太大，即便是晚上，也不可能不为赵军所侦知。如果赵军在其未出井陉口之前就发起攻击，前军受限于地形，连队形都很难展开，如何招架？就算是赵军要等前军出井陉口后再动手，前军势单力孤，也不是其对手！

韩信看出了众人的疑虑，他很笃定地解释道："放心吧，赵军已经抢先占据了有利地形，修筑了营垒，意在以逸待劳，全歼我军。他们如果见不到我的大将军旗帜和战鼓，是不会率先攻击我前军的，因为他们怕'打草惊蛇'，担心我军遇艰险即退，没有勇气与之决战，以致影响全歼全军的预定目标。"

果然，当前军出井陉口时，赵军不是没有察觉，但采取了静观放行的态度。尔后前军出了井陉口，继续前进，赵军仍然置之不理，无动于衷，竟任由这支万人大军在自己眼皮底下从容进退。

绵蔓水（又名微水，今井陉东冶河）自南而北，流经井陉口外，"赵壁"就在绵蔓水之东。按照韩信的部署，前军抵达绵蔓水后并未停留，而是直接渡过河到达了东岸。

绵蔓水东岸的白石岭一带，古名白皮关，俗称东天门。前军一进入东天门，便开始迅速布置阵营，构筑壁垒，此即背水陈兵。在"赵壁"内对之进行严密监视的赵军，这时才集体作出反应，不过不是即刻出击，而是哄然大笑。

他们在笑什么？

无知者无畏

背水陈兵的阵法，陈馀和赵军中凡是亲历过巨鹿之战的将士，可再熟悉不过了，这不就是从项羽那里学过来的吗？

背水阵本是为兵家所忌的"死地"，不仅孙武如此认为，其他先秦兵家也大抵持类似见解。战国后期的兵书《尉缭子》曾被认为是伪托尉缭之名所撰，但自银雀山汉墓也发现与今本内容基本吻合的残简后，这种说法便不攻自破。《尉缭子·天官》有言："背水阵为绝地，向阪阵为废军。"

　　什么意思？背水阵后有大水，向阪阵（即面向山坡布阵）前有高山，二者都可谓进难得利，退则有碍。指挥者采用这两种阵法，结果都差不多，不是将军队置于极其危险的境地，就是令军队丧失战斗力，成为任人宰割的羔羊。

　　项羽是秦末战争以来，打破"背水阵禁忌"的第一人，在巨鹿之战中，他硬是用其无比的勇悍、冲天的怒战，在绝境中闯出了生路。问题是谁能及得上项羽的勇力、胆量和气魄？巨鹿之战后，各诸侯军在震惊之余必然会进行讨论，总结作战经验，但是除了对项羽表示倾慕和害怕，没有人敢拿自己和项羽相提并论。大家都认为项羽是不可企及的存在，他在巨鹿之战中所使用的战术，看看就好，学是根本没办法学的。

　　巨鹿之战时，韩信正在楚营，而且就在项羽帐下任执戟郎中，结果倒是他无知者无畏，照搬了项羽的成名之作。看着眼前的景象，不能不让陈馀和赵军将士有啼笑皆非之感。

　　巨鹿与井陉同属赵地，两场战争的相隔时间还不到三年，当事者都对巨鹿之战的很多细节记忆犹新。项羽打王离，虽说双方兵力也相差悬殊，但这只是就楚秦两军而言，巨鹿城四周还有壁立的诸侯联军，对秦军总是一种心理上的威慑。况且，秦军也只是客军，除了兵多而且能打，并无其他明显优势。

井陉这里呢，韩军孤军深入，没有任何后援，再加上长途行军，士卒劳顿，情况比项羽当年更为不如。反观赵军，有本国属地作为依托，兵强马壮，粮秣充足，又是以逸待劳，打赢这一仗已经是铁板钉钉。

你们韩军再怎么激发斗志，又能如何呢？反而只能因为自蹈险地，自绝后路，被消灭得更快吧！

当然最重要的是，陈馀及其将士压根就没看出韩信有死战求活的胆量和斗志。别忘了，项羽引兵渡河后还紧跟着一个非常决绝的动作，那就是"破釜沉舟"。人家根本就没打算在岸边扎营防守，过河之后就是进攻、进攻、进攻，一直到把秦军打垮为止。韩军呢，一过河就忙着筑营布阵，好像生怕赵军会立马打过去一样，如此畏怯，哪有一点血勇可言，与当年的楚军相比简直是云泥之别。

《孙子兵法·九地篇》："疾战则存，不疾战则亡者，为死地。"何为死地？就是把你放到那个地方，你得迅速投入战斗（"疾战"），否则就会灭亡。项羽这么做了，方得冲出绝境；韩信仗着自己跟项羽参加过巨鹿之战，从军帐后偷偷地瞧了那么一眼，就想东施效颦，结局不问可知。

陈馀及其将士在大笑之余，对韩信的轻视无疑又加深了一层。这次恐怕只有用后世"时无英雄，遂使竖子成名"一句，才能概括陈馀的心境。

背水阵

天刚蒙蒙亮，韩信就和张耳一起，率中军（即主力大部队）出发了。韩信先前曾跟部将们说过，如果赵军看不到他的大将军旗帜和战鼓，是不会出战的。为此，他命令把大将军旗帜打出来、战鼓敲起来，大摇大摆地开出井陉口，向石邑推进。鼓乐喧天之中，中军渡过绵蔓水，越过前军军阵，直接向"赵壁"开去，随后便在赵军营垒前摆开队形，列阵求战。

陈馀看得分明，韩军的两位最高级别统将都出现了，一个是举世皆可轻的著名"懦夫"韩信，一个是与他有着深仇大恨的冤家对头张耳。陈馀一声令下，营门大开，早已蓄势待发的赵军，如同潮涌一般冲了出去。

他们本以为能够摧枯拉朽般地击倒韩军，然而出乎意料的是，眼前的韩军将士非但没有丝毫畏怯孱弱之态，反而人人奋勇、个个争先，所展现出惊人的战斗力，甚至说以一当十，以十当百亦不为过。这使得赵军尽管占有兵力、主场、地理等诸多优势，但在战场上却讨不到分毫便宜。

陈馀吃惊非小，怎么回事？

战后，韩军将领们向韩信提出了同样的疑问，只不过他们问的是为何要背水布阵，因为他们想来想去，都没能在兵法中找到出处。韩信回答说有，只是你们没有留意罢了！《孙子兵法·九地篇》："投之亡地然后存，陷之死地然后生。"

这句话的意思是，在战争中，指挥者可以故意将部队置于危险境地。在这种绝境之中，士兵们为了求得生存必会奋力战斗，从而能够有效激发士兵的斗志，调动他们的潜能，为部队反败为胜提供可能。确实，《孙子兵法》中本就有背水阵这一战术，甚至还在孙武和他的《孙子兵法》问世前，背水阵就已被运用。

武王伐纣，周武王率军背靠漳河，面对山坡，既是背水阵。还是向阪阵，即处于尉缭子所说的"绝地"和"废军"双重绝境。但他却依托这两个阵法，以一万两千人击败了商纣王的十八万大军。

秦秋时，秦晋争霸，秦军东渡黄河击晋，渡河后，秦将孟明视下令将乘船全部焚毁，以示与晋军死战的决心。随后，斗志旺盛的秦军一举攻占了晋国的王官邑等地，晋军见秦军来势凶猛，被吓得只敢坚守城池，拒不出战，史称秦晋王官之战。

由此可见，背水阵法并非项羽石破天惊般的首创，而是早有先例，兵法上也早就做过总结和记录。之所以大部分人对此都不了解，是因为背水阵乃兵行险招的极端战术，稍有不慎就可能导致全军覆没，故而常规情况下很少被采用，即使采用，成功率也非常低。

韩信弄险而布背水阵，不是专为拾项羽之牙慧，而是出于自身的战略需要。韩信此次所率攻赵大军中，接近一半是未经训练的新兵，他直言不讳地告诉部将们："我之前没有时间训练新兵，指挥这些新兵上战场，无异于驱赶着街市上的平民老百姓去打仗，所谓'驱市人而战之'。在这种情势下，我就不得不把你们置于死地，使得你们为了求得各自的生存，只能拼死一战；如果不这样做，新兵们很难第一次就经受住战场的考验，他们看到还有活路，必定都会时时刻刻想着掉头逃跑，那样一来，就算侥幸没有一战皆散，也难以为用，不可能再指望着他们去冲锋陷阵了。"

部将们听后，都不由得心悦诚服地说道："对啊！您的谋略真非我等所能及！"

示　形

韩信的战后解答，正是实战中韩军表现惊人的奥妙所在。

韩信式背水阵，从本质上讲是一种心理策略。将新兵置于死地，对他们而言，战亦死，不战亦死，倒不如拼死一战，还能求得一生。毕竟在冷兵器时代，士兵使用武器的能力技巧和作战经验，固然也很重要，但如果在这方面存在欠缺，则勇气和拼命精神，亦能在最大程度上对此加以弥补。

连新兵们的血勇都能够被激发出来，老兵们则更不在话下，他们平时虽然都算不上精兵，但一旦身上的潜能全面爆发，其战斗表现绝不亚于那些通常意义上的精兵，甚至还会有所超越。新兵与老兵、将官与士卒之间的界限也由此被彻底打破。面对共同的生存危机，大家唯有团结一致，互相扶持和配合，才能杀出一条生路，相比于平时，彼此间的信任与默契也就很容易迅速建立起来。应该说，除了新兵以及编组等自有问题，韩信式背水阵与巨鹿之战中项羽的破釜沉舟、背水击敌，在作用和效果上确实有高度重合的地方。值得一提的是，在此过程中，韩信还和张耳双双上阵，站在第一线指挥作战。

与楚汉之际的其他名将相比，韩信斗智不斗力的特点非常突出，他本身也并不长于冲锋陷阵、挥戈搏斗，因为很少亲自冲杀于前线，民间甚至有韩信手无缚鸡之力的传说。张耳则更不擅长披甲征战，他俩之所以罕见地出现于前线，身先士卒地指挥作战，实际是在向将士们传递一个明确信息：向后无退路；向前，我们作主将的，会与你们同生共死！如此，不用作战场动员，原本缺乏训练、军心不固的这支混编部队，其士气和战斗力就能被发挥到极致！

汉赵两军激战许久，双方依旧打得难分难解。就在陈馀感到骑虎难下之际，战场形势终于出现变化，韩军阵形开始松动，随后就看见韩信、张耳率人马撤向前军的岸边阵地。不打不知道，前面这么一打，才知道韩军居然还有两下子，但终究实力才是王道，等三板斧挥完，原形就露了出来。陈馀这边注意到，韩军甚至把他们的大将军旗帜和战鼓都丢掉了，可知确实是撑不住才撤的，实际就是"溃逃"。

都这个时候了，离打扫战场也不过一步之遥。赵军倾巢出动，连原先留守"赵壁"的部队也跑了出来，他们有的争抢掉在地上的汉军旗鼓，有的加入追逐韩军的队伍。赵军以为战斗就要以他们的大获全胜告终了，但韩军显然也早有准备，其前军在岸边连夜构筑了营垒，见中军撤回，便连忙打开营门把他们放进去，之后前、中军合兵一处，依托岸边阵地重新与赵军展开殊死决战。

赵军不知道的是，不知不觉中，汉、赵双方已经完成了韩信计划中的"主客易位"：原先是韩军求战，赵军应战；现在则是韩军转为防御作战，赵军转为进攻作战。

《孙子兵法·虚实篇》里有两句话，可以说是体现了"兵者，诡道也"的核心理念。第一句："形人而无我形。"第二句："形兵之极，至于无形。"所谓"形人而无我形"，是强调在战争中务必要使敌方暴露实情，而我方不露形迹。这一点，韩信在井陉之战的准备阶段就做到了，通过派出间谍，及时探知了赵军动向以及高层决策的具体内容。反之，陈馀却对韩军的情况两眼一抹黑，首先是对韩军的实际兵力究竟有多少，根本不了解，接着是对韩信派两千轻骑兵潜入抱犊山的事，也始终一无所知。

需要指出的是，这可能还不光是陈馀个人的问题，而是在这场情报战中，赵军整体都落于下风。李左车谋略高深，但就算他也不能完全摸清韩军的底细，否则在内部商讨时，不会不针对陈馀所说韩军仅数千人的话进行反驳。

孙武说："深间不能窥，智者不能谋。"意思是即便是深入敌方的间谍，也可能无法窥探到敌方的秘密；即使是很有智慧的谋士，也可能无法预测出可能出现的情况。这句话正好可以用来说明韩军在精心搜集敌方情报同时，如何采取严密的保密措施，确保了自己的军情不被泄露。

当然，仅此还不够"诡道"，所以《孙子兵法》又主张主动"示形"，即通过制造虚假信息来扰乱和误导对手。孙武指出，这种以假乱真的手法，必须设计得十分巧妙，其最高境界，是将"假戏"唱得足够逼真，要让对手从表面上完全看不出人为痕迹。因为只有这样，敌方才会对己方制造的假象深信不疑，也才会被牵着鼻子走，进入己方所预设的陷阱。

这就是"形兵之极，至于无形"。韩信可谓深谙其中三昧，围绕"主客易位"目标的达成，他设计了一系列"示形"动作，其中最为核心的就是背水列阵。

以"怯"取胜

项羽式背水阵和韩信式背水阵之间，虽然在事实上有着很大差别，但它们毕竟相隔时间很近，同样发生于赵地，又同样有着敌我双方战力悬殊的背景。所以这一切，都让陈馀认定，韩信是在不顾自己的能力、韩军实力以及现实局限的情况下，照搬项羽的阵法。

对于陈馀的嘲弄和轻蔑，韩信不仅毫不在乎，甚至还可以说，这就是他所期望达到的效果。包括韩军前军在渡过绵蔓水后就立即沿岸筑垒这一细节，既是为其后接应中军做准备，其实也是有意在赵军面前"露怯"：一方面给对手他不会用兵，只会胡乱"抄袭"的假象；另一方面故意表现得怯懦畏缩，未战即先示弱。

是的，以"怯"取胜，也是韩信独有的一种战略战术。再回到韩信的"胯下之辱"，时人皆以之为奇耻大辱，笑之、嘲之，殊不知韩信在他选择隐忍的那一刻起，就已经领悟了藏锋于鞘的道理。他不仅知道在时机未到之前，必须以极致的沉静、深沉的内敛面对所有能够想象得到的挫辱，而且还无师自通地懂得了如何对它加以利用。

拿韩信和陈馀来说，陈馀素有声名却活在表层，看事情往往只能看到表面，心胸和视野都非常狭窄，这就注定了他不可能看懂韩信，也很容易被韩信在有意无意中所展示的懦弱无能形象所迷惑和欺骗。相比陈馀，从尘埃和屈辱中走出来的韩信，反而是个生活在深层空间的人，他拥有纵观全局的能力，一眼就能把陈馀给看穿。面对陈馀及其部众的嘲笑和冷眼，韩信的心理防线不仅不动摇，他反而以之作为掩护，将其化入自己的战术构思当中。

俗语说得好，"扮猪吃老虎"，虽然话糙，但其中的道理可不简单。"怯"对韩信来说，早已不是面子的问题，更与其性格无关，而是一种方法和取胜之道。他就是要先示愚、示弱于敌，以怯意来麻痹敌人，让敌人对他轻视进而产生骄怠之心，之后再一步步引蛇出洞，直至达成自己的战略意图。

当陈馀和赵军将士远远望见，韩信派万人作为前军先行，以大战之兵数摆出大战姿态（万人规模的战役战斗，即可称为大战），然而却又背水列阵的时候，忍不住大笑，此时他们的一只脚其实已经跨出"赵壁"，站在了绵蔓水的东岸，也就是东天门前。

为了让赵军的另一只脚也跨出来，韩信专门设计了一系列假动作：他以旗鼓大张声势，并与张耳一起上阵督战，为的是顺应陈馀所愿，让赵军毫无保留地离开"赵壁"，出营决战；中军也不是一开始就往岸边跑，而是先与赵军在平原上久战，为的是使其不疑有诈且战上兴来；尔后佯败，是为了把赵军诱至岸边；连大将军旗帜和战鼓都丢弃于地，一方面是为了把"溃逃"演得惟妙惟肖以便诱敌倾巢而出，另一方面也是要让赵军争利而乱并涣散其斗志。

所有这些环节不仅被设计得近乎天衣无缝，而且前后左右均照应有法，无懈可击。比如安排多达一万人的前军在东天门背水列阵，就是一个藏巧于拙的妙招。此举既能迷惑和引诱赵军，同时前军及其所筑营垒也可以对佯败的中军起到缓冲作用，避免中军因佯败而成真败，造成一败而不可收拾的局面。韩信虑事之周密、用兵之严谨，于此可见一斑。

"主客易位"的悄然完成，改变了汉赵双方的力量对比。用数学方法简单计算，如果说原来赵军至少具备 2∶1 的兵力数量优势，现在已无形中缩小为 1∶1，攻守模式基本趋于均衡。当然，这并不意味着韩军必然能够取胜，甚至连能不能守住营垒也还是一个未知数。

1∶1 只是一个简单的算法，事实上，相比于韩军，赵军无论是单兵战斗技能还是经验都要高出很多。另一方面，韩信虽巧妙地激发了韩军的拼命精神，但人的体力毕竟是有限的，不可能长时间保持亢奋状态。也就是说，以整体和稳定的战力而言，赵军仍占有相当大的优势。

在赵军倾巢出动后，他们曾因抢夺鼓旗，暂时乱了一阵，然而毕竟是主力正规部队，一两个小插曲并不致动摇其军心。这个时候，所有人也都想着要尽快将韩军挤进绵蔓水喂鱼，以求速胜，由此给东天门营垒造成的防守压力可想而知。

圆　阵

古代战争的胜负谁属并不仅仅取决于双方投入兵力的多寡、

优劣，所布"军阵"是否得当，往往更为重要。

　　所谓"军阵"，也就是通常所说"排兵布阵"中的阵法。翻开一部中国古代军事史，各种阵法可谓层出不穷、数不胜数。战国时孙膑统计有十种阵法，至明朝时，军事类书《武备志》单是古今阵图这一项，就载有两百余种之多。阵法虽多，但抛开演义评书中对之极尽夸张的演绎，它所蕴含的实质只有一个，那就是通过对战斗队形的适当排列组合，使军队的战斗效能得到最大程度的发挥。

　　如何布阵，又与作战地形息息相关。巧借河流、山岳等外在辅助力量来布阵，往往能够取得事半功倍的效果，而韩信正是此间高手，他对地形等地理条件的利用，简直到了一种出神入化的境地。

　　大体上，所有阵法都可以被归类为两种形态，圆阵为其中之一。圆阵因其呈圆形或半圆形而得名，这是一种防御型的阵式，其好处是四面八方皆可相互照应，阵型不易被打乱。韩信就是利用天然的地形条件，在东天门背水处布列了一个能经受住猛烈攻击的圆阵。

　　韩军左右两翼是河流，背后是绵蔓水和太行山，赵军是无法逾越这些天然障碍的，只能强攻正面。韩军则可不必担心敌人从侧翼和后方实施迂回进攻，可将有限的兵力全部集中于一个方向，即正面。如此，不仅将防御面缩小到了最小范围，还大大加强了正面的防御力量，有效拓展了防御纵深。

　　韩军依托营垒，集中力量在正面遏制赵军的进攻。局势很清楚，韩军背后就是滔滔激流，之前他们在"赵壁"前与敌作战时，尚能撤至岸边营垒，如今则是已再无任何退路。将士们都深知，营垒一旦被攻破，便只能任人宰割，唯苦撑苦熬、坚守待变才能获得一线生机。于是，为了自保自存，大家又奋起余勇，继续咬着牙与扑上来的敌人死拼。

赵军全力进攻，但不管怎样使劲，都难以得手。眼看这不过是由韩军前军临时构筑起来的营垒，却俨然成了无法攻破的铜墙铁壁，这让刚刚还迷醉于"必胜局面"的赵军官兵很是泄气，随之而来，军心浮动，所组织的攻势也越来越弱。

到了此时，陈馀才意识到他可能失算了，韩军不像是只有几千人啊，而且人人奋勇，誓死不退，看来今天要想一举全歼韩军，擒杀韩信、张耳，已经不现实了。部队已呈疲态，再攻无益，陈馀下令暂停攻击，鸣金收兵，先退回大营休整一下再说。

赵军接近"赵壁"，正要入营却见营门紧闭，壁上旗帜飘扬，但其中一面赵军旗帜也没有，代替它们的是清一色的汉军赤旗！这一让赵军惊骇无比的变化就发生在他们倾巢而出、离开"赵壁"的那一关键时间点。入"赵壁"易帜者，正是在抱犊山上潜伏已久的韩军骑兵。

"奇正相生"是韩信用兵的一个显著特征，也是他的本事。从还定三秦到大破魏军，凡重大战役，韩军中都少不了奇兵的影子，韩信在正面对敌军发动进攻的同时都必要分出一部或几部兵力作为奇兵，从其他方向上进攻敌人。这次也不例外，他所派出的两千骑兵，担当的就是奇兵角色。

对于兵力的使用，韩信事先都经过精确计算。按照常理，韩军兵力本来有限，如何还能抽出一部作为奇兵？奥妙就在韩信所布圆阵上。因为他在东天门布的是一个天然圆阵，只需在一个方向上投入防御力量，如此便可直接减少兵力的使用，极其宝贵的奇兵也就这样被"节约"出来。

骑兵潜入抱犊山后，奉韩信之命一直在密切观察"赵壁"方面的动静。看到韩军佯败，赵军倾巢追击，按照韩信所定预案，乘赵军尽出营垒之机立即发动偷袭，迅速冲进了"赵壁"。只要赵军还没发现，攻占已形同空壁的"赵壁"，简直易如反掌，前提就是机动性要足够强、速度要足够快，而这正是韩信要以骑兵为奇兵的原因所在。

骑兵的问题是他们并不擅长防守，一旦赵军进行大举反攻，便很难守住"赵壁"。不过韩信本来也不需要他们守"赵壁"，他让骑兵们做的就一件事：把赵军的旗帜拔掉，全部换成汉军的赤旗，所谓"拔旗易帜"。不光是一拔一换，还要多插自家旗帜。每个韩军骑兵在出发时，都随身带着一面赤旗，两千骑兵就是两千面赤旗，两千面赤旗在风中猎猎飘扬，其场面何其壮观。

奇正之变

立"赵壁"下却不得其门而入的赵军，看到此场面大为震惊。

这么多汉军，究竟是从哪里冒出来的？如果是来自我们的后方，那是不是说明汉军偷袭赵国已经得手，赵王歇和留守大本营的将领都已束手就擒？赵军士气瞬间瓦解，士兵们开始向四处溃散奔逃，人人都生怕在原地多停留一会儿，自己就会被汉军擒杀。陈馀开始还试图控制住军队，他和将领们不停地斩杀逃兵，想用杀鸡儆猴的极端措施震慑住士兵，然而这些都无济于事，赵军如同雪崩一般地滑入了溃败的深渊。

到这里，旁观者已经可以看得很清楚了，韩信在井陉之战中采用了一明一暗、一正一奇的双线战法。

先令前军背水陈兵，继率中军与赵军会战，后又依托背水阵进行抗击，这是明线；以明线为掩护，派轻骑间道而行，潜伏山中，这是暗线。

背水列阵的主力部队（包括前军和中军）实施正面防御，乃是"正兵"；预先埋伏的骑兵部队伺机出击，乃是"奇兵"。

中军执行诱敌任务将敌人引入背水阵后，与前军合兵一处从正面顶住赵军的猛攻，是谓"以正合"；两千骑兵在赵军空壁后，乘虚而入，突然占领"赵壁"，拔赵帜、立汉旗，是谓"以奇胜"。

暗布奇兵是韩信在此战役中的点睛之笔，也是韩军最终制胜的关键所在。两千骑兵，看似不多，但正是他们抄了赵军的后路，并通过拔旗易帜扰乱了赵军的军心，影响了整个作战形势。否则，韩军就算能够继续凭背水阵固守，但要想迅速击溃赵军，恐怕也还是水中捞月，至少不可能如韩信对部将们所宣称的那样，当天便可将胜利拿到手中，然后大开庆功宴。

除大框架的明线正兵、暗线奇兵外，具体到各个部分和各个时间段也还有奇正的各种变化。如背水列阵乃非常法之法，本身就是"奇"。但当将赵军引到阵前进攻，韩军的中军和前军合二为一，全力抵抗赵军的强攻时，背水阵又由奇转为了正。

再如，中军在背水而战的情况下主动出击诱敌，和韩军前军背水列阵一样都打破了常规，一开始也都可以被称为奇兵，但当中军需要与敌久战，前、中军需要依托背水阵抵御，他们又都转变为了正兵。

《孙子兵法·势篇》中说："战势不过奇正，奇正之变，不可胜穷也。"意思是作战方式不过奇正两种，常法为正，变法为奇，但奇正的变化却无穷无尽。韩信根据天势、地势、敌势、我势，寓奇于正，以正为奇，当正则正，当奇则奇，可以说已经达到随心所欲、运用自如的境界。

东汉学者马融认为，围棋是效法了用兵才出现的，三尺棋盘就是万里战场，其上黑白落子的每一步都可以找到现实中战略与战术的影子。他把韩信的奇正用兵与围棋对弈相对照，写出了《围棋赋》并在其中赞颂道："韩信将兵兮难通易绝，身陷死地兮设见权谲。"

马融在这里所要表达的观点是，韩信指挥打仗，其战术之精妙多变，如同棋局般难以捉摸，所以每一位棋手都要如同韩信那样，懂得审时度势、灵活应变，或稳扎稳打、步步为营，以正合之道稳操胜券；或出其不意，攻其不备，以奇制胜，逆转乾坤。

当韩信身处通常人们所以为的绝境时，总能凭借其非凡的智谋与计策使自己化险为夷、绝处逢生。马融因此指出，高明的棋手在棋盘上遇到看似无路可走的"死地"，也应学习韩信，通过精妙的计算与布局，运用奇正之变创造出柳暗花明的奇迹。

胜负即判

凭借一明一暗、一奇一正两条线的灵活运用，赵军溃败之势已经无可挽救，但如果东天门阵地的韩军主力不能及时出击，最后仍将停留在击溃战的结果。这既满足不了韩信打仗的胃口，也不符合他一贯的作战准则，即以不留后患为目标，务求全部歼灭敌有生力量。

换言之，韩信要打的是歼灭战。在一开始背水列阵时，他就没有单纯地只准备防御，而是在等待时机进行反击，具体来说，就是在等奇兵得手，然后立刻展开进攻。

韩信所布背水阵首先是一个圆阵，这是韩军能够顶住赵军轮番猛攻的重要凭借。圆阵本来是用于防御的阵法，由于需要全方位部署兵力，容易导致兵力分散，不利于对敌进攻作战。但事情妙就妙在，韩信并没有将背水阵设计成纯粹的圆阵，他利用天然地形条件，确保了韩军只需在一面也即正面用兵，而这也就相当于在防守过程中形成了"方阵"。

所谓方阵，是古代阵法的一种基本形态，因其呈方形或长方形，"前后整齐，四方如绳"而得名。由于方阵的兵力主要集中在正面，堂堂正正，气势磅礴，可以给防御一方以强大的压力，因此相对于圆阵是一种更有利于进攻的阵法。

韩式背水阵把圆阵和方阵的优点集于一身，能够做到方圆并用、攻守互补。韩信如此用兵，已不单单是"以患为利"，而是把背水这一原本的"死地"用到极致。明代治兵学者何良臣甚至认为，只有韩信才揭开了《孙子兵法·九地篇》（该篇对"死地"着墨较多）的奥妙，把握了其中的诀窍。

发现随着"拔旗易帜"的成功，赵军已经一片大乱，韩军即刻转入反攻，在不需要转换阵形的前提下，他们以最快的速度冲出营垒，死死咬住赵军。"赵壁"内的骑兵部队看到主力出击，遂也主动出营配合作战，真正对赵军形成前后夹击之势。

赵军人心惶惶，士气全无，由于无法分清战场形势，众人一心只想逃出生天，结果自乱阵脚，而他们原本所拥有的地理优势，此时反而成了牵绊其手脚的束缚。就这样，十万大军被困于逼仄的空间，难以转圜和移动，真正是上天无路、入地无门，在韩军的猛击之下，一溃而泻千里，陷入了灭顶之灾。

仅仅一个早晨，胜负即判，赵军大部被歼，仅陈馀率残部逃出。绝不会给对手提供任何喘息和死灰复燃的机会，是韩信一贯的作战风格，即便在看似赵国已成其掌中之物的情况下亦然。他继续全力追击，最终在鄗下追上了陈馀。双方再战，赵军残部大败，遭到全歼，陈馀亦兵败被斩于泜水（今槐河一带）。

东天门之上古有白面将军祠，此祠始建于何时已不可考。但据考证，这就是当地老百姓用于纪念陈馀的遗迹，称其"白面将军"，有一种说法是认为因陈馀面容白皙，但更可能是陈馀在老百姓中有"儒者""儒将"的声名。民间不忘陈馀，想来也是有缘故的。通常人们都把陈馀落败之因归咎于他满脑子酸腐思想，胶柱鼓瑟，不知变通，或者只会纸上谈兵，隔靴搔痒。但这些其实是说不通的，若果真如此，陈馀又岂能在群雄纷争中崛起为赵军统帅，甚至项羽都不得不对他另眼相看？

事实上，陈馀绝非平庸无能之将，他饱读兵书，熟稔战史，军事履历和经验亦不可谓不丰富，已足以应对多数对手的挑战。陈馀在井陉之战中的惨败乃至最终的兵败身死，很大程度上只是因为"不幸"遭遇了同时代最能打仗的韩信，而他偏偏又未能及时意识到这一点！

因为出身卑微又早年落魄，韩信素被主流社会所轻视。自从被刘邦拜为大将军以来，从还定三秦到京索之战，再到破魏击代，他一次又一次出奇制胜，连续取得的辉煌战果早已令诸侯和战将们为之侧目。然而众人对韩信依旧存有偏见，也未能对韩信超人一等的军事才能给予足够重视和警惕。直到井陉之战爆发，仍然没有多少人真正把韩信作为研究对象，分析他在历次指挥战役中所展现的谋略，当然就更不会有人深思韩信承受"胯下之辱"的内涵，以及他为何能从无名小卒而一跃称雄的奇迹之路。

赵军高层唯一的清醒者就是李左车，李左车对韩信颇为忌惮，并在战前向陈馀献上了良策，只可惜并未被陈馀采纳，否则井陉之战的结局很可能会被改写。

退一步来说，即便陈馀出于种种原因不能接受李左车的意见，在其后与韩信的较量过程中只要自己多一点警醒，他也仍有机会发现韩信的图谋，从而调整部署。前提就是陈馀要加强戒备，在己方阵营严阵以待，同时做好巡逻，注意搜集韩军情报，如果能够如此，不管他做什么，韩信都必然会有所顾忌，恐怕也未必敢把暗线奇兵派出去了。

但陈馀太轻敌了，因轻敌又出现了连续误判，先是将韩信的背水阵兵看成是不懂兵法而对项羽的胡乱抄袭，进又以为只要倾巢而出即可将"死地"中的韩军一举歼灭于岸边，却没有想到真正致命的危险会出现在自己背后，"拔旗易帜"即让军心大乱。

祸莫大于轻敌，陈馀有"百战百胜之计"，赵军又占据着地理、主场、兵力、战力等诸多优势，可就因为这一着失算，便一切尽毁，惜哉！悲哉！

这是李左车事后的感慨，其锥心之痛，溢于言表。然而战争就是这么残酷，就算你自身已是高手，但若对手技高一筹，而你又不自知，那么在战场上被淘汰便是不可避免的宿命。

第五章　岂是天上下神兵

公元前 204 年，韩信在阵前斩陈馀、歼灭赵军主力后，乘胜向前，攻取赵国都城邯郸，活捉赵王歇。不久，除平定赵地外，代地也传来捷报，防守邬城的戚将军弃城而逃被曹参追斩，至此，赵、代两地均归于汉。

井陉之战（也称背水之战）就此告一段落。这是一场具有重大转折性意义的战役。说它具有转折性，是因为汉军由此在战略全局上渐获优势，整个战场形势开始向有利于汉军而不利于楚军的方向转变。

之前韩信就已经在北方纵横捭阖，连续破魏灭代，席卷诸侯，等到连拥有相对强大兵力的赵国都被攻击，原由反汉同盟组成的战略包围圈便被彻底打破了，韩信军反过来开始对楚军形成战略包围。与此同时，韩信在对魏、代、赵予以巩固的基础上，又将三地的兵员和物资，源源不断地运往荥阳、成皋防线，从而部分代替关中，有力地支持了汉军的正面作战。

井陉之战既是韩信强汉的战略性战役，也令他凭借此战真正闻名天下。如果说战前尚有许多人对韩信表示质疑和不屑，井陉之战后，这些人全都闭上了嘴。令人唏嘘的是，陈馀倘若这个时候才与韩信交手，他或许就不会犯轻敌的毛病了，奈何时运逢衰，而战场能够给将军们提供的机会，又往往仅有一次。

韩信则依旧面无骄色，只有他自己知道破赵有多么不易，同时他也对给陈馀献计之人心有余悸，庆幸陈馀终究未按其策略行事，否则后果不堪设想。还在井陉之战开始前，韩军尚未出动，韩信就传令军中，要求不得伤害李左车，有能活捉者还赏赐千金。重赏之下，必有勇夫，战事刚一结束，就有人将俘获的李左车送到了韩信帐前。

两个神交已久的人终于见面了。

如愿以偿

李左车是被五花大绑押过来的，韩信一见，立刻亲自上前为他松绑，又让出自己的座席，恭恭敬敬地请李左车坐西向东就上座，而自己则坐东向西陪下座。在待之以师长之礼后，韩信以发自内心的谦逊口气，迫不及待地向李左车请教："我有意乘胜向北攻打燕国，向东征讨齐国，请问先生，我该如何才能取得成功呢？"

李左车突然由战俘变成上宾，瞬间有五味杂陈之感，本能地婉言推辞道："臣（李左车自称）听人说，败军之将，不可以言勇；亡国大夫，不可以图存。现在臣不过是一个兵败国亡的阶下囚罢了，哪里有资格和您一道图谋国家大事呢？"

听李左车这么一说，韩信提到了一个人，春秋时的百里奚。

百里奚原是虞国大夫，这个虞国也就是成语"假道伐虢"中因贪财而被灭掉的那个国家。虞国灭亡后，百里奚沦为奴隶，秦穆公得知他有才能，就用"五羖"（羖指黑色的公羊，"五羖"即五张黑色的公羊皮）将他从市井之中换回，并延请他主持秦国国政，人称"五羖大夫"。在百里奚的辅佐下，秦穆公励精图治，使秦国迅速崛起，一跃成为春秋五霸之一。

百里奚在初至秦国时，秦穆公想跟他谈论国家大事，百里奚推辞说："我是亡国之臣，哪里值得您来询问？"穆公则说："虞国国君不任用您，所以亡国了，这不是您的罪过。"

韩信将李左车与百里奚相提并论，以示李左车在他心目中的地位，以及自己对李左车的充分尊重。他也像当年秦穆公对待百里奚那样，推心置腹地对李左车说："在下也曾听说，百里奚在虞国为臣子时，虞国被灭掉了，但后来他到秦国为大夫，使秦成为天下诸侯的霸主。这并不是他在虞国时很愚笨，而一到秦国就变得聪敏起来了，主要还在于国君任不任用他，听不听从他的意见。"

话到此处，韩信突然吐露了一句由衷之言，这句话让李左车颇为感慨："假使成安君（陈馀）采纳了您的计策，像我韩信这样的人早就被俘虏啦！只是因为他不接受您的意见，所以我今天才能够侍奉在您身边，向您请教啊。"韩信开诚布公，再三向李左车恳求道："我诚心诚意地想向您求教，还望您不要再推辞！"

与陈馀等人不同，李左车对韩信慕名已久，井陉之战前就知道他是一个值得尊重的对手，及至井陉之战爆发，韩信那令人眼花缭乱的奇正用兵之术，更是不能不令作为同行的李左车感到折服。不过正所谓闻名不如见面，李左车事先完全想不到，韩信这样一个雄才大略的军事统帅，为人居然会如此虚怀若谷，对于他这个战俘和囚犯，又会如此尊重礼遇，从头至尾，言语声色中不带有丝毫战胜者的优越感。

李左车十分感动。一方面，赵国已亡，他原本归属的服务对象已经不复存在；另一方面，韩信的态度，又让他感觉到自己的价值得到了充分认可，对方才是自己真正的知己。士为知己者死，从这一刻起，李左车决定全力辅佐韩信，以回报他对自己的知遇之恩。

"智者千虑，必有一失；愚者千虑，亦有一得。"这是齐国政治家晏子说过的一句话，李左车又将其引申为："狂夫之言，圣人择焉。"意思是即便狂人所说的话，圣人也能够有选择地听取。在自谦为"愚者""狂夫"后，李左车表示接受韩信所请："虽然臣的意见未必可用，但臣愿意为您尽心效力，竭尽所能！"

韩信对李左车尊之敬之，绝非出于沽名钓誉或一时兴起。可以说，从其悬重赏捉拿李左车起，就有了无论如何都要邀对方入幕的念头，现在如愿以偿，自然是大喜过望。

非同一般之人，必要给予非同一般之礼。古泜水，也即今天的槐河一带，被认为是韩军斩陈馀之所，同时也是李左车被俘之地。距槐河不远处，有一座村庄，村旁有一座高大土坡。据地方史志记载，这座土坡即当年韩信仿效刘邦筑台拜其大将军之例，专为李左车所修筑的拜将台。

就在左车村的拜将台上，韩信正式拜李左车为师，而李左车也知无不言，向韩信提供了他最需要的破燕之策。

不战而屈人之兵

正如韩信所说，他在以背水战大破赵军，迅速平定赵国后，燕、齐两国就成了他要依次打击的两个目标。

打燕、赵，韩信所拥有的首要优势就是他的超强人气。自韩信东渡黄河以来，连战连捷，破魏俘魏豹，下代擒夏说，尤其井陉一战，用一个早上的时间就打垮了赵军号称二十万的大军，诛杀成安君陈馀，从此名闻海内，威震天下。李左车充分肯定了这一点，他说以韩信现在的威势，不光令其敌人胆寒，甚至连当地农民都感到敬畏和不安。因为不知道以后形势如何，农民们已经暂时放下农具，停止耕作，他们每天在家里暖衣饱食，得过且过，同时侧耳倾听，一定要等韩信发出进军的号令，确证赵地不会再发生战争后，才敢有所行动。

此为韩信及韩军所长，但李左车指出，韩军也有短处。

短处就是长期战争已使百姓劳苦不堪，前线的韩军屡经恶战更是极度疲惫，这种疲劳状态不仅使战斗力大打折扣，还会影响士气，使得将士们对于接下来的战斗，缺乏足够的激情和信心。实际上，若不加以休整，韩军短期内已很难再打大仗了。

韩信和李左车谈话，第一句就已透露出计划强攻燕、齐，但基于对韩军长短处的分析，李左车认为，强攻是失策的，这是在"以己之短，攻彼之长"。

燕国地处北方，地形复杂，多有高山险阻和坚固城池。燕国有此天然的地理优势以及防御屏障，又吸取赵国兵败的教训，必不会轻易出战，而只会集中兵力固守城池，利用城墙和防御工事，顽强抵御韩军的进攻。接下来的情况很可能是，韩信想与燕军决战，可人家城门紧闭，高挂免战牌。强攻燕军所坚守的高城深池，以眼下疲惫之师的状态，必然更是力不从心，欲迅速破城，实是一件难以完成的任务。

打，打不了；攻，攻不下。这样一来，韩军的弱点就完全暴露了，原本对敌军所形成的威势也将随之减弱。况且，钝兵挫锐于坚城之下，如此旷日持久，物资消耗将大大增加，万一补给跟不上，而燕军又突袭于前，齐军再乘其弊击于后，则韩军必将陷入腹背受敌、进退维谷的绝境。

退一步说，就算韩军能够在燕国全身而退，以后的形势也将变得难以收拾。燕国与赵、齐等相比，在诸侯中算是较弱的，如果汉军连燕国都奈何不得，相对实力更强的齐国，便会更加毫无顾忌地与汉为敌，据边境以守，逞一时之强。一旦燕、齐都不肯降服，与韩军相持不下，形成对峙，韩信对项羽实施战略大包围的计划便只能搁浅。随之而来，刘邦的正面战场将承受更大的压力，届时楚汉胜负谁属也就很难说了。

李左车继续说到："善于用兵的人，不应该以自己的短处去攻击别人的长处，而应用自己的长处去对付他人的短处。"

"那该怎么办？"韩信问道。尽管与自己的初衷相悖，但他并没有露出不悦之色，而是急于知道李左车究竟有何破解之策。

李左车想到的，是不战而屈人之兵。孙武曰："百战百胜，非善之善者也；不战而屈人之兵，善之善者也。"

何意？即便你每一仗都能获胜，那你也不能算是最高明的兵家，因为很可能你在打仗时也付出了不小代价；只有不通过攻战而使敌人屈服，才称得上是高明中的高明。

其实，能够不战不杀就使敌人不得不自甘屈服，这种十全十美的胜利乃兵家之最高境界，多少名将向往臻入此境，同时这也是韩信目前最需要的。然而要实现这一目标，不可能毫不费力，唾手而得，甚至严格说来，不战而屈人之兵只是兵家的一种理想追求，就连孙武本人实际也没有能够达到这一境界。

李左车则要挑战一下，"以己之短，攻彼之长"既然不对，那就"以己之长，攻彼之短"，为此，他给韩信筹划了一个"先声而后实"的方案。韩信听后深以为然。

伐　谋

燕军的军事实力较弱，若是离城野战，根本难以抵挡强军的进攻。与此同时，韩信的威名和战绩也早已令燕国上下产生了强烈的畏惧心理。这些都是燕国之短，而实力和威名恰是韩军之长，"以己之长，攻彼之短"由此而来。

按照李左车的计策，韩信先按兵不动，一边休整士卒，一边安定赵地，抚恤遗孤。方圆百里之内，每天送来牛肉美酒，宴请犒劳众将士。

此一环节，为李左车所说的"先声"，就是先把声势造出来，对外显示自己所拥有的民心士气，以及战则必胜的力量，进而对燕国形成强大的威慑。

稍后，进入"后实"，也即动刀兵示威环节。韩信摆出向北进攻燕国的姿态，这是在向燕国传递一个明确的信息：当战争不可避免时，韩军会毫不犹豫地动手。

燕国看在眼里，急在心头，他们原以为可以用固守城池的战略战术，以不变应万变。但是眼瞅着韩军的力量和影响力似乎在与日俱增，而自己什么也做不了，其内心之煎熬，可想而知。

先发制人，出城袭击韩军，甚至与之决斗？既无这个实力也没有这个胆量。可是就这样一天天地缩在城里，又能有什么好处？不过是作茧自缚，搞得自己动弹不得而已。

燕国由燕王臧荼主持军政。臧荼是靠兼并辽东王韩广才得以统一燕国的，乱世之中，一切强者说了算的道理根本就不用人教。现在毫无疑问，韩信是强者，他是弱者，他的焦虑和纠结之处是：一旦战争爆发，韩信刀已临颈时再想别的计划才真正是智不及谋，勇不及斗，悔之晚矣！

古代军事学把这种高层次的心理战称为"伐谋"，整个过程中，看似还没有出现刀光剑影，但背后其实全都是心理较量。

"伐谋"之后又有"伐交"，就是以外交手段进一步施压。同样是遵循李左车所设计的方案和节奏，韩信从营中挑选了一名能言善辩的说客，派他以使者的身份前往燕国，当面炫耀韩军的长处并对燕国进行诱降。使者的威慑加安抚成为压倒燕国君臣的最后一根稻草。臧荼反复权衡利弊，终于无奈表示归降。

燕国之地，未经一刀一枪之争就兵不血刃地落入韩军之手，这一切皆得益于李左车高妙的运筹。无怪乎后世班固会将李左车与韩信同列为"兵权谋"，更将李左车所作《广武君》（惜已失传）置于韩信兵法之前，这无疑是对李左车在智略方面的高度肯定。

至于韩信，不战而屈全燕，把古今兵家的理想追求变为现实，亦不啻于创造了战争史上的一个经典范例。固然，他在其间采用了他人之计，但能用他人之智者即为上智。韩信获李左车而不杀，延之上座，拜之为师，卒用其谋而下燕，正是他的过人之处，与井陉之战中陈馀的"一着之失"更是形成了鲜明对比。

三国曹魏时期的吴质，在《在元城与魏太子笺》一文中，对此大发感慨："韩信那出奇制胜、变幻莫测的谋略，真是令人拍案叫绝，同时也让人不禁为成安君（陈馀）的失误感到惋惜！"（"思淮阴之奇谲，亮成安之失策"）

韩信控制燕地后即向刘邦报告，并请封张耳为赵王，借此安抚赵地百姓，刘邦也同意了。自此，汉军在黄河以北再无后顾之忧。相反，楚军的侧翼却倍感威胁，项羽为此不得不多次派兵渡黄河北击赵国。可是韩信并不好对付，他和张耳率军往来救援，致使北上楚军难有突破，项羽见状，只得将精力再度专注于荥阳、成皋战场。

随着项羽不断发力，楚汉荥阳、成皋争夺战逐渐达到高峰，项羽多次派兵切断汉军粮道，汉军在补给上因此出现了很大困难，情势甚为危急。韩信、张耳急忙统军南下，与荥阳、成皋成犄角之势，以保河内之安全，但仅此并没有能够完全阻止荥阳方面战况的恶化。

夺印窃符

公元前 203 年四月，项羽包围荥阳。刘邦于慌乱之际，忙向项羽告饶求和。项羽因为在荥阳防线久战而不能破，自身损耗较大，加上韩信又从北方对他形成了战略包围，因而有些动心，想接受这一提议，但遭到了范增的强烈反对。

眼看被范增这老小子搅了好事，刘邦又急又怕，他决定采纳陈平之计，派遣间谍在楚军内部大行重金贿赂，以离间项羽和属下的关系。项羽为人多疑，离间计正中其要害。项羽君臣很快反目，项羽不仅将劳苦功高的钟离眜等人弃之一旁，还疏远了他帐下最重要同时也是唯一的谋士范增，范增愤而辞去，发病死于半道。范增一死，项羽反而有所悔悟和清醒过来，他把自己的一腔怒气全都发泄到了刘邦身上，下定决心全力强攻荥阳。

项王之怒，雷霆万钧，公元前 203 年五月，项羽率楚军一口气连克荥阳、成皋，刘邦使用金蝉脱壳之计从荥阳突围，仓皇逃回关中。在萧何的帮助下，刘邦补充了兵源，很快又卷土重来。此时彭越对楚军后方展开袭扰，项羽被迫回师东击彭越，刘邦于是趁机收复了成皋。

然而彭越只能负责给项羽捣捣乱，没能力与其正面抗衡，项羽一回击，他就跑了。打跑彭越，项羽率军回还，刘邦守不住成皋，只得再逃。刘邦又成了光杆司令，不过这次他没有逃回关中，而是和夏侯婴一起北渡黄河，奔向了张耳军，实际就是韩信军的驻扎地——小修武。

刘邦、夏侯婴来到赵地当天就悄悄地住进了小修武的客馆。

次日清晨，刘邦自称是"汉王"的使者，骑马直奔军营。此时韩、张都尚未起床，刘邦径直闯入他们的卧室，二话不说就夺回了帅印和兵符。

韩信、张耳起床后方知刘邦到来，皆大惊失色。刘邦也未跟他们多言，随即便召集众将，当场宣布收回韩、张的军队指挥权，并对他们的职责进行调整：张耳仍为赵王，驻守赵地，不再随韩信征战；拜韩信为赵相，派他率赵军中尚未开拔至荥阳的军队出发，前去进攻齐国。

"夺印窃符事件"虽然事发突然，但刘邦夺韩信之兵却早已不是第一次了。还在韩信破魏下代之后，即将攻打赵国之前，刘邦便曾把韩信的精兵全都给调回了荥阳，弄得韩信不得不挖空心思，自己琢磨如何把手中有限的非精锐武装用到极致。刘邦这么做固然是因为军情紧急，需填补荥阳防线兵源不足的空缺，但如此釜底抽薪，其中极不寻常的意味也很明显了。

韩信最初投奔刘邦，虽有夏侯婴、萧何等人向刘邦极为举荐，但刘邦一开始也和项羽一样，认识不到韩信的价值，对他不感兴趣，未予重用。直到"萧何月下追韩信"，萧何在追回逃亡的韩信后，为促成韩信与刘邦的合作，不得不代替韩信跟刘邦谈条件。经过一番讨价还价，萧何以韩信"国士无双"能为刘邦争天下为筹码，换得刘邦突破常规，同意设坛拜韩信为大将军。

给予大将军职位和荣誉后，刘邦便急不可待地向韩信索取收益，结果韩信的"汉中对"以及"还定三秦"之谋，在让他赚得盆满钵满的同时，也使他对韩信的价值从此有了较为充分的认识，甚至还产生了相见恨晚之慨。

此后便是刘邦、韩信君臣的一段蜜月期。除了韩信记忆中刘邦的"解衣推食"，刘邦更在京索之战中让韩信代替自己统率三军，又在韩信灭魏后同意他独自领兵，前去开拓北方战场。

然而刘邦对于韩信，其实始终都是不太放心的。

"功　狗"

刘邦起事于旧楚国泗水郡的丰县和沛县，他身边如夏侯婴、萧何、樊哙、曹参等全都出自丰、沛地区，后又追随刘邦转战千里，因此史家也把刘邦的这批老人马称为丰沛集团。丰沛集团才是刘邦的嫡系和真正的亲信，中道投汉的韩信根本无法与之相比。当然，刘邦的干将之中，本身也是嫡系与非嫡系掺杂。张良、陈平甚至灌婴，也不是出自丰沛集团，是后来才与刘邦接触或加入其军团的，他们后来也都程度不同地赢得了刘邦的信任。

问题在于，韩信有着先秦"士"的观念。

"士"与养士的"君"之间虽然形式上也是一主一从，但双方实质上是一种相互尊重、利益共生的平等合作关系。这种关系允许"士"在发现"君"不赏识其才华或者不能满足其期望时，选择离去。相反，若得"君"之青睐，"士"则必须全力以赴，运用其独特的技能与智慧为"君"谋求利益最大化。作为回报，"君"不仅负责提供"士"的基本生活所需，还要根据其实际能力与贡献的大小给予相应的待遇与地位，以此激励"士"的忠诚与努力。

韩信就是自居于"士"，以事"君"的态度与刘邦相处的，这是他与刘邦其他属下的一个最重要区别，然而却也是最令刘邦反感、忌惮之处。

韩信授大将军职后，应刘邦之请，纵论天下，坦率陈言，他所献"汉中对"的多数部分都深得刘邦之心，可谓不谋而合，但其中亦有不合刘邦心意之处：韩信分析项羽的为人及弱点，指出项羽舍不得把爵位官印授予有功部属，希望刘邦能够反其道而行之，任用英才，并"以天下城邑封功臣"。

刘邦当然能够听出，这是韩信在自比。对于韩信来说，他帮助刘邦取得天下，在此过程中，刘邦的收益自然是最大的，从中拿出一些收益分给有功之臣，封王封侯、封城邑，难道不应该吗？即便功臣不提出来，在上位者也应该主动慷慨给予，如此，才能激励功臣效忠、效力。可刘邦又是如何想的呢？

刘邦尚为布衣时，曾经去咸阳服过徭役，这使他有机会看到秦始皇出行的盛大威武场面，当时他就大为感叹地说："嗟乎，大丈夫当如此矣！"

刘邦起兵后，很快就有了要如秦始皇般君临天下、成就帝业的目标。汉承秦制，刘邦虽然不像秦始皇那样行暴政、苛政，但在"家天下"方面却如出一辙。可想而知，政权一旦成为"家"的私有物，排他便成为必然。刘邦从来没有把任何一个部属当作"士"，甚至如萧何所言，在设坛拜韩信为大将军前，他素来的习惯都是任命将军如呼小儿。在刘邦心目中，所有部属都是"弓箭""走狗"，就算是立了功，也不过是"良弓""功狗"，应毫无条件地供其驱使而不能有任何怨言。

至于封赏，刘邦倒不吝啬。他混迹市井多年，了解人性，更深明世人的重利之心。从刘邦的处事风格来看，他很擅长也习惯通过利益交换来驱使有才能的人为自己效命。可以说，对于对自己有用的人和事，刘邦从不悭吝给予官爵利禄和金钱，但是他有两条底线：第一，封赏之权，务必操之于我手，任何人若主动请赏便是逾越了规矩，是对我权威的挑战；第二，无论是征战之时，还是定鼎之后，每一所得城邑均为刘氏所有，城邑是不能轻易分封的。

韩信被"月夜追回"后，又通过萧何与刘邦讨价还价，本身就是犯忌讳的，他在畅言"汉中对"时，间接表达出自己愿以功求封的心愿，更是与刘邦家天下的宗旨大相径庭。只不过由于汉军中除韩信外，确实无人堪当大任，出于争夺江山的需要，刘邦才不能不满足韩信的要求，对他予以重用。但这种重用并非出于政治上的信任，刘邦对韩信也始终都是用其才而疑其人，时时加以防范。

即便在所谓的韩刘"蜜月期"内，亦是如此。让韩信津津乐道，感激不尽的"解衣推食"，与其说是刘邦对他恩宠有加，倒不如说是一种拉拢引诱，其中所折射出的恰恰是他对韩信忠心程度的某种担忧和不安。夏侯婴、萧何、曹参皆为刘邦布衣时的密友，有的早年还有恩于刘邦，怎么无此殊遇？说白了，就是因为在刘邦看来，这些人早已被他牢牢抓在手上，根本就无须再虚情假意地加以笼络了。

大爆发

刘邦平常表现得豁达大度，尤其舍得以利禄诱人，必要时为了让将领们甘心为自己出生入死，甚至可以违背自己的真实意愿，大有与诸将共天下的气概。这是他与项羽的不同，也是项羽所不及之处。

彭城大败后，刘邦宣称谁若能助其力挽狂澜，击破项羽，他便把关东拿出来进行封赏，张良即刻向其推荐"灭楚三杰"即韩信、彭越、英布，他也马上接受了。此事传出，给"灭楚三杰"的心理暗示就是如果刘邦能夺得关东，便在关东进行分封，而他们三人则将可以按照功劳大小，在关东得以封王。

殊不知这不过是刘邦自觉到了山穷水尽之际，为对付项羽所设的权宜之计。从事后来看，刘邦虽然并不排斥分封制，但是他想实行的分封制乃是"家天下"的分封制，即分封同姓子弟为王用以拱卫刘家天下。至于异姓功臣，封王基本是做梦，最多可以考虑无独立领地的侯，但也只有他所认为的亲信才有此资格。

刘邦倚重"灭楚三杰"，想要靠他们扭转局面，但鉴于三人的本领在丰沛集团诸将之上，加之自己曾许下以关东为赏、裂土为王的承诺，故而刘邦在私下里又不由自主地将他们视为了自己"家天下"的潜在威胁与隐患。

毫无疑问，"灭楚三杰"战功越大，也就意味着距离他们希望兑现"关东之诺"的时间越近。"灭楚三杰"之中，韩信居于首位，"三杰"也以他的"野心"最大，瞄准的目标最高，一战未打，寸功未立，他就伸手索要汉军中的最高军职（大将军）。

在此后驰骋疆场的过程中，韩信的能力、战绩、声望更是持续飙升，仅京索之战一役便已技惊四座，换作他人，包括刘邦自己恐怕都难以取胜。刘邦一方面为韩信带头屡建奇功，使局面出现转机感到欣喜；另一方面，他对韩信的忌惮与戒惧，也在与日俱增。

京索之战后，为了解决后顾之忧，刘邦派韩信独当一面，指挥进攻魏国，同时又命曹参率部相从征战。要知道这时的曹参已贵为汉国的代理左丞相，让他充作韩信的部将，并以曹参军作为韩信军的主力，其中不乏对韩信进行防范监视和牵制的用意。

韩信提出"北方策"，请求由他开拓北方战场，刘邦深知其意义所在，遂派张耳带三万兵助其北上，而张耳的作用其实也跟曹参相似。韩信北上迅速就传出灭掉代国的捷报，刘邦欣喜之余，对于韩信锋芒毕露，越来越难驾驭的疑惧却再也掩饰不住了。于是便有了在韩信即将进攻赵国前夕，刘邦不但把俘虏的代军调往荥阳，连韩信军的精兵也一同调走的一幕。

即便在兵员严重不足的情况下，韩信依然取得了井陉大捷，全取赵国。刘邦既喜又惊，然而接下来就是对韩信加倍的"惧"，因为他发现，韩信分明已具备了击破所有诸侯乃至他刘邦的能力。韩信请封张耳为赵王，此事如同火上浇油，必定会令刘邦私下恼怒不已。因为对于封立异姓王，他是非常排斥的，彭城大战后，为了控制住原韩国故地，迫不得已才装模作样地封韩王信（注意是韩王信，不是韩信）为韩王。问题是韩信在不预先打招呼的情况下出面提出请求，你若是不同意，张耳心里难免就会犯嘀咕，那不等于把张耳推到韩信一边吗？

张耳是刘邦为布衣时的老友，最主要的是，张耳无论在政治上还是军事上都没有太大的能耐，所以刘邦也就只能这么想：封张耳总比封别人尤其是韩信强，既然在这件事上自己已经被韩信逼得进退维谷，倒不如干脆处理得漂亮一些，像封韩王信那样，再破一个例。

表面上，刘邦对于请封张耳为赵王未表示出任何异议，很快就予以批准，但背地里却是怒火中烧，当然主要是对韩信。在刘邦看来，他愿不愿意封王、封谁为王，那都是属于他一个人的权力，韩信竟然替他作主，这就已经触犯了君臣关系之大忌。韩信请封张耳为赵王，究竟是什么目的？欲以此事拉拢张耳尚在其次，他这么做，难道不是在为自己裂土封王打前哨吗？毕竟大家都知道，张耳是跟在韩信后面"捡"战功的，以功劳而论，远远不及韩信，张耳能封王，韩信自然更有理由封王。

由于当时仍需集中精力在正面战场与项羽角逐，刘邦选择了暂时隐忍，巧妙转圜，直到正面防线完全抵御不住，先丢荥阳，两失成皋，他才通过"夺印窃符事件"来了个大爆发。

就军情而言，刘邦在大败之后溃不成军，如果不从韩信这里调兵，实难在短时间内重整兵力，再组防线。不过若仅止于此，也就只是把上次抽兵的流程重复一遍而已，既不足以发泄刘邦胸中蓄积已久的怒气，也不能像他自己所设想的那样，起到整治和敲打韩信的目的。还有，韩信不战而取燕后，他所拥有的战绩以及在军中的威望，较之以往又上升了一个台阶，那他会不会以需要防守赵燕之地以及即将攻齐国为由，拖延甚至拒绝调兵？如此一来，便很可能给人一种他刘邦老打败仗，败了就来调兵，但想调又调不出来的印象，不仅有损刘邦对内对外的形象和威望，还无形中又抬高了韩信，进而壮大他与刘邦相抗衡的胆量和实力。

刘邦决不允许这种情况发生。"夺印窃符事件"说白了，就是他故意打破正常办事程序，自导自演的一出戏。

不是权术家

关于韩信被刘邦以突然袭击的手段夺军，一直有人表示怀疑，认为韩信善于用兵，他的军营不是应该戒备森严吗，怎么会让刘邦如此轻易地就得以夺印窃符？韩信军营疏忽大意到如此地步，着实令人惊讶，会不会是由于战事频繁，韩信难以对部队进行严格训练之故，抑或"史笔增饰"，写史的人夸张了？

也有人认为，韩信的军事才干，用兵是其长，治军是其短，说得更直接一点，就是韩信疏于治军，持重不足。如果把他与以治军谨严、肃整难犯的西汉名将周亚夫相比，简直不可同日而语。持此观点者还从史书中寻找论据，指出司马迁在《史记》中对韩信只言其如何善于用兵，而绝口不提如何治军；反之，在记述周亚夫时则再三言其如何持军坚重，却极少言其如何用兵。如此相映成趣，颇有意味，应系作者有意为之。

对于"夺印窃符事件"，最为权威的《史记》《汉书》均言之凿凿，毫不含糊，足以说明事件确实真实发生过，并非虚构，"史笔增饰"的可能性基本可以排除。

韩信在进攻赵国前的那段时间，可能新兵较多，因时间紧迫又未能对他们进行充分训练。但背水一战，本身就极大地锻炼了官兵的实战能力和纪律性，灭赵下燕后，韩军也终于进入一个难得的整军阶段，韩信应能腾出手来训练和提升自己的部队。至于说韩信疏于治军则更属无稽之谈。韩信自在汉中开始实施军制变革以来，即以秦军法对汉军进行训练，而秦军法在历史上素以严苛著称，有关军纪的规定非常详细且严格。

明代历史小说《西汉演义》，描写韩信被授予大将军职后，下车伊始便在军中张挂十七条军规，其历史依据即来源于此。殷盖在汉军中任监军，乃刘邦的至亲和心腹。韩信汉中整军，约定时间集合军队，殷盖违约午时才到，韩信立即下令将其斩首示众。刘邦得知，忙令郦食其前去说情，不想郦食其军中骑马亦违反军规，结果韩信不仅依军令斩了殷盖，还将郦食其的看马从人一并斩杀。

《西汉演义》中的这则故事，亦为韩信从严治军的一个写照。虽然故事内容和殷盖此人都不见于正史记载，应为作者虚构，但相应军规在韩信所申军法中都可以找到。《西汉演义》说韩信自执法斩殷盖后，韩信军"麾左则左，麾右则右，麾前则前，麾后则后……进退之有法，启闭之有路，旗帜严整，金鼓响应，规矩准备，毫厘不爽"。

对照韩信现实中指挥的一系列战役，破魏、下代、灭赵，韩信军确实都表现出极强的组织性和纪律性。试想一下，如果韩军做不到这一点，韩信又怎能在瞬息万变的战场上，进行精准的指挥调度，实现复杂的攻防和奇正转换？所谓《史记》不言韩信治军，亦难成为其疏于治军的依据。事实上，司马迁虽然着重强调的是韩信用兵之神，但也没有否认其治军之才，只不过在行文时做了详略处理而已。

重新回顾刘邦夺印窃符的过程，刘邦能够那么轻易地就长驱直入，夺符易军，可是韩信事先竟连一点儿消息都得不到，不是他治军有多大疏漏，而是他根本想不到刘邦会搞突袭，会以近乎对付敌人的方法来对付他。

韩信胸怀坦荡，本质上是一个非常单纯的人，没有什么心机。同为兵家，张良在《太公兵法》中琢磨人心的复杂与深邃，韩信则只是把《孙子兵法》中的智谋与战术运用得淋漓尽致，出神入化。换句话说，作为一个不世出的军事家、战略家，韩信从来都不是政治家，更不是权术家，这使得他一方面极善用兵、敏于对敌，另一方面却不知如何自全、疏于防内。与此同时，军事上的节节胜利，建功立业愿望的逐步实现，也使韩信注意不到刘邦对他的一些态度变化和反常举动，即使伐赵前刘邦抽调其精兵之举，他也只会单纯地从军事意图上进行揣测，而不会往其他方面多想。

与之相反，刘邦貌似宽厚大度，实质猜忌心甚重，就算是丰沛集团中与刘邦相交最厚的萧何，也屡屡受到其猜忌，更不用说韩信了。事实上，从让韩信独自领兵开始，其部队编组、部将和副手的配置等都由刘邦一手完成，以至于韩信手下几乎是刘邦的亲信，其防范之严，可见一斑。

汉军总部还有护军。护军对外的任务是派遣间谍，搜集情报，对内的职责就是代表刘邦监视他的所有部属。身任护军中尉的陈平，系护军总头目，他直接接受刘邦的指令，只对刘邦一人负责。有陈平在，刘邦对韩信的情况了如指掌，韩信何时作息，他休息后部将的排班顺序如何，乃至帅印兵符放于卧室的哪个位置，他都一清二楚，这才有了"夺印窃符"。

翻云覆雨手

刘邦突袭韩信军营，之所以不以汉王身份，而要冒充"汉王使者"，应该是怕打草惊蛇，提前惊动韩信、张耳。

韩信军基层士兵凡精兵、老兵都已陆续调走，一般人包括营前营内的卫兵大多没见过刘邦本人，同时刘邦既自称为"汉王使者"，随身自然也会带有证明其身份的物件，因此都不会影响卫兵们对于"汉王使者"身份的认定。

如果卫兵发现只是"汉王使者"，而不是刘邦本人，在刘邦得以入营前，按照程序他们可能就不需要叫醒韩信、张耳，然后专门向他们进行通报，而仅需向当时值班的将领报告，获其批准即可。这中间刘邦除利用了韩信、张耳正在酣睡之机，作为其亲信或者陈平网络的那些人（值班将领自然也包括在内），应该是起到了至关重要的作用。正是他们，使得"汉王使者"不仅能够大摇大摆地进入军营，还能在军营内自由活动，甚至堂而皇之地闯入本应把守严密的韩、张卧室，夺印窃符。

韩信治军不是不严，但由其个性特点可知，除了强调军规，他平常不喜欢，也不擅长强化将士对他个人的人身依附关系，因此在刘邦拿到帅印、兵符，又当众表明自己真实身份后，全军无人敢不听命。

刘邦如此操作，不是为了随心所欲，从韩信这里想调多少兵就调多少兵，也不是为了发泄韩信请封张耳为赵王一事所带给他的怨愤之气，其用意更在于，要打击韩信在军中的威望，影响将士对韩信的看法。

韩信，你就算是用兵如神，也不过只是我手里的一张牌，需要时我指哪儿，你就得给我打哪儿；不需要时，我随时可以收回。你今天也看到了，我若是愿意，随时可以出入你的军营，收回你的军权，记住，三军是听命于我，而不是听命于你！韩信战功赫赫，结果说整肃就整肃，军权说收回就收回。刘邦没有就此给出任何合理的解释和充分的理由，但唯其如此，才更让人觉得不寒而栗。

韩信、张耳以及没有参与暗中运作的将领，在事发后皆大惊失色，不过其间的意味却又有所不同。韩信是震惊于大敌当前，身为汉王的刘邦居然会对他这个前线将领背后插刀。张耳等人则是慑服于刘邦的权术和权威，由此对刘邦更加俯首帖耳，相应地也开始注意与韩信保持距离，以免累及己身。

刘邦在收回军权后，将韩信麾下的所有人马，拿铺盖卷一卷，一个不剩地全部带走了。与此同时，他当然还要利用韩信继续替其征战，于是作为安抚，又给韩信授了一个赵相的虚衔。但为了防止韩信有时间和机会经营其打下的地盘，又不允许韩信这个"赵相"在赵地多作停留，要求他必须尽快前去攻打齐国。

兵既然都已经归了刘邦，你让韩信拿什么打齐国？刘邦手一挥，说赵军俘虏里面不是有一批还没有开拔到荥阳前线去吗？都归你！无缘无故遭受如此打击，要说韩信心里不怨尤、不苦闷，恐怕不是实情，不过只要一回到他所熟悉和喜爱的领域，韩信整个人又开始变得生龙活虎起来。

在此前后，李左车离开韩信，回到了韩信为他筑台拜师的地方——左车村。因为李左车的归来，当地百姓便又将左车村改称回车村（也称回车城）。李左车应该也是"夺印窃符事件"的亲历者，很可能，他受到刘邦所为的刺激，在倍感失望和迷茫的情况下，才毅然决定退隐的。韩信和李左车之间是真正"君"和"士"的关系，尽管李左车已是韩幕的首席谋士，但韩信并不把李左车看作是个人的私有物，他尊重李左车的选择，任其自由来去。关于李左车以后的经历，史书再无记载，这个连韩信都为之钦服的谋略奇才，从此消失在了历史的风云背后。

唐人很喜欢将韩信与李左车并提，认为是将才和谋士的天作之合，然而这对组合在仅合作一次后便被迫分道扬镳了。适如唐朝诗人元稹在其诗中所叹："磨砻刮骨刃，翻掷委心灰。"

他们的才能卓越非凡，如同经年累月磨砺出的刮骨利刃一般锋利，然而世事难料，谁能抵得过命运的翻云覆雨手呢？一场突如其来的变故，瞬间就将他们内心的热情与希望化为了灰烬。

歪打正着

在接收韩信的军队后，刘邦像缺水的鱼回到水中一样，又重新有了活气。

此时，项羽在率楚军通过强攻硬战突破荥阳防线后，开始攻击汉军的第二道防线即巩县防线。巩县防线背后，就是关中平原，撤到这一带的汉军自知已无退路，都从正面竭力死守，拼命阻击。在部属的建议下，处于防线侧翼的刘邦，一边做渡河南下誓要夺回荥阳的态势，以吸引项羽分兵北防，减少巩县防线的压力；一边高筑营垒，深挖壕沟，避免真的与楚军交锋。与此同时，他又派战将刘贾、卢绾率两万人马由白马津渡过黄河，进入楚地协助长期活跃在那一带的彭越，从背后对楚军进行袭扰。

经过几个方面的牵扯，楚军终于被阻于巩县一带。此后，彭越、刘贾、卢绾军在楚国后方越折腾越起劲，楚国积聚的粮草辎重频频被其烧毁，前线楚军的粮草供应因此大受影响。项羽迫不得已，只得暂停对巩县的攻击，令一部转守荥阳、成皋一线，自己则亲率楚军主力再次回师扫荡。

项羽一走，刘邦压力陡减，同时心里也一虚，想着干脆彻底放弃荥阳、成皋，将兵力全部收缩至巩县防线防守。谋士郦食其见状，忙对他说，荥阳旁边的大粮仓敖仓，还有作为险要之地的成皋，应趁机发起反攻，夺回这两个地方，如此才能树立诸侯们对汉军的信心，促使他们站到自己一方。刘邦一听有理，马上接受他的建议，着手攻取荥阳、成皋。

刘邦是有战略眼光的，除了做收复荥阳的准备，他也没有忘记和忽略韩信在侧翼攻齐的重要性。考虑到齐国地域辽阔，齐人又素以骁勇善战著称，要让韩信带着那批赵军俘虏兵迅速打败齐军，攻占齐国，确实过于强人所难，刘邦于是决定将韩信原有的基干部队"还"一些给他。

首先回归韩信军营的就是灌婴及由其直接指挥的郎中骑兵，因为正面战场多为阵地拉锯战，骑兵部队的作用反而并不突出，在刘邦看来，倒还不如仍配属韩信行动更实在些。除了灌婴，曹参也奉命重归韩信指挥。虽然自韩信破魏开始，灌、曹大部分时间都跟随韩信作战，但二人一直都被刘邦视为心腹，刘邦把他们调还韩信，既可增强韩军攻齐实力，又能利用他们继续监视和控制韩信，可谓一箭双雕。

灌婴、曹参及骑兵和少量步兵的回归，使韩信手中总算又有了一支得心应手的武装，加上他练兵有方，经过短时间的整编和训练，一支以老部队和赵军俘虏兵共同组成的数万人新军即已成形，且具备了可以迅速投入使用的条件。公元前203年十月，韩信在完成整军后，率部向黄河渡口平原津逼近。

在李左车出走前为韩信设计的方案中，韩信军可向东威临齐国，随后再派一个能言善辩之士前往齐国劝降。李左车预计，届时齐国一定会如同风吹草倒一般降服，因为在燕国已经降服，韩军又直逼齐境的强大现实压力下，齐国纵使有高明的谋士也没办法想到其他出路了。

情况也确实是这样。韩信破赵取燕后，齐国君臣都很清楚，韩信接下来兵锋所向，必是齐国。因此齐国上上下下都很紧张，早早就从各方面加强了战备。奉齐王田广、齐相田横之命，齐国大将华无伤、田解率二十万大军，在历下城（今山东济南）布阵，而平原津口的守军也已严阵以待，随时准备抵御韩军的进攻。

随后韩信应采取的举措，不外乎是按照李左车留下的方案，把"伐交"落到实处，派辩士前往齐国劝降。然而还没等韩军到达渡口，齐国方面就传来消息，在郦食其的说服下，齐国已决定与汉国携手联盟，共同对抗项羽。

郦食其什么时候去了齐国？原来，在建议刘邦收复荥阳防线后，郦食其又提出，当下燕、赵已定，与汉国敌对的东方诸侯中就只剩下了齐国。然而齐军实力很强，齐地又地势险要，易守难攻，估计就算派几万人前去攻打，也无法在一年或数月内攻下。他自告奋勇，表示愿以刘邦使节的身份前往齐国，说服齐国归汉。

所谓"派几万人攻打齐国"，显然指的是韩信军。刘邦当然也认为韩信攻齐不易，说不定还真的会如郦食其所说那样，数月甚至一年都毫无进展。不过从韩信的过往战绩来看，在战场上以弱胜强、克敌制胜乃是他的拿手好戏，谁又能说他这次不会创造又一个奇迹呢？

对于韩信攻齐，刘邦的想法很复杂，他既希望韩信尽快破齐，以便推动整个楚汉战局向有利于汉的方向转变；但是又怕韩信借助破齐之功重新在军内获得声望，从而增加和自己讨价还价的砝码，甚至触及自己的"底线"——请求裂土封王。

如果郦食其能够凭借三寸不烂之舌就把齐国给拿下，那岂不是两全其美的好事？刘邦遂派郦食其即刻出使齐国。正如李左车所料，齐国君臣现在的心理压力非常之大，田广、田横虽然已做好了与韩信作战的准备，但他们却根本没有取胜的把握，郦食其此来，恰逢其时，二人很快便同意按郦食其之议，叛楚归汉。

其实如果按照李左车的既定方案，韩信在安抚好燕赵之地的基础上，以最快速度兵抵齐境，他自己派一个辩士赴齐，也一样可以解决问题。只是刘邦中途"夺印窃符"，迫使韩信不得不用更多时间重组新军，才让郦食其走到了前面。换句话说，郦食其是在并不知道李左车之谋的情况下，歪打正着，跳出来把韩信的"桃子"给摘了！

听说郦食其已经劝降了齐国，韩信虽然很是意外，同时内心也颇有失落之感，但既然齐国已降，仗自然就不用打了。正当他准备下达命令，停止向齐国进兵，身边突然有人说道："将军并没有收到停止攻齐的诏令，为什么要停止进军？"

最重要的那句话

说话之人叫蒯彻。（西汉时因避汉武帝刘彻名讳，蒯彻在《史记》《汉书》中被记录为"蒯通"）

蒯彻的角色定位和郦食其是一样的，即谋士兼辩士。他是在韩信取燕后出现在韩信身边的，其进入韩幕的时间大致与李左车离开的时间重合。

无论是出谋划策还是要嘴皮子，蒯彻都很有一套。当初陈胜派起义军北上攻打秦朝，蒯彻曾通过游说使得秦方的范阳令同意投降，接着他又劝义军将领厚待投降的范阳令。其余秦控地域在听说此事后，纷纷效仿范阳，投降义军，遂使义军不战而得三十余城。不出意外的话，韩信会派蒯彻出使齐国，以实现李左车的方案。眼看被郦食其抢了先，蒯彻心里自然也是一百个不痛快，可是又不好明着说出来。

蒯彻心思敏锐，观察细致，他注意到，刘邦虽派郦食其到齐国劝降，但并没有就此正式通知韩信，也没有命令韩信停止进攻齐国。显然，刘邦对于郦食其是否能够劝降成功也并无把握，他的如意算盘应该是双管齐下，即韩信的军事进攻和郦食其的政治诱降，哪一个都不耽误。然而这在无意中就造成了一个事实，即无论韩信从外界得到什么消息，只要他没有得到刘邦的正式命令就可以而且必须继续攻齐。

当然，韩信还有一个选择，那就是向刘邦报告他所得到的消息并请示行止。不过蒯彻认为，这对他和韩信没有半点儿好处，事情明摆着，郦食其劝降成功的事不会有误，只要韩军一撤，功劳就全都是他郦食其的，虽然实际是前人种树、后人摘桃，但谁管这个呢？况且，对于急于打压韩信的刘邦而言，不正求之不得吗？

"郦食其这个人，不过是个辩士，坐着辆马车，驶入齐国，靠着鼓弄唇舌，凭此便降伏了齐国七十多个城池……"蒯彻愤愤不平地说道，说这话的时候就仿佛他自己不是一个辩士一样。实际上，他所说的本应是自己使齐的情形，只是主角被突然替换了而已。如果只听上半句，似乎不过是同行相轻，但下半句才是重点："将军您统率着数万大军，历时一年多，方才攻下赵国五十余城。这样看来，您当了数年大将军，反倒不如一个儒生小子的功劳大啊！"

韩信大受触动，当即同意蒯彻的意见，继续进兵。可以看出，在考虑是否还要攻齐的过程中，韩信也是有心理斗争的，否则，仅凭蒯彻"汉王未发停止进攻的诏令"一句，便可以做出决断。促使韩信发生心理转变，决定继续攻齐的就是蒯彻言辞中最重要的那句话，即把韩信与郦食其放在一起比功劳，结果韩的功劳还不如郦食其。

司马迁对韩信有一句非常经典的评点："假令韩信学道谦让，不伐己功，不矜其能，则庶几哉，于汉家勋可以比周、召、太公之徒。"意思是，假使韩信能够学习并实践谦逊退让之道，不夸耀自己的功劳，不炫耀自己的才能，那么以他所立下的功勋论，或许就能够成为汉家的周公、召公、太公（姜子牙）了。

司马迁实在太爱惜韩信了，他希望韩信能够低调克制，最终获得像西周的周公、召公、太公等贤人那样的地位。然而世间万物各有其独特之处，在这个世界上，每个人原本其实也都应该是不一样的。韩信固然成为不了西周诸贤，但他有一个独一无二的才能，就是擅长用兵作战，而且已经在这方面达到了别人所无法企及的高度。

用兵之能就是韩信的立身之本，谁要想打击韩信就不妨从这里着手。先前刘邦"夺印窃符"，颇为粗暴地剥夺其军权，某种程度上也是要造成众人对韩信军事才能的一种间接质疑。现在郦食其作为刘邦的亲信，仅凭口舌就获得这么大的功劳，在韩信看来，不啻于"夺印窃符"后对他能力和价值的又一次否定。

蒯彻不愧是个善于揣摩人心的辩士，三言两语便直刺韩信内心最骄傲也最敏感的地方。韩信内心的火焰被彻底点燃了，那份对胜利的渴望，对功勋的执着，对自身军事才能的绝对自信，瞬间驱散了所有的犹豫与不安。他下定决心，将不为任何外部因素所动，继续进兵，为的就是要证明自己独一无二的战功与价值，让世人都看到真正能够决定战争胜负的，唯有他韩信。

突　袭

　　如果韩信仅仅只是因为被蒯彻煽动，吃不消他的激将法或者功利心太强，不把汉军的整体利益放在首位故而才做出了冲动之举，那就太小看韩信了。

　　站在汉军的角度，降服或者说将诸侯国拉到自己一边，本身就是在自身力量尚嫌不足的情况下，不得不采取的权宜之计。齐国与燕国不同，燕国实力较弱，归降汉国后，就算再度变脸，对楚汉的既定格局也影响不大；齐国则地广人众，早在春秋战国时代就是诸侯大国之一，即便在楚汉相持的现阶段，虽然因为内乱和项羽攻齐而导致实力大减，但在北方诸侯中仍是前排选手。

　　更重要的是，齐国处于楚国之背，如果齐国能够坚定地站在汉国一方，与刘邦的汉军主力以及彭越、刘贾、卢绾的后方游击军完全联系起来，彼此互相配合和支援，就能从战略上形成对项羽的三面大包围。如此一来，汉军将取得战略上的全面优势，整个楚汉战争的态势也必将得到彻底改变。

　　现实情况是齐国的立场根本就不坚定。先秦时代的齐国，初代君王是姜子牙，当时人的姓和氏是分开的。简单来说，姓代表血缘，用来别婚姻；氏代表家族，用来别贵贱。姜子牙是"姜"姓，因其先祖被封于吕地，故姜姓家族便以"吕"为氏，称姜姓吕氏。后来作为外来户的田氏逐渐掌握齐国政权，取代了吕氏王室，此即"田氏代齐"。

　　与其他诸侯不同的是，齐国高层几乎完全被田氏家族所覆盖，从齐王田广到实权在握的齐相田横再到齐守相田光和齐将田既、田吸等，清一色都是田家人。田氏作为齐国旧贵族，在齐国的势力和影响力可谓根深蒂固，齐人也已习惯于长期服从于他们。正因为具备这样的实力，所以"田氏臣节不坚"，也就是说田氏其实谁都不服，只不过他们会跟随政治风向调整自己的策略而已。当下田氏迫于汉军的压力，只得降汉，但如果哪一天楚国完全占据上风，难免还要回过头来再降楚，这是完全可以预见的。

"齐伪诈多变，反覆之国也"，这是事后韩信对刘邦所说的话，代表了他对齐国的真实看法。概言之，齐国不是仅仅靠三寸不烂之舌，就能彻底解决问题的。明代史家于慎行对此的评述非常精辟到位，他认为，郦食其之所以能让田氏归顺，不过是让他们像战国时的六国对待秦国那样，作为藩属国尽忠职守。汉国也不能像对待被韩信攻取的赵国、魏国那样，直接在那里设立郡县进行管理。

对于齐国，一劳永逸的办法就是把它由割据势力变成汉军的实际控制区，否则的话，留下这么一个战略位置如此重要，可是又始终反复不定，在强者之间左右摇摆的诸侯国，终是大患。

李左车自然也能看到这一点，相信他如果仍在韩信幕府，一定也会在诱降齐国后，精心策划出一套后续控制齐国的方案。不过，李左车可能更倾向于分步骤实施，而现在韩信别无选择，只能采取一次性措施，彻底控制齐国。

从大的战略全局来讲，攻齐是必要的，从时机上来说，虽然此举在政治上有"弃信背义"之弊，并且将陷尚在齐地的郦食其于危险境地，但这在军事学上却完全符合"兵不厌诈"的要义。

齐国"负海岱，阻河济"，就是说它背靠大海和泰山，有黄河、济水（原黄流支流，现已消失）作为天然屏障，易守难攻。齐军在兵力上也远远多于韩信军，甚至由于齐楚毗邻，万不得已时齐国还能向楚国求援，这些对韩军进攻原本都是非常不利的。如今因为齐、汉两国议和，前线齐军和齐王田广、齐相田横都放松了警惕，齐军甚至正准备撤防东归，而田广、田横则日日与郦食其置酒高会，若是要对齐军发动突袭，此乃千载难逢的最佳时机。

韩信秘密下达渡河令，此时齐军已经解除了对平原津的封锁，韩军不费吹灰之力就渡过黄河，攻占了平原津。

接着，韩军又迅速向历下挺进。由于灌婴所率郎中骑兵的回归，韩军又重新拥有了较强的机动性，灌部也一马当先，当仁不让地成为韩军突击力量的骨干和先锋。此时的灌部屡随韩信征战，不但以灌婴为首，拥有李必、骆甲、傅宽、靳歙等作战经验丰富的各级骑兵指挥官，以及以关中秦人为主的骑兵，还招募或收降了许多楼烦骑士。这些楼烦骑士来自北方边疆的游牧民族，他们能够骑着马往来如飞，在马背上引弓射箭，亦能百发百中，是当时最精良的骑兵。

郎中骑兵的机动性和战斗力都很惊人。历下的齐军主力早已撤销戒备，突然发现韩军骑兵出现于历下城，顿时瞠目结舌，手足无措，结果二十万大军竟然被区区一支骑兵部队杀得人仰马翻，顷刻瓦解。依靠郎中骑兵的突击，韩信轻易便得以歼灭齐军主力，占领了历下，随后他马不停蹄，亲自率部，日夜兼程地扑向齐都临淄。

追　击

临淄不久前还在为齐汉结盟举行欢庆活动，得知韩军杀来，立即陷入混乱。田广、田横又惊又怕，他们以为自己是受了郦食其的欺骗，怒不可遏，乃将郦食其投入釜中烹杀。

郦食其也是楚汉战争中的一个奇才怪杰，结果却不明不白地惨死于齐人之手，成了韩信破齐之役的牺牲品，其遭遇着实令人同情。唐代白居易亦感慨道："君看齐鼎中，焦烂者郦其。"你看那齐国鼎镬之中，被烹煮得焦烂的人，不正是郦食其吗？

后人多把郦食其之死归咎于韩信，有人责备他妒郦食其之功以致其被烹；有人指责他自矜功伐，不仅使郦食其惨死，更让万千士卒平白丧生；还有人笑他虽懂孙子兵法，却不通"孙氏之道"，弃不战而屈人之兵的上善之策不用，独取"伐兵"之下策；更有甚者，认为韩信在郦食其说降之后，仍"邀功背信"袭击齐国，其行为之残忍与项羽诈坑降卒二十万并无区别。明代史学家李贽也谴责韩信"无人气，宜被戮"，意思就是韩信在间接导致郦食其惨死一事上，显得缺乏人情味，应该受到惩罚。

韩信对于郦食其之死当然是负有责任的，但也只是次要责任，负主要责任的应是刘邦。

在派郦食其出使齐国的同时，刘邦没有取消对韩信的授权，实际是鼓励了韩信的继续进兵；在齐国被郦食其说服后，就算韩信没有向刘邦报告，郦食其、齐国方面也一定会派人前去传送消息，但刘邦却依旧没有下达命令阻止韩信进兵；韩信对齐国发动攻势，连战连捷后，刘邦的态度明显已是乐观其成。

破齐之役势所必然，这场仗早晚都得打，此乃战争全局的客观所需，趁齐国防守懈怠之际，正可一鼓作气予以击破。韩信与刘邦都清晰地认识到了这一点，这是大多数韩信的批评者未能洞察的地方，却是韩信与刘邦洞若观火之处。

就连郦食其自己也站在全局高度，把攻取齐国的重任置于个人生死之上。当齐王田广斥责郦食其与韩信里应外合、出尔反尔，并要他出面阻止韩军，否则就要将其烹杀时，郦食其毫不犹豫地拒绝了田广的要求，并慨然道："举大事不细谨，盛德不辞让，而公不为若更言！"意即干大事业的人不拘小节，有大德的人也不怕别人责备，您不必再为此事多言了，我是决不会替您去游说韩信的！

就是这句遗言，令人对郦食其肃然起敬。唐代政治家李德裕曾言，他每念及郦食其被烹杀的悲壮一幕，都会一面哀伤于这场历史悲剧，一面为郦食其在生死关头时仍有大义凛然的壮举而感动。（"就烹感汉使，握节悲阳秋"）

由于齐军主力在历下被歼，齐国已无力据守都城，齐王君臣只得放弃临淄，率兵分散出逃于齐国各地，之后各据一郡，分别守卫。韩信袭破临淄后，按照其一贯的作战风格，并没有止步于此，而是立即就遣军继续向东追击。灌婴依靠其骑兵的机动性，迅速追击至田横所守的博阳，在那里大败齐相田横所率骑兵。田横逃往嬴县，灌婴如影随形，在嬴县再次击败田横，田横仅得身免。接着，灌婴又挥军北上，击斩齐军大将田吸于其所守的千乘。统领步兵追击的曹参也不遑多让，进军济北后，连克各城。韩信自己则率部东下追击齐王田广，直逼田广所守的高密。

眼看各路齐军一败再败，战局已难以挽回，田广无可奈何，只得紧急派遣使者前往楚国，请求项羽出兵救援。

上上之策

在韩信发动破齐之役期间，刘邦已按郦食其之谋，乘项羽东去之机反攻成皋得手。接着他又乘胜东进，屯军于荥阳北部的广武山。广武山虽然不高，但地势十分险要，站在山上可俯瞰黄河东流，更为重要的是，敖仓即位于广武山附近。刘邦在山上营建了作为汉军基地的广武城，之后他便凭借广武城和敖仓，对楚军所据的荥阳形成了围攻之势。

项羽在后方得到消息，急忙结束扫荡，率楚军主力匆匆返回荥阳，楚汉两军又陷入了相互对峙的胶着状态。

这个时候，项羽正需集中兵力于其正面战场，况且齐国田氏本与项羽有不共戴天之仇，一直以来，齐国也都不是项羽的忠实盟友。然而对于齐国这次的求救，项羽却不敢装聋作哑，漠然置之，盖因他深知，齐国如果被韩信完全占领和控制，偌大疆域、人口、财富将全部归于汉军，增其实力不说，楚国的大后方也将完全暴露于汉军的攻击之下，对楚的威胁之大，莫过于此。

考虑到以上因素，项羽决定从楚军主力中抽出一部，由大将龙且率领，立即出援齐国。

公元前203年十一月，龙且领军由彭城汹汹北上，这是一支精锐部队，他们的行动也非常神速，北上后很快就抵达高密，与田广会师。随之双方组成楚齐联军，号称二十万大军，做好了对韩信进行反击的准备。

既然只是"号称",说明楚齐联军未必真有二十万这么多,不过较之汉军,兵力上肯定占有绝对优势。联军的问题是齐军在连遭惨败后,军心非常不稳,加之无论齐军还是楚军,其家或在本土或靠近本土,官兵们即便在打仗时心里都还装着一个回家的念想,这样打仗就不会那么拼命了,而且很容易导致兵败溃散。

韩信军主要胜在士气上,初入齐境,即得以歼灭齐军主力,攻占齐都临淄,将士自然是斗志昂扬。此外,由于韩军是深入齐境的客军,若是作战不利,没有回旋余地,因此上下也很自然地能够同仇敌忾,团结一心;一旦主将指挥得当,就像破齐之役中那样,其锋芒将锐不可当。然而韩军同样面临很大困难,和破魏下代灭赵时一样,他们千里作战,粮草供应比较费劲。再者,齐人擅长游击也是有名的,当初项羽亲自率部入齐,费了那么大的劲都只能无功而返,便缘自于此。从其时韩军的周边形势来看,东南有齐守相田光,东北有齐将田既,西南有败逃后重新集结势力的齐相田横,可谓是"众田环伺"。若与联军的战斗陷入僵局,焉知韩信不会重蹈项羽之覆辙,在齐人地盘上遭到齐人的反噬?

总的来看,无论楚齐联军还是韩军,似乎都不具备足以立即战胜对方的压倒性实力,但就所面临的形势而言,韩军则更严峻一些。如此,维持现有局面不变,对联军反倒是最有利的,他们的最优选择也应该是备战而不出战,无为而无所不为,把主动权牢牢地握在自己手里,之后等韩军困难加剧,再选择对自己最有利的时间、地点与韩信决战。

高手很快就看出了端倪。两军尚未交锋,就有谋士前来向龙且献计，他在指出两军之优劣短长后，劝龙且先不要急于和韩军正面作战，而是要高筑防御工事，坚守阵地，同时让齐王田广派遣使者，拿着信物，潜入已被韩军占领的各失陷城邑，对其进行招抚。"那些城邑的百姓听说齐王还在，又有楚兵前来救援，必叛汉归齐。汉兵远到齐地作战，如果齐地城邑都起来反叛，他们势必无处取得粮草，那样我们可以不战而使他们投降了！"

谋士这番话，确实是一针见血地揭示了韩信的致命弱点，所献之计，不啻于为联军破韩军的上上之策。然而龙且听后却不以为然，他用一种很不屑的口气说："韩信这个人，我还不了解吗？没有什么了不起，容易对付得很！我听说，当年他都没有自己养活自己的办法，靠求食于一个漂母，靠人家分给他饭吃，才没有饿死。我还听说，他曾因为不敢拔剑相向，居然甘于蒙受从他人胯下爬过去的耻辱，可见此人胆怯懦弱至极，身上根本就没有战胜他人的勇气。这样的人有什么值得害怕的？"

在将韩信"劣迹"抖搂出来，尽情地数落挖苦一番后，龙且也坦言他这次来齐国，目标就是打大仗、立大功。若按照谋士所言，雄赳赳、气昂昂而来，结果却困守不战，连一场仗都不敢打，希图用什么计谋对付韩信。那样的话，纵使对方降伏，又有何功劳可言，怎么显出他龙且的本事？"如果我在战场上正正经经地把他（韩信）给打败了，齐国至少得给我一半土地的封赏吧。你们想想看，半个齐国都可以归我，我干吗不和韩信痛痛快快地打一场？"

龙　且

从龙且的言行中，人们似乎很容易认为他极端轻视韩信、临战骄怠膨胀、贪功心切，但这些也很有可能并非实情。

大约在半年前，刘邦被项羽包围于荥阳，穷急之下不得不采纳陈平的离间计。要离间哪些人呢，当然都是项羽手下真正能干而且正直的人，而不是以项伯为代表的受着项羽重用实际却形同酒囊饭袋，又一心谋取私利的那些项氏宗室子弟。陈平对项羽内部非常了解，他告诉刘邦，项羽身边刚直不阿的能人，所谓"骨鲠之臣"只是少数，不过是范增、钟离眛、龙且、周殷等几人而已。

范增、钟离眛、龙且、周殷都被成功离间了，但后面三人都是武将，战场上缺少不得，项羽也知道他们的能力，故而虽然不予信任，但该用还是得用。龙且是当时楚军的名将，从项羽对他的实际使用来看，其骨干大将的地位也并未动摇。龙且应该说完全对得起自己的职位，项羽麾下像他这样可独当一面的大将寥寥无几。此人在战场上好勇斗狠，威猛善战，其作战风格与项羽类似，更难得的是，他还是楚军中极为少见的智勇型将领。

项羽的勇战派风格，让很多人误以为项羽有勇无谋，实际并非如此，项羽在战场上的思考、观察和反应能力，要远超一般战将，龙且也是这样。当初英布被刘邦派人说服，叛楚归汉，龙且领项羽之命，带兵进攻英布。英布本身就是一员非常能打仗的悍将，起初他也没把龙且当回事，一交手才发现龙且有勇有谋，功力尚在他之上，但这时已经晚了，几个月下来，英布被打得大败，最终只得仓皇避走小路，仅带着几十人辗转逃往汉营。

显然，龙且绝非无脑之将，恃勇莽夫。如果韩信还是初出茅庐的军界小辈，或许龙且看轻他还可原谅，但这时韩信早已功成名就，特别是攻赵一战令他声名鹊起，可谓是无人不知、无人不晓。到了这个地步，就如同淮阴人对韩信前后态度的变化一样，什么"漂母饭食""胯下之辱"不过是成才前的磨炼而已。何况军人终究是靠战绩说话的，韩信所拥有的军事才能和战绩，龙且已需仰望才见，他又怎么敢再以韩信早年经历来轻视乃至蔑视他呢？龙且这次援齐，前方是强硬对手，后方是殷切期待，龙且的兵力是项羽在与刘邦对峙最为困难的情况下，从紧张的兵员调配中"硬抠"出来的，龙且对此非常清楚。承载着项羽重托的他，尚未与韩信一战，在骄傲大意方面可以说既无资本，亦无理由。

至于说到贪功，龙且并非急功近利、不顾大局之辈，陈平把他列为"骨鲠之臣"就足以说明问题。况且龙且不会不明白，要从韩信这样级别的对手身上捞分，绝非易事，若是贪功心切，不顾后果，只会让自己陷入险境，甚至葬送整个战局。可是既然龙且很清醒，他为什么不但不采纳谋士之计，而且还要刻意说一番明显言不由衷的话？

事实上，从龙且受命援齐开始，他是否要和韩军直接交战、怎么作战，都不是龙且一个人所能决定的了，项羽才是实际决策人，龙且只是执行者。

长期以来，齐国一直试图在楚汉之间保持中立，既不助楚，也不助汉。事实上，站在齐国的角度，让楚汉两方保持均势，也确实最符合齐国的利益，但是这种坐山观虎斗的态度，又让楚汉都为之头疼，项羽就一直无法借助齐国的力量来牵制和打击刘邦。现在汉齐交恶，齐国陷入绝境，只能主动求援于楚国，这对楚国而言，正是一个不请自来，乘机掌握齐国的机会。

换句话说，项羽派龙且援齐，不仅仅是为了不让齐国的偌大资源落到汉军里，也不仅仅是为了解决汉军迂回到自己后方的战略危机，它还有一个深藏不露的目的，那就是乘机掌握齐国。

汉军能在正面战场坚持作战离不开关中的支援，相比之下，楚军则缺乏这一优势。齐国除了粮食，更盛产渔、盐、铁等资源，且与楚国接壤，若楚国能全面控制齐国无疑将极大地缓解其资源不足的困境。不仅如此，齐国还有望直接变为西楚之东藩，依托于齐地，楚军既可以有效抵御汉军从侧翼发动的进攻，又能开辟新战场，从一个新的方向上给予汉军有效打击。

了解到这一内幕，再来理解龙且的举动，也就不会觉得困惑了。不错，谋士之策在军事上堪称一个完美的作战计划，但它却未能充分考虑政治因素。试想一下，如果龙且坚守不战，而使齐人反汉，就算能使汉军无粮而败，虽然最后齐国是保住了，然而楚军也仅仅是为他人作嫁衣裳。再说得具体一点，由于龙且根本就没有和韩信打，人们会把功劳都算在齐王身上。汉军败逃后，以齐王为代表的田氏势力将重新掌握齐国，而龙且和楚军则会因威信大失导致失去控制齐国的机会，楚军开辟新战场、反攻汉军的计划自然也将随之泡汤。

项羽不惜代价派龙且援齐，可不想仅仅落此结果，龙且也不想。况且他也深知项王并不真正信任他，自己带着重兵在外征战，若是阳奉阴违，不按项王规定的套路出牌以致出了偏差，其结果可想而知。龙且别无选择，只能和韩信硬碰硬地干上一仗。

打硬仗，本就是项羽、龙且这一派兵家之长，勇战派、兵形势家打仗，最看重的就是气势，要的就是藐视敌人，一往无前。龙且给谋士说那一番话，其实就是在给全军作动员：你们说韩信连续破魏、下代、灭赵，又打得齐军主力丢盔卸甲，溃不成军，韩信可怕吗？不可怕！因为韩信不过是个虚有其表的懦夫。我们人多势众，兵强马壮，只要下定决心，决一死战，打败他指日可待。有人担心你们会恋乡怯战，那我不妨告诉诸位，跟着我龙且与韩军奋力一战，立大功受赏赐的机会就在眼前。我龙且若能得到半个齐国之赏，你们自然也不会少，到时候大家都能封官加爵，光宗耀祖，岂不美哉！

依水用兵

龙且率楚齐联军一路向前，推进至高密县的治所——城阴城（因为龙且曾屯兵于此，城阴城后来也被称为龙且城）。

距城阴城不远处为潍水（今潍河），韩信早就驻兵于潍水西岸的凉台，两军一东一西，各自布阵，形成对峙。夹水列阵，对于韩信而言早就不是第一次了，而之前的每一次，他都能把仗打得非常漂亮。

独自领兵后的首战——安邑之战，韩信在临晋渡口设置疑兵，牵制魏军主力，结果却利用"木罂"，从没有渡船且魏军也不加防备的夏阳偷渡黄河，给魏军以出其不意的打击，一举灭魏。接着是名震海内的井陉之战。韩信带着一支没有经过充分严格训练的松散队伍，深入赵境，险中弄险，将队伍布置于出井陉口后的绵蔓水边，采取看似违反兵法一般原则的背水列阵，让士卒死里求生，最终大败赵军。

两战下来，韩信依水用兵的巧思极其惊艳，让人不得不感叹经过其匠心独运，确实能够使自然环境与战争智慧完美结合。值得注意的是，虽然都是在江河地域作战，但韩信所采用的战法却无重复雷同之处。这倒并不是他要刻意求新求变，而是因为战场上的形势瞬息万变，作战对象也各具特点，即便在战前就已经针对军情和敌人做了精心策划，一旦正式实施，只要敌人有所变动，则计划也必须随之调整。

古往今来，那些不知变通，只会纸上谈兵、墨守成规、按图索骥的将领，在实战中往往不免被战争的洪流所吞噬，赵括就是典型。只有既全面掌握兵法原则，又能根据战场实际情况活用兵法者才能指挥如意，正如孙武在《孙子兵法》中所言："兵无常势，水无常形，能因敌变化而取胜者，谓之神！"韩信深谙此道，他虽娴习包括《孙子兵法》在内的前代兵法，但从不盲目照搬，而是能够因时、因地、因敌而变化，灵活用兵。

所谓灵活用兵，通常须遵循两大法则。

其一，某种战法对此时此地之敌，或许可以出奇制胜，但对彼时彼地之敌则未必能起到同样的效果。比如同样都是夹水而战，韩信能否把他在灭赵之役中的背水列阵套用至潍水战场？不行！背水阵是一个风险性极高的战术，所谓"背水阵前无古人"，这倒不是说在韩信之前没有人使用过这一战术，而是极言其少，事实上后来者也很难再加以效仿。即便韩信本人，其实也是在条件极端困难、环境极度险恶，看似山穷水尽、无计可施的情况下，不得已才如此"行险"。说韩信"行险"，是因为背水阵乃一时一地之作，并不具备普遍性。它的成功，也绝不仅仅是一个士气就能决定的，还包括了兵力的部署和分配使用、对方将帅弱点的利用、主客奇正态势的转换等复杂因素。

借用孙武的话来说，就是要"治气、治力、治心、治变"，只有把多种因素有机结合起来，才能发挥出其最大的效能，其中任何一个方面做得不到位都可能前功尽弃，一败涂地。正因如此，有的评论甚至称韩信背水阵的成功也是"侥幸成功"。

战胜不复

相较于那些宽阔的大江大河，潍水显得较为狭窄，在当年韩信的布阵区域内，现今河流段的平均宽度为200米，古时亦大致相当，而且它的流量不是很大，有时甚至会完全断流，人马可轻易涉水而过。潍水本是沙河，但布阵区域的上游不远处矗立着巴山，此处河床乃巴山山脉的自然延伸，因此其底部多是坚硬的石头。这样石质的河床，恰好为骑兵、步兵乃至战车提供了在上面驰骋、冲锋的便利。

由此可知，潍水与井陉之战中的绵蔓水在地势地形方面是截然不同的。在潍水岸边背水列阵，士兵不可能做到像在井陉之战中那样，因无退路而不得不全力战斗，背水列阵中的"死地"效应也难以发挥出来。

以陈馀为首的赵军将士，对韩信和韩军的轻视态度，也是井陉之战能够成功的一大关键，某种程度上，几乎可以说是陈馀自己在不经意间将胜利拱手赠予了韩信。若不加以深究，单从龙且的言论来看，他似乎步了陈馀的后尘，是"陈馀第二"。然而常言说得好，听其言而观其行，倘若能够静下心来进一步审视龙且的实际行动，你就很可能得出一个完全不同的结论。

龙且率领楚齐联军兵抵城阴城后，按照他战前制造出来的那种声势，应该毫不犹豫地率军越过潍水，率先对韩信的军队发起猛烈攻击。然而事实上，龙且一直静静地屯兵于城阴城南，始终未轻举妄动，更没有主动对韩军进行挑衅。

很明显，龙且并不像外界所揣测的那样，过分轻视韩信或者自我膨胀，相反，他表现得非常谨慎克制，其不急于行动本身，也正体现了此人作战经验丰富、智勇兼备的一面。韩信战术多变，难以捉摸，在还没有摸清对方底牌之前，最好的办法还是冷静观察，等待韩信先出手，之后再根据他的动向以及战场形势的变化，来决定该如何处置应对。

如果按照兵家类型来划分，龙且无疑属于兵形势家一派，而兵形势家用兵的一大特点，便是注重精准研判，善于后发制人，所谓"后发而先至"，这同样不失为一种高效的作战策略。

地形差异、敌将差异，仅此两条就足以否定背水阵在潍水再次被实施的可能性。背水阵既不能用，安邑之战中的声东击西怎样？也不行！

灵活用兵的第二法则：一种战术，不管它在第一次使用时设计得有多么巧妙，效果又有多么出奇制胜，如果你在以后的作战中还老是搬用这种战法而不稍加改变，就很可能事与愿违。

在《孙子兵法》中，这一法则有一个专用名词，叫作"战胜不复"。拿声东击西来说，此战法在安邑之战后就传开了，随着韩信的声名远播，自然是研究者众，包括项羽、龙且在内，不可能没有耳闻。试问，在潍水之战中再用此法，龙且还能上当吗？

当然，如果龙且脑子呆板，只会照搬兵法教条，认为既然"战胜不复"，韩信一定不会重复采用其技术，那样的话，他倒也有可能中计。问题在于龙且不是那样的人，他精明着呢，一旦被他发现你还是用的老战法且被其掌握规律，不仅不会上当，没准还会将计就计，顺势设个圈套来让你钻！

此外，灵活用兵的第一法则其实也适用于潍水之战。声东击西之策虽然不同于背水阵，但也是一种具有风险的战术，能否采用，同样要根据战场的实际情况进行研判。在安邑之战中，韩信之所以敢于陈船临晋，暗渡夏阳，示形于东而击之于西，首先是魏军在兵力部署上有明显不妥之处，其主力都被拿来封锁蒲津关，导致后方安邑的兵力严重不足；其次是魏王豹没有任用相对成熟和高明的周叔为大将，而是重用了少不更事、尚未真正吃透兵法精髓的柏直，以柏直那样的阅历和见识，怎么可能看清对手的真实意图呢？

龙且非柏直可比，这是个久经沙场的老将，他头脑冷静，心志稳定，联军主力一直被他牢牢攥在手上，未有分散之弊。何况一般的诡诈之策也会被他一眼看穿，要在此人的门前重复使用声东击西这类战术，只会弄巧成拙，搬起石头砸了自己的脚。

半渡击

龙且沉住了气，倒是韩信，似乎已经按捺不住了。

龙且的谋士所言不差，士气高昂是韩军最大的优势，破齐之后，全军将士精神振奋，对于即将开始的战斗，全都抱着拼死力战的决心和热情。韩信显然是想把这一优势充分利用起来，次日拂晓时分，他抢在龙且出手之前，亲统大军，蹚水过河，直扑潍水东岸。

龙且仍未有所行动，站在联军屯兵处，他不动声色地观察着韩军的一举一动，看到韩军有约一半人马登上岸，另一半尚在渡河就迫不及待地发起了进攻，不由心中暗喜。喜的是，韩信已经在不知不觉中犯了错。

韩军是在涉水作战，而涉水作战往往伴随着巨大的风险和不确定性，所谓"涉水为兵家之至险"，故而《孙子兵法》中强调"绝水必远水"，就是当军队横渡江河时必须赶紧抢渡，而且一上岸就应远离江河驻扎，以防不测。这还是在对岸尚未发现敌军的情况下，现在韩信明知楚齐联军就集结于东岸不远处，其先锋部队上岸后不但不赶紧找地方布置阵营，构筑壁垒，却急于发动进攻，岂非自蹈险地而不自知，犯了兵家之忌？

韩信犯的第二个错误，恐怕是他已经忘了兵法中还有"半渡击"一说。《孙子兵法·行军篇》："客绝水而来，勿迎之于水内，令半济而击之，利！"当敌人渡河时，不要马上迎击，而应等其渡过一半时再发动攻击，这是一种极为有利的战术。为什么"半渡"对攻击有利？因为此时敌军首尾不接，行列混乱，整体上处于一个立足未稳的脆弱状态，正好可对其发动攻击并一举而歼之。

现在韩信尚有一半人马还在渡河，他的正确举措本应是让已经登岸的另一半人马对渡河部队进行掩护，而非投入进攻。看来，韩信率部孤军深入齐境后，后勤供应方面确实已经出现了很大困难，而他害怕陷入齐人群起攻之的局面，此事恐怕也是真的。在这种情况下，不难理解，韩信为了缓解自己的困境，必须争取尽快作战，尽快取胜，因此即便有兵家定规在前，他也只好置之不顾了。

龙且始终按兵不动，就是在等韩信先出击，先犯错。眼看着对方该犯的错都犯了，"半渡击"的最佳出击时机也已近在眼前，机不可失，时不再来，龙且当即下达命令：出击！

楚齐联军早已按捺不住，立刻依令发起反击。兵形势家打仗制胜的核心是"势"，此时联军已经把"势"蓄积得十分饱满，上下求胜欲望很强。而韩军好像对此准备不足，双方接战不久，韩信就已显得力不能支，只得率部撤出战斗，退往潍水西岸的预设阵地。

龙且见状，高兴地对左右说："我就说韩信胆小嘛！"话音刚落，他就下令对韩军进行追击。龙且在战场上的习惯和项羽一样，从来都是身先士卒，冲锋在前，他和副将周兰一起，亲自率领前锋部队，在韩军背后紧追不舍，从东岸边一路追击至河床，再沿着河床直逼西岸。

龙且所言韩信胆小，自然是为了激励三军，但这并不表示他已完全丧失警惕。一般而言，追敌都得考虑对方是否有伏兵，龙且之所以敢于毫不犹豫地发起追击，是因为他已经通过肉眼观察到，潍水西岸并无适合伏击的地形。退一步说，就算韩信在施诱兵深入之计，预先在西岸埋藏了伏兵，以联军此时赢得的压倒性气势，以及他们在数量和质量上所占有的优势，又有什么必要前怕狼后怕虎？韩信不设伏兵还好，如果真的设了伏兵，正好可以借此机会将他们一网打尽！

那个时代凡读过兵书的人，没有人不知道《司马法》。《司马法》的作者之一司马穰苴（也称田穰苴），乃春秋末期齐国的名将，当年他在与燕军作战时就是趁燕军渡河至一半时，突然下令全军出击的。也就是在那一战中，燕军被迅速包围并被全部歼灭，"半渡击"也由此成为自先秦时即已载入兵法的经典战术。

龙且能够延续"半渡击"的辉煌吗？当龙且和部下冲上潍水西岸时，他们无疑已在心中给出了肯定的答案。但是紧接着，就在他们背后却突然出现了骇人的一幕：原来清浅平缓的河水陡然间暴涨，上游河水汹涌而至，潍水变脸了！

这到底是怎么回事？

垒 坝

潍水是韩信通过事先侦察，精心挑选的作战地形。

正如龙且的谋士所分析的那样，韩军兵力仅有数万（破齐之役中的齐军俘虏尚来不及消化吸收，特别是不能马上用于对齐作战），除骑兵外，又多非韩信的原班人马，皆短期内征发编组的原赵军俘虏兵。相比之下，楚齐联军不但号称二十万，其中参战楚军更是项羽麾下的精锐之师，兵精将勇，战斗力不容小觑。

在这种情况下，韩信若是选择与龙且正面交锋，无异于自投罗网，取胜机会渺茫，他唯有施展平生所长，通过巧妙的战术设计和天衣无缝的配合，才能逆转在数量和质量上所处的劣势，也才有机会以寡敌众，以少胜多。

韩信打仗，非常擅长利用河水，故有"韩信用兵，最善用水"之誉。有研究者甚至推测，韩信的故乡为水乡泽国，淮水等多条河流在此交汇，韩信自小生活和浸润其中，正是这些河道水泽给他用兵提供了丰富的灵感。

韩信把潍水作为与龙且决战的战场，无疑也是因为他深知河流的特性，擅长利用水势来制定战术。只不过，基于声东击西、背水阵等战术都已不能再用，兵法中与夹水而战相关的其他常规战法又极易被龙且识破，他必须另辟蹊径，重新思考和探索一条前所未有的奇计，如此方能克敌制胜。

潍水之战的所在地自古就是鱼米之乡，春秋时即称"琅琊之稻"，是重要的稻谷产区，当地居民利用潍水蓄塘种植水稻，也通过截断水流，建造"鱼梁"（一种捕鱼设施）捕鱼。汉朝建立后此处便建立了城池，因城旁有广袤无垠的稻田，其面积达到万顷之多，故名稻城。稻城不但盛产稻谷，而且每年通过鱼梁捕获的鱼数量极其庞大，竟达亿万之数，因此也被誉为"万匹梁"，意指其渔业之丰饶，如同万匹丝绸般珍贵。秦末时的稻城所在区域虽还未如汉朝那样兴盛，但灌溉业也已非常发达。这就使得潍水多堰坝和梁（这里指水桥），韩军在潍水西岸的驻兵地凉台，其地名至今犹存，据研究，"凉"在古代即作"梁"字解。

韩信应该是在勘察了解河道地形时发现了潍水的这一特点，并就此想出了一条借助自然力摧毁楚齐联军的妙计。

　　就在韩军主动出击的前一天晚上，韩信命人连夜赶制了一万多只口袋，装满沙土（称为沙囊），乘夜在潍水上游垒坝塞流，堵住河水。北魏郦道元在其地理名著《水经注》中，说以前潍水两岸的居民会先凿石竖柱截断河道，然后再挖掘东岸，开辟出一条长渠把河水引入东岸慢慢蓄积，形成池塘以灌溉农田。结合《水经注》的记载，现代研究者通过实地考察，对当年韩信蓄水以阻联军的操作过程，做了一个初步还原：在潍水两边，有两大块洼地，韩信令所部按照两洼地的地势，从东西两个方向挖了两条大沟和潍河联通。这两条沟将被堰坝壅住的河水引到东西两个大洼里，然后再用筑沙囊的方式存蓄起来。待需要放水时，移去沙囊，两边洼地所蓄河水便沿堰坝返回河道，从而造成汹涌而下之势。

　　现潍河共有以韩信名字命名的古坝遗址三座，皆称韩信坝（又名韩王坝），按其地理分布位置，依次为上坝、中坝、下坝。虽然都被传为"韩信坝"，但中坝、下坝处于平原地带，筑坝蓄水的可能性较小，只有上坝位于山丘之间，两岸地势较高，更适合建坝，而且两边也有洼地和蓄水沟（称韩信沟），因此一般认为，这才是韩信坝的准确位置。

　　值得一提的是，后来韩信被封为楚王，在其管辖区域内，有一个历史悠久的古县名为朐县。朐县主要的水系是游水，游水经常发生洪灾，对朐县危害较大，相传韩信曾在游水之上亲自设计并修筑了堰坝用以抗御洪灾，兼趋利避害，引导河水灌溉农田，此即"韩信堰"。随着时光的流逝，岁月的更替，朐县的名称连同游水都逐渐消失不见，"韩信堰"也演变为"韩信故道"。这些传说和遗迹或许可以从侧面证明，韩信确有关于修坝筑堰、兴修水利的经验与智慧。

水 兵

与龙且决战的当天，虽然韩信选择了主动出击，但他把自己的大部分人马都留在潍水西岸并埋伏了起来，随其过河的只是一部军队且主要应为骑兵，以此确保后撤的机动性。

与安邑之战、井陉之战等以往的战役战斗不同，这次韩信过河，没有要求将士们死战。他在与龙且接战后，稍战即退，并不是立马就招架不住了，而是在诈败佯退。甚至韩信在刚渡过一半人马时，就向联军发动进攻，本身也是个一箭双雕之计：其一，通过故意露出破绽，引诱龙且前来"半渡击"；其二，如果不是"半渡"而是"全渡"，即若等己方部队全部过河之后，再对联军发动进攻，则佯攻时自己的兵力就不易迅速撤回至潍水西岸，或至少有一些人马会因来不及撤退而被衔尾追击的联军"吃掉"。

龙且中计上当，率部渡过潍水。然而就在他及其前锋部队刚刚登上西岸，后续部队尚在渡河之际，韩信突然命令上游士兵搬开了沙囊，顷刻之间，大水奔泻而下，势不可挡。

清代康熙年间，有一位考中博学鸿词科的文人，名叫李澄中，慕名游览了"韩信坝"。他沿潍河顺流而下，行至"韩信坝"（即上坝）处，发现原本的泥沙河床已经变成了石头河床，水面下有很多高耸的石头且都形状奇特，颜色深黑中杂以红褐色，宛如妖魔鬼怪般彼此狰狞对峙。继续前行约两里，水下的石头逐渐露出河面。夹岸而行，迅猛急促的河水，因被这些石头所阻无法顺畅通过，便开始猛烈地撞击着石头，回旋激荡的声音在两岸之间轰鸣不已，震耳欲聋。此等壮丽景观深深触动了李澄中，他回家后特地撰写游记，以纪念此行。与李澄中目之所及相比，潍水之战中韩信垒坝塞流所释放的大水无疑更为汹涌澎湃，它们向下游一涌而至，反过来对联军形成了"半渡击"。

嘉、道时期大臣、著名文士王玮庆，曾写有《韩王坝怀古》，不妨跟着他的笔触，来感受一下当年"半渡击"场面的惊心动魄：正在渡河的楚齐联军，恍惚之间，还以为是天上降下了神兵天将。实际上，那就是漫灌下来的大水，其中的每一道水柱都如同利箭般迅猛有力，就好像是从高处骤然发射的三千支强弩。（"岂是天上下神兵，洪波突射三千弩"）

决堤的洪流像乘风的帆船冲击着一切，又仿佛是天上的银河倒扣了下来，其力量之大，誓要撕裂大地的轴心。（"天河倒挽地轴裂，决流冲击如风樯"）自然的力量是惊人的，面对"水兵"摧枯拉朽般的攻击，联军根本无法抵御，也不知该如何抵御。

以沙囊筑坝拦水，使下游水位降低、流速减缓，确保己军进退自如；以自己的"半渡"和佯攻，诱敌深入，邀得敌之"半渡"；一旦敌军上钩，便决堤放水，以水攻之，将敌军分割歼灭。整个过程可谓一气呵成，其算计之精准，谋划之工巧，心思之缜密，令人叹为观止、拍案叫绝。

唐代纵横家赵蕤对此佩服得五体投地。《孙子兵法·九变篇》

有言，"杂于利而务可伸，杂于害而患可解"，意思是在有利的局面中固然可以巧妙地突出己方优势，但即便是在看似不利的环境中亦有办法寻找到解决困境的方法。赵蕤认为，韩信在潍水之战中的兵法运用已经完全达到了这一境界，他在其代表作，有着"谋略奇书"之称的《长短经》（又称《反经》）中，大发感慨："在所有的军事行动中，我们都应当以韩信为榜样，灵活运用兵法。韩信的用兵智慧，真是深奥莫测。"（"皆反兵而用兵法。微哉！微哉！"）

根据《史记》《汉书》的记载，潍水之战发生于农历十一月，阳历已是十二月，这时的北方可早已是天寒地冻、大雪纷飞的季节了。不难想见，在这样的季节里，潍河之水必定是寒冷彻骨。在楚齐联军中，楚军作为主心骨和生力军，龙且又是身先士卒，其前锋和随后跟进的部队，自应也都是楚军，换句话说，当冰冷彻骨的河水裹挟着冰凌汹涌而下时，瞬间被包围于河当中的联军士兵，基本都会是楚军。楚军来自南方，对寒冷的耐受力本就较齐军弱，一旦他们身上的铠甲棉衣被冰水浸透，即便不溺亡或被冲走，也无法继续战斗了。

读史至此，有人叹息龙且之谋略终究远逊于韩信，因而难免遭遇失败。同时，也有人质疑，韩信能够运用如此阴狠毒辣的计谋，是否意味着他也是一个心肠毒辣之人？就好像是破齐之役时，他为了实现对齐军的完美突袭，甚至不惜牺牲郦食其的生命。但事实上，正所谓"慈不掌兵"，战争自有战争的特殊伦理，最大限度地消灭敌方有生力量乃战将之责，这在某种程度上，也可以被视为对己方将士的一种保护或"慈"。古今中外的历代兵家均遵循此道，概莫能外，在这一点上，实在不应苛责于韩信。

忽惊平野斗风雨

河水能抵十万兵，何况是冰冷汹涌的潍河之水。转瞬之间，除了河当中的楚军几乎全部覆灭，其余联军也均被分割于潍水两岸，首尾不能相顾。西岸的联军刚刚还气势如虹，此时已经不知所措，乱作一团。早有准备的韩信趁机集结所有兵力，对其发起猛烈进攻。

王玮庆在《韩王坝怀古》中写道："忽惊平野斗风雨，万甲飞腾震鼙鼓。"诗中所描绘的，正是当时的激战场面。联军登岸后一味追击，尚未能够形成稳定阵形，一时之间又无法从东岸获得援助，在众寡悬殊、军心动摇的情况下，很难抵挡得住韩军这种连续不断的冲击。

最终，韩军歼灭了已渡河的楚齐联军，龙且当即被曹参斩杀，周兰被灌婴活捉。冰水中同伴人仰马翻，惨叫连连，足以令阻隔于东岸的联军心胆俱裂，恐惧万分，主将龙且在对岸被杀，更是冲破了他们仅存的最后一道心理防线，全军顿时士气全无，不战自溃。

在大败楚齐联军后，韩信遣诸将分路追击，对齐军残余力量进行逐个清理，他则亲自带兵追击齐王田广。田广其实也参加了潍水之战，只是侥幸没有渡河，因此才得以逃脱。兵败后他南逃至莒县，本以为能在此稍作喘息，没想到韩信的军队迅速逼近，并很快就攻破了莒县，田广终究还是未能逃得一死。

这一期间，灌婴也通过追击，打败齐国守相田光所率齐军，俘获了田光。齐相田横得知田广已死，即刻自立为齐王，率军主动迎击灌婴，希图扭转局势，结果反被灌婴击败，田横不得已逃出了齐国。田横一跑，别的齐将更加难以抵挡。灌婴攻打齐将田吸，曹参攻打齐将田既，皆一击即中。至此，潍水之战前"众田环伺"的格局被一举荡平，齐地尽归汉国。

潍水之战以韩军全胜而告终。此次战役的精彩程度，与井陉之战可谓不相上下，南北朝时期有一首专咏韩信的《赋得韩信诗》，将潍水之战、井陉之战并列为韩信一生中最具代表性的军事杰作，谓之"沉沙拥急水，拔帜上危城"。井陉之战令海内皆仰韩信之威，潍水之战则不但对韩信个人，而且对楚汉相争的整个格局都产生了巨大影响。

从破魏开始至潍水之战结束，在前后共一年零四个月的时间里，韩信先后消灭或降服了魏、代、赵、燕、齐五国，在实现"北方策"的全部计划，从侧面剪除项羽附庸的同时，也完成了对西楚的战略包围。

潍水之战前，韩信在北中国虽然早已是所向无敌，但毕竟是处于侧翼战场，主战场一直都是刘邦和项羽在正面交锋，而在正面交锋中占据优势的，始终都是项羽。也正因为在正面战场尚处于优势地位，项羽才能够孤注一掷，从已经显得有些捉襟见肘的楚军中抽出部分精锐，派他当下最得力的大将龙且，前去援救齐国。然而潍水一战，龙且战死，随其援齐的楚军灰飞烟灭，这意味着项羽不仅援齐失败，而且还彻底失去了组建最后一支强大预备队的机会，楚军在正面战场的力量遭到严重削弱。

事实上，潍水之战已成为打破楚汉均势、改变双方对峙局面的关键。楚军没有预备队，后劲就不足，后劲不足，就无法在荥阳地区的正面战场继续加强攻击。非唯如此，原先楚都彭城地区尚有龙且组织防卫，龙且部队被歼灭后，彭城一片空虚，在楚国北地屏藩尽失的情况下，随时有被韩信乘虚而入、一举攻克的危险。

曾经强大的楚军危机四伏、朝不保夕，而原本一直处于劣势的汉军则借此一举取得优势。燕王臧荼被韩信用李左车之计降服后，实际仍首鼠两端，见风使舵，但就连他在潍水之战后，也慌不迭地派骁骑助汉，可见当时的明眼人都已看出，项羽败亡的趋势将不可逆转，汉军击败他只不过是早晚的问题了。

第六章 大错特错

一名从齐地出发的使者，风尘仆仆地来到汉军在正面战场的屯兵地——广武城，将随身所携带的韩信书简呈送刘邦。

在书简中，韩信汇报了潍水之战及平定齐国的经过，刘邦早已经得到了相关情报，就算是兴奋也兴奋过了，所以情绪上并无太大波澜。但是再往下看，他的眉头却皱了起来，随后竟至勃然大怒。让刘邦突然为之震怒的，是韩信在书简中提出的要求：请刘邦允许他自立为齐国的假王。

所谓"假王"，即"代理齐王"，但在刘邦看来，"真王""假王"并无多大区别，他当即大发雷霆，骂道："我被围于此，日夜盼望他（指韩信）来助我退敌，他倒要自立为王!"

从书简的字里行间，刘邦还发现，韩信在平定三齐之后，事实上已经先斩后奏，在齐地自称"齐王"了，写信过来不过是希望他能予以确认。这下子更是如同火上浇油，刘邦怒不可遏，甚至打算立刻派兵攻打韩信。

抗　拒

韩信请封假齐王是楚汉战争史上一桩有名的公案，古往今来评论者众多，其中明末清初大学者王夫之的观点比较典型，他认为：齐地初定，韩信就迫不及待地请封王于齐，显而易见，目的是相当不纯的。说难听点，他这不就是在以市井小民做生意的心机，来向主上（刘邦）讨赏吗？而主上（刘邦）又岂能看不穿他的心思，最后即便应允其求，双方之间亦将因此留下怨隙。

对于韩信请封案，人们的意见虽然有所出入，但以王夫之为代表，大多数人还是把它当作韩信居功自傲，邀功请赏的"愚蠢举动"，或者是在"借机要挟争权"。问题的关键是此案发生时，刘邦真的被项羽围困在荥阳，急到上天无路、入地无门，盼星星盼月亮似的盼着韩信来给他解围吗？

实际上，自刘邦"夺印窃符"，强行接收韩信在赵地的全部人马起，战争的天平就已开始向他倾斜。直到项羽抽兵援齐之前，楚军在正面战场上虽然仍稍占优势，但除荥阳外，成皋、广武、敖仓等战略要地都已被汉军抢占和控制。

成皋关即著名的虎牢关（也称泗水关），它与敖仓附近的广武城一样，都是依山傍水、易守难攻的险要之地。敖仓作为当时关东最大的粮仓，与成皋和广武城三者相互依托、互为犄角，形成了坚固的防线，使得楚军始终难以获得突破性进展。项羽对此也无计可施，最后他甚至不得不放下贵族固有的矜持，把刘邦的父亲刘太公也押到广武城下，试图以杀刘太公来威胁刘邦投降，结果亦毫无作用。

项羽顿兵坚城之下，旷日持久，但后勤供应却得不到稳定保障。在楚军后方，彭越等人又不断袭扰，他们利用项羽回援的间隙逃跑，待项羽返回前线又迅速折回，持续截断楚军的粮草供应线。相比之下，正面战场上的汉军有敖仓提供军食，后方萧何还在关中不断地调发粮秣、士卒，源源不断地支援前线，加上韩信转战千里，陆续攻取或逼降的魏、代、燕、赵、齐等地，使得汉军的战争资源更加充裕，恰与楚军的匮乏不足形成强烈对比。

项羽派龙且援部支援齐国，本希图改变这一分崩离析、"少助食尽"的尴尬局面，不料龙且出师未援，全军覆灭。潍水之战后，韩信虽尚未直接出兵援助刘邦，但已基本完成了对项羽东西夹击的战略部署，韩军更是如同一把锋利的匕首，直插项羽之后背。由此可见，无论在时间、地点还是形势上，此时的汉军都已牢牢掌握了正面战场的主动权，根本不存在刘邦所说的被楚军围困于荥阳的情况，刘邦本人也早就摆脱了先前的惊忧状态。否则，以他穷途末路时什么都愿意暂时妥协的性格，又怎么会当着使者的面痛骂韩信，甚至还有余力攻打韩信呢？

情势既没有那么紧张，刘邦却表现得如此气急败坏，说到底，还是因为韩信求封假齐王这一要求本身，触及到刘邦预设的底线，他对此非常抗拒。刘邦一心只想着坚决不能给韩信封王，却有意无意地忽略了韩信对于其请封的解释，实际上，只有把此解释与请封放到一起，韩信所要表达的意思才完整："齐伪诈多变，反覆之国也，南边楚，不为假王以镇之，其势不定。愿为假王便。"

齐国是狡诈多变、反复无常的国家，过去曾经屡降屡叛，而且它的南边又与楚国相邻，如果不设一假王压住阵脚，局势难安，故才斗胆请命，请大王能够允许臣自立为假王，以镇抚齐国。韩信在这里讲的是什么，他讲的是战略。

即兴表演

虽然经过潍水之战及之后的横扫，田氏大多数当权者及效忠于田氏的齐军主力已被暂时荡平，但田横依旧逃亡在外。与此同时，正所谓百足之虫、死而不僵，号称"诸田宗强"的田氏家族，即便在齐地也还保存着盘根错节的势力，短时间内很难完全清除，加上齐民也依旧拥护田氏，如果他们与田横里应外合，东山再起也不是不可能的。

倘若田氏死灰复燃，毫无疑问，与项羽结成死党实行彻底的楚齐联合，是其唯一可选的道路。届时，刘邦这边是没办法派援兵的，"二千里客居齐地"的韩信军可能既守不住齐地，在当时交通条件落后的情况下又撤不出来。若如此，龙且军在齐地的命运，也许就是韩信军在齐地最后的命运，而一旦齐地得而复失，韩信军又遭遇失败乃至被终结，不但原有东西夹击楚军的战略部署势必化为乌有，楚汉形势也将再度翻转。

以齐地的实际情况来看，就算田氏不出什么问题，人心长期不能归附也是一个极大的隐患。按照明代史家于慎行的分析，齐地不是别处，此地若是发生冲突，非常容易引爆遍及全国的反抗，像陈胜、吴广那样规模的起义再次发生是不难的，到了那个时候，汉国纵然已据有关东，又能如何？

刘邦对此岂能不知，只是一时冲动，居然把这些要紧事都忘了。至于他说要派兵攻打韩信则更不靠谱，以韩信当下表现出来的军事才能及其军事实力，一旦双方真翻了脸，刘邦究竟派谁去才能打得过韩信呢？

刘邦当局者迷，彼时身处现场的张良、陈平却是旁观者清，二人一看不好，不约而同地赶紧踩了刘邦一脚（"蹑汉王足"），暗示他不要再继续讲下去了。张良凑到刘邦耳边，压低了声音说道："汉军目前正处在不利的形势中，这种时候，哪能禁止韩信擅自称王啊！倒不如趁势立他为王，善待于他，使他自守齐地，不然恐生不测。"

刘邦猛然警醒过来。他知道张良所说的"不利形势"，跟他着意夸大的"不利形势"不是一回事，前者是指兴汉灭楚正处于关键时刻，韩信的作用举足轻重，根本就得罪不起。还是张良、陈平提醒得对，现阶段的所有事务，都应为兴汉灭楚的战略总目标服务，哪怕是自己再不情愿，也只能先满足韩信的愿望，如此才能控制和确保齐地。

虽然刘邦反应已经相当之快，在醒悟的瞬间就及时闭住了嘴、收起了脾气。但他毕竟刚刚才当着使者的面大骂韩信，还放了狠话，正所谓"说出去的话，泼出去的水"，想收是收不回来的，就怕这些话被韩信的使者传回去后，把韩信逼急了，真的发生足以动摇局势的重大变故。

好个刘邦，眼珠一转，心中已有了计较，随即便换上一副"责备"的口吻，但语气中却透露出几分宽容与认可："大丈夫平定了诸侯，要为王就做真王，干什么请求当'假王'？"这种即兴表演正是刘邦的拿手好戏，不仅巧妙地掩饰和化解了自己的愤懑情绪，而且把前面那些不该当着使者面说的话，也给圆了回来。你还别说，这等功夫，换作一般人，确实难以企及。

刘邦接受张良的建议，决定顺水人情做到底，索性任命韩信为真齐王。后为了确保万无一失，又特意派遣张良带上专为韩信制作的齐王印信，前往齐地，宣布对韩信的任命。此时，远在齐地的韩信，内心注定既忐忑不安，但同时又充满着期待。

非 也

在明代小说《两汉开国中兴传志》中，韩信攻克齐国后，李左车仍在其军中效力，他向韩信提出建议："田氏家族在齐国宗族众多，地方势力强大且富庶，元帅（指韩信）您应该向汉王请求，授予您齐王的印符，以此权威镇守齐国，这样才可以确保齐国不发生变故。"

"非也。厨师烹饪食物，但他自己却不能直接享用，因为厨师的职责告诉他不能这么做；同样，作为将领，如果自行夺取州郡并自立为王，那也不是将领应有的行为。如今我们攻取了齐国，如果就借此向君索取齐王印符，那岂不是在欺君吗？"韩信如此作答。在他看来，请立为齐王，非臣子之义，有欺君之名，是万万使不得的。

见韩信未能接受李左车之议，谋士文通（应是以蒯彻为原型）又进一步劝谏道："齐国在诸侯国中最为强大，如果不派重兵镇守这三齐之地，万一内部发生变故，将来怎么办？元帅您不能因为拘泥于小节而误了大事！"

最终，在李左车、文通的反复陈说下，韩信经过深思熟虑，终于决定不再拘泥于个人的名节，而是从大局出发向刘邦上书请封，以稳固齐国局势。

这是小说就韩信请封案中韩信一方的内情，呈现给读者的面目。应该说，情节虽然虚拟，但李左车、文通所说的话的确也道出了一部分实情，即韩信关于请封假王的解释，确实是基于对齐国以及当时战争形势的分析：齐地新定，远处东陲，面临强楚，需要一位超重量级的军事人物进行镇抚，而通过破齐之役、潍水之战，令齐楚两地均望而生畏的韩信显然应是不二人选；眼下如果要选一名能够独当一面的大将配合正面战场，从齐地出发对项羽作进一步的战略包围，这样的人选同样非韩信莫属。问题是，韩信真的如小说作者所塑造的那样，只有公心公义，而毫无个人私欲吗？回答恐怕也只能借用小说中韩信的台词，两个字：非也！

这就要说到平民出头之难。事实上，从春秋开始算起，一直到战国初年，数百年间，官制的基本特点都是"世袭爵禄"制，即职位、爵禄均由大小贵族世袭，政府选官用人主要看出身。直到魏国的魏文侯率先对此进行改革，普通百姓才拥有了更多出人头地的机会，平民庶人以功求赏、以功求贵进而跃入上层社会，也逐渐成为一股新的历史潮流。

不管韩信的祖父辈从前是否为贵族，也不管韩信是否曾拥有秦朝所赐予的较低爵位，他在淮阴生活期间，就是个地地道道的贫民。然而这并不影响韩信内心对贵族荣耀的向往，他也一直以此作为自己的奋斗目标，葬母时一定要把母亲的墓地置于又高又开阔的地方，接受漂母饭食许诺将来要加倍报答漂母，都是以日后建功立业、荣归故里为前提的。

韩信将其母葬在可安置万户人家的高地，想着将来能当个"万户侯"就不错了，说明他当时还没有把自己的人生理想定格在很高的位置上。后来随着时间的推移和环境的变化，他的人生目标才有了调整和变更，特别是秦末农民起义后的封王建国思潮，对他有很大影响。

项羽自称西楚霸王，为天下共主，然后分封十八人为诸侯王。这十八人除原六国的贵族后裔外，亦不乏平民出身的武将，最为典型者即被封为汉王的刘邦本人。韩信并不反对项羽以功封王，恰恰相反，在他看来，只有这样才能最大程度地调动军人的积极性，激励像他这样的人争相在疆场建立战功。韩信所不能认同的，是项羽的封王标准，即只把多数机会留给他的亲属或者他喜欢的人，而对真正有能力和有战功者却吝于封赏。

无独有偶，张良在与刘邦谈话中也曾提到，英雄豪杰们背井离乡，抛妻别子，追随各自的领袖转战南北，出生入死打天下，目的无非求得一席之地。

《两汉开国中兴传志》不惜改造部分史实，意图塑造韩信"全忠"的形象，与王夫之将韩信批评为市井小民之间，虽然看似一褒一贬，但实际都隐含了对韩信以功取封行为的不认同。追根溯源，此种认识恐怕都还是明清皇权至上观念的必然反映，殊不知，在韩信生活的年代，以功取封乃是普遍且无可厚非的做法，谈不上过失，更无须大加指责。

"毁印斥郦"

即使在"汉中对"中，韩信也毫不掩饰地表达了自己对以功取封的高度认可，他希望刘邦能够摒弃项羽式的狭隘观念，严格按照军功封赏的原则，以此激励并笼络包括自己在内的众多军事将领，使大家甘心为兴汉灭楚的事业赴汤蹈火。

刘邦在听取"汉中对"时，至少在表面上并未表示出任何异议，彭城大败后，更是向韩信、彭越、英布许下重诺，承诺以关东之地作为奖赏，允许他们裂土封王。这实质上意味着韩、彭、英三人，只要在关东战场建立可观的军功，无须其他任何附加条件便可直接获封王爵。

裂国分封由此成为韩信卖力攻伐的最大动力，与此同时，随着所取得的功劳越来越多，贡献越来越大，他也理所当然地认为距离刘邦兑现承诺的日子也越来越近了。灭赵之后，韩信请封张耳为赵王，除了镇抚赵国的现实需要，也不能不承认其中确有提醒刘邦尽快履行"关东之诺"的用意，因此在刘邦同意所请后，他可能一度心中暗喜：大王已经封了两个异姓王，一个韩王信，一个赵王张耳，凭功而论，他俩可都还远不及我啊！

殊不料，紧接着就发生了"夺印窃符事件"，此事一出，就算韩信政治上再迟钝也明白刘邦非常不悦，此举是在找借口刻意打压和警告他。左思右想，自己并未犯下什么过错，值得刘邦如此大光其火。若真要找出错处，或许就是不该主动提及封王这个话题了。

这个时候，关于刘邦"毁印斥郦"的事应该也已经传到了韩信耳中。事情是这样的，由于楚军屡次袭击截夺汉军粮道，致使汉军粮食短缺，正面战场极为困难，刘邦苦思无计，便把郦食其找来商量对策。郦食其给他出了一个重新扶立六国后裔，并封他们为王，以此来削弱楚国实力的计策。刘邦病急乱投医，觉得此计不错，就让郦食其赶紧刻制印玺，然后带印前去出使各国。

印刻好了，郦食其正待出发，张良从外面回来谒见刘邦。刘邦正在吃饭，就问张良的意见如何，张良问明情况后，当即表示反对，认为郦食其出的完全是个馊主意，其结果只会引发新的诸侯纷争，根本不利于兴汉灭楚大业。刘邦听后如梦初醒，顿时连吃饭的胃口都没了，一边把口中的食物吐出来，一边大骂郦食其："这个书呆子，几乎坏了老子的大事！"他马上下令销毁印玺，自然郦食其也被弄了个灰头土脸，狼狈不堪。

"毁印斥郦"所涉及的，虽然只是六国后裔的封王问题，但它却不啻于也向所有汉将传达出一个明确无误的信号：即刘邦及其手下张良等幕僚，对于封王事宜是很敏感、很排斥的，封王这件事以后最好还是少提乃至不提为妙。

有一段时间，韩信确实没敢再主动提及封王，但那是在破齐之前。而之后的情形是，关东的主要诸侯国已经都被韩信打了下来，他愣是以一人之力，几乎为刘邦夺取了半个华夏。试问，这么大的功劳难道还不配封一个王吗？刘邦其实一直都强调有功必赏，事实上也是这么做的，为什么封王就一定要被划为禁区呢？

韩信终究按捺不住，他觉得若在此时重提封王问题，应该不会显得突兀了，而且出于管理齐国之便，也确实需要他挺身出来主持大局，因此他才派使者向刘邦请封。需要指出的是，韩信此举并非刘邦等人所认为的乘汉之危，居功要挟以求利，也不是借机争权，说到底，仍不过是希望刘邦说话算话，不要真的把"关东之诺"当作空头支票。

实际上，韩信对于此次请封还是留有余地的，他在给刘邦的书简中，求封的只是假王而不是齐王，用的也是委婉、请示、建议的语气。没想到即便如此，也还是触怒了刘邦，甚至差点令刘邦欲与之兵戎相见。

后世因为皇权至上观念等影响，不少人都偏袒刘邦而怪罪韩信。连史学大家司马光也不例外，在司马光看来，韩信在消灭齐国后，应及时回报刘邦，而不是趁机为自己求王索地，结果"逼"得刘邦不得不弄假成真，封他为齐王。

可是站在韩信的立场，灭齐以及之前的一系列战功，难道还不算"及时回报"刘邦吗？再说，韩信请封假王，也确实有镇抚齐国等客观需要。所谓"将在外，君命有所不受"，韩信提前先在齐地行使假王的职权，事后再告知和请示，整个过程并没有明显的违规越纪之处，可以说办事都是按程序进行。

刘邦临时将韩信由假王升为真王，本有他的用意，能因此就责怪和怨恨韩信吗？只能说刘邦自己太过算计，不把承诺当回事，以致一翻脸再翻脸才造成了"撤假成真"这样连他自己私下里都觉得窝囊、窝火，同时又愈加迁怒于对方的结果。

不寒而栗

受刘邦委派，张良亲自带队来到齐地，宣布对韩信的任命，并将随身携带的齐王印信授予韩信，以示晋封程序的正式以及刘邦对此的重视。

从广武返回的使者，此前已经将此行的经过详细禀报了韩信。初闻汉王发怒并扬言要派兵前来攻打，不用说，韩信自然是既震惊，又感到颇为紧张和失望。不过接下来便峰回路转，没想到这只是汉王惯用的戏谑手法，随后汉王便"责备"他行事不够豪迈，直言若请封便应请封真王，而非假王！

韩信心中的一块大石头落了地，继而满心满眼都是感动与喜悦。张良的到来和正式授命，则又进一步加深了他的这种感受。

一是感动，汉王还是充分认可了我的战功，我韩某在汉王心目中的地位和价值依旧非同一般。尽管汉王已不愿轻易再封将领为王，但对我却给予了特殊礼遇，不仅正式赐予齐王之位，还派遣大智囊张良亲自前来颁授印信。

二是喜悦，封王的夙愿终于实现了，这不仅是地位的提升，更是对自己军事才能和贡献的肯定。过往的一切努力与付出，如今都得到了应有的回报，接下来自应继续在汉王麾下大展拳脚，心无旁骛，全力以赴地征战沙场！

除了封以齐王，张良还带来了刘邦给韩信的一项任务：征调他的部队攻打楚军。这是自"夺印窃符"以来，最让韩信觉得神清气爽，而且也求之不得的一次征调命令。他当即应命，在巩固对齐地占领的同时派灌婴率郎中骑兵先行南下，通过对楚军后方发动持续不断的袭击，一面策应刘邦在正面战场的攻势，一面逐步向西推进，试图打通与刘邦的直接联系。

此时，"灭楚三杰"都已被充分动员起来，其中韩信立足齐地，从北方对楚军形成战略包围，除派灌婴深入楚国腹地外，也随时准备亲自带兵进攻彭城；彭越在楚军后方到处展开游击战，使得楚军粮道频频被截，前线补给越来越匮乏；英布再次潜回其九江故国，在淮南东荡西杀，令项羽腹背受敌。面对汉军的攻势，楚军这边的战略优势却逐渐丧失殆尽，不但无力攻击正面的刘邦，而且自身也已处于被动挨打的境地。

项羽一生高傲自负，似乎从来不知害怕为何物，但潍水之战和龙且之死也让他有了恐惧之感。作为项羽手下最勇猛的大将，龙且的能力有多强，项羽非常清楚，能够打败和杀死龙且的人，那得有多可怕？

迄今为止，包括刘邦、英布在内，汉军中几乎每一股力量，当其单独面对项羽或哪怕是聚集起来形成合力时，都抵御不了项羽的冲击。只有韩信、彭越是例外，项羽对之没有胜绩，二人也因此成了项羽需要关注的重中之重。

韩、彭之中，彭越与项羽多次较量过，因其善于打游击，转移和保存实力比较迅速，让项羽很是头痛。不过正面交锋时，彭越屡屡处于下风，项羽对之还拥有一定的心理优势。韩信则不然，虽然他从未与项羽直接过招，但正所谓行家伸伸手，便知道有没有，凭借常年征战沙场的经验和直觉，项羽仍然能一眼就洞察出对方的深浅。

韩信自出师以来，在北方战场连战连捷，无一失手，且每一次都不是简单的取胜，其深不可测的权谋运筹，应对复杂战局的从容冷静，用兵调度方面的无懈可击，令项羽也不能不为之侧目。潍水之战和龙且之死则把项羽的这种感受推到了极致，他甚至可以设想一下，如果自己站在龙且的位置上，潍水之战能不能赢，能不能事先考虑到韩信会引水为兵，半渡而击？不寒而栗啊！

即使从现实的战场形势来看，几个进攻方向上的楚军，也数韩信的威胁为最大，一旦他做好准备，亲自率军南下西进，楚军就可能被其围歼。项羽从未向任何人低过头，但这一次，他无可奈何地向自己曾经的下属低头了，他派使者武涉前往齐国，劝说韩信在楚汉之间保持中立。

你说的不对

"您为什么不反汉归楚呢？"在齐国都城临淄，武涉一见到已为齐王的韩信，就开门见山地表明了来意。项羽和韩信过去的老关系，照例是先要拿出来摆一摆的，接着武涉重点对韩信强调：刘邦不是一个讲信用的人。

楚汉相争，项羽本有多次机会可取刘邦的性命，比如鸿门宴前他可一战击溃刘邦，鸿门宴上只要凭借一个眼色，也能立毙刘邦于帐下。在武涉看来，他的主公项羽当初就是因为听信了刘邦的话，以为刘邦没有夺天下之心，会安分守己地做一个诸侯才放过了他。没有想到，刘邦当着面信誓旦旦，一俟逃脱就立即撕毁双方的口头盟约，重又兴兵对付项羽。武涉由此指出，刘邦乃不可亲近、不能信赖之辈，他的意思是，刘邦不仅仅是对项羽不讲信用，对其他人包括韩信，其实也可以不讲信用。

韩信自认与刘邦之间的君臣关系深厚，但武涉却做出了一个惊人的推论，即韩信之所以还能够存活至今，并非因为刘邦对他有多信任，而是由于项羽的存在！

为何？武涉的解释是，刘邦野心很大，他想要兼并天下，且此人常常言而无信。当下他之所以重用韩信，只是因为他现在的头号敌人是项羽，他需要利用韩信来对付项羽，然而一旦项羽被灭，下一个就是韩信。换言之，韩信与项羽的命运在某种程度上是连在一起的。

当然，武涉代表项羽，向韩信提出"反汉归楚"的方案也并不是要韩信直接弃刘邦而投项羽。他们君臣很清楚，以韩信目前所拥有的功业、身价和实力，这是想都不用想的，他们希望的是，韩信能够与西楚联合，造成三分天下、各立为王的局面，即项羽为楚王，刘邦为汉王，韩信为齐王，彼此形成均势。

"目前楚、汉二王成败之事，权在足下，关键就在于您了。您向西依附汉王，汉王即获胜；向东投靠项王，项王即成功。"武涉说道。在这里，他特别用了"权在足下"一词。"足下"是对韩信的尊称，权者，秤砣也。就好像买东西称重，刘邦、项羽为秤杆的左右两边，韩信是秤砣，秤杆一旦被拎起来，下面便全靠秤砣移动，如果把它往左边移移，刘邦的分量就重；往右边移移，项羽的分量就重。

武涉提出，韩信要想从此摆脱刘邦的控制和威胁，真正在齐称王，现在就是发挥其"秤砣"作用和价值的最好机会。如果他放弃了这个机会，仍执意要与刘邦联合起来夹攻项羽，则其本人最终也必会被刘邦所暗算，此"智者所不为"。武涉巧舌如簧，但所述论点，却没有一个能够打动韩信。

不说项羽的老关系还罢，一说，韩信就是一肚子气。照韩信的说法，他在项羽手下当过好几年差，然而到头来，终究不过是个执戟郎中，只能整天拿着一杆戟在门口站岗。你说当初没有积极求表现吧，建议也提过，计谋也献过，奈何项羽既不听从，亦不采纳，实在没办法了，这才不得不弃楚投汉，重寻明主。哦，你现在觉得我混出了头，算个人物了，早干什么去了！

武涉指责刘邦不讲信用，但对于韩信来说，这只是立场不同：你们说汉王没有遵守鸿门宴上订立的口头盟约，那项王有没有遵守先入关中为王的"怀王之约"？彼此彼此嘛，强调这个毫无意义。

至于武涉所作的推论，韩信一方面觉得这是武涉作为辩士的危言耸听，另一方面也不能不怀疑对方是在挑拨离间。毕竟武涉是项羽的人，项羽把他派来干什么？不就是充当说客，鼓动我叛汉自立嘛！我岂能中了他的策反之计。

武先生，你说的不对，我韩信能有今天，就是凭借着汉王对我的器重和信任，凭借着我在前线攻城略地所取得的战功。三分天下的实力，我应该是有，但为什么要背叛汉王呢？汉王委我以重任，我就是给汉王打天下的！我原本只是向汉王请求做个假齐王就可以，而汉王却直接给封我真齐王，既然我现在已经是货真价实的齐王了，哪里还用得着去做背主之事。

"汉王授我上将军的印信，拨给我数万部队，解衣衣我，推食食我，并且对我言听计从，所以我才会有今天这样的成就。人家如此亲近我，信任我，我如果还要背叛他，是不会有好结果的。"话到此处，韩信说了四个字："虽死不易！"

我反正跟定汉王了，就是死也不会改变这一想法。"望您替我辞谢项王的美意。"言罢，韩信干脆利落地拒绝了武涉。见费尽唇舌仍不能说动韩信，武涉只得悻悻而去。

看　相

武涉使齐，虽未能遂其所愿却触动了韩信身边的人，这个人就是蒯彻。

蒯彻认为武涉说得没错，现今天下胜负大势皆取决于韩信，项羽关于三分天下的提议具有现实可操作性，同时对韩信也最为有利。作为兼有辩士之才的谋士，在武涉已然游说失败的情况下，蒯彻没有选择一开始就从正面劝谏韩信，而是找了个机会，故弄玄虚地对韩信说："在下曾经学过相人术。"

韩信没听说蒯彻还会这一套，一下子就被激起了好奇心："先生真的会看相吗？"

"是啊。"

韩信来了兴致："先生看相的技术怎样？"

"人的贵贱取决于骨骼，运气取决于气色，成败取决于决断，用这三方面互相参照，绝没有不准的。"

"不错，请先生看看我的相怎么样？"

"天机不可泄露，请屏退旁人。"

韩信遂按照蒯彻的要求，让左右一律退出回避。

蒯彻正中下怀，等屋内只留下他和韩信后，便上前装模作样地给韩信看了相，然后说："我相您的面，发现您将来最多不过是封个侯，而且还很危险，很不安全，但是相您的背，却发现您的背长得好，贵不可言。"

韩信暗暗吃了一惊，同时也听出这惊人之语背后，蒯彻似乎还话里有话，于是便忙问此话有何深意。蒯彻没有照直回答，而是分析起了天下形势：秦末大起义刚开始的时候，人们所担心的主要还是能否灭亡秦朝。现在这个担心自然早就不存在了，如今是楚、汉相争，互不相让。项羽在彭城之战中，横扫千军如卷席，威震天下，之后他率楚军继续辗转作战，追逃逐败。然而，自京索之战被韩信所阻后，楚军就一直停滞于荥阳、成皋一线无法前进，一晃居然已经有三年了。反观刘邦，彭城惨败后，全线收缩，依次以荥阳、巩县、函谷关为中心，设置三道防线以抵御楚军。其间，汉军虽充分利用了当地山河地形较为险要的优势，将士们也很努力，有时一天之内就要打好几次仗，然而却始终无法取得令人满意的战绩，不但不能击退楚军，反而还屡屡受挫败逃。

按照蒯彻的观察，仗打到这个份上，包括大部分智者、勇者在内的时代精英们，皆已困窘不堪，如果没有一个超出这些人的旷世奇才（"天下之贤圣"）出来收拾局面，战争将永远无法平息。谁是"天下之贤圣"？蒯彻说不是别人，就是你韩信！

"目前，楚、汉二王的命运皆牵系于您一人之手，您为汉王效力，汉国就会获胜；您为楚王助威，楚国就能占得上风。臣愿披肝沥胆，奉献愚计，只是担心您可能不肯听从。"

韩信连忙示意，请蒯彻继续讲下去。

蒯彻接着道："以臣愚见，解决当下困局的最好方式，莫过于令楚、汉并存，您与他们三分天下，鼎足而立。"

韩信终于听出来了，这不就是武涉用于策反的"三分天下论"吗？他同时也明白了蒯彻为什么要给他看相，其所言相面仅能封侯且有风险，相背则贵不可言的话隐含的潜台词又是什么。不就是说我韩信如果继续帮刘邦打天下，最多也只能封个侯，而且弄得不好还有性命之忧，不如独立出来（背相的隐言即背叛刘邦），与楚、汉三分天下，自立为王吗？

所献之计

按理说"三分天下论"早已被韩信所拒，且韩信既已被封齐王，他也绝不相信自己还会沦落到侯爵的境地，至于所谓的危险，则更让他觉得是危言耸听。然而，即便再不可思议的话，那还得分谁说。武涉出自敌方阵营，无论他说什么，韩信都不能不先给打个问号，其分量自然就显得轻，说服力也相应有限，甚至韩信很简单地就能将他给打发走。蒯彻就不一样了，他是韩信的幕僚，是以韩信为主公，负责给韩信出主意，一心为韩信着想的自己人，他说话自然分量更重，说服力也更强。

同样都是持"三分天下论"，武涉一再劝说韩信不能帮刘邦，这是由他的立场所决定的；蒯彻则着重强调韩信既不能帮刘邦，也不能帮项羽，即既不助汉，亦不援楚。不能帮刘邦的原因很清楚，如同武涉所说，你帮了刘邦，把项羽灭了以后，刘邦下一个要灭的就是你了；其实同样的道理，你帮了项羽，那么项羽把刘邦灭掉后，也会把矛头指向你。

蒯彻认为，对于韩信而言，最佳选择就是"三分天下而王之"，对汉楚均不偏不倚，保证谁都不吃掉谁，大家相安无事，天下太平。这种从韩信自身利益出发的考虑方式和角度，显然更容易被韩信接受，至少他无法再像之前对待武涉那样，毫不迟疑地一口回绝。

另一方面，蒯彻以看相作为铺陈，也使其后面的语言变得更具诱惑性和煽动力。要知道，在那个年代，有太多人对"相人术"深信不疑，也不知道究竟有多少英雄好汉在这种"相人术"的鼓动下，推动了自己的事业或者死于非命。

比如刘邦，在他未发迹时，据说曾有一位路过的老丈给他们全家看相。先给吕雉看，说吕雉是天底下的贵人；继而给刘邦的儿子看，也说是贵人相貌；再给刘邦看，说他的老婆孩子之所以有贵人相，都是因为刘邦的缘故，刘邦的相貌贵不可言。

你说刘邦受到激励没有？肯定呀！他甚至后来自己还弄了一个"斩蛇起义"，老婆吕雉有样学样，老说刘邦出没的地方上空有"一团云气"，顺着云气的方向就能找到刘邦。

当然反面例子也不少。魏王豹就是因为女相士许负给他的妻子薄氏相面，说薄氏生的儿子将来能做天子，才下定决心和刘邦翻脸，叛汉而与项羽约和，结果却导致国灭身死的可悲下场。问题是有几个人会觉得自己是魏王豹呢？

见韩信若有所思，一直在凝神细听，蒯彻精神一振，继续发表他的宏论。蒯彻的意见是，三分天下的格局一旦形成，无论刘邦还是项羽，都不敢率先有所动作，在此期间，韩信则可再接再厉，乘胜而进。首先，依托齐国，迫令赵、燕两国顺从自己，同时出击刘邦、项羽相对兵力薄弱的地区，以牵制其后方。这一步顺畅了，接下来便可以分割大国，削弱强国，将中小诸侯封立和扶植起来。如此，天下均势可成，韩信自己则可实现进退自如，即进得天下，退保平安。

除了谋士、辩士，蒯彻还是一个纵横家，他向韩信所献之计就是要韩信以其威势，三分天下，称霸诸侯，并最终作为精英、豪杰之间的仲裁者，稳坐天下霸主之位。

这是项羽曾经走过，现在也还在走的道路，只不过项羽走得很失败。但蒯彻相信，韩信只要肯走这条路，凭借他的军事才能，以及目前已拥有的兵力优势，是一定可以成功的。

蒯彻希望韩信在仔细斟酌后，不要再犹豫彷徨，尽快采纳自己的计策。他还用一句警句提醒韩信："天与弗取，反受其咎；时至不行，反受其殃。"上天给你的，你不拿，那是要受到上天惩罚，给自己带来灾难的；时机成熟了，你还不行动，那是要贻误良机，给自己带来灾殃的。蒯彻已经把话说到了这个份上，韩信就必须表态了。

此前，武涉的游说因为牵涉到韩信与项羽的旧情，使得韩信在做出反应时难免也会掺杂一些个人情绪。等到把武涉打发走，该宣泄的也宣泄了，随着情绪逐渐平复，面对蒯彻所作出的这番鞭辟入里的分析，韩信不得不承认，仅从理性层面出发，蒯彻的计策确实能让他在复杂局势中进退自如，游刃有余。因而此计是非常有价值的，甚至在某种程度上也是令人难以拒绝的。

依蒯计，进可图大业。想当年韩信困居淮阴，所求不过是当个"万户侯"，而今已贵为齐王，足见人心之欲，永无止境。若苟如蒯彻所言，"相背"之后贵不可言，就意味着他还能在现有成就上更进一步，乃至一统天下。试问世间几人，能抵挡住如此诱惑？

依蒯计，退可保平安。韩信从来都是按照以"士"侍"君"之心来对待君臣关系的，因其不察君王心术之险恶，故而在政治斗争中总是显得颇为单纯幼稚。然而韩信毕竟也是个记忆力和观察力都特别好，心里也有杆秤的人，自独立领兵北上以来，他其实也能感受到刘邦对他的猜忌，多次夺军权，尤其"夺印窃符事件"所带给他的巨大心理冲击，更是令其心有余悸。

自被封齐王后，虽然韩信一度也被喜悦和感恩所包围，可是一旦静下心来，危机感亦随之而来。他非常清楚，只要采纳蒯彻之计，自己从此便可高枕无忧，即便不能更上层楼，现有地位与身家亦能安然无恙。

士为知己者死

理性告诉韩信，蒯计可以接受，但他仍为之犹豫踌躇，同时他也知道，自己的这种犹豫并非单纯利益权衡所能解释，更多的还是情感因素在起作用。

面对蒯彻探询的目光，韩信终于道出了自己之所以游移不定的原因："汉王待我恩德深厚，'载我以其车，衣我以其衣，食我以其食'。我还听说，'乘人之车者载人之患，衣人之衣者怀人之忧，食人之食者死人之事'。这就是说，坐了人家的车子，就要把人家的患难也背在自己肩上，因为他已经用他的车子背过你了；穿了人家的衣服，就要把人家的忧虑也当作自己的忧虑，替他操心烦恼；吃了人家的东西，就要用生命去报答，哪怕是死，也要完成人家交托的事宜……我如今怎么能因贪图私利而忘恩负义啊！"

此时出现在韩信脑海中的画面，必有一幅是设坛拜将的场景。当时的韩信尚寂寂无闻，既无尺寸之功，亦无任何可证明自己能力的确凿凭据，但刘邦仅仅在萧何的力荐之下，就决定拜他为大将军。非但如此，刘邦还一改往日"素慢无礼"的作风，郑重其事地为韩信举行了设坛拜将的高规格仪式。

那是韩信生平第一次体会到被尊重、被重用的满足感，也就从那一刻起，他打定主意，从此要对刘邦忠心耿耿、不萌二志。

豫让，春秋时的晋国人，他最初在范氏、中行氏手下做事，但并未受到重视，后来范氏、中行氏为智伯所灭，他又投靠了智伯，做了智伯的门客。智伯非常看重豫让，称其为"国士"，给予他极高的尊重和信任。在晋国各大家族的内斗中，智伯为赵襄子所杀，豫让说："常言道，'士为知己者死，女为悦己者容'，我一定要为智伯报仇。"

豫让舍生忘死，屡次行刺赵襄子，但可惜都失败了，自己亦为赵襄子所擒。赵襄子责问他："当年，你不也曾作过范氏和中行氏的门客吗？智伯灭了范氏和中行氏后，你为什么不替此二人报仇，反而还投靠了智伯？如今智伯已死，你为什么偏偏要为他报仇？"

"我在范氏和中行氏手下时，他们只拿我当一般人对待，所以我也只拿他们当一般人对待；我在智氏手下时，他拿我当国士对待，所以我也以国士对待他。"豫让从容答道。他知道自己已难逃一死，便恳求赵襄子让他完成最后一个心愿——刺穿赵襄子的袍服，以象征性地为智伯报仇。

赵襄子为豫让的行为所感动，就答应了他的请求，脱下衣服，让使者交给豫让。豫让拔剑而起，一连三跃，一边高喊"天啊"，一边猛刺赵襄子的衣服，然后说："我总算对得起智伯了。"言罢，便伏剑自刎了。

这就是"士为知己者死"的典故。先秦时期，"士为知己者死"的践行者不绝于途，豫让舍身刺赵襄子不过是其中之一，其他较为知名的，尚有专诸舍身刺吴王僚、聂政舍身刺侠累、荆轲舍身刺秦王、侯嬴为信陵君而自杀等。韩信深受士文化传统及其规范的影响，他的"食人之食者死人之事"与"士为知己者死"一脉相承。

如果把韩信最早寄食的南昌亭长比作豫让所侍的范氏，项羽比作中行氏，刘邦比作智伯，那么韩信无疑也走过了与豫让相似的心灵轨迹：南昌亭长、项羽都只拿韩信当一般人对待，甚至可能还不如一般人，或中途违约将其驱逐，或对其漠然视之，唯有刘邦真正以"国士"待之。

自古千里马常有，而伯乐不常有。若无人赏识，即使你有绝世的才华，也只能白白浪费掉，就像混迹于凡马中的名马那样，"祇辱于奴隶人之手，骈死于槽枥之间"。正是因为有了刘邦所提供的舞台和机会，韩信才终于得以结束了生命中漫长的等待，找到了能够让自己一展才华的天地。

汉王待我以国士，我当以国士报之！

除了"士为知己者死"，刘邦"解衣推食"的那份恩情，也始终都令韩信念念不忘。在中国传统文化中，衣服代表着一个人的身份，是不能随便给别人穿的（所以赵襄子能把衣服脱下来，当面让豫让刺穿，亦属难得的义举）。《诗经》中说，"岂曰无衣，与子同袍"，你不是没衣服穿吗，我把衣服脱给你，咱们共一件战袍。这叫什么？这叫兄弟！

同样，古代食物缺乏，食物被奉为生命之源，谁给你东西吃就等于给了你生命。刘邦作为主君，能把自己的衣服脱下来给韩信穿，把自己的食物让给韩信吃，这对韩信而言，是一种很重的情分，韩信对此感恩戴德，永志不忘，也就不难理解了。

也许刘邦并不是只对韩信"解衣推食"，韩信的特殊性在于，他很早就失去了双亲，是个无依无靠的孤儿，在韩信的早年记忆里，挨饿受冻，没饭吃、没衣穿，乃是常事，因此，刘邦"解衣推食"的举动也就在心理上特别能够打动他。

甚至有人说，韩信在情感上其实一生都是一个孤儿，一方面，他有超凡的智慧，战场上无人能与之抗衡；另一方面，对于温情，他又表现得毫无抵抗力，对于别人曾给予的温暖，总是念念不忘，即便那人后来有负于己，他也难以割舍与对方的情谊。

重大误区

蒯彻观人、辨势皆有独到的眼光，他意识到韩信并非不懂得天下大势，也不是不清楚利弊得失，归根到底，还是因为觉得自己受恩太深，无法从自己内心的城池中走出来。政治和人情原本两路，你却一意同归，这是大错特错的呀！

蒯彻现抓了一个典型：张耳、陈馀。

张耳、陈馀在尚未发迹还是布衣时，两人便已是"刎颈之交"。可是巨鹿之战后，他们之间却因误会渐生竟至反目成仇，彼此都非要置对方于死地。井陉一战，陈馀兵败被杀，身首异处，张耳作为此役汉军的指挥者之一，可以说与陈馀之死有着直接关联。当然，如果当时陈馀取得胜利，他也定会取张耳首级。

张耳、陈馀的恩怨情仇天下人尽皆知，而韩信身为井陉之战的前敌总指挥，更是亲眼见证了陈馀的悲惨结局，蒯彻举出此例，无疑具有振聋发聩的效果。他分析道，张耳、陈馀交往时，两人的感情可以说是天下第一好，然而最终却落到了要彼此追杀的境地，这到底是为什么？欲壑难填，人心难测啊！

有着纵横家特点的蒯彻，对于人性，确实有着无比深刻的洞悉和理解。借助张耳、陈馀之事，他告诉韩信，世间没有永远不变的朋友，一旦利益关系处理不好，朋友也会迅速变成敌人。说到这里，蒯彻就势把话锋转回到韩信与刘邦的关系上来："汉王表面待您再好，'解衣推食'，但是你们的交情，能够跟当初张耳、陈馀的'刎颈之交'相比吗？倒是你们之间或明或暗的矛盾，已经远远大于张耳、陈馀所产生的误会了，就这，您还自认为刘邦不会对您不利，是不是也太过一厢情愿了？"

韩信无言以对。事实上，无论是先秦时代就传承下来的"士为知己者死"，还是韩信继其衣钵的"食人之食者死人之事"，都必须有一个基本前提，即"君"不但赐"士"以恩，还应给予其应有的回报与尊重。刘邦对韩信，在设坛拜将及其后一段时间内，确实做到了这些，然而自他多次近乎粗暴地夺取韩信军权，直至"夺印窃符"，情况便大不相同了。以蒯彻观察之犀利，他甚至可能窥见了刘邦封韩信为齐王背后的那些阴暗算计。其间，除了已经深入骨髓般的猜忌，哪还有多少尊重和信任可言？至于回报，尽管已封韩信为齐王，但那不过是当时为应对项羽而不得不采取的权宜之计罢了。

张耳、陈馀从至交变为仇敌，表面上看只是误会所致，实则却是双方价值观出现了巨大分歧。蒯彻认为，韩信与刘邦的关系亦是如此，在这种情形下，他对刘邦的忠诚便显得既盲目又不值了。

此外，蒯彻还发现韩信存在一个重大错误认知：他以为只要自己在与刘邦的交往中能够恪守士的规范，始终秉承忠诚与信义，刘邦就不会加害于他。

为了点醒韩信，蒯彻在张耳、陈馀之后，又举了君臣的例子：春秋时越王勾践与其重臣文种、范蠡。

越国大夫文种、范蠡保住了濒临灭亡的越国，辅佐勾践称霸诸侯，二人遂成为勾践帐下最大的功臣。可是他们的结局如何呢？一个被杀，一个被迫逃亡！

范蠡是个先知先觉的聪明人，知道勾践功成名就后，他们这些功臣必然留不得，于是便逃走了，走之前，他劝文种一同逃亡。奈何文种一时愚昧，不肯听从范蠡的规劝，留在越国没有走，最后果真惨遭勾践杀害。

朋友之间的"刎颈之交"尚且那么脆弱，更何况君臣之间本就微妙的关系呢？蒯彻感叹，勾践杀害文种就像是猎人在捕尽野兽之后，必然要烹杀已经失去利用价值的猎狗一样（"野兽已尽而猎狗烹"），由此可见，君臣之间往往只能共患难却难以同富贵。他恳切地对韩信说："以交友而论，您与汉王的交情，远不如张耳与陈馀的交情深；以忠诚守信而论，您对汉王的忠信，也超不出文种、范蠡之与越王勾践。仅此两点，已经足够供您观察参考了，望您能仔细考虑。"

韩信陷入了沉默，整个人已经显得心绪纷扰不宁，甚至有些失神。

功高震主

蒯彻并没有停止他的论述。在蒯彻看来，韩信想法中的另一个误区，就是以为自己有功，有功刘邦就不会杀他，有功就可称王，但这种想法同样是错误的。为什么？功高震主！

"臣听说，'勇略震主者身危，功盖天下者不赏'。这意味着，一个人，如果他的勇敢和谋略已足以惊动君主，那他自身必将面临危险；如果他的功勋达到了无人能及的高度，那么最终的结果往往是连奖赏都无法给予。"

接下来，蒯彻简述了韩信的勇略和功勋：横渡黄河，俘虏魏王豹，灭魏国；活捉夏说，灭代国；率兵下井陉，击破赵军，阵斩成安君陈馀，灭赵国；逼降燕国；平定齐国，打垮楚齐联军，斩杀龙且。黄河以北的五个诸侯国，或大或小，或强或弱，都已被韩信一一收拾，这无疑就是"不赏之功"。用蒯彻的话来说，韩信"功劳之大，举世无双；谋略之强，世间少有"。

"您头顶震主之威，手握不赏之功，君主面对您这样的功臣，该如何安置？试想，您若继续效忠汉国，汉国难免会对您心生忌惮；您若转投楚国，楚国又怎会轻易接纳并信任您？您如今已是进退维谷，天不收，地不留，何处是归途？"

蒯彻几乎已是大声疾呼："您身在人臣之位却有震主之威，臣真心替您的未来感到担忧啊！"

韩信完全听蒙了，蒯彻的话结束好久，他方才回过神来。在谢过蒯彻之后，韩信有气无力地低声道："先生说累了吧，先回去休息吧。让我自己一个人好好想想，等考虑好后，再答复先生。"

蒯彻忍着性子，等待了几天，但迟迟都未能得到韩信的回应，于是他决定再主动找韩信深谈一次。其实，这个时候韩信的沉默，本身已是一种答复。很明显，韩信并未接受蒯彻的建议，更未对此进行深入的思考与权衡。

蒯彻向来认为，要想把事情做成功，必须具备两个先决条件：其一，善于听取别人的意见，但又不为花言巧语所迷惑，能够保持清醒的判断，做到百不失一二，这是事情即将成功的重要预兆；其二，深思熟虑，在权衡主次轻重的同时，把方方面面都考虑周全，其间不轻易受到别人议论的干扰，更不为外界动摇，这是决定事情成败的关键。

身为兵家的韩信，在他以往所打的每一场战役中，你都能从中找到这两个特质，所以他每役必胜。然而，现在蒯彻发现，这两个特质在韩信身上似乎已经荡然无存了。政治场也是生死场，不能不识劝，一旦做了错误的决定，可就没有改正的机会了！蒯彻深感失望，他忍不住带着几分批评的口吻对韩信说："不善于听取意见，无心考虑得失，还能长保自身安全与成就不失的人，天下少有！"

蒯彻深知，韩信之所以听不进劝谏，究其根本，还是因为他的思维仍局囿于"受恩就不得负恩"的戒律，难以挣脱其束缚，从而无法做出更多有利于自己的抉择。

诚然，若无刘邦，韩信难有今日之成就；可是反过来也一样啊，若无韩信，刘邦又岂能成就今日之事业？换言之，刘邦固然为韩信提供了展现才华、实现自我价值的舞台，但韩信也为刘邦带来了远超其付出的巨大价值。如果说需要报恩，那么这份"恩"，韩信也早已通过自己的赫赫战功给予了充分回馈。

韩信以"士为知己者死"为念，事实却是，刘邦也很难说就是韩信真正的知己和伯乐。想当年，刘邦被困蜀中，不得东归，面对项羽具有绝对优势的挑战和压制，他要想不豁出去也难。在那种客观情势之下，刘邦选择和重用韩信，更多地出于这样一种考虑——既然胜算如此渺茫，与其坐等失败，不如相信萧何等人的话，奋力一搏，赌他一把，其间既无对韩信才华的深刻认知，也缺乏基于知遇的赏识。

韩信所谓"士为知己者死"，恐怕只是他一厢情愿，自己给自己制造的幻象罢了。

前怕狼后怕虎

通过前面劝说的失败，蒯彻也看到了韩信身上一些他不愿看到的东西。韩信是个天生的将才，战场是他施展抱负、展现才华的最佳舞台。只要一听说有仗可打，他就跃跃欲试，脑子里仿佛有用不完的奇计谋策。然而韩信却不能在"将"上更进一步，成为"帅"，不得不说，同为顶尖兵家，在这一点上，他显然不如项羽。

追根溯源，韩信应该属于依赖性人格，对君主有一种精神上的依附心理，即便抛开感恩报恩的因素，他似乎也没有勇气逾越从"将"到"帅"的界限。这或许与韩信自幼孤苦无依，缺乏安全感有关，成年后就形成了这种性格且很难改变。当然了，也并不是每个人都必须成为呼风唤雨、承头起事的领袖，毕竟领头打江山的主角，也就那几个，大部分人都是配角。像韩信这样，没有造反和称霸的志向，只想排兵打仗，做自己喜欢的事，本是再正常不过的个人选择。问题在于，如同蒯彻所反复论述的，现在的韩信已处于身不由己的境地，除非脱离刘邦，否则以他今日的地位与实力，终究难逃被清洗的命运。

为什么要一味想着替别人服务，给别人打工呢？俯首称臣的生活就真的这么让人安心吗？蒯彻痛心疾首："安于做劈柴养马差事的人，注定只会失去当君王的可能；满足于升斗小吏微薄俸禄的人，也必将失去做万石卿相的机会。"

蒯彻动之以情，晓之以理，就是希望韩信能够认认真真地把前后利弊想清楚，然后接受他的计谋，果断做出处置。可惜韩信就像变了个人一样，表现得优柔寡断，前怕狼后怕虎，没有一点指挥作战时的那种叱咤风云、潇洒自如。

不能再犹豫了！蒯彻说："何为智者？智者行事必果决。迟疑不决，历来都是误事之根源，最终只会给自己招致莫大的麻烦和苦恼，甚至危及性命！"

在蒯彻看来，对韩信而言，当前最紧要的是下定决心脱离刘邦，图谋三分天下，其余皆为不足挂齿的琐碎之事。韩信不应在此类小事上过分纠结，以致忘却天下大局，更不应在内心已明的情况下仍然犹豫彷徨，始终都不敢迈出那决定性的一步。

蒯彻发挥其后战国时代纵横家兼辩士的专长，给韩信打了一连串比方：老虎猛不猛？如果老虎在那儿游移不定，那它还不如蜜蜂。蜜蜂看似身形弱小，但胜在能够当机立断，一刺即中。骏马快不快？如果骏马在原地裹足不前，那它还不如劣马。劣马虽然步速较慢，但胜在稳步前进，决不懈怠。孟贲（先秦著名力士）勇不勇？如果孟贲优柔寡断，那他还不及平常之人。平常之人虽然力量有限，但胜在说干就干，行动力强。舜、禹有无智慧？如果舜、禹闭口不言，那他们还不及聋哑人。聋哑人虽然口不能言，但胜在心明眼亮，用手示意，同样可以做到沟通无阻。

蒯彻打这么多比方，都旨在向韩信说明一切贵在行动。接着，他又说了一句："功者难成而易败，时者难得而易失。"

功是什么？功是功业、事业。一个人要想成就功业或事业，往往需要经历无数次挑战与挫败，几乎每一步都需付出艰辛与汗水，其过程之难，不言而喻。与之相对的是，失败却常常会如同潮水般轻易涌来，或许只因你一次疏忽、一次犹豫，便可能前功尽弃。

时是什么？时是时机、机遇。时机、机遇这个东西很难把握，可遇不可求，有些人可能一辈子都碰不到。一旦时机、机遇来了，就要紧紧抓住它，你不抓住，它马上就没了，转眼即逝。

蒯彻越说越动情，越说越激动："时乎时，不再来！"时机啊时机，机遇啊机遇，失去了就不会再来光顾了！天底下哪有这种事：老天爷给你一次机会，你错过了；再给你一次，你又错过了；再给你一次，……这是绝对不可能的呀！

蒯彻希望韩信这次无论如何要考虑清楚，千万不能再犹疑不定了。

韩信终于想好了，不过这次所做出的决定却让蒯彻心凉了半截——他一方面感谢蒯彻尽心竭力、设身处地为他着想，另一方面又很委婉地谢绝了蒯彻的意见和建议。

经过激烈的思想斗争，韩信还是过不了自己这一关，实在不忍心背叛刘邦。更重要的是，他对刘邦始终都抱有幻想，觉得自己功这么大，刘邦怎么会杀他呢？不仅不会杀，也不可能削夺他齐王的王爵，毕竟，齐国已经作为他的封地，难道煮熟的鸭子还会飞走不成？

蒯彻彻底死心了，他知道，韩信的命运和结局从这一刻开始已经注定，接下来，他只能自求多福了。

不久，蒯彻就离开韩信，退隐民间，同时为求自保，他还装疯当了一名巫祝。

第七章　围魏救赵

　　韩信继续为刘邦、为汉王国征战杀伐。只有重新聚焦于沙场，他才仿佛又回到了可供自己自由驰骋的天地，而他也仍然是那个活力和激情四射，曾经屡屡创造奇迹还将继续创造奇迹的传奇英雄。

　　由于韩信拒绝保持中立，项羽的期望落空。此时，按照韩信所制定的战略方案，灌婴已凭借骑兵的机动优势，乘敌之隙，批亢捣虚，以风卷残云之势出其不意地攻入了楚国腹地。

　　灌婴首先在鲁北击败楚将公杲；再向南袭破薛地，并俘虏楚军骑将；继之攻取傅阳。鲁北、薛地、傅阳都尚在今山东境内，接下来，灌婴就杀入了今江苏境内的淮北区域，随后又渡过淮河，尽降楚国城邑，南面直达广陵（今江苏扬州）。

　　灌婴部纵横驰骋，占领了北到齐地、南至广陵的大片土地，这不仅使得楚军后方更加动荡不安、扰攘不已，而且前线的给养供应也因此愈发困难，兵员输送逐渐枯竭，陷入了"兵罢食尽"的境地。项羽进退维谷，实在难以坚持，但因在正面与刘邦的直辖部队（以下称刘邦军或刘军）形成胶着态势，不能说撤就撤，于是只好硬着头皮在前线苦苦支撑。

鸿沟之约

到了这个阶段，就整个战场形势而言，刘邦军及其韩信军、彭越军、英布军等，已对项羽的前线部队（以下称项羽军或项军）形成大包围态势。兵力方面，刘邦集团各军的总兵力已增加至七十万，其中仅经过扩充的韩信军就已达到三十万；项军则由于长期离开根据地在外地作战，消耗得多，补充得少，兵力已锐减至十万，即便加上后方留守部队，也处于明显劣势。

一边是"兵罢食尽"，另一边是"兵盛食多"。在这种情况下，战场主动权已经被刘邦集团牢牢掌握。不过另一方面，正面战场上的刘军，却因之前在与楚军的正面交锋中屡遭败绩，部队早已陷入疲惫厌战的状态，甚至就连刘邦自己都觉得实在没有精力再打下去了。

考虑到只待韩信军、彭越军等部毕集，就不难对项羽形成围歼之势，刘邦决定先与项羽议和。这样一来可以借机调整一下，等到养足了精神再打，二来也好把一直被项羽扣作人质的刘太公、吕雉给换回来。在刘邦两次主动派使，晓以利害后，已经山穷水尽的项羽，不得不顺水推舟，同意谈判，双方就此签订和约，此即著名的"鸿沟之约"。

战国中期，魏国的魏惠王为加强对于东部地区的开发与控制，开挖了一条沟通黄河与淮河的运河，后来人们便将这条古运河称为"鸿沟"。楚汉在和约中商定，彼此以鸿沟为界，中分天下，鸿沟以西归汉，鸿沟以东归楚，这也是中国象棋中"楚河汉界"的最早由来。项羽同时承诺，将释放被其扣押在军中的刘邦亲属。

"鸿沟之约"签订后，项羽恪守信义，如约将刘太公、吕雉送还汉营，自己随即率部撤出前线，解兵东归，而这边刘邦也打算收兵回关中。至此，荥阳、成皋一线的楚汉两军，在相持达两年零五个月之后，终于可以休兵罢战了，天下似乎也借此获得了暂时的安宁与和平。签约当天，汉楚两军将士如释重负，皆高呼"万岁"。

"鸿沟之约"所谓的划界分天下，其实不过是官样文章，且不说鸿沟以西本就为刘邦控辖之地，就是名义上归楚的鸿沟以东，也已被汉军占据不少，并非项羽所尽有。刘邦、项羽在签约时也都知道此乃权宜之计，背后还是要靠实力说话：刘邦方面，要是觉得不用等太长时间，只待与韩信、彭越他们一碰头，即可再次对项羽实施围歼；倘若还耐得住性子，亦能一边把元气养足，一边寻找机会与项羽再战。项羽方面也一样，不管条约能维持多长时间，总之都想借此得到喘息，等羽翼转丰，再择机与刘邦一决雌雄。

这些情况都是大家能够预见到的，势所必然。但刘邦又听从张良、陈平的建议，引兵追击项羽。原先设想的权宜之计却突然变成了"立马变现"的买卖，结果就是本来一心谋和也有意回兵的刘邦，不但没有撤退，反而还突然翻脸重新对项羽挥戈相向。

张良、陈平给刘邦分析到：如今在黄河以北，各诸侯国都已被韩信摆平，这意味着天下的三分之二，皆已被汉国收入囊中，除西楚外，其余诸侯国慑于汉军的威势，也都明里暗里归附了汉国。与之形成对照的是，曾经威震天下的楚军已明显处于劣势，四面受敌，兵疲粮尽，如若不然，一向心高气傲的项羽，又怎么会如此痛快地就答应签约呢？

张良、陈平的意思是"趁他病，要他命"，趁着项军疲师东返，失去戒备，从背后对其发动偷袭，从而一战而定天下。

"这正是天亡楚国的大好时机！如果放走楚军而不去追击，无异于养虎为患。"张良、陈平言之凿凿，然而他们却有意无意地忽略了一点：就算是从"兵不厌诈"的角度出发，单方面撕毁"鸿沟之约"，也属于失却道义的行为，与"养虎为患"有着本质的区别。

当然了，韩信此前也曾听从蒯彻之计，不顾郦食其已说降齐国，对其发动过突袭，但前提是当时汉、齐之间尚未达成明确协议，刘邦也未通知韩信停止进攻齐国，从韩信的职权范围和要求来说，他是可以对齐用兵的。

阴谋家

诸子百家中，本无"阴谋家"这一称谓，它也并不是百家中的一个正式学派或分类。然而自战国开始，便出现了一批人，他们以张仪为代表，专以欺诈为能事，为达目的不择手段。人们按其行事作风，称之为"阴谋家"。

秦汉之际，如果说谁是阴谋家，则非陈平莫属。陈平这个人，为人不太正派，甚至可以说是一个标准的小人。此人同时也非常聪明且善于见风使舵，搞起阴谋诡计来确实是把好手。

与兵家等相比，"阴谋家"本身是贬义词，所以很少有人会公开承认自己搞的是阴谋。陈平则不同，他知道自己做的那些事多数见不得阳光，纵然骗得了当事人、当时人，也迷惑不了后人，所以他曾坦然承认："我多阴谋，为道家之所禁。我的后世子孙恐怕都要因此而衰败了，因为我陈平积下了太多的阴祸啊！"

相比之下，张良因习兵法，懂韬略，故多被归类为兵家，加之他所研习的《太公兵法》又基本属于道家兵法范畴，讲究清静无为，因此很多人会想当然地认为张良所谋为阳谋，即便偶用诈术，也能够做到"仁诈合一"、道术并举，相对陈平要光明磊落得多。

然而，这只是后人对张良的一种误解。张良是兵家不假，但他同样深谙阴谋之术。只不过，相较于陈平，张良的阴谋更加隐蔽，也更具有欺骗性，一般人难以轻易识破。南宋史学家洪迈认为，张良、陈平献计背约偷袭，张良乃为首谋，理由是类似的事张良早已不是第一次这么干了。

那还是攻打秦军之际，刘邦进至武关与秦军在峣关对峙。秦将欲与刘邦讲和，并且约定双方共击咸阳。张良却说秦将虽然愿降，但其手下士兵未必肯从。在他的怂恿下，刘邦背叛约定，趁对方松懈之机，发动突然袭击，大破秦军。

洪迈对此很不以为然，他在所著《容斋随笔》中愤愤道："人家都说好要投降了，你们为什么还要不顾信用，把本欲投降的人都杀掉？其恶劣程度，绝不仅仅在于杀了不该杀的无辜之人，还因为这么做太损阴德，太毁道义了！做这种事的人必将招致恶报，'其无后宜哉'，就算是没有后代也是理所当然的，没有一点冤枉之处。"

搞阴谋这东西，因为常常能得到意想不到的甜头，故而是很容易让人上瘾的。既然刘邦君臣不讲信用也不是第一次，自然就会有第二次、第三次乃至更多次。

和约刚刚缔结，立马就予以撕毁，在别人那里也许还会对此存在一点道德障碍，刘邦这里则完全没有。他听了张良、陈平的建议后，只是稍微想了想，就立马同意了。

汉五年（前202）十月，刘军突然对撤退中的项军展开攻击。按照刘邦君臣的如意算盘，项羽及其军队此时毫无防备，背后出乎意料的一击，必能像韩信破齐那样，一举将其击垮。不料刘军出击后，尽管迅速占据上风，但期待中的场面和结果却并没有出现。

出现这种情况其实也不奇怪。欺诈手段频繁采用，必然导致对手及旁观者逐渐增强自我保护意识。项羽早在派武涉劝说韩信保持中立时，就已指出刘邦的不可信赖，并提及刘邦过去已多次单方面撕毁口头盟约，说明他对刘邦不讲信用这一点，有着充分认识。再者，刘邦、张良搞背约偷袭这一套也早有前科，都谈不上是什么新鲜套路，项羽对此岂能没有警惕之心，又怎会轻易相信一纸空文对刘邦的约束作用，以至于毫无提防？

事实上，项羽虽急于撤军休整，但其军队仍然保持着较为严整的行军秩序，后卫以及侧翼掩护应该一个都不少。这使他们在面对刘军的突袭时，队伍并没有因此陷入混乱，各部一面仓促应战，一面且战且退，继续向后方转移。

刘军作为主动追击的一方，行动迅速，而项军因前次作战几乎未得休整，人困马乏，且"兵罢食尽"的状况始终没能得到缓解，因此撤退速度明显慢于刘军。最终，刘军在阳夏成功追上项军，并一举攻占该城，俘虏项军士兵多达四千人。

然而，当刘邦率部继续向南追击至阳夏以南时，却遭遇了项羽的猛烈反击（史书中称为"阳夏南之战"）。出乎意料的是，刘军在拥有优势兵力（如果刘军兵力不多于项羽，肯定不敢追击），而且军需、兵源等相对条件都要大大好于项军的情况下，竟然不敌看似准备不足、阵脚未稳的项军，结结实实吃了一个败仗。

怪谁？除了刘邦自己，还得怪张良、陈平谋划不周。

冒失和冒进

陈平作为如假包换的阴谋家，收集情报，乃至设法分化瓦解敌军、挑拨离间政敌等都是他的拿手好戏，但你要让他指挥打仗，终究还差着点意思。张良在这方面恰好能够有所弥补，然而张良用兵也有他的问题，就是他不同于韩信，韩一直亲自在前线领兵作战，而自己则是常居幕后，正如刘邦所评价的"运筹帷幄之中，决胜千里之外"。问题是战局瞬息万变，帷幄中的决策往往难以完全贴合战场实际，要做到真正的"决胜千里"实非易事。

以楚汉议和、追杀项羽为例，这都是关乎胜败的重大行动，必须事先考虑成熟，筹划周密。刘邦决定主动与项羽议和，本身没有错，既能借此恢复元气，又可为与韩信、彭越会合争取时间。然而张良、陈平却以背约偷袭才能占到更大便宜为由，轻而易举地就把如此一个重大决策给临时推翻掉了。

背约偷袭固然能起到出敌不意的效果，但是别忘了，项羽愿意签约撤退，不是打不过你刘邦，说到底，还是韩信、彭越等在背后起了作用。

项羽打仗有多厉害、多可怕，以刘邦为首，包括张良、陈平等策略制定者在内的汉军决策层应该是很清楚的。楚汉战争开始前，巨鹿之战大败秦军最精锐的长城军团，战后迫使秦军次精锐的中部军团投降，并在一个晚上将二十多万降卒坑杀，这些自不必提。单说楚汉相争后的彭城之战，刘邦拥五十六万之众，项羽只带三万精锐出击，刘邦的兵力是项羽的近二十倍，但仍然难以抵挡项羽的冲击，二十多万人生生被灭，其余亦皆作鸟兽散。

彭城大战后，楚汉围绕荥阳、成皋进行争夺，双方的对决、拉锯、易手、反抢，不知经历了多少，但是刘邦能占有上风的情况却几乎没有，倒是刘邦自己又一次差点做了俘虏，可谓是颜面扫地。

如果项羽不是被韩信、彭越等弄得"兵罢食绝"，他完全可以无视刘邦的存在。说到底，刘军能够依托防线，长期阻住项军使之无法向西，不过是凭借了地利与军需上的优势而已。尽管如此，如果项羽不是因为后方屡屡告急，需要他时时抽身回到楚国中东部清剿，则刘邦不单是荥阳防线，后面的巩县、函谷关防线也都很难守住。更何况，战事拖延至今，项军固然已显疲态，然刘军亦非生龙活虎。在这种情况下，轻易舍弃地利和军需之便，孤注一掷，冒冒失失地尾追项羽，其风险之大不言而喻，很可能非但不能咬死项军，还将遭其反噬。

可见，张良、陈平的方案本身就过于冒进，一旦执行不力，将给整个汉军集团带来灾难性乃至毁灭性的后果。退一步说，即便已决心背约追杀项羽，也应及时告知和协调韩信、彭越等各战区将帅，统一组织行动，如此才有可能握有胜算。

从刘邦开始尾追项羽，一直到攻克阳夏，在此过程中，尽管刘邦的确占了一些便宜。但随着距离广武城越来越远，他在地利方面具有的优势已不复存在，刘军直接暴露在项军跟前，而项军则在经历短暂的慌乱后逐渐调整和恢复了过来。两军一旦正式交锋，项羽的军事指挥才能明显高出刘邦一筹，项军特有的轻疾和犀利，以及将士们因刘邦背信弃义行为所激发出的斗志和拼劲都一一得到了显现。阳夏南一战，项军给予刘军以有力回击，刘军不但败下阵来，而且亏面还不小。

挨了打才知道痛，经此一战，刘邦君臣再次领教了项羽的厉害，也才发现项羽就算已经疲惫不堪、饥困交加，而且还遭遇了突袭式的追击，但在"兵盛食多"的刘军面前，照样还是王者，并且依然有能力予以痛击并大败之。

这下好了，消灭不了项羽不说，自己所面临的形势重又变得紧张和危急起来。到了这个时候，刘邦终于不能不承认，要对付项羽，还是得倚靠和约集汉军系统的两大力量——韩信、彭越。

匆忙之中，刘邦赶紧派出使者，联系韩信、彭越，希望他们从速出兵助阵。

由不得他了

刘邦的特使刚刚被派出，项羽已经趁其刚刚得手，刘军一时不敢贴近之际，率部迅速撤离了阳夏南。

签订"鸿沟之约"后，项羽引兵东归。由于直接返回楚都彭城的必经之地——梁地（包括西楚的砀郡及东郡南部等地）已为彭越所据，道路亦为彭越所阻。项羽深恐陷入彭越和刘邦的前后夹击之中，因此决定绕道阳夏先去九江郡郡治寿春，与在那里镇守的楚将周殷会师，继而再回彭城。

不料刘邦背约追来，把项羽的计划全都给打乱了。按照项羽的性子，恨不得继续在阳夏南对刘邦饱以老拳，给其以教训，但此时楚军大后方正再次经历前所未有的震荡，已经由不得他了。

彭越不愧是游击大王，在新一轮搅扰中，他接连攻克了昌邑旁的二十余座城池，得到十多万斛粮食。这些原本可供楚军的粮食，现在全部都被用来供给刘邦以作军需，刘军因此虽远离了敖仓，但仍能继续保持"食多"的优势，而这对早已"食尽"的项军而言，却无异于雪上加霜。有人分析，当时项军缺粮已有数月之久，"军队甚至根本得不到半点补给"，而且时值深秋，项军还多为春夏装备，士兵寒冷饥饿，久战疲惫，状况之困难可谓一言难尽。

除了彭越，韩信方面的威胁也很大。受韩信派遣，先行出击的灌婴，是韩信的得力大将，长期跟随韩信左右，能征善战，实非等闲之辈，他所率领的郎中骑兵也向来都是韩军之精锐。自灌婴部南下后，淮河两岸已被其搅得天翻地覆，楚军被打得东奔西逃，难以招架。为此，项羽在回师撤兵时，就不得不派遣项声、薛公、郯公等将领带兵前去应付。项声等人出击后，虽然重新夺回了淮河以北的地盘，但项羽知道这只是暂时的，一旦齐地稳定，韩信亲自出马，不但淮北守不住，彭城亦将危殆。面对如此糟糕的时局以及空前的困境，项羽深知恋战绝非上策，因此他在大败刘军之后，才决定继续撤退。

项羽的原计划是要沿东线撤退，但这个方向上的粮食军需都已被彭越、灌婴或夺取或毁坏，很多城邑也已不在楚军手中。东归的话，就必须仍以缺粮少衣的疲惫之卒与彭越、灌婴作战，其间无法得到及时的休整和补充，而且就算费了九牛二虎之力，将失守的城邑重新夺占过来，也还得对之进行恢复和修整，而这并非一朝一夕之功。

东线只能暂时放弃，项羽转而把视线移向南线、西南线，那里虽然也有英布在捣乱，但相比于东线，情况还是要好一些，起码多数地区仍在楚国控制范围内。

对项羽来说，当务之急是要解决"兵罢食尽"这一最棘手的问题。这个问题解决了，其他事情都要好办一些，所以他需要在南线、西南线方向上就近找到一块地盘歇脚，用于解决兵源、粮草，并让疲惫不堪的部队获得必要休整。项羽发现，南线的陈县比较合适。项羽自立为西楚霸王，进行戏水分封时，曾将西楚国划为九郡，南线的陈郡为西楚九郡之一，而陈县（今河南淮阳）则为陈郡郡治所在。

陈县位于中原与东南的水陆交通要道之处，特殊的地理位置，使得此地商业发达，自春秋以来，一直都是地域经济和文化中心。与此同时，陈县的军事战略地位也很重要，乃兵家必争之地。从历史上看，战国末期的楚国、秦末的陈胜，都曾在陈县建都并以此作为据点，向四面辐射。

自陈县及其所在的陈郡被划入西楚范围后，这一地区较少受到战火的席卷，在西楚境内属于相对安定之地，如果项军到那里落脚，起码项羽暂时就不用为部队给养发愁了。陈郡乃西楚的西大门，其南面分别为西楚九江郡、临江国，九江郡由被项羽寄予厚望的楚将周殷镇守，临江国也没有附从于汉；西面则紧邻彭城所在的泗水郡。也就是说项军只要进入陈郡，此后无论向南还是向西，皆有依托，进可攻、退可守，就项军急于摆脱困局的实际需求和此时形势而言，这不失为一个上上之选。

项羽下决心改道南下，直奔陈县。

得知项羽撤退，原本已经被打得不敢动弹的刘邦，居然又活跃起来。按照张良、陈平"机不可失，时不再来"的说法，刘邦生怕项羽就此逃出生天，来不及等韩信、彭越两支人马赶来阳夏南会合，他便心急火燎地跟上项羽，继续进行尾追。

阳夏距离陈县并不远，项军很快就进入了陈县。见刘邦仍紧咬不放，项羽随后便停止撤退，派大将钟离眜在陈县北面的固陵城屯军设防，由此迅速建立起分别以固陵、陈县为依托的纵深防线，以迎击刘军的进攻。

楚汉时的固陵故城，位于现今河南省淮阳县西北的柳林。据专家实地调查和考证，柳林至今仍较周围地形高出约两米，足见钟离眜当时设防阵地所拥有的地势之利。

追至固陵城下的刘邦一时犯了难：打还是不打呢？

追本来就是为了要打，但项军阵地的易守难攻，以及在阳夏南吃的苦头，让刘邦颇为犹豫。问题是好不容易追上了，总不能一声不响就又退却吧？若是就地扎营，固陵那一带几乎全属无险可守的平原，两军又近在咫尺，所以也不现实。

箭在弦上，不得不发，这个时候如果能多几个强有力的帮手就好了。刘邦再次想到了韩信、彭越，然而韩、彭方面却音信皆无。

赶鸭子上架

刘邦在向韩信、彭越派出使者时，其实面临着一个较为严峻的问题：韩信身在临淄，彭越则在昌邑，这两地距离使者的出发地阳夏都甚远，临淄与阳夏的直线距离超过一千三百里，昌邑稍近一点，但也有四百多里之遥。相比之下，阳夏与固陵之间却仅相距四十里。

这意味着，使者若要见到韩信，其行程将是刘军从阳夏追至固陵的三十多倍；而见到彭越，也需要走上十倍以上的路程。更为复杂的是，这些还只是直线距离，实际路程更加漫长，特别是前往临淄，由于阳夏与齐地之间还全都是项羽的地盘，使者不得不绕道彭越处，或者从燕、赵等地绕一个大圈才能到达。

虽然使者的速度以及耗费在路上的天数，没有明确记载，但可以作一个大致估算：就算使者快马加鞭，从阳夏到昌邑也得少则三天，多则五天，而从阳夏到临淄则至少得十天，多的话要十五天才行，而刘军从阳夏追至固陵，即便以步兵通常的日均行军速度"日行一舍"（即三十里）计，一天多一点即可到达目的地。因为相距过于遥远，当刘邦到达固陵时，他从阳夏派出的使者甚至很可能还在路上，既然韩信、彭越连使者的面都没见到，当然更谈不上前来会师了。

除了韩、彭，正在寿春一带作战的英布，以及协助他的汉将刘贾，本来也可北上与刘邦会师，但二人被楚将周殷所牵制，一时无法赶来。指望不了援军，刘邦便只能独自面对项羽。

自彭城惨败后，其实一直都是项羽在追击刘邦，除了这次背约尾追，刘邦从未有过主动追击项羽的经历和经验。历来刘邦和项羽单独交锋，也从来都没能赢过，只要一想起项羽在战场上的八面威风，刘邦就不免有点胆寒，刚刚的阳夏南之败则更让他心有余悸。然而事到临头，不打一下显然是不行了，张良、陈平等人因阳夏南之败，深感脸上无光，此时也都认为刘邦不能逃避，必须抓住机会，全力一战。

刘邦于是对固陵城发起进攻，但是城池根本就打不下来。项羽得报后，立即集结兵力，会同在固陵城内坚守的钟离眜，向刘军发起大规模反击。正所谓"一鼓作气，再而衰，三而竭"，经过阳夏南之败和固陵的攻城之挫，刘军士气已受到很大影响，即便勉强再战，也等于是被赶鸭子上架。反之，项羽及其将士虽然条件相对更困难，但对刘邦先是背约，继而又紧追不放的愤怒，在刘军面前常胜不败的自信，以及坚信自己即将取胜的兴奋，使他们在战场上爆发出了惊人的战斗力和冲击力。结果可想而知，刘军大败，一战即被项军斩杀近两万人。若非项军实在是缺粮已久，士兵饥饿，人困马乏，刘军恐怕当时就得全部断送在固陵了。

见势不好，刘邦只得率部匆匆撤离固陵，退守阳夏。连遭打击后的刘邦完全丧失了单独与项军作战的勇气，只得龟缩于阳夏城中，固守待援。

直至固陵之战结束，彭越方面才传来消息。如果说刘邦嫌晚，那这其中的责任首先还要归咎于他自己，是刘邦自己急于追击项羽，而不愿在阳夏耐心等待韩、彭的到来或答复。另一方面，固陵一战又委实败得太快，在如此短的时间内，除非韩、彭恰好就在附近，否则要求他们即刻作出反应，是完全不合理，也是不可能的。

彭越的答复令刘邦大失所望。当刘邦的使者见到彭越时，彭越明确拒绝出兵，给出的理由是："魏地初定，尚畏楚，未可去。"魏地（指彭越攻占并控制的区域）刚刚平定，我的军队对楚军尚存畏惧之心，恐怕难以抵挡楚军的进攻，因此现在还不是离开魏地的时候。

说不出口的话

彭越给出的"畏楚"理由，好像说得过去，又好像很勉强。

彭越和他的军队一直在跟项羽对着干，且在楚国腹地活动，如果真是害怕项羽及楚军，恐怕早就坚持不下去了。只有"魏地初定"，可以摆到台面上讲一讲，理由看上去也充分一些：魏地才打下来不久，必须加以巩固，一旦离开，这些来之不易的地盘就会被楚军重新夺去。

然而若细思之，"魏地初定"其实也未必站得住脚，彭越的特长就是打游击战，而不是固守地盘，地盘得而复失、失而复得，对他来说乃家常便饭。再者，是刘邦调彭越前去参加会战的，倘若魏地有失，他也无须为此直接承担责任。彭越说不出口的话是什么呢？

彭越并非刘邦的部将出身，他最早实际是刘邦的盟友。刘邦在彭城大败后，接受张良的建议，对韩信、彭越、英布委以重任。从此，彭越便"独闯虎穴"，其间他多次南下，深入西楚腹地，长期在楚军后方进行袭扰，不但攻城略地，而且使项军的军需粮草受到极大困扰，令项羽吃尽苦头。

就在接见刘邦使者之前（也就是刘邦兵败阳夏南之际），彭越刚刚才取得攻克楚国二十余座城池的佳绩。更令项羽那边为之震动和惊恐的是，彭越还从其后方缴获了十多万斛粮食，并将其全部用于资助刘邦军队。可以说，在打击项羽、"损项益刘"方面，彭越之功仅次于韩信，理应得到相应回报，但刘邦却什么表示都没有，更别说兑现"关东之诺"了。等到正面战场遇到危机，需要搭把手了，刘邦才想起彭越，希望他发兵援助，可是除了派使者向其调兵，仍是什么封赏都不给。彭越对此怎么可能没有一点儿想法？所以他才做了策略性的回避。

韩信方面，刘邦则尚未收到其答复，也没有见他派兵。这又是为什么呢？难道韩信也和彭越一样有些想法？

实际上，韩信和彭越之间有着显著区别。韩信已经被正式册封为齐王，也就是说刘邦的"关东之诺"在他身上已经兑现了，而且这一册封过程还是由张良亲自带队完成的，可谓给足了韩信面子。对此，韩信深表满意和感激，封王之后随即就委派灌婴南下，以实际行动表明了自己的立场和态度。此后面对蒯彻的劝说，韩信内心虽曾有所波动，但经过复杂的思想斗争最终还是决定完全站在刘邦一边，因此并不存在背弃刘邦的任何可能。

再者，作为战略家，韩信从开辟北方第二战场以来，始终能以大局为重，想刘邦之所想、急刘邦之所急，在战场上给予了刘邦最大的支持。刘邦过去多次抽调韩信的兵马，韩信皆无怨言，甚至面对"夺印窃符事件"都保持了冷静。这一次同样很难想象，韩信会出于个人私利而不顾大局地拒绝出兵，在《史记》及相关传记文本中，也都找不到韩信对于出兵的推诿搪塞之辞。

虽然史料中没有直接提供相应信息，但从韩信当时的处境以及所担负的任务上，可以合理推测他不是不愿派兵，只是没能像刘邦等人所期望的那样即刻现身。

这里面首先要考虑距离。如前所述，仅仅直线距离，阳夏与韩信所在的临淄之间，就是阳夏与彭越所在的昌邑之间的三倍多，因此无论是韩信见到使者的时间，还是韩信能够作出回应并集结军队的时间，都要比彭越那边慢得多。除此之外，军队行动不是一蹴而就，必须进行细致的准备和安排，不能说韩信当天收到刘邦的要求，次日即带兵赶赴。

齐国战略地位之重要，非别处可比。对韩信来说，准备出兵相对简单，重要的是要先把齐国这边的事情安顿好，才能安心带兵出征。可是齐国的情况却非常复杂，这一点，韩信在求封假齐王时就已经向刘邦汇报过：齐地虽被拿下，但齐国却并不稳定。不稳定的主要原因是齐人归心田横兄弟，而田横依旧在逃。田横去了哪里？他逃入彭越所据梁地，投奔了彭越。

田横的哥哥田荣生前自为齐王时，曾授彭越以将军印绶，那还是彭越所获得的第一个将军印绶，彭越由此和田横兄弟建立了交情。除了这份义气，彭越一直把自己定位为刘邦的盟友，又觉得刘邦薄情寡义，对他恩赏不够，故而才在明知田横是汉军死敌的情况下，收留并庇护了他。

韩信和彭越居于同一阵营，无法强行对彭越用武，这大大增加了追捕和抓获田横的难度。与此同时，田横的存在，又使得原齐国仍然比较强大的残余武装力量，始终不肯屈服，反抗非常激烈。可以这样说，田横一日不能归案，则齐地便一日不能被完全平定。韩信需要花很大力气和很长时间才能平定齐地，安抚民众，巩固之前的战争成果。其间要做的事情非常之多，要不然向来就把征战疆场视为自己第二生命的韩信，早就亲自带兵南下，而不是派遣灌婴先行出击了。

事情既多，就不是两下三下能安顿好的。所谓"当局者迷，旁观者清"，通过刘邦使者的介绍，韩信应该是能看出此时正面战场的战局并不像刘邦等人所认为的那样悲观。况且，作为韩信军的前锋兼骑兵精锐，灌婴部这时已经非常靠近刘邦，只是尚未会合而已。基于此，韩信自然就会倾向于先处理好手头的事务，确保无后顾之忧，再响应刘邦的出兵请求。

然而对于这些情况，刘邦决策层并不了解或掌握。他们对于形势的研判与韩信不同，再加上自"请封假齐王案"以来，刘邦对韩信所形成的隔阂和猜忌，一旦看不到韩信的军队出现，刘邦等人也就理所当然地认为，韩信一定和彭越一样拒绝了出兵支援的请求。

子房之语

阳夏城只是刘邦从项军手中夺取后，临时用于防御的阵地，虽然刘邦在阵地周围挖深沟、筑高垒，但仍谈不上有多坚固，与荥阳防线的广武城等险峻阵地无法相提并论。从刘邦等人的视角看来，在没有外援的情况下，如果项羽对阳夏施以强攻猛击，恐怕守军是支撑不了多久的。援军不肯来，守又守不住，想逃也未必逃得脱，形势似乎瞬间就变得危急起来。

其实项羽自其解兵东归以来，不敢恋战、择路脱逃、寻机休整，是他一路上的基本诉求。直到被刘邦追得实在没办法，他才不得不绝地反击，但也仅止于此，此后即便挟两败刘军之威，项羽亦无足够的能力和信心，主动对刘军发起猛烈攻势。问题是当时当地，包括张良、陈平在内的高级智囊层，对此均无准确把脉，刘邦本人更是对项羽充满恐惧，这使得汉军指挥部开始被沮丧、无奈直至慌乱的情绪层层围裹，已经呈现出明显的失措之状。

指挥部如此，又迅速对将士心理造成了影响，一时大家仿佛都闻到了死亡的气息，有一种走投无路、大限将至之感。刘邦在营帐中六神无主，唉声叹气，他对张良说："诸侯不遵守信约，怎么办啊？"

《史记·魏豹彭越列传》载"汉王败，使使召彭越并力击楚"，可知刘邦并非没邀诸侯参战。另，《项羽本纪》亦明确记载，"与齐王韩信、建成侯彭越期会而击楚军"。

张良的回答颇为耐人寻味。首先，他指出形势仍然一片大好，瓜熟蒂落，击破楚军，已经不在话下，项羽即将败亡，这是谁都看得清楚的。随后话锋一转，顺着刘邦的话头说道："但是呢，正因如此，韩信、彭越才不愿出兵！"

按照张良的分析，韩信、彭越一直想要得到更多的封地，他们并不希望刘邦尽快战胜项羽，因为只要刘邦与项羽的对峙不结束，他们的作用就会一直存在，刘邦就得求着他们，他们才可能讨到自己想要的封地。现在到了决战时刻，眼看刘邦就要最终获胜，韩信、彭越也就失去了讨价还价的砝码。如果要他们放弃这个砝码，而得到的利益和好处又和之前无异，那么他们讨要封地的希望将彻底破灭，自然就不愿意这么做了。张良分析完后，又貌似通情达理地添了一句："只不过，人皆为利而来，此事也怪不得他们。"

不能不说，张良的这些话极具隐蔽性和迷惑性，它妙就妙在，乍一听，好像是在替韩信、彭越说话，为他们争取封地，甚至即便韩信、彭越知道了，也不能怪罪于张良。经他这么一说，也就等于坐实了韩信、彭越是因为未获封地，所以拒绝出兵，给人的印象就是二人居心叵测，到了这种时候却想着趁火打劫，胁迫刘邦，索要封地。

明代文学家屠隆拨雾辨向，一针见血地指出："子房之语亦是祸此二人（指韩信、彭越）之基。"事实上，日后汉廷所定韩信、彭越案，正是按照"子房之语"来定性的。司马迁在《史记》中依两案案宗进行记述，谓韩信在刘邦许诺增加封地后才出兵，此语亦可与张良的话相互印证。

北宋司马光在《资治通鉴》中，批评韩信、彭越"乘时求利""为利出兵"，不给好处就不出兵相助的做法，有违臣子之道。宋代对武将拥兵自重极为敏感，司马光思想深处有此意识，对于韩、彭尤其是韩信的抨击自然更为激烈。他认为韩信在请封假齐王案中早有前科，此次固陵危机，对于刘邦的求救式请兵又失约不来，可谓坐实了韩信乃一个地道的势利之徒。

"用市井小人的心态谋取私利，却期望他人以君子的度量来回报自己"，司马光以此对韩信作了结论。他愤愤地说，韩信你总是忘不了仗势向君王索要什么，现在刘项之争尚在进行当中，刘邦固然拿你没办法，可是等刘项之争结束，你还有什么凭借呢？届时如果刘邦对你进行疯狂报复，你也就不值得同情了！

南宋学者吕中则带着几分恨铁不成钢似的感情，评论说，大家都知道，刘邦善于将将，不吝赏赐，只是韩信也太过分了！刘邦还没等天下完全平定就封他为齐王，然而到了固陵之战那么关键的时刻，他和彭越却不予援助，非得让刘邦割让土地来封赏他们才肯出兵，这不是逼着刘邦产生"杀诸将之心"吗？

以利对利

张良给韩信、彭越预设的前提，即二人是为了战后瓜分地盘而不肯出兵，虽与实情未必符合，却正好契合了刘邦的心思。张良给刘邦出的主意，说穿了就是将"以利对利"的手段贯穿进去：韩信、彭越不是求利索地吗？那就干脆许诺封地，甚至"共分天下"以催促他们出兵。

张良建议将陈县以东直至东海之滨的楚地全部划给韩信；给

彭越的实惠是将他由梁国国相提升为梁王，并明确划定梁国疆域，将睢阳以北直至谷城的区域，包括彭越目前的重要据点昌邑（亦是彭越的老家），一并纳入梁国版图。

韩信的新封地，覆盖了今天淮河流域的北半部，不仅地域辽阔，人口较多，而且还拥有丰富的沿海盐场资源，经济地位十分重要。鉴于韩信一直有着很浓的乡土情结，张良猜测韩信更想得到家乡故邑的封地，因此又特别提议在封地中增加韩信的老家淮阴。淮阴坐落于淮河南岸，若加封淮阴，自然不可能仅限于淮阴一地，应该还包括淮河南岸的不少地区。张良相信给出这么多的实利，足以将韩信诱来。

问题是，若以张良自己对韩信、彭越的设定为前提，行如此利诱之计，会不会有"以肉喂虎"之患？清代学者姚祖恩就认为张良的谋划，简直是自己埋雷给自己踩。他指出，刘邦需要打败的竞争对手，只有一个项羽，如果觉得单凭刘邦自己的力量难以扳倒项羽，必须依靠韩信、彭越，固然不能算错，可张良为什么还非要劝刘邦与韩信、彭越共分天下呢？要知道，韩信、彭越均非等闲之辈，尤其韩信，其雄才大略尚在项羽之上，这岂不是灭掉了一个项羽，又生出两个项羽（指韩信、彭越）？

类似姚祖恩所说的顾虑，张良有没有？肯定有。然而即便如此，他仍定计约封，恰恰更能说明刘邦决策层此时内心之恐慌，以至于连张良都倍感绝望，私底下以为大势已去。正是在这种情绪的支配下，张良才会想到与其坐而待毙，不如"死马当活马医"，放手实行分封，"让利"于韩信、彭越，然后让他们去与项羽"争天下"。

甚至张良还担心，他所开出的约封方案不能及时送达韩信、彭越处，以致耽搁韩、彭的出兵。他敦促刘邦赶快采取行动："大王您如果能与他们（指韩、彭）共分天下，就可以立即把他们召来；要是不能，形势将难以预料，后果不堪设想！"

张良策

还有一个问题，如果韩、彭"欲壑难填"，不肯买账而仍然拒绝前来参加会战，怎么办？那也没关系。张良已经算计好了，他给韩、彭二人安排的封地，分别位于楚国的东、北两侧，这是有意为之——就算韩、彭不愿为汉而战，他们还不得为自己而战吗？为了刚刚到手的封地，韩、彭一定会自动自发地和项羽打起来，进而对楚军形成夹击之势。那样一来，不但可以解除眼前的危机，消灭楚国也将是轻而易举的事。

两年前，郦食其曾向刘邦献计，主张扶立六国后裔并封其为王，以此来削弱楚国的实力。当时张良以此举会引发新的诸侯纷争予以竭力反对，刘邦同意张良的意见，不但否决了"郦计"，还大骂郦食其是个啥也不懂的书呆子。

有人质疑，张良的利诱约封之策与当年的"郦计"如出一辙，都是要为项羽多树强敌，把水搅浑，然后再浑水摸鱼，乘乱制胜，区别只是把六国后裔替换成了韩信、彭越。然而别忘了，韩信、彭越比六国之后可厉害太多了，而且既然已经把韩信、彭越描述得功高震主，随时都可能对刘邦不利，那他们的威胁自然比六国后裔还要大上许多倍。张良从前不屑于"郦计"，现在却先拒后纳，自己打自己的脸，究竟是怎么想的？站在张良的角度，与其说是拾了郦食其的牙慧，倒不如说他在继续按照"关东之诺"的套路出牌。

"关东之诺"的背景，是刘邦刚刚经历彭城惨败，声名与实力皆双双受损，唯一可以利用的资源就只剩下了土地。在张良看来，现在的形势与"关东之诺"时一样危在旦夕，急需花钱消灾救命，因此必须再拿两块土地出来作买卖。

张良划给彭越的地盘，处于中原腹地，不但具有很高的战略价值，而且当地物产丰富，人口稠密，是重要的粮食和兵源产地；划给韩信的地盘，其中除包括了现西楚国的大部分疆域，陈县（也就是现在项羽撤兵休整的地方）以及所在的陈郡，亦是当时最富庶的区域之一。

或曰，刘邦君臣为了保命，这回算是真豁出去了，张良在建议刘邦主动送出"蛋糕"时，一定很勉强也很痛苦（当然既到这个时候，再痛苦也得忍着），而韩信、彭越也果然就是"市井之徒"，居然能够逼着主人咬牙从身上生生割下一块肉来。但是只要仔细一想，张良所设计的约封土地，其实和"关东之诺"中的关东之地一样，都尚不属于刘邦的汉国，而是原楚国的地盘。早在"关东之诺"时，刘邦君臣就没有与人"共分天下"的诚意，现在自然也是如此。两人都颇默契地认识到，凡是尚在项羽和诸侯们之手的土地，都可以先当作自己的"蛋糕"，信口开河般地拿出来进行许诺。反正地盘到手了再说，至于日后是否兑现、如何兑现，一切都还是他们说了算。

简而言之，张良所谓的约封，开的仍然是空头支票，对刘邦的既有利益不会造成直接影响。布局的核心在于抛出虚设的利益，驱使韩信、彭越前来为刘邦卖命；或至少诱使韩、彭与项羽拼命，从而从中获利。

值得注意的是，当时可以前来增援和参加会战的将帅，并非仅限于韩信、彭越，其他汉将如刘贾、英布、灌婴、靳歙等人亦在附近，其中英布更曾是"关东之诺"的关键人物之一。但"张良策"并未涉及他们，专门针对的就是韩、彭二人。

客观上，这应该是充分评估了诸人实力后才作出的判断。英布早在被龙且打败、只身逃往汉国时，事实上就已经与韩信、彭越拉开了差距，其他人也没有一个能跟韩、彭相提并论。从现有能力和实力来看，能够挺身而出挑战项羽，最终助刘邦夺取天下的，唯有韩信、彭越二人。

除此之外，这样的设计和谋划，无疑也夹带着阴谋家不可告人的隐秘性操作，即将韩信、彭越与刘邦之间错综复杂的人事纠葛，特别由"关东之诺"引发的种种争议，悄悄塞入实际问题的解决方案中。如此一来，设计者便可稳坐钓鱼台。

若韩、彭能够及时应命而来且战事顺利，则自然归功于"运筹帷幄之中，决胜千里之外"；反之，若韩、彭稍有迟疑，或战事不顺，即可轻易地将其归咎于二人的私心自用、疏忽怠慢。

明眼人都不难看出，"张良策"用心之深，以及韩信、彭越未来境遇之险。清代姚祖恩站在张良的视角，认为张良力主约封韩、彭之举，犹如医者使用乌头（中药，但有毒性）、葛根（也是中药，本身无毒，但过量或长期服用也可能导致中毒）来给人治病，一旦病症得除，便会立即弃之不用。

另一位晚清学者张文虎，则发现《史记》中关于"张良策"的详尽描述，既未见于刘邦传记，亦不载于张良或韩信、彭越列传，而是被特意置于项羽传记之中。张文虎解读认为，这表明，若无韩信和彭越全力相击，项羽依旧败势难定，然而也同时预示着韩信、彭越日后的危机已经悄然埋下。

唯有韩信

"张良策"一出，刘邦眼前为之一亮，认为完全符合自己的心意，遂立即遣使约封韩信、彭越。

《史记》在不同篇章中，两次叙及刘邦对韩信、彭越约封土地的划分。这些资料都来源于汉国留下的资料档案或当事人的口述，说明分封划界一事，当年不仅是遣使单独通知韩、彭，而且还曾用文书的形式公开昭告天下，特意强调。这样做可能有两个深层用意，其一是消息一旦为项羽所知，项羽为了保住他的楚国领土，就可能会分兵对付韩、彭，以此可以达到转移目标，缓解自身压力的目的。其二是用舆论的压力迫使韩、彭尽快出兵。

效果显而易见，这主要说的是彭越。虽然彭越首轮没有出兵，并非想以此胁迫刘邦，讨要封地，但刘邦这次属于补偿性质，为救急而应急封王封地，仍然足以令他喜不自胜。在彭越看来，刘邦不但给他上了名与利的双保险，更重要的是还体现了对他抗楚功劳的认可，大体挽回了在第一次请兵时失去的面子。有此保证，面对刘邦的再次催促，彭越遂放下心理的疙瘩，不再犹豫，决定迅速出兵与刘邦会师。

再说韩信。在地盘划界上，刘邦君臣明显更偏向韩信。刘邦忌韩信更甚于彭越，况且韩信本身已据有齐国，如此做法，不啻于就是说，虽然韩信与他们之间目前的空间距离更远，但他们对于韩信出兵相助的期盼值反而更为迫切。与此同时，刘邦君臣把西楚国的大部分疆域都划给韩信，表面上是为了显示自己的诚意满满，以及想韩信之所想，考虑他对于家乡的特殊情感。但从另一个角度来说，未尝不是暗藏着驱使韩信挑战项羽的用心。因为任何人都可以看出，约封文书一旦公开发出，它所发出的信号就是让韩信来取代项羽。

　　毋庸置疑，韩信、彭越、英布在楚汉战争中都发挥了重要作用。彭越、英布在楚军后方的活动使得楚军战力被大大削弱，他们被纳入"灭楚三杰"，可谓实至名归。不过三人之中，起决定性作用的还是韩信，而刘邦之所以在"鸿沟之约"前后能够与项羽形成势均力敌的态势，也完全是由于韩信在北方战场的胜利，以及从侧背对项羽造成的极大威胁，否则，刘邦根本就难挡项羽一击。项羽对此是再清楚不过的，他派说客游说韩信，而不是彭越、英布，就已表明在他的判断中，只有韩信以及他的选择，才是决定楚汉未来命运的关键。

　　确实，方今天下，能够单挑项羽的，唯有韩信。

　　刘邦自然也深知这一点。正是因为视韩信为助自己夺取天下的倚天长剑，同时又对之心存忌惮，所以刘邦才要和张良等人煞费苦心地进行算计。然而，这种算计其实毫无必要。

　　与刘邦君臣想象中不同，对于韩信而言，封地划界可能意义并不大，甚至可以说是多余的。如果韩信贪恋封地，早在项羽游说他时，就可以选择背叛刘邦，然而韩信还是出于对刘邦知遇之恩的感念，拒绝项羽，断了对方三分天下的念头，可见绝不是刘邦增加一点封地，就能让韩信为之动心的。韩信非但不忘汉恩，反而以君子之心量人，对刘邦忠心耿耿，同时他也绝非贪得无厌的所谓市井小人。因为大家都不傻，都知道对于天下某块区域的拥有并非真的出于他刘邦的开恩与施舍，而是实力使然。但凡韩信心怀贪欲，眼看刘邦陷入困境有求于己，不是正好可以如司马光所批评的那样，"乘时求利"，借此向刘邦索要更多地盘吗？届时刘邦恐怕再忍痛也得给。

实际上，潍水之战后，但凡韩信把战场上的高深权谋稍微匀出一点，移用于政治角斗之中，他所能得到的，就远不止刘邦所许诺的那点东西。

项羽游说我中立，我表面拒绝；刘邦命我行动，我消极应付。我干什么？啥都不干，就是按兵不动。只要我不出手，刘邦就指定打不过项羽，那我就坐观项羽逐一剪除刘邦的羽翼，等项羽忙完了，我再出来收拾残局。到了那时，消灭刘邦不就是个时间问题吗？同理，消灭项羽也是一样。试想，若天下尽在我手，还用得着在乎区区封地吗？

需要补充的是，尽管彭越时常不自觉地把自己当成刘邦的盟友，并会因刘邦对其吝于封赏表现得颇有怨气，但他同样也心存大义，忠于刘邦。否则的话，若彭越趁这个时候要挟刘邦，也并非难事，甚至他也完全可以迫使刘邦与之均分天下，或退而求其次，与韩信联手，逼刘邦订立三分天下的盟约。毕竟在那样的形势之下，刘邦能不爽快答应吗？他没有任何可以讨价还价的余地！

刘邦君臣对于韩信、彭越的谋算，说来说去，还是因为他们对人对事，很少真正关注情感，更多的都是从利益和利害关系出发来分析问题。这就导致他们忽略掉了韩信、彭越身上一个最重要的东西，那就是对于刘邦忠诚不贰的情感，而这种情感恰恰正是韩、彭与刘邦关系的核心。

阳夏救急

除了韩信、彭越，其他将帅也都陆续接到了参加会战的召令，但包括彭越在内，各军的行军速度都在韩信军之下。韩信军仅用一个月的时间就从临淄赶到了预定会战地点，这是当时最快的行军速度，远远超出了理论上的预期时间。从时间线上推断，韩信一定是在见到第一批使者后不久，便迅速集结了部分军队先行出发。

可以预见的是，即便没有刘邦的约封，韩信在妥善处理完齐国事务后也会率大部队踏上行程。这时候，第二批使者到了。对于使者带来的分封划界方案，韩信虽欣然接受并感到高兴，但他只会将其视为对自己过往战功的认可及汉王的激励，而不会过多深究。

与此同时，使者关于出兵的再次催促，则促使韩信不能不重新审视和评估正面战场目前的形势：项羽为求速胜，确实也极有可能孤注一掷，对阳夏发动强攻。灌婴虽已接近刘邦，但双方毕竟还没会合，这就给了项羽以可乘之机。项羽很可能会抓住这个空当，采取他所擅长的闪击战术，大破刘军。果真如此，项羽的取胜面就会大增，后果将不堪设想。

考虑前线军情可能趋于危急，而且此时也正是一鼓作气消灭项羽，不致放虎归山的好时机，韩信决定放下尚未处理完的齐国事务，将其移交给手下最重要的将领曹参，并由曹参负责留守和平定齐国的反叛势力。在匆匆交代曹参之后，韩信即亲自率部前往阳夏救急。

却说刘邦等人又是利诱，又是催逼，挖空心思地拿捏韩信、彭越，反而对项羽失去了一贯较为精准的侦察和研判能力。项羽确如韩信之前所估计的那样，无心也无力与刘邦久恃。限于自身处境，为求尽快摆脱疲困的被动局，他选择了在有利形势下围而后撤，甩掉刘邦后返回陈县重整的策略。项羽在阳夏围困刘邦的用意，并不是要彻底击垮刘邦，而是欲使其犹如惊弓之鸟，再不敢轻易对自己进行尾追。

刘邦被项羽整得够呛，天天只能蜷缩于军垒之中，守困盼援。等到他突然发现周围一片安静，项羽早已悄悄撤离，不但撤出了阳夏，也撤出了固陵。

刘邦这个人有个特点，也可以说是优点，就是该尿的时候尿，不该尿的时候，立即就能够促使自己重新振作起来。发现项羽撤退，刘邦既没有呆立不动，也没有乘机撤向后方，而是立即率部出击，准备死咬项羽不放。楚都彭城在东面，他因此判断项羽会向东面撤退，于是便一路向东追击。

在刘邦困守阳夏时，西进的灌婴距其已经不远，双方东西对进，进一步缩短了距离。不久，灌婴攻下苦县，终于得以与刘邦会合于苦县的颐乡。

灌婴一直在东边经营，并未遭遇项羽，这就首先排除了项羽向东撤军的可能，可以初步判定，项羽应该是往南面去了。于是刘邦派人南行刺探，证实项羽确在南面的陈县，在此基础上，刘邦、灌婴经过仔细商讨，又大致弄清了项羽打算在陈县进行休整和备防的战略意图。摸到项羽的底牌后，刘邦军再次回到阳夏。刘邦军同样也早就人困马乏，因此一回到阳夏，刘邦也立即进行休整和备防。与此同时，他与张良等人开始着手谋划在陈县组织围歼项羽的大会战。

第三批使者随之被派出，他们的使命是召令包括韩信、彭越在内的各路将帅，改变进军方向，转道陈县，参加即将在那里组织的大会战。其他人大多奉令而行，转赴陈县会合，只有韩信没有简单地听从命令。

围魏救赵

作为一个久经沙场的战略家，韩信对于项羽的动向以及整个战局，有着更为深刻的判断和解读。

项羽因兵少食尽才被迫签订"鸿沟之约"，自荥阳撤军以来，项军又一直处于运动、行军以及交战之中，所以对于项军而言，最重要的就是先找到一个地方进行休整补给，这是项羽南撤陈县，而没有立即东移彭城的重要原因。

自项军撤出阳夏、固陵，至刘邦重新侦察到其位置的这段时间里，项军完全可以在陈县境内得到暂时休整，并获取一些粮草补充，这是能够想见的。项军底子还在，稍加休整补给，实力就能迅速得到恢复，刘邦若要与其单打独斗，仍无胜算，只能寄希望于即将在陈县组织的大会战。问题是要进行会战，就必须等待各路大军，特别是韩信、彭越军到齐，可是临淄至陈县将近千里，韩信数十万大军携带辎重粮秣，即便以日行一舍（30里）计，也需要一个月后方可全部抵达。彭越军离得近一点，但也非短时间能够赶到。在此期间，谁能保证项羽不先发制人，打刘邦一个措手不及？项军挟阳夏南、固陵两战大胜的声势，又是在自家的西楚国内线作战，若战略战术得当，未必没有反过来彻底解决刘邦的可能。

显然，相比于阳夏被困，此时刘邦所面临的形势反而变得更危险了。韩信比其他人都更敏锐地洞察到了这一点，因此他要做的，就是设法在自己赶到陈县之前，动摇项羽的根本，打乱他的步骤，使其不但不敢主动向刘邦进攻，而且还得被迫继续后撤，这就叫"围魏救赵"。

那么，什么才是项羽的根本？答案只有一个：彭城。

彭城不仅是西楚王都，也是楚军的战略依托。项羽虽然常离开彭城，东征西伐，亲自在前线指挥作战，但都城在其心目中的地位始终无可撼动。如果说其他城邑在必要时都可忍痛割舍，唯彭城绝不可轻言放弃。然而，自龙且及楚军后备精锐被韩信歼灭之后，楚军的兵力分布发生了重大变化。韩信注意到，楚军现有的主要兵力都集中在陈县、固陵、寿春等地，项羽已抽调不出多余力量加强彭城的防守，这直接导致彭城的防御力量变得异常薄弱。

本来项羽有两次机会可以直接退回彭城，一次是在鸿沟分界之后，另一次是在阳夏南大败刘邦之后，但项羽都错过了。错过的主要原因，前者是由于当时径直前往彭城的必经之路已为彭越所阻，项羽担心遭到刘邦、彭越的前后夹击；后者则是项羽觉得从东线撤退，沿途不但难以得到补给，还得和灌婴、彭越作战，不利于部队休整。

回过头来看，项羽所说的上述困难，其实并没有他所想象的那么严重：论强对抗，彭越从来不是项羽的对手，他不敢也没有能力跟项羽硬碰硬，一向都是项羽来了他就跑，项羽走了他再来；灌婴亦非项羽的对手。至于休整补给，项军完全可以坚持到彭城再说，作为后方大本营，彭城与陈县一样拥有优越的战略位置和相对丰饶的物力资源。

更重要的是，项羽若能及时回到彭城，不仅可以摆脱被刘邦持续追击的困境，还能利用韩信尚未出击的时间差，巩固防线，重整旗鼓，以逸待劳。后世许多人都因此认为，项羽没有立即退回彭城，乃战略上的失误。然而，他们可能并未深入了解项羽的性格。

项羽其人，叱咤风云、英姿勃发，自诩"力拔山兮气盖世"，他这一辈子，就是争强好胜的一辈子，打仗能拼命，始终不服输。况且战场上的项羽也确实是百战百胜，即便不得不签"鸿沟之约"，解兵东归，也不是打不过刘邦，而是后方不稳及后勤不继，导致"兵罢食绝"，无法在前线持久作战。

如果项羽就此退回彭城，那就等同于承认了失败，他对此是不甘心的。从心理学的角度来看，可以说，正是骄傲和自尊驱使项羽继续留在了前线，因为他坚信只有在那里，他才能找到反击的机会，证明自己的实力和地位。

阳夏南大败刘邦之后，项羽没有立退彭城，其实也是潜意识里同一种因素在起作用。你想，都已经取得大捷了，又何必退回彭城？近处的陈县乃南北、东西之要冲，还是重要的粮草基地，不正好在此休整补充，然后再图进取吗？

项羽的欲去还留，无疑为韩信提供了乘虚而入的机会。韩信相信，如果他能在大会战开始前抢先夺取彭城，必将使项羽及其所部陷入慌乱之中。届时项羽只有两个选择，要么硬着头皮继续在陈县死撑；要么离开陈县，继续南撤。无论他选哪一条路，在军心涣散的情况下，都难有好的结果。

敲山震虎

汉五年（前202）十一月，韩信在统揽全局、审时度势后，决定临时改变进军路线，暂不径驰陈县，而是"敲山震虎"，挥师直取彭城。

在稳定和整顿齐地的过程中，韩信不仅消化吸收了齐军的降卒，还在齐地扩充招募了大量士兵，使得韩军总兵力达到了三十万之众。除去已经独立行动的灌婴部，主力在与先期出发西进的部队会合后，至少仍应保有二十多万兵力。在韩信的指挥下，这支浩浩荡荡的大军呼啸南下，像一柄利刃一样直插项羽的背后，所过之处，势如破竹。

项羽本已派项声、薛公、郯公等将对淮北予以控制，这些将领尤其是项氏宗室子弟，平时虽都被项羽视为股肱，但到了关键时候，真正能顶用的却没有几个，更无法抵御韩信这样强大的对手。韩信军狂飙突进，先在下邳迅速击败了项声、郊公，继而斩杀薛公，攻克下邳。接着，又如同风卷残云一般，连克薛、留、沛等县，沿途楚将不是非死即俘，就是逃之夭夭。

最后一站是彭城。彭城由项羽的堂侄、柱国项佗据守，柱国这个官职在战国时的楚国就有，原本仅为保卫国都之官，在西楚则是最高武官。如此重要的官职，以及把守彭城的重任，在龙且战亡后，本应交到钟离眛那样的宿将手里，但项羽却授予了能力平平的项佗。

在彭城外围防线被逐一摧毁，彭城自身的防守力量又不是很足的情况下，项佗哪里能够守得住彭城，结果被韩军一举攻克，项佗也做了俘虏。如同韩信所预料的那样，彭城被克的消息传出，顿时令项羽阵脚大乱，上上下下皆极为惊慌。与此同时，项羽也通过情报，发现刘邦集团各军正从不同方向出发，朝陈县合拢，且已对陈县周边形成了持续的挤压之势。相时度势，不能困守陈县。三十六计走为上，项羽再也无心恋战，遂抢在刘邦聚兵、会战之前，悄悄地撤出了陈县。

项羽从陈县撤出后，先拟逃往东南，渡过淮河，到寿春与守将周殷会合，但这时寿春方面却发生了一个突如其来的变化：周殷降汉了！

周殷非项佗之辈可比，他是和龙且、钟离眛同一级别的大将，刘邦派刘贾、英布围攻寿春，二人若是和周殷硬拼，寿春未必能够很快拿下，于是刘邦在着手部署陈县会战的同时，便已经安排刘贾、英布对周殷进行诱降。

之所以能够诱降周殷，是因为项羽与周殷君臣之间早就已经貌合神离。二人的裂痕，还得追溯到刘邦被项羽包围于荥阳的阶段。那时为了摆脱危急状况，刘邦采纳陈平的意见，针对项羽身边仅有的几个"骨鲠之臣"实施了离间之计。

所谓"骨鲠之臣"，除了老范增，主要就是钟离眜、周殷、龙且三将。陈平从刘邦那里领来很多黄金，用于项伯等人身上。被贿赂的这些人就在楚军内部四处散布谣言，说钟离眜等三将作为楚将，功劳很大，但项羽却没有给他们分地称王，因此他们打算跟刘邦联合起来，消灭项羽，瓜分楚国之地自立为王。项羽性情多疑，听到周围很多人都这么说，果然信以为真，从此对三将不再予以信任。

陈平的反间计真是太成功了，项羽直到日暮途穷，南撤陈县，仍旧深陷迷局而不自知，对周殷始终不放心。寿春乃九江郡郡治所在，英布过去作九江王时，九江郡和寿春皆在其王国的辖区内，如果说他在寿春有潜伏下来的"内线"是一点都不奇怪的事。从"内线"那里了解到周殷被项羽怀疑和冷落，因此深感前途无望后，刘贾、英布即指示"内线"对症下药，以刘邦方面能给予的礼遇，劝诱周殷。于是乎，没费多大周折，周殷就决定举寿春投降刘邦。

闻知周殷归汉，在前有阻敌、后有追兵的情况下，项羽只好改道东向，前往尚为楚军控制的城父。与此同时，寿春的失陷导致陈县失去了重要的战略腹地，其后续的兵员补充、粮秣征收没有了稳定来源。这也意味着，在彭城、寿春等要地接连失守后，大好局面已经完全倒向刘邦一方，战争进展亦随之骤然提速。

陈下之战

在古代战争中，人们常以城邑的方位来命名战场。刘邦计划在陈县组织的大会战，史书中称之为"陈下之战"，意思是在陈县城墙外展开的战役，所以这场会战的范围不仅限于陈县，也包括由钟离昧据守的固陵。

陈下之战是刘邦精心准备了相当长时间，积聚了很大力量而想打的一场大战。为了围困项羽，他四面招兵，东面希望韩信、彭越迅速前来会战；东南面在成功策反周殷后，形成了刘贾、英布、周殷合围陈县的态势；北面则由刘邦和已经归他直接指挥的灌婴联手，紧密布防，形成一道难以逾越的围困之网。在刘邦看来，如果三个方向的汉军都能够成功聚拢陈下，项羽必成瓮中之鳖，即使不能将其捉拿，也可以有效地消耗项军本已疲敝的有生力量。

奇怪的是，面对山雨欲来风满楼的大战氛围，项羽似乎无动于衷。陈县表面透露出一种诡异的平静，这让刘邦顿生疑惑，于是便动用自己的直辖部队，试探性地与楚军小规模接触了一下。结果不试不要紧，一试之下，却意外地发现项羽及其主力部队已经踪影皆无，和汉军交战的只是原陈县守军。

忙了这么多天，尚未撒下网去，大鱼居然就溜了。刘邦又气又急，不等韩信、彭越以及英布等人赶到，即下令启动作战计划，指挥本部人马提前围攻陈县。

刘邦内心所惧，不过是项羽，他以为项羽既然已经带着主力跑掉了，攻下陈县应该轻而易举。没想到，陈县守军在吕清、灵常、利几等人的指挥下，抵抗非常顽强，加上钟离眜在固陵的遥相呼应，刘军即便连续猛攻却依旧毫无进展。

刘邦再次被刺激到了，一怒之下，他令旗一挥，调集已到达或迫近的各路汉军全部前来会集强攻。打头阵的自然是灌婴及其所统领的郎中骑兵，接到刘邦的命令时，他们还在苦县颐乡。然而颐乡距陈下不过百里，按照骑兵的速度，灌婴部当天就能加入战场。

当时在外线作战的汉军骑兵，除了郎中骑兵，还有骑都尉靳歙所率的骑兵。与郎中骑兵通常归属韩信并作为韩信军的先遣部队不同，靳歙部一直都由刘邦直接指挥，并被定位于一支执行纵横穿插任务的突击部队。项羽撤出荥阳后，靳歙奉刘邦之命，进入楚国的薛郡、泗水一带实施机动作战，故而也早就活动于西楚境内。

刘邦的最新召令一到，靳歙立刻由北向南，杀入陈下。灌婴、靳歙只是离得最近的，还有稍后赶来的燕枭骑，这也是一支骑兵，只不过他们的士兵主要由楼烦等北方游牧民族组成。有了这三支骁骑劲旅参与，陈下战场迅速沸腾起来。虽然骑兵速度快，冲击力和机动力强，但攻坚能力有限，因此三支汉军骑兵所承担的任务，主要是对陈下战场进行严密包围，同时对项军进行追踪。

在此过程中，灌婴部阵斩楼烦籍楚军骑将两人，俘虏八人。项羽军中有很多极为剽悍的骑兵，其中楼烦将也为数不少，他们一般都归项羽直接指挥。也就是说，项羽在转移后，出于联络或侦察的需要，仍在陈县外围部署了一些骑兵，灌婴部或斩或俘的楼烦将即属此类。然而，值得注意的是，除此以外，汉军骑兵并未能够追踪到项羽主力的去向，这从灌婴部的战果中亦能窥知一二：灌婴在此前两次与楚军的战斗中，曾一次斩楼烦将五人，一次俘虏楼烦将十人（此即击破龙且的潍水之战）；而此次陈下之战仅斩两人，俘八人，战果相对有限，说明他们并未能够与项羽手下的骑兵主力交锋。

在陈下核心战场，攻克坚固阵地，啃硬骨头，主要依赖于汉军中的步兵军团。韩信、彭越以及英布等部，在刘邦集团内均属于大兵团，他们由于距离陈县还很远，因此难以直接且迅速地驰援，然而其余中小兵团则大多有机会参加陈下之战。

据《史记》所载功臣表，明确写明参加陈下之战的，除灌婴、靳歙，尚有樊哙、夏侯婴等，共五人；通过资料分析，实际参战者还有丁义等三人，可能还有周勃、卢绾、韩王信等四人，共十二位汉将。在楚汉战争中，大小战役数十次，这是有史书记载的出现汉军将名最多的一次，而且多数将领都在此战中留下军功并在日后据此封侯，说明陈下之战，虽无韩信等大兵团参与，但战事依旧是相当激烈的。

这么多虎狼之将一拥而上，守军就算再顽强，也难以招架。经过激战，汉军首先攻破固陵，钟离眜部全军覆灭，钟离眜只身逃亡。接着，陈县在守军损兵折将的情况下也无法再坚持下去，吕清、灵常、利几等人被迫献城投降。

陈下之战虽然没有成为刘邦预期中的决战，但它是刘邦所率汉军自阳夏南、固陵连续落败后，由防守转入进攻的转折点。此战不仅使楚军力量受到进一步削弱，还推动了整个战局的发展，并最终促成了楚汉战争中大规模的最后决战——垓下之战。

第八章　终结之战

把时间往前倒推四年，韩信被刘邦拜为大将军，韩信以"汉中策"对刘邦。就在这次韩刘对话中，韩信对当时正雄霸天下、如日中天的项羽作出了"其强易弱"的判断，明确指出项羽目前貌似强大，实际只是一种假象，是可以被打败的。

前溯三年，刘邦兵败彭城，几乎把老本都给打光了，形势极度不利。韩信及时向刘邦献"北方策"，提出只要派他挥师北略中原，不但可以将北方反汉同盟打得土崩瓦解，更能以魏、代、燕、赵、齐的人力、物力资源，源源不断地支援正面战场。

不过才三四年的光阴，"汉中策""北方策"所预言的结果便全都变成了现实，与楚汉战争开始前相比，整个局势发生了翻天覆地的变化，犹如重新换了一个天地。如果说还有一点微小的偏差，那就是韩信并未能够如"北方策"中所预计的那样与刘邦会师，围歼项羽于荥阳城下。即便如此，陈下之战后，项羽也完全处于汉军的战略包围之中，汉军正从西、北、东三面对他进行包围和追击。

一场惊心动魄的生死较量，即将展开。

恶　战

有学者认为，楚汉战争尤其到了最后阶段，在一定程度上非常形似秦灭六国。历史也就是这么诡异，当年秦国派大将王翦率六十万大军灭楚，项羽的爷爷、楚国大将项燕倾全楚国之兵（据估计亦有数十万之众）进行抵御，战场也正是在阳夏、固陵、陈县一带。

史载，王翦采取在陈县坚壁不出的战术，项燕多次挑战未果，无奈之下，只得率部东撤。王翦趁机追击，从而大破楚军。值得注意的是，王翦伐楚有六十万大军，不可能全部坚壁于陈县，一定是正面吸引，四面合围。也就是说，楚军是在被尾追兼合围的过程中落败的。

秦军版的陈下之战后，王翦一边组织精锐部队，对项燕及楚军残部进行持续追击，一边分兵攻下了当时的楚国都城寿春。寿春陷落不久，追杀项燕的秦军即在蕲县的南边追上了楚军，并再度予以重创，项燕也在此役中被秦军所杀（也有说法认为项燕是自杀），楚国遂告灭亡。

相隔二十多年的陈下之战，有相同也有不同之处。相同之处是都不算决战，但又都给予了对手以非常沉重的打击，并迫使其奔向逃亡之路。不同之处在于，王翦是主动坚壁不战，尔后实施反击，刘邦则是战败后被迫退守，随后寻机组织会战。只是由于外界对内情不够了解就很容易误认为，刘邦是自始至终都在坚守阳夏，为的是以此作为诱饵，吸引项羽，从而使其陷入四方诸侯的包围之中。

项羽在汉军对陈县的包围圈合拢之前，提前冲了出去，之后为摆脱合围，完全可能沿祖辈项燕的路线撤退，即退往蕲县，继而由蕲县至彭城。然而因为彭城此时已被韩信攻占，退往蕲县的方案已经行不通了，他便只能另寻他径。

陈下之战打响之前，刘邦并不清楚项羽会逃往哪里。战役结束后，通过向投降或俘虏的楚军将士了解情况，再结合探报，刘邦终于摸清了项羽的去向，断定项军会东趋城父。

陈下的各参战主力，有的在经历激战后急需休整，有的要用于尾追项羽。刘邦于是传令尚未赶到陈下的刘贾、英布、周殷，命他们前去攻占城父，切断项羽的退路。在英布等人的兵团行军序列中，刘贾、英布居于周殷之前，但二人紧赶慢赶，终究也没能参加陈下会战。接令后，二人急忙取消原定的西北行军计划，转而向北直奔城父。

项军以步兵为主，行军必然较慢，而且最主要的是，项羽自撤出陈县后，究竟撤往哪里并没有定下来。先是说去寿春，结果因周殷归汉，寿春又意外丢了。在寿春去不了的情况下，这才准备转去城父，同时他们为了摆脱和迷惑追兵，还不能走直线，而必须兜兜转转。如此行军，速度上自然快不起来，而刘、英部则是急行军，这使得项军尚未能够赶到城父，刘、英部已经在城下与守城楚军展开了厮杀。

城父守军在实力上不及敌人，但抵抗却极其顽强。这是因为他们都是忠于项羽的老部属，深知项羽正在东归，捍卫城父，就是在为统帅守住东归之路，即便城池不保，但他们的誓死抗拒也能为项羽脱身赢得足够多的时间。经过激烈交锋，刘、英部这才得以获胜，其后立即进行屠城。这时周殷带兵赶来，见刘、英屠城，也参与了行动。

刘邦对外以仁而爱人标榜，注意收揽民心，他及其所部除了在挺进关中途中，因急于入关曾有过屠城劣迹，一般很少干这种事。刘贾、英布在城父屠城，一方面是因城父之战确实是一场恶战，守军誓死抗拒，战斗打得格外激烈和惨烈，刘、英部虽最终攻破城池，但自身伤亡恐怕也不会小。另一方面，刘、英已经错过陈下会战，这就意味着新的功劳簿上不会出现他们的名字，二人求功心切，急于夺取城父，可是却被守军死死挡住，气急败坏之下也很容易想到要在战后通过屠城这种极端方式来进行泄愤和报复。

三线方案

陈下会战刚刚结束，刘邦就在张良等人的谋划下，派刘贾、英布、周殷拔除城父。与此同时，他们还做出了一项惊人的决策，即命令樊哙带领一支机动队东出，前去接应韩信、彭越。

樊哙很可能是和刘贾、英布部队同时出发的，而且也经过了城父，只不过并没有参战。随后，樊哙仍然是埋头只顾行军，不与沿途楚军作任何纠缠，直至分别见到韩信、彭越，向他们传达最新战报为止。

韩信没有按照刘邦的要求，第一时间赶往陈县参加会战，而是首先席卷楚军大后方，攻占彭城，就是料定只要彭城失守，就能迫使项羽继续后撤。彭城战役结束后，韩信的判断是，既然项羽必定会撤出陈县，那么战后如果自己仍然赴陈县会合，对于追击项羽而言便失去了实际意义。基于此，韩信没有从彭城快速向西行军，而是由东向西、向南缓缓推进，同时密切关注西面项羽与刘邦作战的情报，以及项羽的动向。

事实上，在樊哙前来迎接和送信之前，韩信已经通过探报初步了解到项羽已退走陈县以及陈下会战的进展。在这种情况下，如何判断项羽的行军路线并提前备防截击，便成为韩信需要思考的一大课题。综合各方面信息，韩信推测项羽有中、南、北三条线路可供其选择，不妨称之为"三线方案"。

中线，回彭城之路。对于前不久才被韩信袭取的彭城，韩信料定项羽不可能失而不问。以项羽的个性而言，如果不是惦念着彭城，也决不会留下固陵、陈县守军，让他们独守孤城。相反，他会干脆集中力量于陈下，对紧追而来的汉军进行酣畅淋漓的反击。项羽只走不战，就是有着欲打回彭城、复兴楚威的念头。

南线，回吴之路。项氏叔侄昔日于会稽郡（即吴县）崛起，吴地不仅是项羽的老根据地，而且他打下江山时的基干部队，尤其是最令其引以为豪的所谓八千江东子弟兵，便源自吴地。项羽当此日暮途穷之际，意欲回归吴地，重振旗鼓，此举实在情理之中，不难想见。

北线，回鲁之路。义帝熊心时代，项羽曾被封为鲁公，鲁县（今山东曲阜一带）为其封地，因此项羽亦有可能前去鲁县。

根据推测出的"三线方案"，韩信以彭城为据点，率主力缓慢南下，准备随时根据项羽的动态及情况变化，对南线、中线进行截断。至于北线，可能性相对较小，但也不能排除，因此韩信又派员北上，进行侦察与警戒，以确保在必要时能够迅速做出反应。樊哙的到来，不仅确证了先前所获得的相关情报，而且让韩信手中多出了一支强大的机动兵力，他可以一劳永逸地解决北线问题了。

项羽若要去鲁县，则必经胡陵。位于彭城以北的胡陵，正当项羽进入鲁县的要冲，项羽此前都是通过胡陵往来于彭城和齐鲁之间。这也就是说，项羽如果选择北线方案，他能否成功回到原封地的前提，就是要确保胡陵这块举足轻重的战略要地，始终被当地楚军所掌握，否则项羽在回鲁途中就有被截断后路或侧翼受敌的危险。

樊哙本来也是奉命来给韩信帮忙的，经过协商，他痛快地接过出击任务，协同另一名汉将郦商奔袭胡陵。胡陵守军的抵抗也极其顽强，战斗相当激烈。樊哙在攻取胡陵后，也采取了和刘贾、英布等人如出一辙的做法，即"屠胡陵"。樊哙一俟占据胡陵，就立即重兵设防，完全封死了项羽北线回鲁的去路。

派樊哙千里奔袭，接应韩信、彭越的谋划，实际来自张良、陈平诸人。由此也可以看出他们这批谋士，在战前的运筹帷幄上多少都有些迟滞，甚至与战场的现实情况相脱节，但在战中补漏堵缺，以及提前一步谋布新局的能力，还算是比较强的。

韩信非得等到樊哙来了，再安排他彻底解决"三线方案"中的北线问题，除了项羽回鲁可能性相对较小，最主要原因，还是北线只需监控胡陵这一个要点即可。而中线、南线则范围太大，韩信在这两个方向上设防和迎击项羽，不仅是拦截，更得准备兜底。韩信的兵现在论数量是不少，但若用于兜底，恐怕还嫌不够，韩信如果自己分兵去攻取胡陵，就算打下来，派出去的部队也得留在北线设防，短期内是收不回来的。如此，判断准确还好说，判断不准，就会贻误战机，致使项羽逃脱。

韩信所面临的难题，也同样适用于刘邦决策层。自项羽撤出陈县后，就人间蒸发一样地消失了，仅仅知道他最初是计划先到城父，其兵应该是经城父转向彭城，因此刘邦才派刘贾、英布、周殷抢先一步去占领城父。

城父之战爆发时，项羽并没有出现，当然也可能当时项羽军只是刚刚接近城父；或者他们已由城父向东撤退，但如果是后两种情况，以项羽之勇猛和血性，焉能坐视城父的少量守军惨遭屠城之灾？由此可知，一直到汉军完全占据城父，项军距离城父都还尚远，更不可能撤到城父以东。

目前的围追态势是刘邦率各部从西、北两个方向进行追踪，韩信、彭越从东面迫近，加上已经攻下城父且那里并未发现项羽，这样大体便能够断定，汉军已将项羽合围于陈县以东、城父以西地区。然而，在合围区域内依旧不见项羽的踪迹，该区域是一条比较狭窄的囊状地带，范围也不是特别大，可就是找不到项羽踪迹，简直给人以神鬼莫测之感。

一晃一二十天过去了，汉军几乎已经是在搜地皮，但还是不知项羽的去向。就在刘邦君臣一筹莫展之际，突然传来消息，项羽于五百里之外的一个地方现出真身，那个地方叫垓下。

死　路

项羽撤离陈县后，最初确有立即通过反攻夺回彭城的打算，但随后即因城父——这一东撤的必经之路提前沦陷而被迫取消了这一计划。

事实上，即便能够通过城父东进，之后怎么办呢？韩信以彭城为据点部署了严密的防线，并向西、向南缓慢推进，显然对彭城的防守做了充分准备，回彭城的线路早已是一条死路！已被樊哙封死的北线当然更不可行，"三线方案"中，便只剩下了南线可以考虑。项羽于是中途变线，向东南移动。

项军在撤出荥阳时，原有十万人，在刘邦背约追击及后续战斗中，有所折损，但进入陈县后，得益于当地以及附近守军的补充，兵力仍能维持在十万之众。如此庞大的一支兵团，加上还需携带辎重粮秣，要想在行军中不被追兵察觉，实属不易。

项军之所以能够长久地消失于刘邦的视野之内，首先要归功于陈下之兵、城父之兵的殊死抵抗。虽然这些抵抗最终没能完全阻挡刘邦的追击，但刘邦等参与会战的各部胶着于城下、英布等人胶着于城父都耽误了他们立即追击项羽的时机，并延缓了随后追击的速度。

其次，则不能不说项羽确为世间罕有的将才，他在转移过程中指挥若定，并且显然运用了多种高明的行军策略与手段，比如伪装、隐蔽行军路线、制造假象等。这些战术成功地迷惑了追兵的搜索与判断，使得项军如此大规模的兵团，竟能在狭窄的长形地带内隐匿行踪，进而巧妙避开汉军可能发动的合击，堪称用兵史上的一个奇迹。

有人认为项羽自鸿沟签约、引兵东撤后，一共犯了三大错误，即后撤中疏于戒备，给了刘邦乘势追击的难得机会；固陵反击大胜后，没有猛攻阳夏，一举全歼刘邦主力，从而失去了挽回颓势的一线生机；退守垓下，不返江东，乃战略上的最后失策。由史料分析可知，前面两个所谓"错误"并不符合当时实情。同样，项羽退守垓下，亦属不得已之举。

项军在陈县虽得到了短期休整和补充，但在缺乏前期准备以及汉军的进攻袭扰下，他们所能得到的战略物资必然也是有限的，难敷十万大军之所需。其时已到了隆冬季节，然而很多士兵仍旧身着秋装甚至是春夏装，粮食很快又开始匮乏，寒冷、饥饿，再加上一直转移不得休息而带来的疲惫，使得项军根本无法一口气直接返回江东，因此，项羽只能在垓下先停顿下来暂时休整，之后再寻机以返吴地。

到了垓下才发现，南下回吴之路也不可行了。原因是韩信在确证项羽无法返回彭城和鲁县后，已重新调整其进军路线，他指挥大军向西南急进并迅速进入垓下附近，直当项羽南逃的大路，把项羽堵在了垓下。虽然看起来似乎仍有缝隙可钻，但项军只要一有动静，就很难不被韩信察觉，后者必会迎头拦击，移动中的项军将相当被动，很难安全逃亡至江南。

如果韩信判断不准或稍有犹豫，其大军再晚到几天，项羽就有机会越过垓下，前往吴中了。在昔日起兵之地，他可以重新集合自己的势力，东山再起，那样历史则可能改写。可惜现实是残酷的，没有"如果"二字，至此，项羽已没有任何退路。

项羽早先撤出陈县，是认为自己还有机会反攻彭城，现在既然回彭城无望，全军回吴亦无可能，为何不全力一搏，在垓下与汉军来一场最后的决战呢？

想楚汉相争之初，彭城亦曾为刘邦所取，当时汉军和五路诸侯所组成的联军，达五十六万之巨。项羽仅率三万车骑兵，即大破联军，不但重夺彭城，而且杀得联军丢盔弃甲，狼狈逃窜。

自彭城大战后，刘邦便刻意回避与项羽决战，正面坚壁固守、后方派兵骚扰成了他不变的老套路。项羽一直得不到再次与刘邦决战的机会，徒然被消耗、被折腾，东西驰突，疲于应付。等到鸿沟分界，撤兵北还，又被刘邦背信追杀，这让项羽觉得窝囊至极，早就渴望着通过堂堂正正的野战方式，再次给刘邦以致命一击了。

项羽最擅长野战，垓下处于一望无际的淮北平原之上，正是野战最理想的战场，巨鹿大战、彭城大战也都是这样的地形。彭城大战时，项羽率三万精兵，如果不是乘刘邦联军不备对其发动突袭，而是从头到尾都用于正规野战，兵力看起来还是少了点；巨鹿大战时项羽的部队接近十万，兵力差不多；而当下项羽所掌握的人马，正好是十万。

决　战

如同巨鹿之战前那样，项羽在退无可退之际，又一次选择了破釜沉舟、背水一战。在这一刻，他也就把转败为胜、重振军威的希望，全都寄此一战。

是的，虽然如今战线不断东移，境况已极度恶化，但经过陈县时期的短暂休整和补充，集结在项羽麾下的楚军仍有十万之众。楚军中最精锐的核心力量，曾令几乎所有敌人为之闻风丧胆的八千子弟兵，也依然不离其左右。他完全有信心和决心，在这场不得不打，然而实际又在心中期待已久的决战中大杀四方，在多年之后再度为自己赢来堪比巨鹿和彭城的大捷。

刘邦方面，同样也认为，继项羽缺席陈下会战后，在垓下与之展开最后决战的时机业已成熟。

楚地极其广阔，西楚国一共九郡，秦朝时将全国划分三十六郡，西楚占了四分之一。至项羽退至垓下时，西楚境内的很多地方仍由楚军所控制，也继续忠于项羽，甚至直到项羽死后，泗水、东海两郡以及鲁县等地仍在顽强抵抗。

相应地，汉军投入垓下会战的兵力规模甚巨。鸿沟之议后，刘邦军的兵员原本多于项羽军，也就是说在十万以上，否则刘邦也不敢背约追击。阳夏南、固陵两次落败，损耗不小，但后方的萧何非常给力，又及时将在关中地区招募到的大批兵员送至前线。经过补充，刘军不下二十万，由西向东往垓下推进，气势咄咄逼人。

已为梁王的彭越，自刘邦派使约封起，即自梁地出发，先南下，尔后西进与刘邦会师。彭越军至少五万，此时亦随刘军兵进垓下，从北面威胁项羽。

刘贾、英布、周殷三部，有近十万人马。在合力拿下城父后，刘贾、英布留下周殷守城，自己沿途搜索并追踪项羽的去向。一得知项羽身在垓下，刘、英立即加速前往。随后，周殷也闻讯赶来，与刘、英会师，共同逼近垓下。

各部中军力最盛的还是韩信，韩信军三十万人，兵锋直指项羽侧背，自东北向西南对楚军形成压制。

如此，刘邦集团共有五路大兵团（刘贾、英布与周殷计为两路）齐集垓下，形成了从西、北、西南、东北四个方向合围楚军之势。参与会战的汉军总兵力约六十五万（对外号称"百万"），为楚军的六倍还多，此外，楚军缺乏后勤保障，"兵罢食尽"依然困扰着他们，而汉军则粮草供应无虞。

优势都这么明显了，项羽就算有三头六臂，也得跟他在垓下较量一下了。毕其功于垓下一役，因此也成为汉军的追求目标。不过，由谁来担任汉军前敌总指挥，领衔跟项羽掰手腕呢？

按地位身份，自非刘邦莫属。刘邦是靠打仗起家的，他对自己的军事才能也颇为自负，平时既喜欢和张良、陈平等谋士谈兵论战，"运筹于帷幄之中"；也爱亲自率部出征，"决胜千里之外"。不过这也得分对手是谁，如果对手是项羽，刘邦就宁愿龟缩在窝里不出来，并且美其名曰"斗智不斗勇"。

刘邦跟项羽单打独斗从来就没能赢过，硬是靠坚壁以守配合后方骚扰、侧翼打击（主要还是靠后者），在勉强维持平局的情况下才得以把项羽给"熬"到退走。前不久背信追击是刘项对战史上，刘邦难得的一次主动进攻，本以为通过偷袭能够稳操胜券，却还被项羽发威，回过头来又打了个半死。

没错，现在汉军对楚军确实具有绝对的优势，尤其在兵力上更是如此。这在一般人看来，怎一个众寡悬殊了得，楚军怎么能够抵御？那你是不熟悉项羽，要知道，项羽的拿手好戏就是以少胜多，敌军数量多少，他向来不以为意，对于敌方浩浩荡荡以碾压之势逼近的场面，也早就司空见惯。

项羽的底气，源自他过往的战绩：巨鹿之战前，项羽能够带到巨鹿城下的军队，一般认为只有三到五万，但他却以此大破秦军二十余万；彭城之战，更以三万人击溃刘邦联军五十六万……

彭城之战时，刘邦以五十六万对项羽的三万，如今则是以六十五万对项羽的十万。对比彭城之战，项羽此次仅增加了七万，而刘邦则增加了九万，比项羽还多出两万。可这又有什么用呢？"兵熊熊一个，将熊熊一窝"，面对项羽，刘邦仍然内心感到发怵，尤其缺乏必胜把握。

除了指挥能力上存在极大差距，又因久战不胜，以至于一见到项羽就心生畏惧，刘邦若是要亲自指挥垓下会战，还将面临一个他无法解决的难题。

王翦阈值

古代战争的规模，有一个从小到大的渐进过程。历史上著名的牧野之战，乃三代时期最大规模的战争，但周武王所率联军，总共也不超过五万。从春秋开始，各国能够动员的军队数量越来越多，至战国达到顶峰。其中规模最大的一次战争，即秦国灭楚之战，此战中王翦统六十万大军，是之前任何一方都做不到的。

对于前线统帅而言，兵多固然是好事，然而太多了，就对其指挥能力提出了挑战。古代用兵，通讯靠鼓、金、旗，补给靠人畜车船，交通靠土路步行，这种条件下，指挥大兵团作战是有相当难度的。王翦乃不世出的名将，所以能够统领六十万人且能够取得成功，一直到秦末战争，这一纪录始终都没人能够打破。这不光是因为国力和制度的原因，难以再动员到这么多兵，更缘于缺乏具备如此统兵能力的将领。

将领在统兵能力上的限度，如果用现代概念来诠释，或可称为"王翦阈值"。项羽被楚军将士视为军神，然而就连他也难以绕过"王翦阈值"。除了在率诸侯联军入关时，指挥过四十万人马，多数情况下，项羽带兵均不超过十万。这固然是因为项羽擅长以少胜多，但更关键的恐怕还在于，十万以下的部队，便于前线作战的灵活掌控，以及后方粮草的有效调度。

行军布阵，前方攻敌，向为项羽所长，以至于楚军能够做到：项王所在，军威所至；项王击鼓，将士奋勇向前；项王鸣金，全军井然收队。另一方面，项羽亦有其短板，他尤其不善于管理军备物资。项羽深知此短，因此在巨鹿之战中，他采取非常策略，破釜沉舟，只持三日粮，背水与秦军死战，从而将弱项转化成了战斗中的优势。

"破釜沉舟"只能适用于特定情境与短期战役，所以项羽在向前线推进时，都尽可能控制部队规模，以便减少后勤压力。可是前线作战部队毕竟只是楚军整体的一部分，随着楚军整体规模的持续扩大，项羽在物资节制和调度上的困难也急剧增加。

在楚汉相争的长期拉锯战中，楚军频繁遭遇粮草短缺的困境，并直接导致其作战的主动性和攻击力大减。表面上看，这是后方受扰所致，但若深入分析，则可以归结为，在更大的军事规模下，项羽难以有效兼顾前线与后方的物资保障，也即其整体统兵能力遭遇到了"王翦阈值"的挑战。

从前刘邦对此感受不深，他从起兵到首先攻入关中，军队不过三四万，后来号称二十万，实际也只有十万，刘邦指挥起来尚不觉得特别困难。真正对他造成强烈刺激，并让他有了自知之明的，就是彭城大战。

彭城大战前，归于刘邦名下的联军，达到了史无前例的五十六万。刘邦好就好在他有一个萧何，军备物资的筹措和供应主要由萧何负责，这使得他在整个楚汉战争期间，都没有为此发过愁。但是前线得他亲自指挥，这个萧何代替不了，张良、陈平等谋士在带兵方面更无相关经验，自然也帮不了他什么忙。起初，联军分多路向彭城进发，各自指挥，刘邦无须过多操心。加之项羽当时远在齐国，联军进兵时未遇重大阻碍，所以进展还算顺利。

问题出在占领彭城之后，刘邦对会师后的联军正式负起总指挥之责起。从这个时候开始，联军就有些乱了，各部之间相互阻隔，沟通不畅，遇到问题不知该向谁请示或请示后也未能得到妥善处理。这种乱哄哄的状态，再清楚不过地表明，刘邦指挥五十六万大军，已接近其能力极限，即"王翦阈值"。他在协调和调动超大兵团作战布防方面，显然缺乏足够的心理准备，实际也大大超出了他的能力范围。

一个惊人的结论

彭城大战，就是刘邦及其部属永远的噩梦。

当项羽亲率三万铁骑穿越联军各部的接合处，猛地插入彭城西部时，联军竟然毫无察觉，自然更谈不上及时组织有效阻击。

项羽的致命一刀是攻占萧县，切断联军的退路和补给。消息传出，联军迅速陷入混乱，可以说未战就已丢了魂魄。接下来的双方阵前交锋，更是把刘邦的部队打得顾此失彼、举止无措。最终，近二十倍于敌的联军由此一败涂地，作为统帅的刘邦也险些被擒杀。

往事不能想，越想越心慌。五六十万的大军，肯定是指挥不了，那自己统兵的限值在哪里呢？日后刘邦让韩信帮他解答这个问题，韩信脱口而出："不过十万人而已。"十万人，就是刘邦统兵的限度，一旦超出这个范围，后果如何，则不难设想！刘邦听后一定非常沮丧和失落，但他知道韩信说的是实话，毕竟战场上已被屡屡证明的事实，是无法通过语言来轻易加以否认的。

当下刘邦统领着二十多万人，按照韩信的说法，就算是仅仅带着他直辖的这么多人马作战，真打起仗来也够呛，更别说指挥六七十万大军，号称"百万"的超大兵团了。

如果我刘邦不行，那谁能指挥？看来看去，唯有那个出语"伤人"者堪当大任。就在刘邦与韩信的那次著名对话中，刘邦在承受韩信的"毒舌"后，心有不甘又带着酸溜溜的口气问韩信："那你能带多少兵？"

"对于臣下来说，多多益善。"韩信的回答，直接造就了成语"韩信点兵，多多益善"。

能够从容自若地指挥大兵团作战，而且兵越多越好，这不光是韩信的自信、自负，也是外界对他的一致看法。一个公认的事实是，截至垓下之战前夕，韩信早已被公认为汉军中的最重要的将领；同时，作为围堵项羽于垓下的关键人物，大家都认为，只有韩信才是项羽的真正对手；也唯有他，依恃其天纵英才，才有能力打破"王翦阈值"，胜任六七十万大军的前敌总指挥。

即便刘邦，虽然内心对韩信已极为忌恨，但毕竟他有自知之明兼识人之明，深知此番与项羽在垓下决战，非同小可，若是大军由自己或除韩信以外的任何人指挥，都有搞砸的可能，因此只能选择韩信。

在必要时隐忍退让，一向符合刘邦的行事风格。他随即任命韩信为三军统帅，把汉军的全部指挥权都交到他手里，自己则主动退至二线，把心思更多地用在了对战后事宜的处置之上。

这是自京索之战后，刘邦第二次让韩信代替自己指挥全军与项羽交锋。只不过上一次刘邦寄予韩信的，是挽狂澜于既倒、扶大厦之将倾，将项羽阻击于荥阳防线之外；而这一次，他的要求则是一战定乾坤，彻底战胜项羽，让汉家独得天下。

两位划时代的军事奇才，就这样戏剧性地登上了同一个角斗场。他们分属于不同的兵学流派，并且都在各自领域内做到了极致。在过往的战事中，韩信保持着常胜不败的纪录，项羽也从来没有在战场上直接打过败仗。二虎相争，必有一伤，因此，垓下之战不仅将是他们首次正面交锋，更可能是彼此军事生涯的终结之战。

项羽擅长以少胜多，其实韩信以往也大多是以少敌多，势均力敌和以多打少的战斗很少，而且即便占有兵力优势，敌我兵力对比也不悬殊。像垓下之战这样，以如此大的规模以及压倒性绝对优势，同敌人正面作战，对韩信来说，是破天荒，绝无仅有的。尽管如此，韩信却丝毫不敢轻敌。

清人赵翼在梳理前代战例时发现，三代以下至垓下之战前，在兵力占有绝对优势的情况下，能够取胜的著名战役竟然寥寥无几，仅王翦以六十万人灭楚之战可称其一。多数战役，如巨鹿之战、彭城之战，以及韩信破魏、灭赵、击齐的一系列战役，均属于典型的"以多致败"。

赵翼由此得出了一个惊人的结论："古来用兵，往往兵多者败！"自古以来，用兵打仗，兵力上的优势往往无法转化为战场上的胜果，也就是说兵多的一方，反而总是败给兵少的一方。

在《孙子兵法》的诸多用兵原则中，"十则围之，五则攻之，倍则战之"常被视为经典之论。从理论上讲，如果己方兵力远超敌方，并已对之形成围攻之势，取胜也确实应该是一件顺理成章的事，可为何还会出现"兵多者败"这种看似很不合逻辑的现象呢？问题恰恰就出在"兵多"上。

按照赵翼的分析，军队人数过多，反而会引起号令难以统一、士气无法凝聚，统帅在指挥大军时，也不能做到如臂使指那样灵活自如。这显然是个与"王翦阈值"相关的课题。当然，"韩信点兵，多多益善"，韩信对此是可以轻松迈过去的，倒是赵翼对于"兵多者败"所归纳出的另外两个原因，韩信当时应该都想到了，而且足以引起他的警醒：其一，作为统帅，如果依赖兵力众多而心存轻敌之意，那么他在思考和推出谋略时就可能很不谨慎，从而在敌人面前露出破绽；其二，作为士兵，如果也依赖人多势众而心生懈怠，那么他们会认为仗反正怎么打都能打赢，从而在战斗中提前丧失冲劲和战力。

上述两点，其实在刘邦兵败彭城中也都有体现。彭城之战前，刘邦从还定三秦战役到趁项羽身在齐国，迅速击破其所设防线，仗都打得太顺利了，以至于占领彭城后，几乎所有人都飘飘然了。那个时候，刘邦和联军官兵只想到自己人多势众，就算项羽再杀回来也无奈我何，所以上上下下都很懈怠，谁能料到最后会遭遇项羽反杀，一败涂地呢？元代文人方回在研究彭城之战后，强调指出，汉军因为在彭城之战前屡战屡胜，变得骄傲自满了，根本就没有做好充分的军事准备。由此可知，军队强大并不在于人数的多少。

万万不能疏忽，万万不能大意，韩信在得知自己已被任命为三军统帅后，即以此自勉自励。也正因为他始终保持着清醒头脑，兵多而不懈怠，随其征战的汉军将士也都枕戈以待，无人敢掉以轻心。

垓　下

在韩信看来，垓下一战，孰胜孰败，实难预料。

战争之所以能够被称为艺术，是因为其中隐含了太多不确定的因素，远非简单套用兵法公式所能涵盖。实际情形中，决定战争胜负归属的关键，往往并不单纯取决于静态的人数对比，而更多地在于如何合理地使用军事力量。换句话说，统帅的指挥能力在此刻显得尤为重要。

韩信在项羽身边多年，不仅对项羽进行了深入细致的观察，而且还做过理性的得失分析，后者都体现在他献给刘邦的"汉中对"中。从事后的结果来看，韩信对项羽的这些观察和分析无不中的，甚至极为精准，基本上把项羽的优缺点全部勾勒了出来。总的来说，韩信对项羽的为人处事多有批评和指责，唯一没有否定的，就是项羽的作战用兵之道。

彭城大战，数量那么庞大的联军，在刘邦统帅下不堪一击。相比之下，楚军尽管兵力有限，但在项羽的统帅下却无坚不摧。即便到了楚汉战争后期，正面战场上的汉军人数也一直占优势，然而"众不敌寡"的故事仍然在反复上演，甚至直到垓下会战前的阳夏南、固陵之战，项羽也依旧能以其规模不大的精锐部队，大破人数远胜于己的汉军。这就是项羽的可怕、可畏之处，他曾屡屡创造以少胜多这样的战争奇迹，焉知不能在垓下再次复制？

项羽有能力，亦不缺实力。当下，项羽所拥楚军虽然只有十万人且后勤不继，军备匮乏，但战斗力依然很强，其骨干部队能在东撤途中，两次大败追击的汉军，即为明证。沿途所吸收补充的士兵，只要还忠于项羽也一样能拼杀，要不然也就不会有陈下之战、城父之战那样的激战了。

此次对决的方式也限定于项羽最擅长的野战，这无疑更有利于发挥项羽及其所部勇猛刚强、擅长正面突破的优势。韩信虽以善用奇兵取胜著称，但奇兵之策的前提，必须是对手在战场上有可资利用的破绽或缝隙。项羽作为久经沙场、百战不殆的顶尖名将，对于此次决战的布局早已胸有成竹，在他面前，垓下战场就如同事先布好的棋盘，黑白子错落有致，岂能轻易让人窥见破绽？况且，项羽也深知韩信善用奇兵的特点，如果他在对决时看上去破绽明显，大概率那就不会是韩信的机会，而只能是诱其上当的陷阱！

高手对决，容不得要弄小聪明，否则，不但难以达成既定的目标，还可能弄巧成拙，自食其果。决战之前，解决难题的最好办法，恰是放下手中的兵书，老老实实，认认真真地到预定战场上去进行一番踏勘和侦察。

垓下战场在哪里？对于其具体位置，史学界向有争议。在《汉书·地理志》中，载有"洨，侯国。垓下，高祖破项羽"。《汉书·地理志》向被称为正史地理志之祖，其权威性毋庸置疑，有人便根据这一线索，推断垓下为安徽固镇县濠城镇，依据是濠城即古代洨县治所。

不过此说很快就遭到了质疑。班固作《地理志》，若遇到汉前所置县，一般都只记录县名，尔后在县名下出小字"本注"，对县内具有历史意义的名胜古迹进行说明。有关垓下的这则文字亦适用此例，所谓"垓下，高祖破项羽"，是说洨县境内有垓下这一古迹，乃高祖（刘邦）打败项羽之所；而绝不能解释成洨县就是垓下，垓下就是洨县。

今濠城镇北面为沱河，古代称洨水，据《水经注》，垓下之战爆发时，洨水就已存在。假设垓下遗址在濠城镇或其南面，那么当项羽撤到垓下时，从东北方赶来的韩信军就只能隔河相望，有这空当，楚军不早就南去了吗，怎么可能被围堵在垓下？

合理推测，在韩信军接近楚军时，项羽军仍应在洨水北岸，即便他们不被韩军包围，也要花时间渡河。而若此时渡河，则必然会遭到韩军的趁机攻击，所以项羽只能在位于洨水北岸的垓下就地驻扎，并决定与汉军展开大决战。

根据目前的研究成果，比较可信的说法是，垓下遗址位于古洨河（今沱河）北岸，具体位置在今安徽灵璧县东南约五十里处的韦集镇，涵盖垓下村、金银山村及其周边高地。翻开卫星遥感地形图，可知垓下遗址的中心面积达二十五万平方米，而且此处地形非常奇特，北部平缓而南部陡峭，高程差（即两点之间的水准面差距）有三四米，形成了一种由北向南伸展、状似半岛的自然形态，这种地形因其独特的构造而成为易守难攻的军事要地。

遥想当年，韩信在踏勘这片土地时，面对一望无际的淮北平原，以及平原上垓下这一引人注目的奇特景观，心中一定也是感慨万千，并立即敏锐地意识到了此处地形所蕴含的战术价值。

决战之日

经过周密侦察、慎重思虑，韩信开始调兵遣将，他命令刘贾、英布、周殷率部，自垓下以南起形成包围圈，封闭楚军的所有外围出路；命令彭越领兵自垓下以北起形成包围圈，重点扼守楚军北撤的要道。

这一布局，除牵制楚军的行动、防止项羽突围外，还有一个重要用途，就是将刘、英、周部以及彭越部作为垓下战场外围的战略预备队，以便使自己拥有足够的机动力量，从而应对各种突发情况。

汉军一共六七十万，除去刘、英、周、彭部的约十五万，还剩下五十余万，即韩信军号称的三十万和刘邦军号称的二十万，被韩信合成一股，排出正面迎战阵型。部署完毕，韩信派人与项羽选定时日，双方正式决定在垓下摆开阵势，进行以硬碰硬的对决。

决战之日到了。

当天，韩信坐镇中央，首先指挥本部军向楚军发动进攻，项羽也迅速应战，派其前军从正面迎击汉军。

汉军这次并非倾巢而出，不过兵力仍优于楚军前军，能够在局部以多打少。反观楚军，尽管兵力差距大，却凭借着较强的战斗力和哀兵必胜的士气，亦足以与汉军势均力敌。

正当双方打得难分难解之际，楚军骑兵突然由两翼启动，对汉军两侧展开突袭。楚军骑兵剽悍善战，其中还有很多当时最精良的楼烦骑兵，他们的突袭给汉军带来了极大压力，慌乱之下，连旗帜、金鼓都未能保全。汉军不得不紧急收缩阵型，不料此举又让他们陷入了军阵动摇的不利态势。韩信瞧得真切，眼看自己的军队已经支持不住，连忙挥动令旗，指挥所部后撤以避楚军锐气。

在楚军前军与汉军接战时，项羽掌握楚军主力为中军，紧随其前军作为掩护支援。发现汉军开始退却，特别是看到前军已夺取了对方的旗帜、金鼓，汉军队形也出现了混乱，项羽断定总攻时机已到，遂一声令下，亲率中军投入战场，与前军合兵一处，对退却中的汉军展开猛攻。

楚军仅有十万，而汉军的数量是楚军的六倍有余，不过对长于以少胜多、精奇快猛取胜的项羽而言，这么多兵力，也足矣。就像以往历次战斗中发动总攻那样，项羽将兵力集中一处，采取中央突破兼斩首突击战术，矛头直指韩信的指挥部，其目标就是要刺心摘肺，先给汉军指挥系统以致命一击，再顺势消灭汉军或伺机突围。

截至目前，垓下之战似乎都在重复项羽以往的成功模式：双方接战，汉军不支败退；楚军迅猛追击……战场上呈现的也是似曾相识的一幕，但见项羽一如既往地身先士卒，冲锋在前，楚军将士则以骑兵在前，步兵在后，紧随着自己的统帅猛打猛冲。

接下来，自应是楚军成功突破汉军防线，直指其指挥部，继而汉军大败，一溃千里。以楚军战斗力之强，正面突破之犀利，没有人怀疑他们会撕不开缺口，然而就在项羽及其将士都以为即将得手的那一刻，出人意料的情况发生了。

原本看似溃退的汉军后方，突然冒出另一支早已列队整齐的部队，他们先开放阵型，将撤退的前军放入，继而弓弩齐发，箭矢如雨点般倾泻而下。楚军对此缺乏心理准备，只得暂停追击，仓促摆盾阵以躲避箭雨。喘息未定，这支汉军又发起冲锋，与楚军缠斗在一起。

项羽所惯用的两翼侧击战术也失灵了，因为不知何时，左右两边竟又出现了两支汉军，他们的规模都很大且磨刀霍霍，楚军骑兵在其双重钳制之下，根本无法有效施展。

战局迅速逆转，观战者皆能察觉，楚军已陷入不利境地。

五军阵

在踏勘垓下地形后，韩信便已定下方略，计划充分利用垓下独特的地形，以及自己握有绝对优势兵力的条件，自南而北，层层布阵。为此，在决战当天，韩信推出了精心设计，日后被明《武备志》列为经典阵法的五军阵。

五军阵将正面作战部队划分为五支队伍，三个梯队。

第一梯队，由韩信本部军组成。韩信自率主力十万人为前军，居中突出在前，直接面对楚军；韩信的部将孔藂、陈贺（后封为费侯，故史书中称费将军），各率十万人，为左、右军，两军均退后布置在中军两侧。

第二梯队，由刘邦军的主力十万人组成。刘邦亲自统领，作为中军，部署在前军之后。

第三梯队，由刘邦军的另外十万人组成。汉将周勃、柴武各统其中的五万人，为左后军、右后军，两军退后部署在中军之后。

最初与楚军接战的汉军，即为韩信自率的前军。按照宋代沈括在其名著《梦溪笔谈》中的观点，韩信率前军先行向楚军发动进攻，属于挑衅式的诱攻，稍后的兵败撤退，也是为了"佯败诱敌"。沈括还提到，早在井陉之战中，韩信就已经用过诱敌的手段，当时他通过背水列阵，在陈馀面前"露怯"，成功诱使赵军离开"赵壁"出营与之决战，而韩信所预先部署的骑兵，则乘机"拔旗易帜"。沈括认为，韩信此次"佯败诱敌"，本质上不过是之前井陉之战的故技重演。

韩信再度诱敌，自然不是为了"拔旗易帜"，而是为了将楚军引入了自己预设的五军阵。问题不在这里，问题是，项羽为什么会上当呢？

两军交战，凡一方形势未衰却率先开始奔逃，并重新建立战斗队形者，即可认定，此战斗方必在前面设有奇袭或埋伏。在这种情况下，切忌深入追击，此乃兵家常识，《孙子兵法》对此还特别提出了"佯北勿从"的警示。

项羽自幼接受兵法训练，且成年后身经百战，所向披靡，战场上什么世面都见过，他不可能对于常识性的"诱敌计"浑然不识。再者，韩信可不是当年那个在门口负责站岗的执戟郎中了，人家早已是威震天下的名将，项羽轻视谁都有可能，但唯独不敢轻视韩信，用沈括的话来说，"籍所惮者独信耳"。

明代小说《西汉演义》为此还专门给项羽设计了一句台词："朕自会稽以来，与诸侯交兵，何止三百余阵？未见如韩信用兵利害如此。"此固为小说家言，然而亦可能是当时项羽对韩信的真实态度。

韩信凡使用过诱敌之计的著名战例，包括井陉之战、潍水之战，其过程早就盛传于海内，几乎无人不晓，但凡军人，皆对其了如指掌。外界对于韩信其人其事，也已经了解得非常清楚，深知此人实非早期传闻中的怯懦之辈，而是自青少年时期便精通"怯"之运用的高手。在战场上，他屡屡"示怯""露怯"，不过是用来迷惑对手、诱敌深入的一种战法……

简而言之，"佯败诱敌"这一招，除非韩信再也不用，一旦重复使用，岂能不引起项羽及部将们的警惕？沈括对此则有着更深入的分析，在他看来，韩信在垓下诱敌，并非井陉之战中诱敌计的原本照套，而是此计的"改进加强版"。

一般人诱敌，都是以小股部队作为诱饵。井陉之战中，韩信使用的主要诱兵也不过就是背水列阵的那一万人；但他在垓下却投入了十万规模的庞大部队，远超与之接战的楚军。另一方面，韩信在战场上的控制力惊人，他从始至终都没有把自己的真实意图告知前军，所以前军实际上是真打，在不利的情况下选择撤退，也是真退。这些情况与井陉之战是完全不同的，项羽若以井陉之战的经验来推断，必然就会将韩信重复使用诱敌计的可能性给排除掉。

当然，以项羽之老道，他也不会仅以井陉之战作为参考，而更多的会依赖自己的观察和直觉，但后者只会让他对汉军败北的假象更加深信不疑，且不以为诱。

沈括打了个比方，说就好像骑手在骑马时故意让马失蹄摔倒，以迷惑对手一样，可别小看这一动作，其实需要骑手具备非同一般的马术。同样，韩信能够诱使项羽这样的顶级高手上当，也足以说明他在谋划奇计妙策方面的造诣之深。

知己知彼，方能百战百胜，韩信非常清楚项羽此时的境遇及其所思所想。项羽在垓下所面临的局势，客观上使他无法守而不攻，更无法如同汉军那样，做攻守自如、开合有度的纵深布阵。换句话说，除集中兵力、速战速决，以及试图对汉军实施斩首突击战术外，项羽别无选择。这实际上就是他愿意接受汉军兵败的心理基础，因为唯有如此，他才有机会突破困境，找到出路。

除此之外，项羽忌惮韩信不假，但楚汉对垒多年，楚军经常能够以少胜多，项羽心中对汉军固有的心理优势必然不会轻易动摇。这种始终相信自己能够击败汉军的强烈自信，又使得项羽一旦排除掉关于韩信可能因"怯"而退的表面疑点，便会对此确信无疑，进而不惜孤注一掷。

玄　机

韩信虽然佯败诱敌成功，但毕竟项羽善战敢斗，他及所辖楚军之勇猛，均非井陉之战时的陈馀、赵军可比。况且楚军又有哀兵之势，一旦前军顶不住他们困兽般的疯狂突击，便很可能弄假成真导致全军溃败，一发不可收拾。沈括言垓下诱敌乃井陉诱敌的"改进加强版"，其另一层意思为：韩信事先部署了大量友军，对撤退的前军进行接应配合。

玄机就藏在五军阵内。

在第一梯队的最初列阵中，韩信率前军居中突前，孔藂、陈贺的左、右军则退后布置于两侧，形成隐蔽的侧翼力量。当前军开始与楚军正面交锋时，左、右军并不急于上前介入，而是静待时机。随着战局的发展，前军奉令后撤，此时，前军恰好与左、右军处在了同一水平线上，左、右军就此迅速展开，既能有效制约楚军的两翼突袭，又能作为前军的强大侧翼支援，形成对楚军的夹击之势。

同样，在刚列阵时，第二梯队刘邦所统中军，位于前军背后的纵深处。当前军后撤时，中军则前进，两军的前后距离迅速拉近，中军自然而然地就能为第一梯队、为前军提供依托支援。

左、右军各十万人，中军十万人，韩信在两翼之外，前锋之后，安排了这样两层强大兵力，已足以避免发生前军被楚军击穿，进而导致崩溃的危险。

按照沈括的说法，如果把井陉之战时的陈馀换成项羽，赵军换成楚军，韩信别说取胜，能不能全师而退都很难。韩信布阵之妙，就在于他能够应时、应地、应人地灵活布置。井陉之战时，鉴于陈馀、赵军不像项羽、楚军这么猛，因而他就布下背水阵，靠激发所部将士的必死之心以挫败敌军。与项羽对阵，若要再行背水阵，那就真的要把自己弄到悬崖边上了。这时候靠什么？靠兵多将广！

当韩信率部撤退时，有孔藂、陈贺二军左右护卫，刘邦大军居于其后，更远的后方，还有周勃、柴武重兵支援，这样的布局与背水一战时截然不同，何险之有？

韩信对项羽的战法可谓了如指掌，他一开始就知道，如果项羽发动总攻，就必然会集中力量于中路，寻求打垮自己的指挥中枢，所以他在列五军阵时，便将主力都聚集于中路。

位于第一梯队中路的前军，为韩信军主力。在首回合与楚军交锋中，韩信一看前军抵挡不住，便立即下令后撤，因为他的本来目的就是要诱使项羽出击。

位于第二梯队中路的中军，为刘邦军主力。在韩信引兵后撤被楚军尾追时，刘邦中军已经同时前进。先用箭雨将韩信前军掩护下来，随即就与楚军绞杀在一起。

韩信在两翼布置的是抑制力量，也就是孔藂、陈贺所率左、右军。楚军在被刘邦军主力截住时，从左、右两边冒出的正是他们，这两支汉军大部队突袭而出，不仅限制住了项羽的侧翼攻击战术，而且还反过来从两翼对楚军实施了迂回进攻。此时，韩信前军已经退后整理就绪并重整队形，再次杀回战场，与刘邦中军一起紧紧顶住楚军，共同对其形成正面压制。

《史记·高祖本纪》描述韩信在垓下之战中的指挥，仅用六十字，其中关键处更是只用了四个字，即"合、却、纵、乘"：韩信令前军对楚军发动挑衅式进攻，此为"合"；随后诱使楚军深入，此谓"却"；接着，孔蓁、陈贺率左、右军从两翼突袭，此为"纵"；最后，韩信前军与刘邦中军合力压制楚军，此称"乘"。

清人牛运震在《史记评注》中，认为"合、却、纵、乘"实际上是韩信所发出的四个精准指令，汉军据此迅速、准确地执行了前进、后退、集结、分散等复杂行动，所展现出的高度协同性和响应速度，令人惊叹。

另一位清代学者何焯则把"合、却、纵、乘"视为四个阶段，认为每个阶段都指向彻底击败楚军这一总目标：合，以自己作战不利（实际上也确实是首回合落于下风），使楚军不由自主地产生骄傲轻敌的想法，使其精神上懈怠麻痹；却，佯装退却（实际上也是真退），引诱楚军深入，使楚军在追击时疲惫，以利随后发动反击；纵，派孔蓁、陈贺率左、右军从两翼迂回急进，迫使项羽不得不分兵应对来自两翼的威胁；乘，趁项羽兵力分散之机，集中韩信前军、刘邦中军的力量，从正面对楚军发起攻击。

对于韩信在垓下一战中的用兵艺术，历代均推崇备至。北宋王安石说在他看到韩信对项羽发动进攻时，就已洞察韩信是在佯"怯"装退，并断定胜局就此已经奠定，因此他在咏《韩信》诗中写道："但以怯名终得羽，谁为孔费两将军。"

牛运震惊叹韩信布阵之妙及策略之奇均达到了极致，可谓"奇正相生之妙宛然"，甚至于韩信在垓下所布设阵法、所谋划战法无不让他感受到一种庄重森古之风，仿佛其中蕴含着兵家千年以来的智慧与经验。

十面埋伏

王安石认为韩信以"怯"即能得胜，何焯虽未敢如此断言，但也认定，只要"合、却、纵、乘"齐出，即使项王再勇猛，亦难抵挡其势。真实的战争过程当然远没有这么简单。

项羽在遭到围攻时，已经觉得不对劲了，奈何开弓没有回头箭，何况就算这个时候他要撤军，也已经晚了：被汉军紧紧咬住，若是回头，对方只会咬得更狠，自己也将败得更快。没有别的办法，只能继续往前冲，拼他个鱼死网破，说不定还能杀出一条血路，扭转眼前的不利局面。

项王之威，如霹雳闪电，项羽就像是一头被激怒的雄狮，集中全力，再次向汉军发起冲锋。然而韩信已将汉军主力排成了非常厚实的层叠式军阵，密密麻麻地困住了楚军。项羽率部经过一轮又一轮的浴血冲杀，好不容易冲出旧的包围圈，新的包围圈又形成了，反正是他们冲到哪里，包围圈就延伸到哪里，如影随形。明明眼前已是尸山血海，但抬头一看，周围的汉军仍然里三层外三层，如同乌云般层层叠叠，一眼望去，漫山遍野，无边无际。

五军阵是韩信为项羽度身打造的阵法。楚军的鲜明特点是战斗力强、善于正面突破，而五军阵的最大特点恰是正面强，纵深大，兵力高度集中，能够有效地阻击敌人的连续正面突破，并能给予强有力的反击，从这一方面上来说，它不啻于楚军的克星。后世文艺作品称之为"十面埋伏"。所谓"十面埋伏"，本意为四面八方，广布伏兵，在这里也恰好可以用于表现汉军层层包围的严密，进而凸显楚军左冲右突仍不得出的困境。

经过半日的厮杀，楚军终究还是没能突破汉军阵线，自身则越打越乏力，渐渐已失去了最初的锐气。这也不奇怪，《汉书》中有一名名言，"强弩之末，力不能入鲁缟"，意思是就算强弓硬弩发射出去的箭，飞行已达末程，可能连最薄的鲁国细绢（鲁缟）都穿不透。楚军也是这样，随着时间的延续和取胜希望的渺茫，他们的体力及状态急剧下降，是完全可以想见的。

与此同时，楚军过于猛烈的冲锋，明显拉开了军队前后的距离。楚军后军以步兵为主，而前、中军除步兵外，还有较多的骑兵。项羽在发动总攻时，原本安排步兵跟在骑兵后面一起冲锋，可是冲锋真正开始后，随着地形的变化，速度本来就较慢的步兵便很难再跟得上骑兵的步伐了，尤其是以步兵为主的后军与前、中军之间已基本处于脱节状态。

后军脱节，自然无法再给予前、中军以应有的支持和帮助，等于削弱了楚军的总体实力。另一方面，前、中军的骑、步兵之间也出现了脱节的问题，项羽的冲锋队形因此变得越来越散乱，队伍也越拉越长，彼此之间渐渐失去了配合。

战至中午，自两翼迂回进攻的汉军左右军孔聚、陈贺部，终于击溃了缺乏步兵协同的楚军侧翼骑兵。随后，孔、陈部一边与中路汉军密切配合，继续攻击楚军侧翼，一边分兵向楚军前军、中军的身后移动，将楚军前军、中军与后军彻底隔离开来，从而完成了对于楚军的战略分割大包围。

楚军就此陷入了前后不能相顾、首尾不能相救的困境，前、中军被汉军以紧密阵形两面压来，被分隔的后军也没好过多少，它的前面是孔、陈部，背后是柴武军，同样遭受着两面夹击。

柴武军在五军阵中属于第三梯队，最初列阵的位置还在刘邦军的两侧。第三梯队被韩信作为总预备军使用，柴武军是其中的游兵（即机动部队），还在楚军开始发动总攻起，韩信就已派该军出发，迅速向楚军后方迂回。在楚军被一分为二之际，柴武军也已迂回到位，进而与孔、陈部一起，把楚军后军夹在了中间。

楚军大乱，士气和斗志一落千丈，再难以组织起有效的进攻或防御。项羽见状，只得下令回师，意图救援后军。问题是前进不易，后撤更难，而且楚军前军、中军也早已被汉军分割包围，各自孤立无援，被汉军逐个击破只是时间问题。

能够继续跟随项羽冲锋陷阵的，仅剩少数精锐。项羽不愧是项羽，即便到了这个时候，其兵锋所至，依然如同锥子般锐利，最后竟然得以杀出一条血路，在突破重围、救出后军残余部队后，安然退回壁垒之中。然而并非所有人都能如此。

垓下一役，楚军主力部队几乎全军覆没。根据史书记载，十万楚军与战，战后生还者尚不到两万，其余皆被汉军歼灭。垓下，无疑成了楚军的伤心之地。

反观汉军，虽然也付出了十多万的伤亡代价，战损甚至超过楚军，但战后韩信手中依然握有超过五十万的有生力量。其中，第三梯队的周勃军以及外围的彭越、刘贾、英布、周殷诸军，甚至都还没有在战斗中被完全动用，此战之胜负，自是一目了然。

东方滑铁卢

世界七大古战场，中国独占其二，除了赤壁，就是垓下。

在今天的沱河北岸，灵璧县韦集镇的金银山村，有两座相邻的高大土堆，传说这就是当年韩信的点将台，当地称为金银山，南为金山，北为银山，当地民谣云："垓下古堆三千三，数罢金山数银山。"虽然垓下之战已逾两千年，但这场惊心动魄的大决战对于当地村民而言，依然仿佛声犹在耳，那战马旌旗，刀光剑影，皆历历在目。

考古发现对此进行了证实。二十世纪五十年代，金银山村（当时叫城后大队）因为兴修水利，在金银山附近发掘出大量铠甲、头盔、弩机、铜镞、釜、宝剑、错银圈、五铢铜洗等遗物。此外，那一时期因为水土流失，每逢大雨过后，老百姓还经常可在地上捡到各种锈蚀的兵器碎片。至八十年代，金银山附近又发现了"鎏金砚滴"一枚、玉猪一个以及青铜剑三把；村民在耕地时，曾意外挖出护心镜一块。经文物部门鉴定，这些均为秦汉时代的物品，其中"鎏金砚滴"更被评为国家一级文物。

这些文物的出土，不仅为金银山一带系垓下古战场中心的说法提供了依据，而且遗址上既能遗留如此多的武器和军用品，亦不难想见当年垓下之战的激烈与残酷程度。

作为垓下之战的汉军前敌总指挥，韩信自拜将出师以来，叱咤风云，纵横捭阖，他先后参与指挥或独立指挥了一系列重要战役，竟无一败绩，这一战绩本身就堪称世界战争史上的一大奇观。

据统计，秦末之际共有八场具有重大转折意义的战争，其中有三场均为韩信所指挥，即井陉之战、潍水之战和垓下之战。在这三场战役中，垓下之战无疑是韩信一生中最重要的战役，也是他唯一一次与项羽直接对峙的战役。此战不仅战场范围辽阔，动用兵力规模宏大，而且韩信指挥之高超绝伦，布阵之出神入化，组织系统之严密周到，措施部署之滴水不漏，在古代战争中实属罕见，令人叹为观止。

战争的结果，使得垓下之战顺理成章地被赵翼等后世学者奉为古代以多胜少的经典战例。与此同时，它作为楚汉战争中的收官之战，更是历来就被视为楚亡汉兴的标志性事件。据《三国志》记载，孙权改元称帝时，曾命人作赋以资庆祝，赋中即有"周之牧野，汉之垓下"一句，显然已将垓下之战与周克商的牧野之战等量齐观，认为垓下之胜一举奠定了此后汉帝国的基业。正如清人郭嵩焘在《史记札记》中所言："韩信与项羽始终未一战，独垓下一战收楚汉兴亡之全局。"

对于垓下之战的另一主角，沦为失败者的项羽而言，此战同样具有标签一般的性质。《三国志》在蜀汉后主刘禅的传记中，附录了他的一份诏书，诏书大意是说，项羽一度凭借其军力之强，兼跨多个州郡，地盘辽阔，他的志向看上去也很远大，不料一个垓下兵败，就令项羽陷入了万劫不复的崩塌境地。这个曾经百战百胜的一世名将，以及他那个曾经号令诸侯的西楚政权，全都由此成为过去，并且"为笑千载"。

刘禅在人们印象中是个"扶不起的阿斗"，至少不算能力特别强的有为之君，然而他居然也能以一个旁观者的角度，把项羽说得一无是处，可见垓下之战对项羽的形象和威望所造成的摧毁性打击，以及给项羽所带来的屈辱性体验。

在楚汉相争的四年间，项羽屡战屡胜，从未失手。垓下决战是其第一次也是生平唯一一次败仗，但却使他一次性地彻底失去了和汉家角逐天下的资本。这一点，令研究军事的国外专家都感到有些不可思议，称之为"东方滑铁卢"。

四面楚歌

在今天的沱河南岸，固镇县濠城镇北，有一座古城遗址，民间俗称"霸王城"。二十世纪八十年代，此处曾被宣布为"垓下遗址"，认为是项羽在垓下时的军营。但随后，这一结论就遭到了质疑，不少学者专家都认为，"霸王城"实际应为洨城遗址，项羽的垓下军营另有其地。

考诸史籍，《后汉书·郡国》记："洨有垓下聚。"又加小字补注："高祖破项羽也。"《水经注》中亦有相似记载："（洨）县有垓下聚，汉高祖破项羽所在地。"所谓"聚"，是较大村落的意思，由史籍可知，"垓下聚"乃当时洨县县域内的一个村落，它既是垓下之战前楚军的军营和壁垒，同时也是项羽在垓下大败后，收缩残部的退守之所。仅从名字上来看，"垓下聚"也比"霸王城"更能衬托此时项羽所处的窘境。会战取得大胜后，韩信并未急于发动强攻，而是指挥汉军将"垓下聚"团团围困。

元杂剧《萧何月下追韩信》，为了凸显这一围困给项羽和楚军带来的巨大压力，还特别为韩信设计了一句唱词："怎时节暗呜叱咤难开口，便举鼎拔山怎脱身！"唱词其实并没有夸张。濠城当地有一个类似于玩笑的说法，说濠城原来就叫垓下，只是因为垓下谐音"该下"，有地方官员认为不吉利，于是才改成了现有名称。这当然是个谣传，但如果联想到垓下其实是"围地"，对楚军而言，"该下"这个名字倒真是很不吉利。

"围地"是兵法中一种特殊作战地域和环境的指称。《孙子兵法·九地篇》对"围地"的解释是，进入该地域的道路较为狭窄，而从该地域出去的道路又迂回遥远，同时敌人又据有地形之利，且凭借这一条件，只需以少数兵力即能击败己方众多兵力，如此，敌人就能轻而易举地对该地域形成包围之势。

垓下外围为洨水（沱河）等河流环绕，进出两难，除"垓下聚"地域外，其他地域特别是高地，均为汉军所据，这不就是标准的"围地"吗？况且，汉军也根本就不需要以少打多。会战前十万之众的楚军，此时已不足两万，面对汉军的继续挑战，只能破天荒地选择在营中坚守不出，而汉军则仍有五十多万能战之士，仅数量上就已远远超过了兵法中的"十则围之"。

孙武认为，军队若陷于"围地"之中，是相当被动和不利的。困守于"垓下聚"的楚军，当时就承受着这份煎熬。时值隆冬，寒风刺骨，雪飞冰凝，但楚军将士在内乏粮草、外无援兵的情况下，却只能忍饥挨饿。项羽纵然平时非常爱护和体恤士卒，然而到了这步田地，亦一筹莫展，计无所出。

《史记·项羽本纪》中记载道："项王军壁垓下，兵少食尽，汉军及诸侯军围之数重。"虽然只是寥寥几句文字，但楚军境况之艰难已渲染到极致。往日力能拔山，所向披靡的西楚霸王，现在真的是日暮途穷了，他和随其退守于"垓下聚"的所有部属都好似成了笼中困兽，难以自拔。

有一天深夜，项羽突然被帐外传来的声音惊醒，细听之下，不由大惊失色，毛骨悚然。

垓下被困后，可想而知，军营中必然多有怨声，楚军虽然平时军纪并不松弛，但处于那种境况之下，事实上已经控制不住士兵们的情绪，只能听之任之。在寒风凄凄的夜里，骂声有，哭声有，忽高忽低，交织一处，即便身处军帐中，也总能隐约听到，项羽对此早就习以为常，且不以为意。然而这次项羽所听到的，并不是谩骂声或哭泣声，而是歌声，更为诡异的是，这歌声并非源自自家军营，而是来自周围的汉军军营。

他们唱的是什么，如此凄凉哀婉？竟是楚歌，那来自楚地的熟悉旋律！

霸王别姬

垓下的"四面楚歌"，不是一两个人或十几、二十几人在独唱或合唱，而是数万乃至十余万人在齐唱。

有人可能不理解，刘邦、韩信以及刘邦赖以起家的丰沛集团，全都是清一色的楚人，汉军会唱楚歌不是很正常吗？其实汉军上层的确以楚人居多，然而中后期随着战损的扩大，汉军中补充进来的新兵，主要都是关中的秦人或其他北方人。虽然项羽在搜集敌方情报的能力方面远不如刘邦，但此等情形，早已不是什么秘密，项羽又岂能不知？

尤为关键的是，汉军士兵唱的居然全都是东楚的楚歌！

司马迁在《史记·货殖列传》中，明确把楚地分为三个部分：东楚、西楚和南楚。项羽的籍贯是江苏宿迁，宿迁当时属西楚，项羽又自称西楚霸王，但实际上他很早就随项梁流亡并长期生活于吴中，而吴中属于东楚，项羽自然对东楚的楚歌最为熟悉，一听就能听出来。项羽的手下，尤其来自吴中的"八千子弟兵"，也基本都是东楚人，由此便可大致认定，"四面楚歌"就是东楚的楚歌。

古代楚地范围广阔、交通不便，即便相邻很近的两个地方，语音都可能存在差异，所谓"十里不同音"。同是楚人，西楚、南楚人听不懂东楚的楚歌，东楚人听不懂西楚、南楚的楚歌，都是再正常不过的事，更别说语音和南方有着很大差别的北方人了。这样又可以得出一个结论，即参与齐唱楚歌的皆为楚人，而且还是东楚人。

问题是刘邦及其手下，基本都是西楚人，只有极少数如韩信等才是东楚人（淮阴属东楚），而这正是导致项羽震惊莫名，甚至为之失魂落魄的原因所在：如果汉军士兵中有数万东楚人，岂不是说明就连东楚都被汉军占领了吗，否则他们怎么可能在短期内，一下子招募到这么多东楚人？

包括吴中在内的东楚，乃西楚国的中心地带。截至垓下战罢，项羽一直认为他至少还拥有东楚，这是他的希望所在，复兴之根基。东楚可能已全部丧失的信息，对项羽而言，不啻于晴天霹雳，他当场失态，惊呼道："汉军已经得到楚国的全部土地了吗？为什么楚人这么多呀！"

项羽再也无法入睡，起身下床，在帐中饮起了闷酒。想到自己几年戎马倥偬，战无不胜，是何等气概，不料如今却陷入绝境，无路可走。项羽是借酒消愁愁更愁，几杯之后，愈发气闷。眼看大厦将倾之际，项羽所惋惜的不是即将失去的天下，而是常年陪他出征的伴侣：爱妾虞姬、宝马乌骓。项羽是重情之人，也许他在感觉自己的事业和人生开始走下坡路的时候，就已想好将虞姬遣散，将乌骓送人，以免随其同归于尽。但虞姬誓死相从，乌骓依恋主人，都终不肯舍他而去。

如今被围垓下，一切都完了，我还能为你们做些什么呢？

军中一般都备有乐器、乐人，楚军也不例外。平时打仗之前，或者得胜之后，项羽都会在宴请将士时，以奏乐、歌唱来激励众人。酒兴正浓，兴致正高之际，他甚至还会和将士们一起拔剑起舞，以此增强三军士气。现在眼看项羽在帐中喝起了酒，音乐再次响起，陪伴在项羽身边的虞姬也翩翩起舞，但鉴于项羽喝的是闷酒，因此奏乐的曲调已经改成了哀怨之声。项羽和着乐声，慷慨悲歌："力拔山兮气盖世，时不利兮骓不逝。骓不逝兮可奈何，虞兮虞兮奈若何！"

项羽所唱，亦为楚歌，但歌词全为项羽自己即兴所作。他一连唱了数遍，唱着唱着，泪下数行。项羽唱完，虞姬且舞且歌："汉兵已略地，四方楚歌声。大王意气尽，贱妾何聊生！"英雄挥泪，美人泣血，霸王别姬，幽恨断肠。此情此景，谁能不为之动容？帐中侍从全都潸然泪下，众人哭成一片，皆不忍卒视。

他上当了

霸王别姬，是中国历史上极为经典的一幕，也是包括京剧在内的很多戏曲中必不可少的经典剧目。历代文人墨客都会被其感染，为之发出深情的叹息，唯独明人李廷机别出心裁，对项羽所为很不认可："项羽一世英雄，而至垓下之困，眷眷于一美人、一骏马。噫，亦可悲矣！"

其实这就是项羽之所以为项羽，而不是刘邦或者其他什么人的原因。然而李廷机在不经意间却也一语道破了一个当时连项羽都浑然不觉的真相，那就是：他上当了！

让项羽上当的，正是他和部下们所听到的"四面楚歌"。"四面楚歌"自然不可能是汉军士兵的自发行为，而只可能是其指挥部有意为之的攻心战。谁是主谋？有两种流传甚广的说法。

一种说法认为，是张良向刘邦提出了唱楚歌的建议。今灵璧县境内有三座山，名为三柱山，相传就是张良率汉军高唱楚歌之地。可能是鉴于张良不是楚人，攻心战术也并非仅限于唱楚歌一种形式，于是又有张良吹箫的传说。在固镇县境内的"霸王城"西南，有个夹山口，据传即为张良吹箫之处。有趣的是，传说故事中还讲到，刘邦当时恐怕项羽听不到箫声，又依张良之计，在夹山口放风筝上天，用风筝尾绳系着筐子，筐中载人以吹箫。没想到，因为风力太弱，风筝最终飘落到了"霸王城"西北的一座桥上。于是从此以后，每当风清月白之夜，那座桥上便能隐约传出阵阵箫声。

与之相对的另一种说法，是将韩信视为"四面楚歌"的主角。民间传说韩信就是风筝的发明者，在垓下围困项羽期间，他做了一种带有笛子的风筝。一到夜晚，风筝就被放到高空中，风吹笛子发出凄凉的声音，而汉军则和着笛声，朝楚军军营大唱楚歌。

这两种说法的共同之处是均存在较多的传说成分，都出自民间的想象和猜测，缺乏确凿的史料支持，因而难以采信。需要确认的是，结合史料分析和逻辑推断，张良、韩信二人之间，谁更有可能是"四面楚歌"的真正策划者和组织者。首先需要明确的是，此时垓下会战的前敌总指挥是韩信，而非刘邦，一般情况下，张良、陈平等人不可能直接为韩信出谋划策。其次，由于韩信后来成了"问题人物"，又由于垓下之战在楚汉战争中起着决定性作用，因此他在垓下之战的地位及其功绩，遭到了刻意淡化甚至贬低，出现了所谓"刻刀削之，曲笔贬之"的情况。同样是记述垓下之战，司马迁在《史记》中对于韩信布阵败敌的经过，记录简洁；班固在《汉书》中则仅以一句"围羽垓下"就笼统带过，韩信在接战过程中的智勇谋略，竟全然不见。这也就是说，即使明知"四面楚歌"出自韩信，《史记》《汉书》等史书作者，出于各种顾虑，也极可能有意隐而不表。

倘若"四面楚歌"之计来自张良，那就不一样了，张良的功绩免不了会被大书特书。因为这样做，不仅不存在对待韩信式的忌讳，而且张良作为刘邦的谋士，其献计自然也能归功于刘邦。然而，无论是当时的档案还是后来的史书都未有明确记载，甚至在关于垓下会战的相关记载中，也看不到张良的影子，所以就连他有没有随刘邦到达垓下，都存在疑问。

把"四面楚歌"之功归于张良，以及出现相应的民间传说，是因为都知道张良是有名的运筹之士，刘邦的第一"画策臣"，且他和陈平都工于心计，似乎只有他和陈平这样的谋士，才能想出"四面楚歌"这样的攻心计。殊不知韩信在沙场上同样是攻心计的高手，实施心理战是他的拿手好戏。从还定三秦到垓下之战，凡韩信参与指挥或独立指挥的重大战役，哪一次不是在战前就对敌将的心理做了深入了解和分析，把敌将的能力、性格和习惯都琢磨了个透？他所推出的每一个奇计妙策，也都多多少少与掌握敌将、敌军的心理并对之加以利用有关。

韩信用兵，最突出的特点是以智取胜，其终极目标在于以最小的代价争取最大的胜利。项羽受挫，但尚有余勇，楚军新败，仍有战力，要想完全战胜项羽并彻底击败楚军，无疑还将付出惨重的代价，说不定让项羽成功突围也是有可能的。有鉴于此，韩信没有第一时间发动强攻，而是先将项羽和残余楚军围困于"垓下聚"，待其精神上稍稍放松下来，紧接着便展开了一场别开生面的心理战，也即"四面楚歌"。

第九章　向死而生

　　项羽来自东楚，其军中士卒和军官也大多来自东楚，只有听到自己家乡的曲调才足以动摇其军心、瓦解其意志。所以韩信在设计"四面楚歌"时，用的不仅是楚歌曲调，而且还是在东楚很流行的曲调。

　　项羽听到楚歌，第一反应是汉军士兵原先多为北方人，若非已将东楚全部攻下，到哪里找这么多楚人歌者？其实如今的刘邦集团诸军，并非全然由北方籍贯的部队构成，韩信自有办法在短时间内将人凑足：周殷部本就源自楚军；英布部是英布潜回其九江故国后，召集旧部或在当地招募的新人，全为楚人；刘贾、彭越等长期在江淮地区活动，其队伍中亦不乏楚人；再加上历次战斗，包括垓下之战中俘获的楚兵，凑齐十万余楚人共同吟唱并非难事。这些楚人虽然不可能全为东楚籍贯，其唱楚歌的口音也与北方人截然不同，又经临时学习，很快便能整齐划一地跟唱。项羽及其部下在遭到围困且孤立无援的情况下，是无心也无力分辨出歌声中的细微差异的。

大势已去

韩信的心理战取得了惊人效果。"垓下聚"内的楚军士兵于愁苦之中，突闻熟悉的家乡曲调，以及那些凄凉哀婉、入耳入心的歌词，触景生情，其精神上的惶惑与沮丧是可以想象的。

这个时候，作为楚军统帅而且还是精神支柱的项羽，其态度就显得分外重要。项羽在作战期间，一向心志如铁，或许他不会像普通士卒那样脆弱，轻易为楚歌所动。然而，从楚歌中得出的判断和认识却无疑给了他致命一击：难道楚国已经被汉军完全占领，连东楚亦未能幸免？难道楚人全都加入了汉军？看来大势已去，大势已去啊！

实际上，包括东楚在内的西楚国之地，这时还有相当一部分未易汉帜，仍为楚军所坚守。项羽所得出的判断和认识，不过是韩信通过"四面楚歌"有意给他造成的错觉，而这一错觉又成功地误导了项羽。他当晚借酒消愁、慷慨悲歌的行为，已足以表明其内心有多么绝望。

垓下兵败没有能够真正打垮项羽，真正打垮他的恰是"四面楚歌"。项羽不但自己乱了方寸，而且他的情绪变化，又令士卒更加沮丧和不安。唐《通典》在兵法的"专攻其心"条目中，对此做了反思，指出军中奏乐应避免演奏那些哀怨之声，因为这样的音乐会使人感到凄凉悲伤，消磨锐气，挫伤壮志，如此一来士兵就没法在战斗中获胜了。

至此，思乡厌战的悲观情绪完全笼罩了"垓下聚"，楚军将士内心忧惧如焚、郁郁待毙，军营士气降低到最低程度，部队开始迅速瓦解。一切都预示着楚汉战争正在接近尾声，项羽失去了转败为胜的任何机会。

但是无论何时何地，要让项羽低头是绝对做不到的。他的对手刘邦可以委曲求全，以图将来，项羽不能，那不是他的性格。项羽的信仰和性格决定了即使到达人生终点，他也只能继续往前冲，哪怕前方是一片死地。忍垢偷生和向死而生之间，项羽毫不犹豫地选择了后者。

既然不能全军突围，那就带着仍然追随他的人突围，项羽决心一下，麾下八百余骑兵誓死相从。这个时候虞姬已不在突围队伍中，《史记·项羽本纪》虽未明载其下落，但根据她与项羽对歌时的歌词之意，已经非常清楚地表达了自己将要殉身以明志的意愿，可以推测应该是在项羽突围前就自杀了。北宋苏轼曾到虞姬墓前凭吊，并作诗一首，诗中云："帐下佳人拭泪痕，门前壮士气如云。"

虞姬看来性格并不柔弱，她经常随军打仗，是见过刀光血影的。流传至今的虞姬形象也都骑着马，秦末时尚未发明马镫，骑马者要靠双腿紧紧夹住马身才能稳定身躯，确保不从马背上摔下来，因此能骑马的人必定都擅长马术。然而虞姬毕竟只是一个女子，不是以打仗为职业的武士，若是参加突围只会拖累项羽，因此她才会决定自杀，这无疑又给霸王别姬的故事平添了一层凄美色彩。

苍茫夜色中，项羽满怀悲戚地埋葬了心爱的女人，随即跨上乌骓马，率部连夜突围。

突　围

　　"四面楚歌"中的"四面"，乃四面八方之意，并非指汉军已将"垓下聚"四面包围。事实上，韩信并未死板地采取四面围困的打法，原因还是如前所述，楚军虽处于劣势，但战力尚存，若逼之过甚，将"垓下聚"这块"围地"完全变成死地，对汉军并无好处。要知道，项羽和楚军可是破釜沉舟、背水一战的先行者，如果他们咬牙死战坚守，加上有壁垒和防守阵地作为依托，汉军不但难以速胜，反而还很可能要蹈井陉之战中赵军覆辙，以至于功亏一篑，转胜为败。

　　结合韩信以往用兵的策略和风格，此次他极有可能采用了围三阙一、虚留生路的战术，即故意在包围圈中留下缺口，并将其与"四面楚歌"的心理战结合起来，在使楚军陷入绝望，意志崩溃的同时，又给予他们一线生机，以诱使其中尚不肯投降的人选择轻装出逃。汉军则静待时机，对这些放弃辎重、仓促出逃的楚军进行追歼，其代价自然要比强攻阵地小得多。

　　或是因为汉军的包围并不紧密，或是因为项羽所率八百骑确有万夫不当之勇，最终项羽及其所率八百精锐连夜突围成功。

　　突围之后该怎么走？从此时汉军各军团所处位置来看，压在垓下北方和东北方的是韩信军，垓下会战中，楚军就败于其手，当然是不能再去硬碰硬的，北方和东北方去不得；西北方，现在是彭越军，那条路行不通；西方，则有刘贾、英布、周殷部，西去等于送死；往东，那里河沟纵横、湖池深阔，项羽分队皆为骑兵，纵骋于此地相当不便，显然也不可选择。想来想去，只有南驰才是最优选。

埃下会战前，楚军本就走在南下回吴之路上，只是被堵在埃下才被迫与汉军决战，如今因为汉军要围困"垓下聚"，南线反而露出了一大块空隙。此时不走，更待何时？

南驰原有东、西两条路径。东路是取东阳南下，由广陵渡江，经丹徒（今镇江）至吴中。这是八年前项羽与叔父项梁率江东八千子弟，开赴江西反秦主战场时的所经路线，途中他们还在东阳争取到了一批骨干力量加盟。

东路既熟又近，重走的话，不过是当年自东而西，而今自西而东。问题在于这条线路中东至江滨的城邑——广陵，已于一年前被灌婴攻取，西面的寿春又因周殷叛离，在垓下之战前也落入了汉军之手。东路不通，只能走西路，即取道钟离渡淮南下，再从东城县的乌江渡渡江，接着经牛渚、丹阳，沿当初秦始皇东巡会稽的驰道至吴中。

对项羽来说，西路不仅比东路路途更长，而且相对陌生，但事到如今，也已别无选择。项羽遂率部沿着西路路线匆匆向南急驰而去。项羽分队首先赶到钟离县，在淮河渡口寻渡。钟离古渡口为南北津渡要冲，今天此处的河水依旧饱满，汛期河面宽度可达数百米。古时淮河河面比近代更宽，即使隆冬枯水季节摆渡亦非易事。更为棘手的是，渡口日常用于摆渡的"公船"（指官方配备的船只）不多，每只"公船"按其规定尺寸最多只能载运两匹马及相应骑兵。与此同时，冬日夜长，当项羽分队抵达淮河渡口时天都还没亮，黑夜中也无从征集民船助渡。

河宽船少，直至天明，随项羽渡淮的骑兵也只有一百多人。

钟离此时虽仍在楚军掌握之中，但已岌岌可危，难以依恃。考虑到军情紧急，追兵随时可能追上来，项羽只好率领这一百多人先行南驰，其余未及渡淮的人员则留在钟离。

接下来就到了阴陵县境内。恰在此时，原本看上去还颇为顺畅的南行征程陡生变故，隆冬腊月，江淮地区凌晨常起浓雾，项羽一行对西路路径本就不是很熟悉，浓雾笼罩下顿时就不知道该往哪边走了，于是慌忙向路旁的一个老农问路，老农知道他们应该往右（即往东）走，却故意指着相反的方向，骗他们说："往左！"项羽按其所指，往左边（即往西）走，不料走着走着就被史书中所称的"阴陵大泽"给挡住了去路。

现实中，所谓"大泽"乃当地滁河的湿地。古代人口稀疏，山河多呈自然状态，滁河河堤低矮，雨季洪水暴涨，会漫溢过堤，从而在两岸形成大片的湿地。大泽平时弥漫无际，梅雨季节和汛期尤甚，远望便可知行不通。冬季枯水期则不同，因为初看泽内是有路可循的，人马也可以走，可是等深入其中，行至大片水域、无路可走时，才会让人意识到此乃绝境。

项羽只得原路返回，然而即便返回也非易事，"阴陵大泽"又名"阴陵九曲泽"，其内曲折多变、复杂难测，民间谓之"迷沟"，很容易让人迷失方向，如此又耗费了许多时间。

好不容易走出大泽，一行人折返往东，在摸准路径后，沿着东南方向疾驰，直奔东城而去。然而正是给这么一耽搁，追兵到了！

夜色虽然掩护了项羽分队，但天一亮，他们的确切行踪还是被韩信发现了。确认项羽就在突围的楚军骑兵分队之中，韩信立即向灌婴下达指令。灌婴应命，率五千铁骑，如同离弦之箭一般，对项羽分队展开了迅猛追击。

项羽分队比灌婴部队要早出发五六个小时，但灌婴部队是天亮时出发的，全程白天行军。同是纵马行军，夜间和白天的速度是不一样的，古代骑兵在夜间就算连续奔驰，黑灯瞎火的情况下，其速度通常也只能保持在每小时四十里左右，而白天骑兵的速度至少可以达到每小时六十里。项羽分队连夜突围，人困马乏，中途势必还要休息，而灌婴部队却体力充沛，在途中可不作任何停留。

灌婴部队在到达钟离古渡口时，天已大亮，这使他们可以搜集周围的民船，把自家骑兵尽可能多地摆渡到对岸。当然，搜集船只需要一些时间，但项羽分队仅靠一只"公船"渡淮，哪怕只渡过了一百多人，同样需要花费不少时间，二者差不多可以相互抵销。

这样算来，灌婴部队依靠可连续高速奔驰的优势，把他们与项羽分队之间的距离大大缩短了，而剩下的差距又恰好因项羽分队在阴陵迷路而被弥合上了。

项羽刚刚进入东城县境内就发现了身后的大队追兵。本来项羽可以进入仍由楚军控制的东城（今安徽定远东南），借以休息补充并抵御敌人，但如此一来，西路路线上的重要关隘清流关就会被汉军抢先占据。

清流关是清流山的一处隘口。清流山也称关山，是一座东西走向的山梁，亦为江淮之间的分水岭，阻扼着江淮之间的交通。清流山虽高不过三百米，但峭壁悬空、地形险要，其北端共有三个隘口，只有中间的通道可容车马通行，乃淮南通向江东的必经孔道，这中间的通道上方修筑的就是清流关（南唐时才在此建筑关城，定名清流关，为叙述方便，本书以此名称之）。

可想而知，一旦汉军抢先占领了清流关，项羽一行的南下计划也就只能戛然而止了，自然更不可能渡江去吴中。项羽选择了抢先越过清流关，也因此没有来得及去东城，而灌婴追至东城后，除分兵一部攻占东城外，又亲率主力过清流关继续追击项羽。

在清流关后的九斗山，项羽终于还是被灌婴给咬住了。九斗山原名阴陵山，据传项羽曾在此地与汉军一日之内激战九次，至今山上石块间仍隐约可见磨刀砺箭的痕迹。更有传说，项羽在九斗山环顾四野之际，忽闻杀声四起，汉军骑兵蜂拥而至。项羽怒目冲冠，策乌骓马，于敌阵中往来冲杀，一口气斩下了九名汉军骑兵的首级，此地因此被称为"九头亡"（即今九头王村）。这些传说和遗迹无疑都是当年那场生死战的写照。经过奋力厮杀，项羽终于率部摆脱了汉军的纠缠，奔向下一个要点：四隤山。

到达四隤山后，项羽清点人数，发现仅余二十八骑相随。望向远处，身后的汉军骑兵仍旧紧追不舍，而且黑压压一片，以项羽的军事经验，一看就知道得有好几千人。他料想自己今天已无法脱身，便无限感慨地对部下们说："我从起兵到现在，已经八年了，身经七十余战，从来没有打过败仗，这才得以称霸天下。此番战败（指垓下之战），不是我不会打仗，是天要亡我！"

"此天亡我，非战之罪。"为了证明自己所言不虚，项羽竟当场设赌，提出要在四隤山痛痛快快地与追兵对决，这就是史书中所称的"东城快战"。

东城快战

四隤山高出平地数十米，是周围数公里范围内的唯一高地（当地习惯将丘岗高地称为"山""陵"）。隤者，下坠也，说明四隤山四周山坡呈渐缓下降地形，今天实地观察也的确如此，人马可直接上山。项羽带着大家来到山顶，山顶宽平无峰，项羽在其上作环形布阵，同时一面让部卒抓紧时间进行休整和作战准备，一面自己借助山顶极好的视野，观察周围地形，酝酿战法。

不久，灌婴率大队骑兵追至四隤山。灌婴部从天刚亮就开始急追，途中马不停蹄，到了这个时候已是人困马乏，见项羽在山顶摆阵，灌婴估计他要居高临下进行防御，于是便没有急着立即发动强攻，而是先将四隤山层层包围了起来，准备稍事休整后再采取行动。灌婴没有想到，项羽会先发制人。

二十八骑被项羽分为四队，依据四隤山的山势，计划分别面向不同方向冲杀。项羽在迅速部署和讲解他的战法后，说了声："看我为你们斩杀他一员将领！"随即就宣布展开行动，并约定战完这一轮即在山的东边分三处会合。

结合史料以及军事专家的现场推演，在项羽一声令下后，由他亲自指挥的两个小队，即沿着四隤山的北坡呼啸而下，项羽更是身先士卒，大声呐喊着冲锋在前，策马飞奔。汉军都在原地休息，根本就没做好作战的准备，一时望风披靡，自动便让开了通道，那些来不及反应或躲避的骑兵则被当场斩杀，成了项羽的刀下之鬼，因而"帮助"项羽实现了斩杀一员汉将的许诺。

待楚军如疾风骤雨般掠过，汉军才从溃败散乱的状态中逐渐回过神来。另一名汉军骑将杨喜，乃是还定三秦之役时投奔韩信的秦人，此人出身秦朝将门世家，颇有勇略，他赶紧整顿队伍，向楚军实施追击。没承想，楚军又突然拨转马头，猛然间向其直冲过来。项羽依旧策马冲锋在前，怒目圆睁，朝杨喜厉声呵斥。杨喜一眼认出是项羽本人，惊骇之下掉头就跑，在一口气狂奔数里后，方才心有余悸地停顿下来。

经此一遭，汉军难免心态失衡。眼看胜利在望，几千人消灭二十来个人，能有什么困难？像杨喜一样，几乎每个人心里都想着要亲自活捉或杀死项羽，以便立功封侯，但他们又畏惧于项羽及其部下的神勇，于是便都指望别人在前面打头阵，好让自己捡现成便宜，这样一来，战斗力自然大打折扣。

除此以外，汉军人多，加上绕山列阵、分兵合围，以至于战场形势发生突变时，灌婴的指挥也失灵了，骑将们各行其是，由此又进一步加剧了汉军方面的混乱局面。趁项羽在北面冲杀，成功地吸引了各个方向汉军的注意力，另外两个小队也沿南坡斜冲下来，向对面的汉军发起攻击，也收到了近乎相同的效果。

按照计划，项羽和他的勇士们要在四隤山的东边分三处会合。汉军见状，又一窝蜂地以项羽为主要目标，乱哄哄地扑了过去，但由于不知道项羽究竟在三处中的哪一处，遂也只能兵分三路，重新将他们都包围起来。

汉军本来就陷入了混乱，临时分兵，更加不成队形，所谓兵分三路，也就是组成三个杂乱无章的混合群而已。当然，以汉军的数量优势，又都是骑兵，若是换个场地，无论如何不可能让项羽分队占着便宜。问题是四隤山东边水网密布，而且多稻田湿地，有的水面或湿地虽结了冰，但冰层较薄，大队骑兵根本过不去。换句话说，项羽把汉军引诱到了一个特殊的局部战场，此处只有田埂、堤道、土丘、干涸稻田可供通行。在这种情况下，灌婴部队的数量和速度优势都遭到了极大削弱，项羽分队则能够灵活选择路线，以少胜多，逐一歼灭敌人。

利用战场所赋予的机动条件，项羽再次展现出非同一般的武力值，他奔驰冲杀于敌阵之中，又斩杀了汉军的一名都尉及一百余名汉军骑兵。看到项羽如此勇猛，汉军吓得直往后退。项羽趁机指挥部下们分散突围，汉军虽有心追击，但眼瞅着兵力优势发挥不出，贸然追上去的话，弄不好下一个死的就是自己，也就没人敢轻易行动了。

等到与敌人的距离逐渐拉开，项羽将自己的骑兵们重新聚拢到一起，发现只损失了两人。不过二十八骑的小分队，被敌数千骑兵追上，大家在项羽的指挥和率领下，毫不畏惧，以一敌百，在"快战"一番后，不仅冲出汉军重围，而且斩将搴旗，杀敌数百，己方仅损两骑。这是何等的快事！大家都激动不已，项羽更是豪迈地对部下说："看，怎么样，我没说错吧！"骑兵们都伏下身说："正如大王您所说的那样！"

东城快战完成了项羽一生中最后一次以少胜多的壮举，同时这也是他最后一次在世人面前展现其耀眼的军事才华。班固在撰《汉书》时，四隤山就已因东城快战而闻名遐迩，班固遂将"隤"改为"溃"，正式定名为四溃山，言项羽在此溃围南驰之意。

乌江渡

南驰路线江北段的最后一站，是乌江渡。

在古代，这一带的长江江面非常宽阔，且风高浪急、波涛汹涌。由于江上船舶较小，码头建筑简陋，用于摆渡的船很难直接在江边停泊，一般都需驶入长江支流停靠，渡口一般也都设在支流的入江口。

项羽东城突围后，向东南急行三十里，便到达了乌江渡。乌江渡属东江县乌江亭，而乌江亭当时又是东江县治所在地。乌江亭长早已闻讯亲自驾船在渡口迎候项羽，可惜的是，由于时间仓促，除了这条"公船"，亭长已经来不及征调其他民船了。

"公船"一次只能载运两匹马及其对应的人员，也就是说除驾船的亭长外，第一趟只能先把项羽给送到对岸。渡淮时，追兵尚远，还能一趟又一趟反复摆渡，现在追兵已近，几乎没有时间这样做了。再者，长江如此之宽阔，摆渡的时间会很长，很可能第一趟船只到达对岸，等把人、马放下来，再返回北岸时，岸上的队伍早已经被敌人围歼了。

情况紧急，只能送项羽一人过江了。在亭长看来，眼下乌江渡及其附近只有他所控制的这一条船，即使汉军追来，一时也找不到其他船只，因而无船可渡江，他正好可借此送项羽逃生。"江东虽然狭小，毕竟还有方圆千里之地，民众达几十万，也足够称王了！"亭长一边劝慰项羽，催促他赶快上船，火速渡江。

亭长不知道的是，项羽从第一眼看到渡口只有一条船起，就已基本放弃了渡江的打算：渡淮时，不能随其过河而留在钟离的七百多人，尚可投奔当地楚军；现在如果他项羽乘船先行过江，留在江边的二十六骑势必只有被追兵消灭的份，尽管这些部下皆愿为掩护他慷慨赴死，但他自己却不可能做这种独自偷生的事。

诚然，亭长说的没错，退保江东，凭借会稽等老根据地，项羽看似仍有再度崛起之机，这也是项羽垓下突围时所抱有的信念和希望。只是一路南驰以来，始终被敌人猛追，频频陷入绝境的遭遇，又无时无刻不在刺激着项羽，也进一步增强了自垓下兵败以来就带给项羽的那种屈辱感和挫败感，并逐渐动摇着他的信念。

项羽和韩信一样，有着极为浓厚的故土观念，他不能不想到，江东起事之际，父老如何对他信任有加，又是如何将至亲都托付于他，这才有了他用于打天下的基干力量，即八千江东子弟兵。可是如今八千子弟兵大多已喋血沙场，回乡后该如何向翘盼亲人归讯的父老交代？

项羽眼前经常会闪现的情景是，成百上千的乡亲，扶老携幼，前来向他打探亲人的下落，他无言以对，羞惭至极。项羽对亭长说："我与江东子弟八千人渡江西征，而今没有一个人归还，纵使江东父老怜爱我，仍然以我为王，我又有什么脸面去见他们啊！即便他们不说什么，难道我就不感到心中有愧吗！"

项羽的头脑其实非常清醒，南奔途中，他一定反复认真思考过，自己渡江逃到江东，真的能够东山再起吗？答案可能是令人沮丧的。要知道，此时的项羽可再也不是那个叱咤风云的霸王了，如今的他，势单力薄、本钱全无，而追随他的八千子弟兵相继身死异乡。兵败后的他，又有何德何能，让江东子弟继续为他卷土重来呢？

一千多年后的王安石，以其政治家的睿智和敏感，一眼窥破了项羽的内心世界，他在《乌江亭》一诗中写道：

百战疲劳壮士哀，中原一败势难回。江东子弟今虽在，肯与君王卷土来？

回看乌江南渡前的那一幅幅场景，可以发现，当项羽在四隤山发出史家所称的"东城宣言"，慨叹"此天亡我，非战之罪"时，实际就已有行至末路之感，并在内心深处埋下了临江拒渡的伏笔。之后，项羽展开激烈的东城快战，以及坚持突围至乌江渡，都已不是基于东山再起的信念，而是那种根深蒂固的不服输精神在支撑着他。

渡口仅一叶扁舟，无法载部下与之共同渡江的现实，在某种程度上恰恰成全了项羽，使他最终下定决心，决定放弃原定回到江东的计划。只有向死而生，血染沙场，以谢江东父老，以慰八千子弟兵的在天之灵，才是自己唯一的、也是最好的出路。

旷世英雄

"天要亡我，我还渡江做什么呀！"面对仍在劝说他渡江的亭长，项羽笑着婉谢了对方的好意。

即将赴死之际，除了跟随他的部下，项羽最怜惜的便是他座下的乌骓马。这匹马随项羽征战多年，是非常难得的宝马良驹，用项羽的话来说，自己能够所向无敌，也有这个老伙伴的一份功劳。很多人死前，会让坐骑随己在战斗中同归于尽，或干脆亲手将它杀掉，项羽则绝不忍心这么做，他把马送给了亭长，在赠骓报德的同时，也给了爱马一条生路。

在目送亭长船载乌骓马离岸远去后，项羽命令部下全部下马步战，将战马放生。二十六名骑兵个个视死如归，他们在项羽的统领下，手持盾牌刀剑，回头步行，背靠乌江，相倚集结成三面环阵，等待着与敌人作最后的殊死战。

第一波追兵很快就到了，勇士们立刻迎上前去，与之短兵相接，拼死厮杀。战况异常惨烈，仅项羽一人就斩敌数百，他自己也负伤十余处，鲜血染红了战袍，体力几近耗尽。这时项羽回头突然看见一位汉军骑将似曾相识，定睛一看，原来是旧交吕马童，于是脱口而出，直呼其名。吕马童见被项羽认出，吓得不敢正视项羽，只是背过脸，侧身把项羽指给另一名骑将王翳看，说："这就是项王！"

项羽继续朝吕马童喊道："我听说汉王悬赏千金要我的头，并给封邑一万户，我就把这个机会送给你吧！"话音刚落，即挥剑自刎，高大的身躯随之轰然倒地。

从吕马童口中得知了谁是项羽，王翳犹不敢上前，但在项羽倒地后，这厮倒是行动极快，当即冲上去割下了项羽的头。其他人一看急了，一拥而上，你争我夺，争抢项羽的无头躯体，为此相互践踏而死者，就有几十人之多。最后，吕马童、杨喜以及其他两名骑将，各抢得一段肢体，回营后，将其与王翳所取头颅放在一起，拼合成了项羽的完整躯体。

按照刘邦此前所颁军令，这五名骑将因夺取项羽躯体有功，遂得以分享千金万户的封赏，并均被封为列侯。

项羽就这样死了，他在乌江自刎的悲壮一幕，也就此成为中国历史上的传奇。后人或深恶痛绝于他前期的恣意烧杀、草菅人命，或激赏倾慕于他在战场上所向披靡、神勇无敌，但是只要读到乌江自刎这一章，都不免为之动容。项羽本人也正是用这种虽死犹生的独特方式，在败局已定的情况下保全了自己的尊严，完成了对自己的终极救赎，以至当今天的人们提到项羽时，往往都会将项羽的形象定格于乌江自刎的那一瞬间。

距离乌江战场不远，有一座名叫凤凰山的滨江高丘。楚汉战争结束后，乌江亭民众收集遗留在现场的项羽血衣，在凤凰山上为项羽上建立了衣冠冢，同时建亭祭祀，曰"项亭"。唐李德裕曾登亭览观，以项羽一世英雄，最后伏剑此地，感慨"自汤武以干戈创业，后之英雄，莫高项氏"。不过令人印象更为深刻的还是清人卢润九的诗句："兴亡瞬息同儿戏，从此英雄不愿生。"

人们当然也不会忘记，把项羽推向末路的另一位旷世英雄——韩信。

韩信自登台拜将起，其盖世军才即逐步显现。南朝刘峻用"韩之豹变"来加以形容，意谓韩信如同豹子般经历了蜕变，而且越到后来，其所展现出的力量和威势就越令人瞩目。击败并追歼项羽，无疑是韩信将星生涯的辉煌顶点，从此以后，他真正可以称得上是天下无敌了。不仅仅是无敌于天下，韩信的更惊艳之处在于，他打的每一仗几乎都堪称"神仙仗"，即总可以在不经历硬拼的情况下，凭借智谋就能在别人眼里"轻轻松松"取胜，堪称"兵家智圣"。

明茅坤说他纵观历代兵家，发现无人能在以智取胜方面和韩信相提并论。茅坤随手举了韩信破魏时的木罂渡河、攻赵时的拔旗易帜、击齐时的囊沙堵水等战术，指出这些战术仿佛都是从天而降一样，韩信的对手根本就想不到他会出此奇计妙策，故而全都在措手不及中就已落败。

茅坤感慨，古往今来，如果说司马迁是撰写历史的文仙；李白是创作诗歌的诗仙；屈原是推出辞赋的辞赋仙；刘伶、阮籍是千杯不醉的酒仙；那么韩信就应该被誉为兵仙了！何谓兵仙？用兵如神，千古无人能望其项背也。

除了智圣、兵仙，因明朱常浩曾制立"兵仙神帅"碑于拜将台上，故而后世亦以"神帅"称誉韩信。

在历时近五年的楚汉战争中，韩信消灭了所有汉国的敌对势力。那些在秦末纷乱中百战成名的英雄豪杰，章邯、魏豹、陈馀、田横、龙且、项羽……一个个全都倒在了韩信面前。正因为有韩信在前方屡建奇功，刘邦这个原本相对弱小的势力，最终才得以据有天下。

有人说，汉家天下有一半是韩信打下来的，更有人说，岂止一半，三分之二都是韩信的功劳。翻看秦汉地图，会发现后面这种说法其实并不为过。秦汉版图是由战国七雄（秦、韩、赵、魏、燕、齐、楚）的疆土合成的：韩信先是制定战略，引领大军和刘邦一道夺取了原属秦国的心腹地区（三秦）；又独自领军，先后战败并夺取了原属魏、赵、齐、燕国之地（燕虽是归附，但也等同于被汉军占领）；再从齐地大举南下，夺占了原属韩国、

楚国的部分地区；最后垓下一战，原属楚国的大部分地区都相继
为汉军占领。

可见，原本实控面积并不大的汉国，之所以能在短短几年之
间就夺占其他诸侯的土地，进而统一全国，关键在于韩信。没有
韩信在疆场上的全胜战绩和汗马功劳，屡战屡败的刘邦要想登上
皇帝宝座是很难想象的。

刘邦自己认为，协助他开创汉朝基业的一共有三个最主要功
臣，即张良、萧何、韩信，这就是所谓的"汉初三杰"。在刘邦
版的"汉初三杰"中，韩信仅列末位，但如果要真的比功劳，韩
信实应居首。

"功高无二，略无世出。"时人这样评价韩信。什么叫功高无
二？就是他的战功无人可比，他才是真正的汉初第一功臣。什么
叫略无世出？就是论用兵，这个世界上不会再有第二个韩信了！

如意算盘

汉五年（前202）十二月，垓下战场的硝烟尚未散尽，刘邦、
韩信即举兵北上平定鲁地。

韩信驻兵于定陶，刘邦则亲自率领大军直抵仍拒不降汉的鲁
县。鲁县人信守礼义，坚持抵抗是以为项羽还活着，但当汉军在
城下出示项羽的头颅后，他们知道项羽已死，没有必要再为故主
尽忠，于是也就痛痛快快地举城投降了。

刘邦随后班师南下。在途经定陶时，刘邦直奔韩信军营垒，
在韩信毫无觉察的情况下，就夺其军权，接管了军队！前一年才

刚刚发生的"夺印窃符事件"居然又再次重演，韩信的军队一个不少地落于刘邦之手。

韩信的这部分军队，包括韩信本人，本来都是可以由刘邦正大光明地调遣的，根本不必采取这种方式去"夺"。这种突然袭击的手段本身，就充分说明了刘邦对韩信的不信任。

元代话本《前汉书平话续集》为此提供了一种解读，其中讲到，项羽死后，汉军将士多认为天下已定，有如释重负之感，只有刘邦仍心神不宁。那天早上，刘邦在途经定陶时，突然看到有一个壁垒气势很是"雄壮"，一问才知道是齐王韩信的军营。刘邦不由心里咯噔一下，私底下对张良说："项氏已灭，然而韩信仍掌握着天下兵权，他的智谋和勇武震慑四海，天下无人能敌，说实话，连我都很畏惧他。"在张良的劝说下，刘邦暂时放弃了对韩信进行惩治的念头，但而后还是袭夺了韩信的军权。

以上虚构的细节，倒也符合刘邦对韩信的一贯忌惮和敌意，反倒是现实中韩信的态度颇值得玩味——或许是此前已被多次夺军，韩信对此已经有些司空见惯了，既未提出异议也没有做出任何激烈反应，而是默然接受下来。未几，刘邦又决定将韩信由齐王改封为楚王，定都下邳。

回过头来看，话本中对定陶夺军的描述显然还是过于简单化了，它绝非刘邦偶然间的主意，而是事先经过了精心的策划。其后的改封楚王亦然，它们接连发生在韩信身上，看起来是两件事，其实是同一件事，即旨在防范韩信"反叛"。

夺军是为了收回韩信对汉军的指挥权。韩信的特长就是带兵，连刘邦自己都公开说，要论统率百万大军，战必胜、攻必取，他不如韩信。然而无翼之鸟难飞天，在刘邦看来，只要让韩信无兵可带，至少短期内，他就难以兴风作浪。

对于将韩信由齐王改封楚王，刘邦特地为此发布诏令并在诏令中申明了改封的理由。《汉书》中征引了此诏令，诏令的意思是说，楚地已经平定，但自"义帝"（楚怀王熊心）被害后，楚地一直没有合适的君主。经过商议，现决定将熟悉楚地风俗习惯的齐王韩信改立为楚王，以安抚楚地百姓，满足他们的愿望。

这当然只是表面的理由。刘邦将韩信易齐封楚的真实顾忌在于，齐国自春秋以来就是战略地位极为重要的东方大国，境内连城七十余座，地广人众，又有鱼盐之利，经济实力雄厚，加之民风彪悍。将如此重要的地方交由韩信掌控，刘邦既不愿意，更不放心。

垓下之战前，刘邦接受张良的约封建议，曾许诺将陈县以东直至东海之滨的楚地给予韩信。现在韩信被改封为楚王，其封地不仅涵盖了原先的许诺之地，还进一步扩展，北起鲁南，南抵会稽，地跨六郡，几乎覆盖了东、西楚的广袤地区。新楚国封域虽大，但系以淮北为核心，淮北素来地瘠民贫，四面又无险可守。这让刘邦相信，由韩信经营该地，即使他日后反叛，也比较容易对付。

刘邦早就通过张良等人了解到韩信有着浓厚的乡土情结，一直希望将家乡作为其封邑（张良的约封建议也正是抓住了这一点），因此便在诏书中把改封的理由说得冠冕堂皇，提出楚国当地迫切需要懂得楚俗的诸侯王来安抚后，顺水推舟地称韩信谙熟家乡楚地风俗，是楚王的适当人选。

利用韩信身为楚人，有着衣锦还乡的心理这一点做文章，趁机解除韩信此前经营齐地可能形成的盘根错节的关系，加强对他的控制，这就是刘邦决定改封韩信为楚王的如意算盘。

韩信会接受吗？在刘邦的算计中，他既已提前卸了韩信的兵权，又在表面上满足了韩信的愿望，即便韩信洞明得失，也只好接受任命。结果比刘邦预料的还要顺利。无论之前的定陶夺军，还是稍后的改封楚王，对于这些实际决定着自己命运的重大变故，韩信似乎都没有特别在意，他不仅服从了刘邦的安排，而且对此还明显有些自满自足。

刘邦自然是窃喜不已，既如此，那就不如把表面功夫做得更漂亮一些了。到此时为止，汉国共有七个异姓诸侯王，分别是楚王韩信、梁王彭越、淮南王英布、韩王信、赵王张耳（张耳于次年病逝，由其子张敖袭位）、燕王臧荼，长沙王吴芮。刘邦按照韩信的楚王身份，将其排在异姓诸王之首，这个不同寻常的位次，既不需要刘邦付出任何额外的代价，又通过凸显韩信特殊地位的方式巧妙地捧了他一把。

韩信果然很是受用。受封不久，他便与彭越、英布等异姓诸王共同发起劝进活动，上书刘邦，请其自立为帝。刘邦欣然笑纳，于定陶即皇帝位，西汉王朝自此建立，刘邦即历史上的汉高祖。

回　乡

改封楚王后，韩信以开国功臣和楚王身份荣归故里。

早年韩信在淮阴过着极为落魄的生活，并有过几段让他刻骨铭心的困厄遭遇，这就是亭长家求食、漂母饭信以及胯下之辱。韩信回乡后所做的第一件事，就是了结这些早年的恩怨。他首先召来漂母，赐予千两黄金作为报酬。接着又召来南昌亭长，先赐给对方一百钱，然后说："你是一个小人，做好事有始无终！"最后被召的，是那个曾经公开羞辱韩信、让韩信从胯下爬过去的屠夫。众人均以为此人休矣，万没料到，韩信不但没有将屠夫杀掉，或予以其他惩罚作为报复，反而还任命他为楚国中尉。

　　中尉为封国的高级武官，负责维持治安和督察军中将士，乃是诸侯王的重要辅臣。韩信的部下皆为之惊讶不已，韩信见状，便指着屠夫对他们解释说："这是位壮士啊！当年他侮辱我的时候，难道我不能杀他吗？只是如果杀了他，我也就没有成名的机会了，所以才忍了下来，也才有了今天这样的成就。"

　　不能否认胯下之辱事件在发生之初，必然带给韩信的心理冲击和创伤，但其实从离乡投军开始，他早就把这件往事给轻轻放下了，放不下的倒是他最初的那些对手，比如陈馀等。韩信很清楚，正是"放下"和"放不下"的区别，某种程度上造就了他和陈馀等人的成败。基于此，对于胯下之辱，他也就有了新的认识——那不就是磨砺自己进取意志、帮助自己成功的阶梯吗？

　　在外界看来，漂母受到优厚馈赐是最容易理解的；屠夫被以德报怨，甚至还赐之以官爵，按照韩信所提供的解释，似乎也能勉强接受；剩下来的疑问便是：你既然对侮辱你的屠夫都能网开一面，为什么唯独不能原谅南昌亭长？仅仅赐钱一百，还要冷语相加，是不是显得有些过于刻薄了？

其实，这正体现了韩信身上"士"的意识和贵族精神。在他看来，漂母本是庶民，自己落难时，漂母有恩于己，自己就应知恩图报且一诺千金；屠夫虽是其仇家，但对方也是庶民，而士或者贵族在对待庶民身份的仇家时，往往采取的就是以德报怨的方法。南昌亭长就不一样了，他是韩信曾经的"君"，而且是以极其无礼的方式，践踏了韩信"士"之尊严的人，故而韩信必须以对等的方式予以回敬：你此前既不待我以礼，那我如今亦以百钱相辱。

韩信一回家乡就急急忙忙地要了结早年人情纠葛的行为，有没有向乡亲们显示和夸耀的成分呢？肯定也有。比如对于屠夫，即便以德报怨也用不着任命他为中尉。韩信如此行事，事后还要特地向别人解释，说到底，不过是为了树立自己的形象，挽回失去的面子而已。

韩信年轻时便胸有大志，但审视其一生，他的志向也就是改变自己微时困窘的处境，实现得爵封侯、衣锦还乡的梦想，可以说，封王乃至在家乡封王，就是韩信心中"大志"的天花板。韩信回乡后的种种举动，无不透露出一种自我满足的心态，即人生愿望和目标既都已全部达成，自此似乎再也不会有其他更为高远的追求了。

尽管在"汉中对"中，韩信对项羽有过尖锐的批评，但事实上，若说到个人追求，他和项羽却又有着惊人的相似之处：两人都怀有深厚的故土情结，项羽的那句名言，"富贵不归故乡，如衣绣夜行"，也正可以用来描绘此时韩信的心境。

无论是韩信还是项羽，他们对于秦朝式的大一统专制王朝，都有着本能的排斥，在他们心中占据主导地位的是先秦时代"多国并存，有德者霸"，或者"多国并存，有力者霸"的政治观念。项羽渴望成为霸主，但他的称霸理想，显然更接近于春秋战国时期的模式，即在林立的诸侯国中，只要他的西楚国能够成为霸主即可，而韩信，甚至连称霸之心都未曾有。

此时的韩信，更像是一个历经战火、渴望归隐的老兵，他唯一的愿望就是安守楚国这块封地，享受属于自己的荣耀与自由。然而，这仅仅只是韩信的一厢情愿。他未曾意识到，自己早已成为他人狩猎的目标，在暗处，锋利的箭头正悄然将其瞄准。

首当其冲

同为楚人，刘邦并非没有故土情怀。数年后，当刘邦回到老家沛县时，一住就是十几天，并且还颇为动情地对父老们表达了自己的思乡之情。然而，刘邦的人生和政治理想却与项羽、韩信有着本质区别。简而言之，他的目标是要效仿秦始皇，将天下变成他刘家的"私有产业"，这才是汉承秦制的本源。

需要指出的是，尽管刘邦立志建立秦朝以后的第二个专制王朝，但他对于分封制却情有所钟，并且认定秦朝的灭亡就是因为采取了郡县制而非分封制。

众所周知，秦的灭亡自有其复杂原因，与郡县制并无直接的必然联系，可是偏偏刘邦及其智囊团就是这样认为的。根据《汉书·诸侯王表序》的记载，刘邦在总结秦亡教训时，认为正是因为没有实行分封制，才导致了秦末大起义爆发后，秦朝很快就因孤立无援而灭亡，即所谓"亡秦孤立之败"。

项羽不是也实行分封制了吗？刘邦本人就是项羽所分封的十八个诸侯王之一，但刘邦对此又并不认同，按照他的看法，正是项羽分封诸侯的方式不当，才导致了天下大乱。那么，什么才是分封制的正确方式呢？封同姓！

实际上，在秦初统一六国后，就有人建议秦始皇分封诸子为王，但被秦始皇拒绝。最终，秦朝实行了历史上最彻底的郡县制，秦始皇对自己的儿子与开国功臣一视同仁，仅给予丰厚的赏赐，并未将他们立为侯王。刘邦认为，这是秦始皇所犯的一个最大错误，这叫"轻弱骨肉，显重异族"，也就是忽视了自家子弟，反而让外姓人白白捡了便宜。在刘邦"亡秦孤立之败"的观点中，"孤立"二字，指的就是秦始皇没有广封同姓以强羽翼。因此，他打算把秦朝"轻弱骨肉，显重异族"的做法倒过来，变成"规王连城，布王子孙"。

何谓"规土连城，布王子孙"？就是从汉王朝的疆域中划分出大片领地，并将这些领地的治理权和财产权等，统统授予刘氏子弟。在刘邦看来，只要实现了"规土连城，布王子孙"，就能使其刘氏一族"枝叶扶疏，异姓不得间"，即确保刘氏家族繁荣昌盛，外姓之人无隙可入，如此，汉家天下便可无忧矣。

问题是，在楚汉战争期间，出于争夺天下的政治需要，刘邦已经不得不分封或承认了项羽时代的几个侯王，这就是以韩信为首的那七个异姓诸王。刘邦对此采取的策略是"芟异立同"，即翦除异姓王，并将相应王位交给他的兄弟子侄。

要知道，这些异姓王以韩信、彭越、英布为最，可全都是帮助刘邦打天下的功臣中的功臣。但刘邦不管，他从其极致化的布衣思维和"功狗"政策出发，只是把功臣们当成拿来就用、用完即弃的工具，并且还为自己构建了这样的一套逻辑：夺取天下，靠异姓；坐天下，靠本家；异姓封王，只是权宜之计，一时之需；同姓为王，才是长远之策，立国关键。

刘邦要剪除异姓王，首当其冲者，自然便是在异姓诸王中处于领衔位置的韩信。然而其实就算刘邦不坚持"芟异立同"，韩信也早已成了他的眼中钉、肉中刺，是他必欲除之而后快的头号目标。有人说，战争年代的刘邦和韩信，既是一对"佳偶"，也是一对"怨偶"。说"佳偶"，是指韩信若无刘邦的大胆起用，很可能一事无成；同样，刘邦若无韩信，也难以击败项羽，建立刘汉王朝。说"怨偶"，是指刘邦一方面利用韩信"连百万之军，战必胜，攻必取"的军事才能，为其攻城略地；另一方面又畏恶其能，对其时时设防，直至一步步地对韩信进行排挤和暗算。

说到底，刘邦即便在重用韩信期间，也始终伴随着猜疑和防范，但只要项羽没死，汉军在楚汉战争中还未取得彻底胜利，韩信对刘邦便有着不可或缺的价值，二人之间的微妙平衡也就能一直维系。垓下之战后，项羽败亡，这一平衡被彻底打破。韩信压根不会想到，他的功业到达顶点之际，却也是他对刘邦的功用即将戛然而止之时。用清人姚祖恩的话来说，韩信就像是刘邦曾经用来治病的一种药物或者药方，疾病一旦治愈，刘邦就会迫不及待地想要远离它，这是必然之势。

先下手为强

按照吕思勉的观点，王朝更替在楚汉战争之前属于侯国革命时代，前代皇帝被"革命"后，谁应当做皇帝是一定的。比如夏亡后，做新皇帝的当然是商汤，而不可能是辅佐他的重臣伊尹；商亡之后，做新皇帝的只能是周武王，没有姜太公（姜子牙）出来和他竞争王位的道理。

楚汉战争则开启了平民革命时代，刘邦和他的文臣武将们，几乎清一色全都是出自底层的平民，相互之间不存在出身孰高孰低的问题。既然大家资格平等又都身经百战，功劳卓著，项羽被灭后，皇帝的宝座，理论上就是你能坐，我也能坐。吕思勉认为，刘邦对功臣们产生疑忌，此为源头。

功臣之中，最让刘邦感到疑忌甚至畏惧的，无疑是韩信。唐罗隐有一首写韩信的七言绝句《书淮阴侯传》，此诗最奇之处，在于最后两句："莫恨高皇不终始，灭秦谋项是何人？"其意为，不要怨恨高祖（刘邦）没有始终如一地对待你韩信，想一想吧，是谁灭掉了秦朝，又是谁谋划击败了项羽？灭秦从严格意义上来说，跟韩信没有直接关系，那主要是项羽之功，但击败项羽的，可是韩信啊！像韩信这般人中之杰，既然可以帮刘邦击败项羽，铲平西楚，谁能保证有一天他不会灭汉自立呢？

对韩信而言，消灭项羽也就等于消灭了自身存在的条件。韩信的人生转折点，其实就是从垓下会战结束，楚汉战争取得完全胜利开始的。从此以后，他不但失去了对于刘邦的大部分利用价值，反而自身还取代项羽的位置，上升为刘邦最危险的敌人。

定陶夺军之后又改封楚王，这一系列举动已经预示了韩信的危机。不过此时刘邦尚未下定决心与韩信彻底翻脸，究其缘由，主要还是因为楚汉之争虽已尘埃落定，但楚地仍有残余力量，亟需韩信进行镇抚。换句话说，韩信对刘邦尚存利用价值。若《前汉书平话续集》中虚构的张良劝谏刘邦的情节成立，则张良劝谏的理由大抵如此，而刘邦也必然能够心领神会。

现实中，刘邦所采取的措施，可谓是算盘套算盘：夺军和改封，不仅拿走了韩信业已训练成熟的军队，以及长期经营的地方政权，使之远离了齐、赵、燕等由他一手打下的地盘；再者，以韩信镇抚楚地，还可以将韩信身上最后一点利用价值全部榨取干净。这对刘邦来说，那是相当划算。

当然，与此同时也会产生相应问题。按汉初制度，韩信为楚王，对楚国所属郡县应拥有独立的行政治理权、王国赋税征收权，并拥有封国军队。如此假以时日，韩信就可能通过整训，重新拥有强大的军队，楚地亦将受其完全控驭。然而这毕竟都非短期内所能完成的，刘邦相信，只要他抢在韩信重新恢复羽翼前，再次对韩信采取行动，即可确保无虞。

自韩信就任封国后，刘邦一直密切关注着韩信，他派往楚国监视韩信的耳目众多，因此对韩信的一举一动皆了如指掌。根据情报，韩信在楚国除对故人一一回报外，未见有任何励精图治、富国强兵之举，更别提扩展军队、私养贤士用以壮大自身力量暗中与中央抗衡了。

韩信的这些表现并没有让刘邦感到放心，他既认定韩信要造反，则不管韩信做什么，在他眼中便都能跟造反挂上钩——韩信不扩军、不练兵、不养士，焉知不是表面伪装，暗中蓄谋，以便等待时机，行其不轨？

助长刘邦这种想法的是在那几个月内，前有异姓诸侯王中的燕王臧荼，后有在陈县之战中投降汉军的项羽旧将利几，相继反叛。刘邦一一亲自率部平叛，很快就将两人予以擒杀。

刘邦更加觉得，韩信迟早肯定也要反，与其等他造反时再出兵征讨，不如找机会先下手为强。让刘邦感到高兴的是，韩信赴楚时间不长，就已把楚国治理得井井有条，楚国境内追随项羽的力量基本都已偃旗息鼓，这说明当初以韩信的声望和能力来镇抚楚地，这步棋是走对了。然而与此同时，它也预示着，韩信的利用价值即将耗尽，此时正是对其采取行动的最佳时机。

刘邦这种心思一旦显露，便不愁无迎合者投其所好。有人检举揭发韩信，称他在楚国走马上任之初，每当巡视封国所属县邑时，进出都要带着武装卫队。战争刚刚结束，国家残破，经济凋敝，一个藩王摆出如此盛大的排场，这不就是恃功自傲吗？

刘邦接到报告，颇感兴趣，但要以此治罪，连他自己也觉得有些勉强。刘邦心里非常清楚，韩信初到楚地后，先在自己领地上巡视一番，处理一些战后亟待解决的事务，并没有超出诸侯王的权力和职责范围。其时的楚国战乱方歇，尚不稳定，身为藩王，巡视地方时带上必要的警卫人员和武装力量，以防不虞，本来也无可非议。更何况，韩信奉命镇抚楚地，也不可能就只靠着自己的一张脸跑来跑去，他是堂堂武将，令楚人为之慑服的也正是他那连项羽都不及的军事能力。以武装卫队开道，前呼后拥，威动楚地，以此彰显藩王和新建王朝之威严，岂不正是其使命所需？退一步说，就算韩信此举有不妥之处，顶多也就是过分张扬，喜欢炫耀罢了，对于一个拥有天花板级别战功的大功臣而言，这样的罪名实在难以服众。

还有没有新的检举揭发？有！

揭　发

钟离眜与韩信同年参加楚军，在楚军中成为好友。早在陈下会战时，钟离眜便已兵败逃亡，所以并未参加垓下之战。楚汉战争结束后，钟离眜成了被汉朝通缉的要犯，无处躲藏，只得前来投奔韩信。韩信明知钟离眜受到通缉，但出于朋友之情和侠义之气，还是予以收留。

刘邦手中得到的最新报告，揭发的即为此事。与大摆排场相比，窝藏要犯的性质可要严重多了，这不就是对朝廷法律和皇帝权威的公然蔑视吗？在《前汉书平话续集》中，刘邦听闻钟离眜为韩信所藏后，"魂不着体"，"拂袖而归宫"。接着，他在宫中召见了张良、萧何，直言："韩信藏钟离眜之事，要设一计捉韩信。"然而张良、萧何听后，皆以为不可。

放到现实之中，如果张良、萧何真的大摇其头，很大一部分原因恐怕还是当时汉朝刚刚建立，正值立法简约、惩治宽松之际，所谓"网漏吞舟之鱼"。作为大臣，虽然确实不应窝藏朝廷通缉要犯，但类似情况，一般情况下却并不会作为罪案处理。

再者，在楚汉战争前，刘邦集团和项羽及诸侯们本是一家，都是反秦阵营中的一分子，互相之间必然有着千丝万缕的联系。

部分汉将出于人情无法将旧友拒之门外，也是人之常情，非独韩信如此。比如彭越就曾收留并庇护了田横，所谓法不责众，同是收留要犯，难道就给韩信一个人治罪？况且，彭越收留田横，那尚是在楚汉尚未最后决出高下时发生的事，现在楚汉战争已经结束，韩信收留钟离眛，至少对汉朝已谈不上有多大威胁。

尽管不能即刻就依此给韩信定罪，但对于好不容易才找到的把柄，刘邦当然也不会放弃，他立即发布命令，要求韩信将钟离眛逮捕归案。按照刘邦的谋算，最好韩信碍于情面，拖延着不执行逮捕令，那他就好进一步施加压力或寻找借口了。起初也果然是这样，逮捕令发出去后，韩信那边没有动静。

刘邦心中暗喜，但对于下一步行动，他仍感到没有把握。以刘邦对韩信的了解，只要他继续施压，韩信就很可能会因顶不住压力而老老实实地执行命令将钟离眛交出来。可如果真是这样，岂不就难以将韩信往死里整了吗？

还得继续揭发呀。如刘邦所愿，终于有人上书，直接告发韩信谋反了！刘邦想要的那个罪名有了。虽然告发者除一份不知所以的检举材料，没有提供任何有力的证据，但这无关紧要，只要把韩信摆在预设的敌对谋反位置上，罪状尽管往上面罗织就是：巡视封国时，出出入入都要带武装卫队，这哪是显摆骄傲那么简单，不就是居心叵测想谋反吗？钟离眛乃项羽旧将，此人智勇兼备，能专方面之任，韩信留他在身边有何用意，难道不是为了谋反时身边可以有个好帮手？

刘邦马上召集文臣武将开会，共商此事。明为商量，实际上就是要大家表态。在场的多数人都被蒙在鼓里，对刘邦的话信以为真，他们认定天下刚刚安定，韩信居然就急不可耐地想要造反，实在可恶，其心当诛。朝中当然不乏心思缜密之辈，这些人马上就发现所谓韩信谋反案缺乏证据，经不起推敲，然而他们又同时看出，皇帝摆明是想整治韩信，那这件事可就不简单了。

韩信非丰沛集团成员，但这个"外来者"却又崛起得太快，自登台拜将开始就一路晋升，直至功劳、地位和影响力皆碾压众将。所谓"木秀于林，风必摧之"，私下对韩信羡慕忌妒恨者不在少数。与此同时，在刘邦这个布衣化集团中，韩信是极少数具有贵族气质和追求的人，这种气质和追求很自然地被同僚们视为张狂与傲慢，这使得韩信在刘邦集团中显得格格不入，形单影只，非常孤立。

通俗点来说，就是韩信一方面太过优秀，容易遭忌；另一方面，他又不擅长处理人际关系，在同僚中缺乏"人缘"。现在眼看刘邦要拿韩信开刀，即便明知谋反案漏洞百出，相应的同僚们也只会选择"墙倒众人推，鼓破万人捶"，赶快与韩信划清界限。

曹参、灌婴等人曾长期在韩信手下领兵，受到韩信多年培养，所取得的战功也多数都得益于韩信，但就连他们也都作出了相似的表态。诸将的态度显然很让刘邦满意，不过当接下来讨论到底应该怎么办时，他却开始默然不语。

最痛苦决定

公元前 201 年十二月，刘邦遣使通知韩信，称他将出游云梦。

云梦位于今湖北省中部，先秦时期乃为楚王狩猎区，刘邦出游云梦就是为了到那里游猎。使者还明确告知韩信，刘邦在结束游猎后，将路过位于楚国西部边境的陈县并在陈县接见诸侯，让韩信届时也到陈县觐见。

古代天子亲往诸侯境内巡视，所到之处的诸侯必要前去拜见天子，这是惯例。刘邦路过陈县，就算是没有预先通知，只要韩信闻讯，也应自觉地跑去谒见刘邦。然而，此时韩信却已听到风声，说是朝廷对于他收留钟离眛且迟迟不奉命将其逮捕归案一事非常不满，恐将因此对他治罪。这让韩信一下子紧张起来，有一种危机骤至之感。

正当进退两难、不知如何是好之际，有人劝韩信不如干脆杀了钟离眛，理由是钟离眛已经成为引起朝廷不满的根源。只要韩信杀掉钟离眛，刘邦必定高兴，这样在他接见韩信时，或许就不会因此事而予以怪罪了。韩信也认为，捉拿钟离眛并因此对自己问罪，很可能是刘邦要在陈县与之会见的主要内容，看来钟离眛是保不住了。既然钟离眛终将在劫难逃，就不如退而求其次，主动献钟离眛以自保了。那么，又该如何挽回自己此前未奉命逮捕钟离眛的过失呢？接受劝者的建议，杀掉钟离眛，恐怕确实是唯一之法。

这很可能是韩信一生中所做出的最痛苦决定。初到封国时，他还不能原谅当年南昌亭长的失礼和"毁约"，可是现在，自己也未能守住人伦的道德底线，竟然要被迫靠出卖朋友来取悦皇帝，保全自己。韩信踌躇犹豫了半天，仍然下不了狠心派人去斩杀钟离眛，于是只好把钟离眛约来商议此事。

钟离眛一听就明白了。站在他的角度，反而更容易看穿刘邦的真实用心，他不明白韩信为何如此天真幼稚：你以为刘邦此次行动的目标，是我钟离眛吗？不，是你韩信才对！

自尊心让钟离眛认为，他前来投奔韩信，不仅是为了保命，还可以作为韩信的一大助力。毕竟他曾经是项羽手下的得力大将，对于楚地攻防又非常娴熟，倘若刘邦要对韩信和楚国不利，必然会把他视为一个重大障碍。照钟离眛自己的说法，刘邦始终不肯放过他，原因即在于此。

"汉王之所以不敢来攻楚国，是因为我钟离眛在这里！"韩信啊韩信，你何必要做这样自断臂膀的事呢？与此同时，对于韩信为消除刘邦的疑忌，免除自身罪责竟至于想卖友示诚，钟离眛也感到极为不屑和愤慨。"你若想捕捉我去向汉王献媚讨好，我今天死了，你也会紧随我送命的！"钟离眛随后大骂韩信："你不是一个有仁有义的人。"话音刚落，即拔剑自刎。既明知已陷入绝境，为了不让韩信为难，钟离眛只能选择自杀。

如果说韩信一生有做过什么对不起自己良心的事，除了攻打齐国间接令郦食其惨死，也就是逼杀钟离眛了，好在他终于可以不用再为此事纠结了。不由自主松了口气的韩信，接着就准备动身前往陈县。

在元杂剧《随何赚风魔蒯通》中，现实中早已离开韩信的谋士蒯彻（即"蒯通"），还在给韩信出谋划策。韩信就是否要去陈县征求他的意见。蒯彻认为韩信此去凶多吉少，因而不可前往。然而韩信却倚仗着自己功多且刘邦待其宽厚，执意一行。

"想某花了多少力气，方才灭的那西楚霸王，扶助圣人（指刘邦)，平定天下，圣人岂有负了我的？我便走一遭去，怕甚么!" "想某南征北讨，东荡西除，立下十大功劳，料的圣人怎好便负了我也?"

韩信自信满满，非常执拗，不管蒯彻如何再三劝谏，均无动于衷。见韩信不听，蒯彻便又劝他效法范蠡弃官而去，以求全身。韩信听罢，仍然一口回绝："蒯彻，你差矣，想为官的前呼后拥，衣轻乘肥，有多少荣耀！平白地可倒修行办道，餐松啖柏，草履麻绦，受这等苦来?"

杂剧虚构的这段故事至少可以揭示一点，即当时的韩信对刘邦仍心存幻想，对于步步紧逼的危险也缺乏必要的警觉，因此他才会在逼迫钟离眜自杀后，毫不犹豫地决定赴刘邦之约。

束手就擒

韩信不会想到，刘邦对于钟离眜是否归案，以及是死是活，其实并没有那么在意，游猎云梦也不过只是个借口。逮捕韩信本人，才是刘邦此行的真正且唯一的目的！

当刘邦与陈平商议如何对付韩信时，一致认为，如果公开发兵攻打，没人是韩信的对手。刘邦为此犯愁，陈平便以"动武不如动智"，替他想了一计：以巡游云梦为名，先行进入楚国地界，在麻痹韩信的同时，近距离观察其动静；在回程途经陈县时，假装接见诸侯，以此引诱韩信前往；一旦韩信中计前来谒见刘邦，立即予以逮捕。

按照陈平的谋算，伪游云梦和大会诸侯已足以使韩信放松警惕。他断定韩信必会赴约，届时将韩信当场拿下，不过是一名武士即能办到的事。刘邦觉得陈平说得不错，高兴地采纳了他的计策，随即派出使者通告包括韩信在内的各诸侯，说自己将南游云梦，让诸侯们到陈县与之聚会。

陈县是陈平精心选择的地点，此处位于楚国边境，一旦发生意外，撤离或调兵支援都能迅速进行。与此同时，作为引诱和逮捕韩信的秘密行动，刘邦一行所带的兵必然不能太多，否则就可能暴露真实意图。为了确保计划万无一失，刘邦又专门调遣樊哙、灌婴、靳歙随行，此三将都曾作为韩信的部下随其征战，了解韩信的性格和作战特点。更重要的是，灌婴、靳歙皆为骑将，擅长快速行动，就连樊哙也有带领骑兵作战的经验，因此，无论是擒拿韩信还是将其押解至预定地点——洛阳，都较其他人更为适宜。

一切筹划准备停当，刘邦这才起程南行。

重新审视陈平的伪游云梦计划，不管它被设计得如何周密，整个计划但凡能够施行都必须有个前提条件，那就是韩信没有谋反！

试想，如果韩信真的谋反，他敢到陈县大会诸侯吗？或者，反过来说，如果刘邦真的认为韩信已经在策划谋反，他还敢去陈县吗？陈县虽为楚之西界，但毕竟也在楚国地面之上，刘邦若离开稳固的关中根据地，率领为数不多的军队，来到楚国的大门口，直面韩信的精兵强将。这岂不是自投罗网，正好为韩信所擒？

如此明显的道理，陈平不可能不知道，刘邦也同样心知肚明。那么，陈平为什么还会出这个主意，刘邦又为什么会欣然笑纳？原因很简单，不管是刘邦还是陈平，都知道韩信当下并无谋反之心和行动，那封告密信只是出于迎合刘邦的目的，特意编造出来的一种说辞。刘邦、陈平揣着明白装糊涂，故意不点破真相，不过是要利用韩信的忠诚来实现他们不可告人的目的罢了。

可悲的是，韩信被完全蒙在了鼓里。当他兴冲冲地亲自赶到陈县，准备谒见刘邦时，刘邦的队伍还未出现，于是他便站在刘邦必经之路的郊野上，耐心迎候。刘邦一到，韩信立即上前拜见，并献上了钟离眜的人头。

钟离眜自杀的事实，无疑是韩信用来证明他不曾谋反的又一明证。因为如果韩信真要谋反的话，正好可借刘邦进入楚境之机与钟离眜一起起兵。韩信以为，刘邦之前不高兴甚至对他有所怀疑，只是缘于他收留了钟离眜，以及没有及时执行朝廷的逮捕令。现在，既然已经将钟离眜的人头献上，刘邦自应消除疑虑。然而，让他万万没有料到的是，刘邦刚一见面，二话不说，便喝令预先安排好的武士冲上去将韩信拿下。

韩信一下惊呆了，只能束手就擒。刘邦见此行目的已经达到，便命令将韩信捆绑起来，置于后面的副车之上。想当初，韩信希望自己能被封为齐王，是陈平（还有张良）"成全"了他然而也正是陈平，这次又为刘邦设伪游云梦之计，从而成功诱捕韩信于陈县。回顾陈平在"智擒"韩信中的表现，其实并没有超出他作为谋士的本色。相比之下，身为受害者的韩信，在此过程中却显得异常昏聩和幼稚。

位尊楚王，握重兵于一方，本应气定神闲，坐观风起云涌，然而乍听到刘邦巡狩，又闻朝廷要对他治罪，就马上不淡定了，先是莫名慌张，继而方寸大乱，是为失势。

与钟离眜一向交好，既然已经收留了对方，就应负责到底，至少也不应背叛友情，落井下石，然而临危之际，为保全自己竟向钟离眜索要其首级，是为失义。

有危机意识本是好事，但却不积极谋划和采取应对策略，而是企图凭借钟离眜的首级向刘邦讨好示忠，对于钟离眜临死前发出的警告，也置若罔闻，是为失策。

势、义、策三者尽丧，令韩信彻底陷于被动，他最终束手就擒也就变得理所当然了。此时的韩信，再也没有了战场上出奇制胜的智慧、所向披靡的风范，有的只是既不能知己又不能知彼的盲目无措，处处被动挨打、时时力不从心的窘态。

韩信善于谋国，拙于谋身，功在社稷，祸及自身，俨然成为定论。很多人都会产生这样的疑问：何以至此？

杯弓蛇影

韩信二十三岁投军，二十五岁登坛拜将，二十八岁封为齐王，不到三十岁便被封为楚王。有人据此认为，韩信还是过于年轻，阅世浅显，使得他无法与刘邦及其谋臣抗衡。

年纪轻轻就拥有卓越的政治眼光和老到的政治手腕者，其实并不在少数，要不然也就不会出现甘罗那样的神童政治家了。实际上，韩信登坛拜将之际即有"汉中对"，后世诸葛亮推出"隆中对"时还比韩信大两岁，说韩信因为年轻就在政治方面缺乏见识和头脑，甚至是个政治庸才，这样的论断实在过于勉强。

讲到政治权术，无非是对人性的把握以及与对手的心理博弈。作为兵权谋家的代表，韩信恰恰具有且展现出对人性的非凡洞察能力：

其一，初入汉军因犯案被判死刑时，凭借一句话就成功引起了监斩官夏侯婴的注意，不仅使得自己免遭到刑戮，还得到了提拔；

其二，因为工作关系，与汉国丞相萧何有了接触，依旧只是通过数次交谈，即让萧何惊为天人，向刘邦鼎力推荐；

其三，"汉中对"中，对项羽及三秦民众心理的分析均丝丝入扣，准确到位。

当然，最令人拍案叫绝的，还是他那些出奇制胜的辉煌战绩，而这些战绩背后，无不体现着韩信对人心、人性的精准把握和利用。仅就井陉、潍水二役来说，前者把敌方的虚骄情绪、己方的哀兵心理都利用得恰到好处，后者则紧紧抓住了项羽与齐国的矛盾，其诱敌攻击和决坝放水的成功全都离不开对敌将心理及所处情境的推断、审察。可想而知，这样一个人，如果他全身心地投入政治博弈之中，以其睿智机变，无论如何也不可能以完败而告终。

要探究其中的原因，恐怕还要从韩信身任齐王时说起。那时的他坐拥齐地，实力超群，"右投则汉王胜，左投则楚王胜"，达到"天下权在韩信"的程度。武涉、蒯彻先后劝他背汉自立，但均被韩信婉拒。韩信认为刘邦是个知人善任的明主，并且他的战功又这么大，刘邦怎么可能会加害于他呢？故而坚持要对这个"明主"一味地愚忠。

刘邦是"明主"当然不假，但他的"明"，主要体现在三个方面：明确自己的利害得失；明晓何人对自己有益或有害；明确对他人的生死予夺。按照这一标准，刘邦尚未成功时韩信对他是有益的，那韩信就安全无虞；可是若他的事业已经成功，韩信对他反而是有害的，那韩信就必死无疑。

刘邦为什么会有这样的算计呢？明末清初的黄宗羲说过，但凡专制君主，皆"视天下为莫大之产业，传之子孙，受享无穷"。刘邦正是这一欲望的狂热追求者。战争期间，他如飞蛾扑火般投入到对皇位的争夺之中；在与皇位越来越接近，乃至如愿得到皇位后，刘邦又忌惮所有他认为可能会继续与之竞争皇位者，为此不惜弄得杯弓蛇影，风声鹤唳。

如此，也就不难理解刘邦一路的所作所为了：当初为了扭转困境，他不得不许诺分封韩信、彭越、英布等人，以便能够为己所用；在进入逐鹿天下的关键阶段后，又不得不实践诺言，对韩信等有功者裂地分王；及至定鼎，自然就到了和韩信等秋后总算账，为他自己及子孙后代消除一切"隐患"的时候了。

话又说回来，要维护君主专制体制并非一定要依靠除掉功臣的方式才能实现。后世的光武帝刘秀、宋太祖赵匡胤、唐太宗李世民就未曾杀功臣，但也稳定了政局。相形之下，刘邦做得实在太过毒辣，也把他内心阴暗、器量狭小的一面展示得淋漓尽致。无怪乎就连对韩信多有苛责的司马光，也忍不住在此事上用犀利笔锋批评刘邦，为韩信鸣不平。他认为韩信一案纯粹是刘邦背信弃义的结果，刘邦用诈骗手段诱捕韩信，严重辜负了韩信。

韩信究竟错在哪里？不是他缺乏政治才能，而是他在不识君心险恶的情况下，未能及时完成敌我角色的转换。换言之，自登坛拜将后，韩信一直都把刘邦视为对自己有知遇之恩的"君"，怀揣着"士为知己者死"的一腔热血，甚至对于在刘邦身边对他有所图谋的张良、陈平等，他也看重与对方的同僚之谊，从没有任何猜忌。

在这种情况下，韩信的心理战术和相应兵法策略，很自然地就失去了用武之地。刘邦则又与张良、陈平等不同，他很早而且迅速地就把韩信当作了"敌方"，处心积虑地进行提防、限制和谋算。如此一来，一个在明、一个在暗，一个无心、一个有心，差距立现。

第十章　钟室之祸

一年前，汉军包围楚军于垓下，韩信以"十面埋伏"之计，彻底打败了项羽。

项羽之败，是因为他虽然早已重视韩信，但重视程度仍然不够。倘若项羽足够重视韩信，在韩信开拓北方疆场或至少在其击破齐国前后，就不应该再在荥阳与刘邦相持，而应率主力回师，亲自对付韩信。刘邦那边完全可以交给龙且等人去应付，同时战法上也不能一味进攻，该守要守，以待时机。

然而，仅仅一年之后，韩信在个人的政治命运上却遭受了来自自己阵营——朝廷的埋伏，转瞬之间便沦为了阶下囚。

韩信落此境遇，恰恰是因为他对刘邦和汉朝忠诚不渝，无丝毫谋反之心。以刘邦伪游云梦为例，其实他已察觉到对方可能来者不善。彼时彼刻，退者可以装病不去相见；进者则当机立断，发楚之精兵，直接与刘邦对抗。其结果如何，虽难逆料，但起码不会如此轻易就落入刘邦之手。

欲加之罪

直到被装入囚车，韩信才猛醒过来，在残酷的现实面前，他之前的所有努力都被证明不过是一种政治上的幼稚。

见刘邦为了诱捕他，竟然如此不择手段，韩信愤怒至极，不由大呼："真如前人所说的那样，'狡兔死，走狗烹；高鸟尽，良弓藏；敌国破，谋臣亡'。如今天下已定，我韩信没用了，本来就应当像走狗一样被烹杀！"

韩信的话，在场许多人都听见了，这让刘邦尴尬万分，面红耳赤，支吾了好半天，才说道："有人告发你谋反。你不要高声叫嚷，就凭你这抵触情绪，就是造反的明证！"这真是欲加之罪，何患无辞。平白诬陷别人造反还不准辩白，稍一申辩就被当作造反的口实，昭昭日月，实在不可思议。为了防止韩信可能说出更难听的话，刘邦赶紧命人用镣铐枷锁锁住韩信，随即便安排樊哙、灌婴、靳歙三将，押解韩信随其前往洛阳。

当天，刘邦颁布诏书，宣布大赦天下。

在古代，大赦天下属于天大的事情，皇帝通常只在其登基、更换年号、立皇后、立太子等重大时刻才会颁布赦令。而今抓了韩信，刘邦竟然也大赦天下，可见他把韩信案看得有多么重要。表面上，大赦天下的理由是战争已经结束，国家安定，所谓"天下既安"，因此要赦免军中犯法之人。实际上，刘邦是担心诈捕韩信会引起其他文武官员的恐慌和不安。究竟，韩信是否真的谋反，刘邦心里明镜似的。同时，对于突然逮捕韩信这件事，除了一封并无实据的告密信，他也拿不出其他有力的证据或说法。

说白了，刘邦此次颁布赦令，只是根据当时政治形势做出的特殊考量，与因庆祝而要恤刑或者宽仁是两码事。刘邦的担心并非多余。在此之前，满朝文武还都众口一词，嚷嚷着要对被认为意图谋反的韩信予以惩戒，但当诈捕韩信案真正摆到面前时，大家却全都愣住了：云梦本就是值得游玩的地方，皇帝可以大大方方地前去巡游，为什么一定要假装，这葫芦里到底卖的什么药？按照陈平拟定的方案，是要在韩信前来迎接和谒见时趁机逮捕他。这也就是说，行动之前就已经预料到韩信一定会亲迎刘邦，那怎么还能说韩信想谋反呢？更进一步说，若疑心韩信可能谋反，大可暗中观察其言行，或对其进行审查，但在缺乏确凿证据的情况下就实施突袭并逮捕，真的妥当吗？

　　十几天后，韩信被刘邦带回洛阳。在此期间，刘邦派诸将到楚国控制局势，兼追查韩信谋反的证据，可是查来查去，什么证据也没找到。这当然并不奇怪，因为所谓韩信谋反案，原本就是刘邦在陈平的帮助下，自编、自导、自演的一出丑剧。偏偏此案在刘邦本人大肆张扬之后，现已处于众目睽睽之下，大家都在瞪大眼睛看，再要想无中生有地捏造事实却非一件容易之事了，情况变得尴尬起来。

丹书铁券

　　刘邦建立汉朝，初定天下之际，为笼络人心，稳住有功臣将，曾专门用朱砂在铁板上写下自己的誓言，此即所谓"丹书铁券"。刘邦一本正经地与韩信、彭越、英布等功臣一起，对着丹书铁券发愿起誓，之后又将丹书铁券收在金柜石屋之内，藏于祖庙之中。

丹书铁券上的誓词如下："使河如带，泰山若厉，国以永宁，爰及苗裔。"意思是即使黄河变成一条长丝带（"衣带"），泰山变成一块磨刀石（"砥石"），国家依靠功臣以确保长治久安的方略也不会变，功臣们的爵位亦将世代相传不绝，永远惠及子孙后代。因为这句著名的誓词，衣带和砥石，从此成为受皇家恩宠、与国同休的典故。然而言犹在耳，韩信谋反案就让誓词碎了一地：这不分明就是"汉家天子忌功臣""太平不用旧将军"吗？还说什么"爰及苗裔"，现在许多功臣连自己的王爵都岌岌可危了！

刘邦以往在部属面前，常爱营造一种他本人虽然举止粗俗随便，但其实内心充满温情、豁达大度的人设。但韩案一出，其身上一直刻意隐藏的诡诈、心机、狠毒皆暴露无遗，精心打造的完美人设也随之崩塌。

事到如今，功臣们特别是异姓诸侯王如彭越、英布等，对于韩信因功获罪的真相皆洞若观火。韩信忠心耿耿，结果竟因立下赫赫战功而获罪，众人在惊恐不安的同时都有了物伤其类、朝不保夕之感，韩信关于"兔死狗烹、鸟尽弓藏"的慨叹，更令功臣们人人自危，害怕继韩信之后，下一个就会轮到自己。

功臣们的相继起疑加剧了君臣之间的不信任，而当弦崩到极致的时候，双方关系也终将走向破裂。以异姓诸王为代表的功臣，开始一个又一个主动或被动地走上反叛道路。在接下来的一两年内，从另一位诸侯王韩王信发动叛乱开始，大小叛乱达到九次之多，这在历代王朝建立之初都是不多见的。一个王朝建立之初，国家需要稳定，民众需要安抚，发生如此多的叛乱，无疑给社会稳定带来了巨大挑战，汉初政局由此陷入长时间的动荡不安之中。南宋历史学者吕祖谦认为，当时楚汉战争刚刚结束，天下臣民就像饥渴之后容易接受饮食一样，本不难治理，而如今这种动荡不安又重现，与刘邦伪游云梦有着直接关联。概言之，刘邦用陈平伪游云梦之计诈捕韩信，不但没有达到自己的政治目的，还激化了功臣与君主之间的矛盾，破坏了社会安定。

甚至连天子出巡的名声都因此让刘邦给"弄臭"了。按照明人胡广的说法，在古代，但凡贤明君主，每五年都会巡视一次四方，各诸侯在自己的封疆内朝见天子，天子则通过这一方式表彰或贬黜诸侯。其中表彰某个诸侯，是为了让天下人都以此勉励自己的德行；而贬黜某个诸侯，也要让天下人都以此为戒。可是在刘邦假装巡游云梦、趁机诈捕韩信后，后世的天子都很少再提及巡视四方了，而诸侯也不敢再谈论朝见天子的事情，毕竟谁不怕天子一见面就把你装进囚车呢？

毫无疑问，刘邦在韩信谋反案中的不光彩表现，以及对韩信的不公正处理，令其君道尽失，君臣生隙、诸侯起疑乃至纷乱迭起自然都难以避免。就此而言，韩信谋反案实为汉朝初建种下了一个大祸根，说它是刘邦在全国统一后犯下的第一个重大政治错误，亦不为过。

烟消云散

韩信被囚洛阳的时候，离各地竞相叛乱虽然还有一段时间，但已现端倪，刘邦也渐渐觉察出大臣们对此案和韩信态度的变化。在内，查无实据，且文武大臣在此事上已经出现严重分歧；在外，又不能不顾及韩信在众诸侯中的影响力，处理太急，会立刻引起不堪设想的群体骚动和动荡。刘邦左思右想，只好决定赦免韩信本来就莫须有的谋反之罪。

刘邦当然也不会甘心就此放虎归山。对于韩信，谋反之罪可以赦免，但其他罪名还是要定一个的，否则这趟南下不是白忙活了吗？鉴于抓捕韩信后，掘地三尺也未能找到韩信新的"犯罪"证据，便只能依靠老材料。老材料里，告密信除了一个谋反的指控，什么都没有，于是只剩下原来的那两个线索：一个是所谓的"陈兵出入"，即出行都带着武装卫队；另一个是窝藏朝廷要犯钟离眛。韩信把钟离眛的人头都献上来了，当然就不太好再拿这个来处分他了；"陈兵出入"本来也难以服众，但这个时候刘邦已无其他选择。

汉朝建立后，萧何被任命为丞相，并主持创建了汉朝律法。汉律里有一卷《九章律》，是针对擅自兴兵、违反军令和非法营造等犯罪行为作出的处罚规定。刘邦等人根据《九章律》的规定，将韩信的"陈兵出入"与"擅自兴兵"对号入座，给他定了"擅兴兵"的罪名。在朝廷对韩信案所作出的最后判决中，除赦免韩信外，又按"擅兴兵"之罪，正式废黜其楚王之位，贬为淮阴侯。

韩信在被立案之初，就被目为"谋反"，皇帝亲自介入，案情不可谓不重大，但办案过程及其处理却都如同儿戏一般：认定韩信谋反以至于抓捕的唯一根据，不过是一封告密信，其他再无旁证，然而刘邦居然就根据这种可谓一面之词的检举材料，轻易地就决定诱捕大臣，可谓荒唐至极；逮捕韩信后，既没有公开审理，派下廷尉进行审查，更没有只字口供，而只是凭刘邦的一己之权威和难以服众的罪名强行结案，硬是把韩信这个楚王贬为了侯爵。

　　明眼人都看出了韩信案其实是一桩捏造的假案，刘邦一定另有所图。果然，在把韩信降侯后，刘邦就迫不及待地将自己的堂弟刘交封为楚王，堂兄刘贾封为荆王。楚国则被一分为二，作为精华部分的彭城等三十六县，归新楚王刘交所有；淮河以东五十三县，归荆王刘贾所有。

　　自韩信被改封楚王以来，齐国王位一直虚悬，齐被中央直辖为郡县达一年之久，对外的解释是找不到合适的继任人选。如今谜底终于揭晓，刘邦其实根本就不用田肯等大臣"提醒"此事，也不是除韩信外就再无人能够胜任，而是他同样在等待时机，让"自己人"上位——韩信刚被降侯，刘邦即废掉齐地郡县，把它变成了庶长子刘肥的封国。

　　刘肥是刘邦娶吕后为妻前，在外面与他人所生的私生子。由于吕后所生的嫡长子刘盈拥有汉朝的法定继定权，因此刘肥虽然年龄长于刘盈，但仍臣属于刘盈。刘邦为了补偿刘肥，特封其为齐王，使其掌握列国中最广大也最富庶的土地。

　　韩信曾经为之挥洒青春和热血的疆土，就这样落入了刘邦的兄弟子侄手中。满打满算，韩信被封齐国不到一年，被封楚国也仅仅十个月，现在都烟消云散了。

依汉制，列侯封邑由汉县改制而来，一般称为县侯。韩信的侯国系由韩信的家乡淮阴县改置，淮阴县原隶属东海郡，韩信被降侯后，改隶东阳郡，归新建的荆国管理。如此一来，有着赫赫战功的韩信，也就成了荆王刘贾的属下。

侯国与王国不同，侯国没有政治上的独立性，列侯无治民权，朝廷另外设置相负责管理侯国。而且，韩信这个侯还与别的侯不一样，别的侯可以居住在侯国内，韩信却被限制居住于汉都长安，无法出京，更不可能自由出入自己的封地。

除了一个淮阴侯的空名，韩信仅能从淮阴封地得到田赋收入。他实际上是被刘邦软禁了京城，如同俘虏一般，时刻受到刘邦的监视。淮阴侯国的都邑史称"韩信城"，相传为韩信被降侯时所筑，地方志记载此城为旧时淮安八景之一（古淮阴属于淮安），但从韩信当时的境况来看，他不可能亲临淮阴，城邑只会是郡县所代为修筑。

多多益善

韩信的心凉透了。从这个时候起，他才彻底看清了刘邦的面目以及双方的真实关系，知道刘邦不仅不再欣赏他，反而对他的才能和战功感到害怕乃至厌恶。从此以后，韩信能不上朝就不上朝，遇到需要随侍刘邦出行的情况，也尽可能告假，理由就是自己生病了，去不了。

失落、郁愤、委屈、压抑，无时无刻不折磨着这个曾经胸襟坦荡、单纯真挚的男人。这一期间，刘邦"剖符封侯"，即把表示凭证的符信剖分成两半，由朝廷与功臣各执一半为证，以此分封萧何、曹参、张良、陈平、周勃、灌婴、樊哙等二十余人为侯。被封侯的曹参、周勃、灌婴、樊哙诸将，都曾经是韩信的部属，他们所获得的战功也多少都与韩信有关。但如今的韩信，却只能与之处于同等地位，甚至还多有不如，这对韩信而言近乎一种羞辱。

有一次，韩信偶至樊哙的居处做客闲聊。这位在鸿门宴上叱咤风云的猛将，刚被封为舞阳侯，但看到韩信来访，立即跪拜迎送，满口称臣，受宠若惊地说："大王您肯屈驾光临寒舍，真是荣幸！"韩信百感交集，出门后，苦笑一声，说道："没想到，我如今竟然要和樊哙等人为伍了！"

《史记》中樊哙传记里并未记载这则材料，而仅见于韩信传记。司马迁在其青年时代，曾有机会与樊哙的孙子樊他广交游，并从他那里获得了关于樊哙的诸多口述资料，足以证明此事的真实性。这则材料之所以只在韩信传记里出现，主要还是它对樊哙的形象有所影响，按照"为尊者讳"的原则，不宜放在樊哙的本传中。司马迁如此处理，是运用了《史记》中比较典型的"互见法"，由此亦可看出樊哙及其子孙后代对此事的印象之深。

樊哙的妻子吕嬃是吕后的妹妹，也就是说，樊哙与刘邦还是连襟，乃标准的皇亲国戚。但以樊哙的身份和地位，对韩信仍如此敬畏，足证韩信在军政两界的威望之高，以及众人在知道韩信蒙冤受屈后，暗中对他所寄予的深切同情。另一方面，韩信能够选择去樊哙家做客，而且毫不掩饰地吐露自己的感慨，也说明他尽管已经醒悟，但在潜意识里，仍然把曾奉命押解过他的樊哙，甚至是刘邦本人当作自己人，而非敌人。

韩信也与刘邦有过一次直接对话。刘邦找韩信闲聊，问韩信他能统率多少兵马。韩信虽然已经知道刘邦十分忌惮自己的才能，但仍直言不讳："陛下不过能带十万兵。"刘邦听后，脸上明显有些挂不住了，紧接着便话中带刺地追问道："那您能带多少兵呢？""臣多多益善！"

对于韩信在京时的这些言行举止，很多人都不以为然。他们普遍认为，韩信在樊哙家发出的慨叹，显示韩信不计后果、进退无度，而与刘邦的对话，则更凸显出他口无遮拦、只会一味逞匹夫之勇。大家认为，韩信对于已经变化了的局势依旧缺乏清醒认识，因此不知进退，不懂变通。南宋陈亮评价韩信"进退无以自明"，明末清初的黄道周则称韩信"能辨多多，不能自处"。

古今文人学者在探讨、思索之后，为韩信找到了两个远一点的学习榜样，一是春秋末的越国大夫范蠡，一是中唐名将郭子仪。范蠡辅佐越王勾践灭吴，但随即便功成身退，逍遥五湖；郭子仪崛起于安史之乱爆发之后，他率军收复洛阳、长安两京，大唐因其安定长达二十多年。安史之乱被平定后，功居平乱之首的郭子仪，不仅官居要职，而且始终被朝廷奉为中流砥柱，史称"权倾天下而朝不忌，功盖一代而主不疑"。

远在天边，近在眼前，其实韩信身边也有两个学习榜样，此即"汉初三杰"中除韩信外的张良、萧何。

张良淡泊名利，视功勋名位为身外之物。刘邦重奖其功，要他在齐地"自择三万户"作为封邑，张良却辞谢不受，而愿以当初他与刘邦相遇的地点，仅五千户的留县作封地。除此之外，张良在朝中也只担任了一个无足轻重的清闲之官，并且宣称要放弃人间的一切俗事，学道修仙，遨游世外。

萧何同样深谙自保之术，他虽在列侯中序功第一，但却时时谨慎，处处谦让。汉朝建立后，刘邦为萧何配备卫队，实质是对其进行监视和防备。萧何便听取别人的意见，把全部家产都拿出来作为刘邦平叛的军费，使得刘邦为之大喜。

刘邦亲率军队外出平叛，其间多次派人回京，打听萧何在干什么。萧何知道刘邦还在猜忌自己，于是又强买田宅数千万，并通过低价赊买、借贷等方式，不惜得罪百姓，自损自污，以此来消除刘邦对自己的疑虑。

张良近似于范蠡，萧何则近似于郭子仪。有人将他们与韩信做对比，认为韩信不懂得功成身退的道理，不如范蠡隐遁于五湖、张良超然于物外。持这种观点的人，同时又认为范蠡不如郭子仪，张良不如萧何，因为郭子仪、萧何无须隐遁也能安然于世，这才是人生的最高境界。

又有人分析指出，张良以神仙自托，人生哲学是"退"；萧何以谨畏自保，处世方式是"守"。可韩信的做法却是"进"：在鼎盛时期，他对自己的危险处境毫无察觉，不能低调处事，而是一心想着裂土称王；在衰落时，他又孤芳自赏，不识时务，既不能像张良一样审时度势、明哲保身，又不能像萧何一样内敛自守、委曲求全。

这种分析还与兵家的悲剧性宿命联系起来。人们考察从战国后期到秦汉时期的历史，发现很多立下卓著功勋的兵家人物如秦国的白起、赵国的李牧、楚国的吴起等，遭遇都和韩信相似。这些人同样都熟谙兵法，深通韬略，善于领兵作战，在军事方面是难得一见的天才；而在处世方面又都明显表现出只知攻击、不知退让的特点，最终也都不幸获罪于君主，落得了悲惨的下场。

"从来良将难善终"，考察者认为，正是兵家思想长期潜移默化的影响，在一定程度上左右了韩信的行为，从而使其自取其祸。

生存策略

在世人看来，韩信到底应该怎么做呢？

先学张良，在其事业上升时，功成身退，最多求封一个小侯足矣，不要去想什么裂土封王。如果割舍不了功名怎么办？次学萧何，收敛锋芒，韬晦自守，如此便有望脱离刘邦的视线，安保无虞。有人为此拿七个异姓诸侯王中的长沙王吴芮举例，说吴芮在刘邦面前就一贯表现得如绵羊般温顺，所以不仅善终，还得以传国五世。

具体到韩信眼下的处境，其生存策略似乎应该是：从此深居简出、深自贬抑，似愚似傻、如痴如呆。人前人后都装出一副戴罪之身的模样，尤其在刘邦及其亲信面前，更要以安于侯爵、感激涕零的形象出现。语言上竭力表现得像张良那样乐天知命、与世无争、随遇而安；行动上则效仿萧何丑化自己，或斗鸡走狗，或沉湎酒色。问题是，假设韩信真如此操作，就能化险为夷，转危为安吗？答案恐怕要让人失望。

其实韩信之"罪"，并不在于他比张良、萧何更高调更张扬：按"关东之诺"进行裂土封王，本是刘邦自己许下的诺言，难道能怪韩信过于贪心？封王后，韩信在自己封国内兢兢业业、安守本分，并无明显的越轨之处。即便谪居长安，他连公开的政治活动都不参加，难得去看一次老部属樊哙，而樊哙还是刘邦的连襟兼死党，这样的举动难道还不够自觉和收敛？

韩信的致死之因在哪里？不能不说，就是他的功劳和能量都太大了，这才是事情的实质所在。在这种情况下，即使韩信无条件服从于刘邦，像张良、萧何那样"学道谦让"，恐怕刘邦也照旧容他不下。

张良、萧何为何能落得善终？一个追求修道养生，刻意半隐半仕，一个避入田间茅庐，装作漠然国事，这么做当然会在一定程度上对他们自己起到保护作用。除此之外，张、萧皆为刘邦核心亲信集团的成员，这也为韩信所不及。然而追根溯源，这些都还不是最关键的，最关键的其实是张良、萧何都是文官！

有人可能会问，萧何是文官能理解，怎么张良也是文官？战争年代，张良一直参与军事，出谋划策并下了很大的战功，这个不假；但另一个事实是，张良在跟从刘邦之后，更多的是在幕后运筹帷幄，从未亲自领兵上阵。须知，在帷幄中运筹，与亲自带兵在沙场厮杀，二者之间的区别还是很大的。

张良、萧何既为文官，手中无兵权，对皇帝而言构不成根本性威胁，加上自我保护、与刘邦的关系等因素的作用，刘邦也就没必要对他们过分猜忌和打压了。可若是让张良、萧何处在韩信的位置上，就算他们善于谋身，恐怕也很难图谋自全之道；而如果让韩信处在张良的位置上，顶多也不过被刘邦视为一狂生，最多遭遇牢狱之灾，而不致有杀身之祸。

在被刘邦加封的七个异姓诸侯王中，长沙王吴芮确实是唯一一个把封地和封国军队保留下来且未肇祸的诸侯王。不过这与吴芮对刘邦是否恭顺并没有必然联系，而是吴芮此人本身没有什么能力，亦无大功，所封的地方既小又偏僻，不仅无关大局，而且因其处在汉朝与南越国的中间地带，还可起到缓冲作用。

明末清初的王夫之有一个极为精辟的论断，他认为当韩信踏上拜将之坛起就已经走上了险途，此后韩信军事上每取得一次重大胜利，刘邦心中要除掉他的砝码就会随之增加，韩信也就等于向坟墓跨进了一步。最终韩信的功劳达到了极限。垓下一战，他帮助刘邦灭掉了项羽，奠定汉朝立国之基；然而项羽的败亡，也正意味着韩信的死期已经临近。正如宋代钱时所言，刘邦对待韩信，就如同养虎以防备罴（一种类似熊的猛兽），老虎之所以没有被杀死，只是因为有罴在，罴如果死了，老虎也就难逃一死了。

对于建国以后的刘邦而言，韩信一日不除，他就一日寝食难安，韩信已成为他必杀的对象。在这种情况下，不管韩信做什么，事实上都已无济于事，因为主动权并不在他手上。只不过出于趋利避害以及自保的本能，把韩信换作其他人，大多还是会采取世俗所谓的那些"生存策略"。

韩信被贬为淮阴侯，很容易又会让人联想起他早年在淮阴的"胯下之辱"。当年少年屠夫要求韩信于众目睽睽之下，从其胯下钻过，那是对人多大的侮辱啊！韩信却选择了忍辱屈从，这说明韩信有着极强的忍耐能力，同样身处逆境，他完全可以忍常人所不能忍。换言之，如果韩信决定要效仿张良、萧何，他绝非做不到，如果有必要，甚至还可以做得比他们更卑微。

如果韩信不能忍，或不愿忍，只有一个原因，那就是触及了他的底线。

底　线

萧何当初向刘邦推荐韩信，曾用"国士无双"来对韩信进行评价，可谓精湛。韩信在才华横溢的同时，始终恪守着属于国士的抱负与人格：因为有国士的抱负，为了不致前途毁于市井之徒之手，他才能忍受"胯下之辱"；因为有国士的人格，当南昌亭长夫妇对其失礼怠慢时，他才会愤然与之断绝关系，而全然不顾此举会令自己陷入困顿。这种国士的人格，又与深藏于韩信体内的贵族气质结合起来，在不了解韩信的人看来，就是"傲"。"傲"即韩信不可触碰的底线。

刘邦以伪游云梦诱擒韩信，最令韩信感到痛心和悲愤的，不是即将身陷囹圄，而是发现被自己奉为知己的刘邦，原来一直都只将他当作争霸天下的工具，从来没有也不愿意读懂他作为士人的内心世界。

韩信渴望建功立业，但他期望的是"士"与"君"之间的平等关系，他不能接受一个高高在上，可以对其肆意侮辱、左右其命运的专制帝王。当"士为知己者死"的信念遭到无情践踏，也就意味着刘邦在韩信身上所施加的侮辱，已大大超过了他可以忍受的底线，于是他终于爆发出了"兔死狗烹，鸟尽弓藏"的呐喊。

从王而侯，韩信不仅失去了封国，还被安上了莫须有的罪名，数年流血流汗、艰苦奋战才得到的功名，转眼丢失，变成了为他人作嫁衣裳。韩信对此郁愤不已，然而尤其让他不能接受的，还是自此以后自己将与樊哙、周勃、灌婴等人同在一个级别，后者不但曾是他的部下，功勋也根本不能与其等同。这让韩信的自尊心受到极大伤害，他视之为奇耻大辱，又怎么可能如有些人臆想的，乘机讨好甚至巴结樊哙，以便让刘邦放他一马？

同样道理，也根本不可能指望韩信会效仿张良、萧何。

以张良所长而言，与战争时代相比，其实他更适合于在和平年代参与治政理政。如司马光所言，以张良的智慧，也不可能不知道神仙只是一些虚幻的东西，但他却仍执意远离政坛，欲求仙问道，说到底不过是害怕见患于主上罢了。

萧何尽管保留了高官厚禄，然而每天战战兢兢、诚惶诚恐以度日，劳苦而不能受赏，清正却行自污，其间还曾因为遭到刘邦的疑忌而被下狱。

此二人虽无性命之忧，但却都付出了人性备受压抑、人格严重扭曲，以及人生价值失落的沉重代价，大丈夫自戕如此，亦已悲矣。他们的结局与韩信相比，不过轻重有别，本质上并无区别，为很多人所称道的所谓"全身而退"，其实也并非真正的"全身而退"。

与刘邦"多多益善"的对话，外人看来，是韩信不知轻重，已经被刘邦盯上还要自逞其能，不惜触犯君臣交往的大忌而与之叫板。事实上，这只是韩信对底线的拼死维护。领兵作战的才能乃韩信的最"傲"之处，即便面临绝境，他也绝不肯屈从外部压力，对自我价值中这块最核心的部分进行否认。

有人说，韩信就是"死在了自己的骄傲上"，诚然！

多年后，韩信的骄傲和坚持，激起了司马迁的强烈共鸣和情感投入。本质上，他们是同一类士人，有惊世的才华，也有忠贞的思想，但又都不愿充当专制君主的奴才、忠仆，在遭到残酷迫害后，亦不改初衷。

司马迁在《史记》中为韩信撰写传记，其实也是在借他人之酒杯，浇内心之块垒：就像韩信冒死维护个人的尊严和价值一样，司马迁在自己遭受酷刑、心如死灰之际，依旧不愿低下高贵的头颅，而是毅然决然地选择了以笔作为武器，通过对历史人物的描绘，来抒写自己的一腔郁愤。司马迁再三说如果韩信能够学会"谦让"，不过多表现自己，或许就不会那么倒霉了。但他心里其实十分清楚，那样的韩信就不是韩信了，那是张良、萧何或者其他什么人。如此说法，不过是寄寓了他对韩信这个同道中人的无限惋惜和悲愤之情而已。

在韩信的同时代人中，只有项羽与他非常接近。项羽就是这样的人，对他而言，一切都可以失去，但不能没有尊严，为此哪怕以死来保全自己的尊严，也在所不惜。

现实就是如此诧异，韩信、项羽这对战场上的死敌，在相继被命运抛到风云剧变的浪尖之后，却成了精神上的难得知音。存在于他们身上的共同特质，即不肯屈服于任何外力的"傲"，重新把他们紧紧联系在一起。

“天 命”

秦末汉初，建立在宿命论基础上的“天命观”非常流行。项羽从垓下突围逃至东城，在仍然没能摆脱汉军追击的情况下，所发出的“东城宣言”就把自己失败的原因，归结为天意，所谓“此天亡我，非战之罪”。

然而对于项羽的这种“天亡”之辞，后世史家与政论家并不认同。司马迁在《史记·项羽本纪》末，通过点评，直接从战略决策失误、统帅性格缺陷等方面，总结了项羽败于垓下、自刎乌江的必然性。司马迁的总结，写于项羽败亡百年之后，是他整理和研究各方面文献所得出的结论，某种程度上，也可以说是“事后诸葛”。而实际上在项羽败亡五年之前，正当项羽事业鼎盛之际就已经有人以非同一般的洞察力，预测了项羽将会由强转弱，最终败亡。这个人当然就是韩信，他的分析和预测，见之于他向刘邦陈述的灭楚总体战略——“汉中对”。

风水轮流转，有一天，韩信居然也要谈“天命”了。

还是在与刘邦的那次对话上，在韩信说出刘邦最多只能统十万兵，而他本人多多益善后，刘邦虽明知这是事实，但当众被韩信如此毫不客气地揭示出来，不由得恼羞成怒，遂讪笑着反问韩信：“你既然将兵多多益善，可为什么却被我捉住了呀？”

刘邦关于韩信善于用兵，却还是被擒住的说法，其实毫无道理，因为韩信并不是他带兵在战场上真刀真枪擒获的，而是他利用韩信的忠诚，通过搞阴谋诡计得逞的。韩信的回答不卑不亢，他认为在军事方面刘邦根本就不是自己的对手，自己之所以被刘邦所擒，一是刘邦"不能将兵而善将将"，也就是虽不能带兵却善于驾驭将领；二是因为刘邦乃"天授"之人，而"天授，非人力"。

看起来，韩信和项羽一样，都提到了非人力所能左右的"天"，但二者之间实际有很大不同。项羽缺乏真正的反思，直到生命的最后时光仍拒绝承担失败的责任，也可以说项羽到死都没弄明白，自己到底是为什么败亡的，可谓至死不悟。韩信则通过客观地对刘邦的性格能力进行分析，得出了自己是在战场之外败于刘邦的结论，并坦然承认刘邦某些方面确实优于自己。这说明韩信在被逮捕和软禁后，已经把前前后后都看清楚、想明白了。

当然两人也有共同点。项羽在从垓下突围时，就已预感到大难临头，气数殆尽，自己终究难逃一死。韩信亦然，甚至在他被刘邦诱捕的那一刻，即意识到，刘邦如此处心积虑地对付他，自己必无生存可能——人家既已把你当成一条狗，那你离被宰杀烹食的日子还会远吗？

韩信困居长安的日子，看似风平浪静，岁月静好，但以韩信之聪慧以及对刘邦个性的彻底了解，他自然应该一天比一天更明白，刘邦并不会就此放过他，暂时不杀，只是时机未到而已。

还有机会逃生吗？韩信是超级战略家，从其日后的言行也可以看出，他已经对自己所拥有的机会进行了系统复盘，已经明确地知道，只有当初听从武涉、蒯彻的劝说，背叛刘邦，与刘邦、项羽三足鼎立时，才能占据主动，然而这个最佳机会已经一去不复返了，眼下他翻盘的可能性几乎为零。

面对难以改变的"天命"，项羽的选择是宁愿"向死而生"，也不肯坐以待毙或投降受辱，韩信最后也做了同样的决定。

韩信从其被诱捕的那一天开始，称王拥兵的日子就彻底走到了尽头，虽然被赦免释放，但降为侯后又被留在京城监视居住，实际上已失去了人身自由，自然手上也无一兵一卒。如今的他，犹如猛虎断爪，雄鹰折翅，蛟龙被困于沙滩，想要独立组织反击，确实比登天还难。

他需要找一个同盟者。按照韩信的标准，这个同盟者必须兼有三个特点：其一，要手握重兵，有造反的实力；其二，已经感受到了刘邦猜忌和杀戮功臣的压力，有造反的潜在意向；其三，截至目前为止，仍受到刘邦的信任。

第三点很出人意料，却也堪称妙笔，从中不难窥见韩信兵权谋家的影子：在韩信已被重重监视和限制的情况下，只有找一个刘邦信任的人来共同起事，才不容易被刘邦怀疑，起事才更容易成功。

韩信要找的这个人，叫陈豨。

陈豨也是开国功臣之一，与萧何、张良、灌婴、樊哙、周勃等同一批封侯。私下里，陈豨是战国时信陵君魏无忌的崇拜者，而刘邦恰恰也对信陵君极其仰慕，即位后还多次祭祀信陵君，并为其安置守墓人。可能也正是因为彼此志趣相投，没有距离感，因此刘邦与陈豨之间颇为投契。当时刘邦大肆分封同姓子侄，立他与自己的宠姬戚夫人所生之子刘如意为代王，可是刘如意不过是个几岁的孩子，根本无法独自料理国政，而代地又与匈奴接壤，秦灭后，开始不断受到匈奴威胁。刘邦觉得陈豨素来办事可靠，于是便决定让陈豨以列侯身份任职代丞相，并统率边防军队。

陈豨到长安受职，专程前来拜访韩信并向他辞行。韩信知道，是时候跟陈豨谈一谈了。

三段论

陈豨正炙手可热，而韩信却成了被重点排斥、打击和怀疑的对象，此事尽人皆知。既然如此，为何陈豨还要去拜访韩信？从当时的情境来看，此举很可能得到了刘邦的暗中授意，刘邦希望通过陈豨等人对韩信进行观察，以便进一步确认他什么时候需要对韩信动手。

可以想见，就像韩信主动拜访樊哙，樊哙事后一定会向刘邦报告详情一样，陈豨在完成对韩信的拜访后，也负有报告刘邦的义务。对于这种监视和报告的特殊任务，刘邦自然不会放心交给别人，只有樊哙、陈豨这些他认为的亲信中的亲信，才有资格被赋予这样的使命。

樊哙是刘邦的连襟兼死党，而且从战争年代开始，凡是跟随韩信作战，他就同时兼有监视和限制韩信之责，这一点与曹参、灌婴等人是完全相似的。对于后者，以前韩信从没想到，也不会去想，但是在谪居长安期间，他彻悟了，也因此决不会把樊哙选为同盟者。

陈豨则不一样。表面上看，刘邦给予陈豨的信任和重用，在汉初的文武百官中极为罕见，然而，这只是就当前情况而言。韩信以其敏锐的洞察力以及超乎寻常的识人能力，早已预见了数年之后陈豨的模样以及他与刘邦关系的演变。

陈豨不仅崇拜信陵君，在现实生活中也效仿信陵君，喜欢招集宾客，礼贤下士。陈豨到代国上任后，必会把他的这一习惯带到代国。一个手握重兵、拥有实权的封疆大吏，整天招贤纳士，这样的消息一旦传到刘邦耳中，以刘邦多疑猜忌的性格，他会怎么想？长此以往，他们之间的关系必然破裂，陈豨在被逼无奈的情况下，也就只能选择造反。

世上的所有事情，都是以时间、地点和条件为转移的。陈豨现在受刘邦信任，不等于以后还会受到刘邦的信任；现在还没有造反的念头，也不等于以后不会铤而走险。

韩信认为，陈豨将是自己未来最好的同盟者。

虽然韩信处于刘邦的全天候监视下，但在进入他的府邸后，监视的空间和余地会大大减小。见陈豨提出辞行，韩信便屏退了左右随从，握着陈豨的手，一起来到庭院中散步。步行了几圈，韩信忽然仰天长叹一声，说："能跟您谈些知心话吗？我有些话想跟您说。"陈豨非常客气："将军但说无妨，我听您的。"

接下来，韩信说了一个"三段论"，他先假设有人向刘邦报告陈豨谋反，并得出结论："陛下肯定不信。"

毕竟陈豨是刘邦信任的大臣，又予以重用，刘邦怎么可能相信他会造反呢？可韩信说刘邦只是第一次会这样，如果继而再有人告发陈豨，"陛下就会起疑心"，原因无他，因为陈豨所处的代、赵之地，"是天下精兵聚集的要地"，刘邦不放心啊！于是等到第三次又有人告发时，刘邦就会毫不怀疑陈豨将谋反，并且必然会被气得火冒三丈，亲自率兵前往镇压。

韩信向陈豨表示，若事情果真到了那一步，他将在京城响应陈豨起事。他还保证，只要陈豨敢于起事，有他韩信相助，夺取天下也并非难事。

一般人读史读到此处，可能都会感到疑惑：陈豨是刘邦最信任的人，与韩信则素无深交，现在人家即将出京上任，你一见面就拉着他的手，说我们一起谋反吧，这合情理吗？

其实此事的关键不在韩信，而在陈豨。韩信既看透了刘邦的险恶用心，眼看血淋淋的屠刀已经悬在面前，在这种必死无疑的绝境中，他既不愿逆来顺受、苟延残喘，更不甘心束手待毙、引颈就戮，那么用谋反的方式发起反击，就是他唯一的出路，为此哪怕飞蛾扑火，亦在所不惜。

在刘邦眼中，陈豨是异姓功臣中最不可能谋反的一类，但事实恰恰相反。陈豨乐于学习信陵君纳"士"的做法，其本身就表明他有为"君"的潜意识，说得难听一点，就是此人有野心，只是这种野心暂时还没被刘邦识破而已。

陈豨既跟随刘邦多年，深得对方信任，自然更了解刘邦的为人。一旦刘邦识破了陈豨的野心，认为陈豨对他构成了威胁就绝不会手软。甚至即便陈豨只是对他失去了利用价值，他也会像对待"功狗"一样，毫不留情地将其抛弃。韩信即为后者的典型，想想看，韩信没有野心都成了阶下囚，陈豨明知自己有野心，难道他不畏惧成为韩信第二吗？

所以，陈豨实际上也在暗中寻找同道，韩信对他说的一番话，可谓正中下怀。

没错，韩信目前身在京师，无兵无将。若换作他人，对陈豨来说，自然缺乏合作的吸引力，但韩信是谁？公认的"军神"啊，他在战场上从未有过败绩。再者，正所谓"千军易得，一将难求"，在起事前后，以韩信的号召力，总能招到兵员。虽然相较于刘邦的军队，兵力可能会显得不足，但众所周知，韩信打仗几乎都是以少胜多，出敌不意，所以根本不用担心兵力的问题。

陈豨喜在心里，当即同意与韩信结盟起事，说道："谨遵教诲！"

联　络

陈豨到代国上任后，果然广交纳宾客。有一次，他休假回乡途经赵国，载着随行宾客的车辆竟达一千余辆，把赵都邯郸的官舍全都住得满满当当。赵国丞相周昌很看不惯他种做派，随即请求进京面见刘邦。见到刘邦后，周昌详细陈述了陈豨门下宾客众多的情况，并不忘提醒刘邦注意：这些年陈豨在外专擅兵权，会不会因此发生事变啊？

周昌的报告，引起了刘邦的警觉和重视，他立刻派人搜集关于陈豨的材料，结果一查之下，更多问题逐渐浮出水面。

当时，汉朝为抵御匈奴，封锁了边境，严禁吏民向匈奴出售武器、马匹、金属等战略物资。陈豨宾客既多，难免鱼龙混杂，其中不乏商贾出身的门客。这些门客为了谋利，常常违反禁令进行走私活动，而这些走私活动中，有不少都牵涉到了陈豨。陈豨很快也得知了刘邦正在调查他，当下极为恐慌。

公元前 197 年，刘邦的父亲刘太公去世，刘邦为此派人召陈豨进京参加吊唁仪式。有了韩信的前车之鉴，陈豨深恐一旦进京便会落入陷阱，遂以病重为由婉拒了刘邦的召见。在刘邦看来，这个时候无论陈豨用何种理由拒绝入京，都如同此地无银三百两，使自己背负上了谋反的嫌疑。陈豨自然也意识到了这一点，因此感到即将大祸临头。

此前，陈豨在京时与韩信曾有共同起事的约定，但眼下情况紧急，代地与长安之间又相隔遥远，显然已无法再与韩信取得联系并协调行动。于是，在权衡利弊后，陈豨决定不再拖延，立即自立为代王，并公开宣布起兵反叛刘邦。刘邦闻讯大怒，马上亲自率领大军，前往代地平定叛乱。

此时，陈豨军已攻克了赵、齐两国的很多地方，刘邦不得不分兵应对，由此导致他直接指挥的兵力锐减。虽然刘邦已发出紧急军令，征调各地军队前来支援，但直到他进入赵都邯郸，仍未见到援军的踪影。这种情况下，刘邦只能临时调用邯郸城内的赵军，并命令周昌从赵军中挑选几位带兵的将领。

周昌经过精心挑选，带了四人来给刘邦看。刘邦如韩信所言，确实"善将将"，他在对四人审视一番后，大为不满，当面就斥责道："你们这群臭小子，也配当将军吗!"四人自觉羞愧难当，都趴在地上，一动也不敢动。骂归骂，但大战一触即发，总不能无将可用，刘邦最终还是决定任命为四人为将，封千户，以便对他们进行激励。

刘邦不得不承认，在所有汉将之中，最为出类拔萃的还是韩信，若以韩信为标杆来衡量，几乎都找不到合格的将才了。事实上，在出京前，刘邦也曾有意让韩信随其出征，但韩信说他病了，躺在床上无法起身。刘邦一时难辨真假，又急于率部出发，只好作罢。

韩信的"病"当然是假病。到此为止，事态的发展跟韩信所预料的几乎一模一样。韩信悄悄派人前往代地，告知陈豨："尽管起兵，我在这里助你一臂之力！"韩信给陈豨带去的信息，陈豨收到了吗？并没有。

在赵军将领乏善可陈的情况下，刘邦转而研究陈豨麾下将领的情况，得知其中很多人过去都是商人，他立刻想到了用金钱引诱对方投降的方法。这一招果然极为好使，陈豨的部将纷纷来降，加上曹参、樊哙、周勃、夏侯婴等功勋级老将也频频传来捷报，汉军很快就占据了上风。用了约三个月时间，刘邦已基本奠定胜局。

陈豨的降将们交代，在陈豨起兵谋反时，卢绾等曾派人前来与其联络，这里面并没有提及韩信。在开国功臣中，卢绾是与刘邦同年同月同日生的"发小"，二人从小就有着深交厚谊。燕王臧荼谋反被杀后，卢绾被刘邦封为新一任燕王，而这居然还是刘邦主动为之，可谓罕见。卢绾有着如此背景，降将们对其与陈豨合谋的事实尚不敢隐瞒，当然更不可能包庇已降贬为侯且被刘邦畏恶的韩信了。再者，如果陈豨真的见到了韩信的信使，即便出于激励军心和拉拢更多同盟者的作用，也必会将此信息公布于众。

这样看来，韩信的信使并未能够完成使命。此事其实也并不奇怪，韩信派人到千里之外的代地与陈豨联络，其间不仅要面对长途跋涉的艰辛，还得随时冒着被官兵查获的巨大风险。就当时的条件来说，韩信又只能委派家丁作为信使，这些家丁并非职业的军中使者，要他们去完成这样艰巨且危险的任务，确实也有些强人所难。

联络失败，有两种可能，一种是信使在途中花的时间过长，等他们接近代地时，发现陈豨已经面临失败，也因而就失去了继续联络的必要；还有一种就是使者根本无法冲破汉军的交通封锁线，或者干脆在通过关卡时就被作为疑犯给扣留了。

不管是两种可能中的哪一种，总之，陈豨没能接收到韩信的信息，他与韩信的联络事实上已经中断。

意　外

宋人曾敏行在其所撰的史料笔记《独醒杂志》中，列"今之风筝即古之纸鸢"条，说根据他掌握的资料，陈豨谋反时，韩信为从内部进行响应，曾专门发明风筝（纸鸢）作为起兵的信号（"纸鸢约期"），可惜没能起到应有效果。

在既往战史中，韩信还创制过偷渡用的木罂、壅水用的沙囊，若风筝真的也出自韩信之手，他就可以被同时列入班固"兵四家"中的兵技巧家了。不过到了曾敏行生活的年代，风筝早已从军事通信方式变成了儿童的玩具，曾敏行感慨系之，说如果当初韩信的木罂渡军、沙囊攻敌，也像"纸鸢约期"一样失败，还怎么助汉家取得天下呢？

虽然未能实现"纸鸢约期"，但韩信并没有坐而视之。谋反是特殊的军事行动，相较于战场上正常的战役战斗，事先更应有很好的筹划。韩信对此自然不会不明白。事实上，他在从前说动陈豨与其同盟时，除了冀望双方互援，即已有了自己方面行动的腹案，他关于陈豨起兵后将助其一臂之力的承诺，也绝不是空口白话。

陈豨必须首先起兵，这是一个前提条件。此时通过陈豨的吸引，刘邦及汉军主力已经离开长安，仅以吕后、太子留守，京城守备较为空虚，此为韩信之前设谋的最大成功，也给他进一步采取行动留下了操作的空间和时间。

韩信的方案是，伪造刘邦的诏书，通过此伪诏在夜间赦免官府的有罪工匠及奴隶（"徒奴"），将他们与自己官邸的家丁、护院混编，组成"徒奴军"，之后再指挥"徒奴军"连夜袭击城内守备部队，直至控制长安。在派信使前往代地时，韩信就已经部署完毕，只等信使带回陈豨的回复以及陈豨方面的信息。

按照计划，如果左等右等，信使还是没有归来，韩信就将独自展开行动，但就在这一关键时刻，意外发生了。韩信欲将其方案付诸实施，自然离不开与身边的家臣们进行谋划，其中有个门下舍人，因为犯了死罪，被韩信囚禁了起来。这个舍人事先曾将相关情况泄露给他弟弟，得知哥哥被囚，弟弟便上书朝廷，举报韩信意图谋反。

在京城主政的吕后，看到密报后不由大惊失色。吕后虽是一介女流，但性格刚毅，且一直在幕后参与军政。换句话说，吕后实乃久历政坛的宿将，绝非毫无建树的普通妇人可比，这也是刘邦放心让她留守京城的重要原因。

吕后也与丈夫一样，对韩信的军事才能颇为顾忌。照理，既然吕后已经掌握了韩信的意图、部署和安排，便可一面加强对"徒奴"的控制，一面派一支正规军围住韩信府，直接抓人。然而对方毕竟是韩信呀，从密报来看，他显然已经做好了抵抗准备，而且京城中也很难说没有韩信的同谋者和支持者。万一打草惊蛇，以韩信的威名和能力，即便他只将自己府中的家丁、护院以及支持者武装起来，抓捕行动也未必就能成功，弄不好正规军被其击败，甚至倒戈相向，也未可知。

想来想去，吕后决定趁韩信对被告发一事还蒙在鼓里，立马将其召入宫中予以逮捕，但她又担心韩信生疑不肯就范，于是便让人秘密找来丞相萧何商议。经过商议，吕后接受萧何所献计策，派人假装从前线刘邦处归来，并声称陈豨已被擒杀。这一消息传开后，在京列侯及群臣都纷纷来到宫中，向吕后表示祝贺。

但韩信没来。没来的原因是韩信弄不清楚消息的真假，不知道入宫的吉凶祸福，对于此时的他来说，以生病为由避居家中，继续观察动静，伺机行动，显然更为稳妥。

吕后、萧何要"赚"的就是韩信，韩信不上当，一切白费。于是萧何遂亲自赶到韩信府邸，欺骗他说消息是真的，并担保韩信入宫一定不会有事，对他说："你虽然有病在身，但还是勉为其难去一趟吧。这么大的事情（指擒杀陈豨），大家都去祝贺，你不去祝贺恐怕不好，我担心朝廷会因此生疑的。"

萧何是发现韩信的最大伯乐，也是韩信人生中曾经的贵人之一，正是萧何不遗余力地向刘邦推荐韩信，甚至不惜以"国士"相称，说服刘邦一定要委韩信以大任，这才使韩信被拜为大将军，从此有了能够发挥自己才能的舞台和天地。韩信知恩图报，一直非常感激和信任萧何，现在萧何已开口并作了保证，碍于情面，只好决定随其一行。

谁知这一去，就踏上了一条不归路。

天 意

明代小说《西汉演义》在写到韩信即将随萧何进宫祝贺时，作者特别虚构了韩信妻子感到疑虑并试图劝阻的情节。韩妻道："前些日子皇帝远行讨伐陈豨，公（指韩信）托病没有同行，之后又没有入宫去拜见吕后。现在一听到前线报捷，就马上前去称贺，吕后难免心生疑虑并感到不满，就怕她会陷害公啊！要不要入宫，公还是应当再斟酌一下。"韩信安慰妻子，说自己已经反复思量过，现在入宫并无大碍："吕后不过一个妇人罢了，况且萧丞相定会在一旁帮忙周旋，想必无事"。

小说中的韩妻显然未能参与韩信的预谋，而只是从女性的角度进行了推测，然而这种简单直接的思维，反而容易让她察觉到丈夫所面对的潜在危险。韩信的问题，恰恰是他考虑得更为复杂，也正因其复杂，才导致他做出了致命的错误判断。

回到真实的历史现场，韩信对吕后为人谋事应该是熟悉的，但吕后终究是"一妇人"，且刘邦正率主力部队外战于代，京都空虚，这些都可能使韩信低估了对手。除此之外，轻信萧何，则无疑是让韩信上当并自觉自愿"入其彀中"的最关键因素。

汉朝建立后，主要宫殿共有两座，均由萧何主持营建，一座是未央宫，是皇帝也就是刘邦住的，一座是长乐宫，是皇后也就是吕后住的。韩信随萧何来到了长乐宫，他一踏进宫门，预伏的武士就一拥而上，不由分说，把韩信捆绑起来。而后吕后在不经任何审讯，亦未向刘邦请示汇报的情况下，即下令将韩信架至长乐宫的钟室，当场将其斩杀。

钟室，宫中放置编钟之室，岂能作为刑场？这实际上已是暗杀。然而这个时候说什么都没用了，临刑前，韩信长叹一声："我真后悔没采用蒯彻的计谋，现在竟上了小子、妇人的当，这难道不是天意吗！"

一个厥功至伟的旷世名将，就这样带着无限的感伤和悔恨，告别了自己一力促成的王朝，"钟室之祸"也由此成为流传至今的一句成语。

清代汉剧《烹蒯彻》中唱道："生在淮阴死在宫，为国忘家恨无穷。贼妃屈斩忠良将，汗马功劳一场空。"人们在为韩信的败亡而感到惋惜的同时，深入分析和归纳了其中的各种原因。

有的说韩信不该将心计托付给那个既没有多大本领，又沉不住气的陈豨，真要造反，为什么不与彭越、英布等人联系？

有的说韩信熟谙兵法，怎么会想到将"徒奴"和自己的家丁、护院作为造反的主要力量？这些人未经训练，骤然起事，能攻占戒备森严、层层设防的皇宫吗？

还有的认为是犹豫不决、当断不断害了韩信，认为当刘邦出京后，韩信就该动手。甚至当萧何骗韩信入宫时，就算他相信了萧何的话，此时也不该到涉险轻易进宫，结果傻乎乎地让自己送上门挨刀斧。韩信当时最该做的，就是趁刘邦率大军尚未还朝之际，迅速举起造反大旗，然后不顾一切地夺取和控制京城。

应该说，这些分析都有一定道理，但设身处地，韩信彼时被条件所限，根本无法作出更为理想的选择：韩信处于被软禁的不自由状态，时时处处都受到监视，除了陈豨等为刘邦所信任、本身就负有前来观察韩信动静者，韩信无法与其他人进行接触，更遑论同样被刘邦视为隐患的彭越、英布。

韩信无权无兵，也无法考虑与正规军队直接接触或联合的可能性，只有家丁、护院和"徒奴"可以使用。实际上，在韩信的计划和方案中，这些临时兵卒战斗力弱恐怕还不是唯一的困难，更不是最大的困难，其他比如：刘邦乃一国之君，怎么可能传诏让官府的"徒奴"造自己的反，伪诏上应该怎么自圆其说；伪诏之外，韩信手中没有任何官府的印信符节，如何仅凭这一纸伪诏就能通过关卡，接管官府的"徒奴"并把他们发动起来；"徒奴"不会不明白若造反不成将是死路一条，他们原本犯的也并非死罪，被用伪诏赦免后，如何说服他们，让他们心甘情愿地愿着冒着杀头的风险，跟着韩信造反。

如此种种，向以"谋而后动"作为行动原则的韩信，必然都对此一一仔细推敲过，他筹谋和准备了数年之久，也肯定有了相应的解决之道。

韩信虎落平阳，非当初动辄拥兵几十万可比，在处于绝对弱势的情况下，他必须更加审时度势。概言之，在得知陈豨已经起兵后，如果能够通过联络与陈豨遥相呼应，里应外合，自是上策，所以他不能在刘邦出京后就马上动手；由于信息隔绝，韩信对陈豨是否真被擒杀半信半疑，在萧何作出保证后，他涉险进宫，也有一探真假以及了解吕后等人动静的考虑。

说一千道一万，与过去指挥军事行动时，韩信在未出手前就已有稳操胜券之把握不同，这一次他只能把身边残留的最后一点资源用到极致，以冀在绝境中寻找一线生机，若仍无法逃脱则只能坦然面对死亡。

也就是说，韩信败亡本是必然，成功则是微乎其微的侥幸。韩信自己对此心知肚明，故而才会在生命的最后时刻，再次想到那个永久错失的机会，想到难以捉摸亦难以改变的"天命"。

成也萧何，败也萧何

后悔未用蒯彻之策，并非韩信临死前才得到的感悟，对于可能难逃一死，他也已有了心理准备。让韩信抱憾的是，他因为上了"小子、妇人"的当，终究未能实施并完成对于刘邦的最后一击。

"小子"谓谁，不言而喻。与"钟室之祸"同时流传下来的，还有另一个成语——"成也萧何，败也萧何"。

想当年，是萧何竭力举荐，才使韩信完成了从寂寂无闻到百战名将的华丽转身。可以说，在韩信的人生舞台上，真正给他带来转机的人物就是萧何。没有萧何的举荐，韩信或许将终生默默无闻，一事无成，此即"成也萧何"。

然而也正是这个萧何，为吕后设计了诱骗韩信至长乐宫的毒计，让吕后将其残害。没有萧何的帮助，吕后或许也不会如此轻易地就将韩信置之死地，此即"败也萧何"。

"成也萧何，败也萧何"，因为在生命的最后时刻相信了萧何，韩信就此走向毁灭。同一个人，既是你人生道路上的伯乐和知己，同时又是专为你准备的一副致命毒药，历史之诡谲难测，莫过于此。

有"萧何月下追韩信"的佳话在前，人们往往会对萧何这个人物寄予厚望，难以接受他最终利用韩信对他的信任，帮助吕后诛杀韩信。很多人认为萧何不至于此，或许其中还有何难言隐衷。

然而现实就是这么让人失望。元杂剧《随何赚风魔蒯通》描写韩信死后，萧何派辩士随何将蒯彻（蒯通）带去问罪。蒯彻见到萧何后，第一句话就是对他发出质问："丞相，只你当初也曾保举他（指韩信）来，成也是你，败也是你。"

北宋张耒有两句诗，一句是"平生萧相真知己，何事还同女子谋"，另一句是"能用能诛谁计策，嗟君终自愧萧公"。表面上看诗人是强调"萧相"乃韩信的真知己，又说"萧公"计谋胜过韩信，其实都是反话正说，对萧何在韩信之死中推波助澜的做法感到不解，甚至是讽刺和批评。

史书中的萧何好像突然变得陌生了。当吕后把萧何找来商量的时候，可以注意到，萧何根本没有深入了解其中的缘由，更没有替韩信回护一句，他所做的就是在知道吕后要诱杀韩信后，立即设计配合吕后。有人说这是因为韩信不擅处理与他人的关系，当时萧韩之间的关系很差。问题是若果真如此，萧何有何底气亲自跑到韩宅，诱骗韩信入宫？韩信又为什么要听他的？这反而证明，萧韩的私人关系应当不错，否则韩信就不可能被萧何出卖。

萧何身为国相，制止谋反自然是其职责所在，从这个角度上说，他帮助吕后诱韩入宫，也有一定的合理性，但更正确的操作程序应该是：奉命入宫后即进行调查了解，确认韩信是否真的要谋反，是不是被冤枉的；如果已经确认韩信要谋反，并将他骗入宫中，也应将韩信先行逮捕审查，待案件清楚，刘邦回朝后再进行处理。

萧何并没有这么做，实际上是吕后需要什么，他提供什么，除此之外，几乎没有任何个人主张。这就带来一个疑问，倘若韩信根本没想谋反，而萧何也知道是韩信冤枉的，他会如何？答案是，萧何仍然会毫不犹豫地按照吕后的要求行事。

要了解一个人的行事，就必须首先知道他是一个什么样的人。司马迁除《史记》外，还写过一篇《报任安书》，因文中藏着诸多谜团，向被称为千古奇文。谜团之一，文中的任安是司马迁的朋友吗？谜团之二，此文是对任安上一封信的回复，但蹊跷的是，这中间相隔了两年之久。

关于第一个谜团，实际情况是，任安确曾为司马迁的朋友，但却只能说是旧友，二人的友情早已终结！

司马迁因为李陵辩冤得罪了武帝，下狱论死。本来可以拿钱赎免，但司马迁根本拿不出这么多钱，无奈求助于好友旧交，结果竟无一人肯施以援手或为司马迁奔走呼号。司马迁并不怕死，然而为了继承父亲遗志，完成《史记》的创作，只得忍辱偷生，承受了最为屈辱的腐刑。

无钱自赎固已凄凉，人情冷漠更显悲怆。司马迁所谓的"好友旧交"中，自然就包括任安，任安其时任北军使者护军，即监理京城禁卫军北军的将军，是完全有能力帮助司马迁的。司马迁悲愤已极，他在后来的《报任安书》中，不仅忍痛回顾了自己下狱时的惨状，而且非常详尽地说明了自己为李陵辩冤的经过，实际就是在通过对比，控诉任安等人的冷漠无情：我与李陵并非相熟的朋友，尚且不顾自身为之仗义执言；你们这些"好友旧交"，却在我落难时袖手旁观，无所作为，你们对朋友还有半点情谊可言吗？

老　吏

　　司马迁在其中年以后，因学识过人被汉武帝重新提拔为中书令。中书令是武帝晚年新设的一个职务，负责帮助皇帝处理政务，地位甚高。

　　见司马迁位居宠位，任安便又想起了这位旧友，于是给司马迁寄来了那封"任安书"。在信中，他煞有介事地敦促司马迁要以古代贤臣的标准要求自己，并希望司马迁"推贤进士""荐天下豪俊"。言下之意，无非是想请司马迁在皇帝面前为他说好话，荐举他。殊不知，司马迁不仅早已看透了任安势利小人的本质，而且在任安看来"尊宠任职"的中书令，却恰是司马迁一生中最大的隐痛和耻辱——此职只有宦官才能担任！这就是司马迁起初对"任安书"不复一字的原因。

　　两年后，卫太子巫蛊案爆发。卫太子刘据乃汉武帝与皇后卫子夫所生的嫡长子。汉武帝晚年多病，怀疑被人施了巫蛊之术，于是与卫太子有隙的奸人便乘机陷害刘据。刘据被迫发兵反击以自卫，并授予任安太子符节，让他调动北军助战。任安接受了符节，但当卫太子力不能支，急需援助时，任安看到击捕太子的势头更盛，害怕得罪皇帝，便紧闭军门，不发一兵。太子被追兵所迫，走投无路，最终自杀身亡。

事后汉武帝发现巫蛊案是个冤案，开始逐一追查责任人。任安本以为可借此邀功，但却被汉武帝下令逮捕入狱。汉武帝身为一代雄主，观察和认识问题自有其深刻之处，他一针见血地指出，任安其实是个狡黠滑头的"老吏"：此人接受了太子符节，却坐观局势的发展，看哪一方取得胜利就想投靠哪一方，始终心怀二意，有欺诈不忠之念。

任安早年贫困，一度靠给人赶车维持生计，是依靠他的旧主、卫太子的亲舅舅、大将军卫青举荐才得以逐步升至高官，也就是卫太子一家对任安是有大恩的。况且当时连地方上德高望重的长者都了解巫蛊案的真相，知道卫太子是冤枉的，以任安的身份又岂会不知？如果当真不知，他起初又怎敢贸然接受太子的符节？

正如汉武帝分析所言，任安是个只考虑私利而不顾信义情谊的"老吏"，于公于私皆乏善可陈，如此不忠不友之辈，可谓毫无气节、侠义可言。司马迁嫉恶如仇，任安在他心目中究竟是一个什么样的形象，可想而知。任安有一位好友田仁，巫蛊案时任丞相属官，当上司命他主守城门以防卫太子逃亡时，他因为同情太子，便毅然打开城门放了太子一条生路，而不惜为此被坐罪处死。司马迁熟悉任安，以任安的级别和他的经历，也本有资格在《史记》中立传，但司马迁偏偏绕开任安，只为田仁立传，由此再明显不过地表明了他对田仁等仁人志士的欣赏和褒奖，对任安这一类惯于见风使舵、弃友求荣的失节懦夫的鄙薄和厌憎。

可叹的是，入狱后的任安还托人向司马迁求救。任安的求救再次触动了司马迁内心深处的隐痛，这个曾无情抛弃自己的"旧友"，对自己见死不救于前，对卫太子背信弃义于后，所谓"祸福无门，唯人自召"，天谴之灾，岂是他人能轻易解救的？

司马迁撰写《报任安书》，实际就是以回复两年前任安的那封信件为由头，用曲隐的笔法，告诉任安，到了这一步确实是你咎由自取，你必须为自己所做过的一切承担责任，如此而已。

了解了任安的为人才能更好地读懂萧何，因为萧何与任安在性格和行为上存在很大的相似性，他们都是典型的"老吏"。

从根本上说，萧何乃秦朝政治体制塑造出来的产物。秦朝行政制度的特点，是以法为师，以吏为师，对基层官吏的要求很高。萧何在沛县为吏数十年，不仅锤炼出了极强的行政事务处理能力，而且于识人用人方面也有着独到的眼光。在楚汉战争中，他的这些能力得到了最大程度的展现：先是一心一意追随刘邦，后在发现韩信是军事天才后，向刘邦大力举荐韩信；后又经营关中，全力保证汉军的后勤补给，用刘邦的话来说，在"镇国家，抚百姓，给饷馈，不绝粮道"方面，无人能出其右。

无论是举荐韩信，还是经营关中，对汉兴楚亡都有着非同一般的意义。是故刘邦才在封赏开国功臣时，将萧何列于第一，并且还在阐述其"功狗"政策时，把所有攻城略地之将一律视为追杀野兽的"功狗"，而独独将萧何比喻为能够自己发现野兽的踪迹、指示猎狗进行追捕的"功人"。

秦朝执法极为严苛，官吏动辄得咎，长期处于这种严酷的政治环境下，谨慎自保已成为萧何近乎本能的意识：唯刘邦之命是从，甚至为此不惜自污，是为了自保；积极出谋划策，帮助吕后诛杀韩信，同样也是为了自保。

元杂剧《随何赚风魔蒯通》，开篇就通过一大段独白，交代了萧何的内心世界："小官在朝，只有一件事放心不下……常言道'太平本是将军定，不许将军见太平'。那韩信原是小官举荐的，他登坛拜将，五年间蹙项兴刘，扶成大业。小官看来，此人不是等闲之辈，恁的一个楚霸王，尚然被他灭了……倘有歹心，可不觑汉朝天下如同翻掌？这非是我'成也萧何，败也萧何'，做恁的反复勾当。但是小官举荐之人，日后有事，必然要坐罪小官身上。以此小官昼夜寻思，则除是施些小计，奏过天子，先去了此人牙爪，然后蕲除了此人，才使的我永无身后之患。"

此独白应该说是把萧何顾虑的重点已经勾勒了出来，即正因为萧何曾是韩信的第一推荐人，他才比其他任何人都更害怕殃及自己，而洗脱嫌疑的最好办法，无疑就是为消灭韩信出力。说到底，在刘邦这个布衣化集团内部，这种以"唯君主意志是从""自保第一"为准则的迫害模式，有着天然的生存土壤。

司马迁与韩信同病相怜，惺惺相惜。在《报任安书》中，司马迁写道："钟子期死后，伯牙就不再弹琴。为什么呢？士为知己者死，女为悦己者容。"到了《史记·淮阴侯列传》，司马迁把韩信临死前的喟叹记录下来，从中道出了他感同身受般的绝望和悲愤：何人是我们的知己？何人是我们的知音？举世唯有"小子"！

且喜且怜

淮阴故城旧有韩侯庙，庙前书有一联："十年兴败一知己，七尺存亡两妇人。"庙联的前一句讲的自然是韩信与萧何，而后一句，指的则是漂母和吕后。诛杀韩信，是刘邦在世时，吕后做得最为惊天动地的一件事。

从吕后的人生轨迹来看，楚汉战争期间，她与自己的公公刘太公一同被项羽俘虏，此后直至获释，一直被囚在楚军军营中作人质。那是一段精神饱受摧残，折磨与凌辱如影随形，只能时刻挣扎在生死边缘的黑暗岁月。或许正是在这种恶劣的环境下，吕后逐渐形成了坚毅果敢的性情，以及凡事先下手为强的行事风格。吕后不仅以独断和雷厉风行的方式诛杀了韩信，而且下令斩草除根，"夷信三族"，即将韩信父族、母族、妻族的人全部杀光。

随着韩信的身死族灭，他那个有名无实的淮阴侯国在延续约五年后，亦告终结。等刘邦彻底平定陈豨叛乱，回到长安，听说韩信被杀，他的第一反应是"且喜且怜之"，又是欣喜又是怜惜。

刘邦的"且喜且怜"，可谓意味深长。元代胡三省对此作了如此注释："喜者，喜除其偪，怜者，怜其功大。"这里的"偪"同"逼"，意为威胁。整句话的大致意思是，刘邦之所以"喜"，是因为他早就想除掉韩信，只是时机未到，理由和借口也不够充分，现在吕后帮他除掉韩信，他感到了一种威胁被消除后的轻松和喜悦；所谓"怜"，是因为刘邦自己也明白，韩信才华盖世，功勋卓著，他刘氏江山的一大半可以说都是韩信打下来的，这样的人才被除掉而再不能为己所用，委实是有点可惜。

刘邦随后问吕后，韩信临死前是否曾留下过什么遗言。吕后便将韩信后悔没用蒯彻之计的话告诉给他。

吕后是"鸿沟之约"签订后获释的，在此之前，蒯彻已经离开韩信，退隐民间，所以吕后并不知道蒯彻是谁。刘邦则一听就明白了："哦，那是韩信在齐国时的部属，一个能辩之士！"

刘邦立即下诏令齐国搜捕蒯彻。蒯彻很快就被抓获并押送至京城。刘邦当面质问道："是你给韩信出的主意，让他造反的吗？"

蒯彻在离开韩信时，就已预料到韩信终将败亡。为了避祸，他不惜装疯，扮起了巫祝。见装疯已被识破，蒯彻知道无法再隐瞒，因此回答得非常爽快："是的，我确实给他出过这个主意。可惜他没有采纳我的建议，所以才自取灭亡，落到这个地步。如果他当时听了我的话，用了我的计策，陛下您又怎么能够杀得了他呢？"

刘邦听了这样毫不隐讳的话，不由勃然大怒，下令："煮了他！"蒯彻大叫："煮我实在太冤枉了！"刘邦恨恨道："你教唆韩信谋反，还有什么冤枉的？"

事已至此，蒯彻也豁出去了，他为自己辩护："秦末天下大乱，群雄并起，谁都想得到天下。那时我只是一个谋士，只知道有韩信，还不知道有陛下您啊！"

蒯彻的意思是，韩信本身就有争夺天下的野心，并非完全出于他的教唆；同时，如果他当时首先碰到的是刘邦，他也会做刘邦的谋士，帮刘邦夺天下。接着，蒯彻还引用了"跖犬吠尧"的典故："跖"是古代的一个强盗，跖的狗对着贤明之主尧狂叫，并不是尧不仁，而是狗本来就要对不是它主人的人狂叫。

蒯彻以此说明他作为韩信的幕僚，给韩信出主意夺天下，乃是分内之事，主观上并无过错。"况且，当时磨刀霍霍，想和陛下一样争夺天下的人很多，只是力量达不到罢了。陛下您难道能把这些想争天下，但又没有成功的人，全都煮杀吗？"

刘邦想了想，觉得蒯彻说得很有道理，于是就把他放了。

恶　例

韩信之死轰动朝野，被称为汉朝第一大案，同时也被历代视为帝王屠戮功臣的代表性事件。此案既是名案，也是疑案，疑点之一就是刘邦在其中究竟扮演着一个什么样的角色。

韩信被指控谋反，源自舍人之弟的告发，然而，舍人之弟之所以要告发韩信，直接原因是韩信欲杀其兄。在朝廷事前事后均未进行任何调查取证的情况下，怎见得舍人之弟不是诬告？

对吕后、萧何而言，韩信谋反一事虚实尚未可知，既然他们已经成功诱捕了韩信，为何不等征战在外的刘邦归来请示，就擅自将其处决？须知，韩信非一般的无名之辈，他是汉朝开国之初的佐命元臣，首屈一指的大功臣，若无过硬的理由和证据，贸然杀之，必然会对各方造成震动。刘邦虽早有诛杀韩信之心，但在伪游云梦将其诱捕后，也只是将韩信予以软禁，就是因为有所顾虑。也就是说，无论韩信应杀与否，吕后都理应请示刘邦，而不该擅自做主。

实际情况是，刘邦回朝后，对吕后的做法并未提出半点指责。不仅如此，他还在兴高采烈之余，特别嘉奖了骗韩信入宫的萧何，将其由丞相升任为相国（汉承秦制，丞相、相国并存，但相国地位更高，丞相是相国的副手），并增加封邑五千户，给萧何配备了五百名士兵和一名都尉作为警卫。

　　这就不能不使人怀疑，韩信表面看起来是被吕后所杀，实际却是出自刘邦的授意，刘邦对此早有预谋，只是不便公之于众罢了。换句话说，刘邦在领兵出征前，就可能与吕后有过密谋，让她在自己不在场的情况下，实施除掉韩信的计划，以规避责任。

　　元话本《吕后斩韩信》的作者显然是这种观点的支持者，他在话本中加入了刘邦、吕后密谋的情节。话本中讲到，刘邦御驾亲征前，特地与吕后进行了一番夜谈。谈话过程中，他提到对韩信的疑忌，指出"外有陈豨之患，内有韩信之忧"，并询问吕后："你敢以内部的罪名（即谋反）处决韩信吗？"

　　不管刘邦夫妇是否曾有过杀韩信的密谋，有一点是肯定的，那就是他们夫妇早晚一定会杀韩信，而且为了掩盖其真实意图，向朝中百官和天下百姓作个交代，也必然会以"谋反"给韩信定罪。

　　在《烹蒯彻》《随何赚风魔蒯通》等民间戏曲中，都描写蒯彻当着刘邦、萧何及其群臣的面，列举韩信的十大功绩（故意说成是十大罪），刘邦被他说服，承认韩信未反，蒯彻才得以一言以获释。其实如果蒯彻真的按照戏曲中如此行事，等待他的便是死路一条，因为刘邦要杀韩信，不是韩信的功劳不够多，而是太多了，倘若蒯彻傻乎乎地给韩信摆功论好，试图为他平反，效果只会适得其反。

蒯彻身为辩士，临场反应非常快。他深知刘邦的所思所想，故而在现场与刘邦的对话中，根本就没有提及韩信的功劳，反而强调的是"秦失其鹿，天下共逐之"，并坦然承认了自己曾在争夺天下方面帮韩信出过主意。蒯彻很久之前就离开韩信，成了一个老百姓，对于蒯彻，刘邦并不是非杀不可。

在汉初诛杀功臣异姓王的大戏中，韩信案首开恶例。韩信被诛后，刘邦、吕后对彭越、英布等人也都不轻易放过。于是，这些在战争年代曾轰轰烈烈、不可一世的枭雄，也都像韩信一样，一个个相继被诛灭。

彭越的命运最可怜也最悲惨。彭越有个部属获罪逃往长安，此人或许从韩信的遭遇中获得了启发，便控告彭越谋反。刘邦立即派人突袭彭越。此前彭越一名部将曾提前向他发出警告，劝他造反，但彭越未听从，对于刘邦的突袭也毫无准备，遂束手就擒。有关部门查无实据，但仍根据刘邦的意图，以彭越"已有谋反迹象"为由，判其死刑。刘邦表面上装出宽宏大量的样子，将彭越赦免为庶人，流放巴蜀。

彭越西行入蜀，途经郑县，遇到从长安前往洛阳的吕后，彭越向吕后流着眼泪诉说自己无罪，并请求吕后能替他求情，把他放回故乡昌邑，表示自己愿意从此解甲归田，不问世事。吕后当面答应，但随即就征得刘邦同意，指使彭越的门客诬告他"谋反"，诛彭越并灭其三族。更有甚者，诛杀彭越后，刘邦还丧心病狂地让人把他剁成肉酱，分赐各地诸侯，试图以此"杀鸡儆猴"。

彭越案几乎就是韩信案的翻版，区别只在于韩信已经觉醒，并愤而反抗。彭越则老老实实，从头到尾都无造反的念头，他是完全被刘氏夫妇给栽赃、陷害、残害的。

学术界对韩信是否谋反尚有争议，然而从彭越案即可看出，即便韩信不与陈豨联络，亦无造反意图和计划，最后也无生路——连彭越都难逃一死，韩信的军功和才能远在彭越之上，刘邦夫妇怎么还能允许他存活于世？

彭越之后，轮到英布。本来韩信被杀已令英布心惊肉跳，待到彭越也被处死，更是彻底冲垮了英布的心理防线。当长安使者把彭越的肉酱送到英布的封国时，他正在打猎，见到肉酱，惊惧不已，于是当即暗中部署军队以应急。

英布的一个部属因害怕被其治罪，便乘车跑到长安向刘邦告发了英布，告发内容与彭越如出一辙，即"英布谋反，已有迹象"。英布发现此人逃去长安告发他，知道大事不妙，干脆直接起兵对抗刘邦。

这是汉初诸侯王中规模最大的一次叛乱。起兵之初，英布就对他的部将们说："汉军诸将中，能够让我害怕的只有韩信和彭越，现在他们都已经死了，其他人皆不足为惧。"可惜的是，英布无谋，水平与韩信相差甚远。有一位叫薛公的智者，曾为刘邦预想了英布可能采取的三种战略，分为上、中、下策。他分析，若英布采取上策，则至少可全取关东；取中策，双方胜败难料；若取下策，则是自取其败。

英布恰恰采用了薛公所言的下策，因此刘邦率部出关后，很快就得以平息叛乱，杀掉了英布。

可以设想一下，就算当年韩信没有听蒯彻的话，但只要不离齐王之位，或在任楚王时不被刘邦诱捕，他实际上仍然拥有生存机会，甚至能取刘邦而代之。因为只要韩信与刘邦兵戎相见，以韩信之智，战略上定会取薛公预想的上策，战术上刘邦亦无法与之匹敌，那么韩信的个人命运以及历史走向都可能因之改变。

有人把《史记·淮阴侯列传》视为"满洒同情泪水的翻案史传"。作为治学严谨的史学大家，司马迁虽未推翻官方定案，直接为韩信作翻案文章，将韩信案定为冤案，然而他对于韩信的命运抱有无限的同情和不甘这一点，是毫无异议的。因此，司马迁自然也会想到，如果韩信像英布一样起兵，结局会如何。

在《史记·淮阴侯列传》的文末点评中，司马迁提出了自己的看法："天下已经一统，（韩信）还图谋反叛，他被灭族，也就一点不奇怪了。"表面上，司马迁是批评韩信不识时务，实际却是叹息韩信在天下未定或兵权在手时，没有断然起兵造反，如果当时造反，绝不至于酿成后日之血案。

历史的法则

汉初刘邦屠戮功臣的规模之大、手段之酷烈，与前代相比，可谓是绝无仅有，旷古未闻。往后看，恐怕也只有明朝的朱元璋能与之比肩。这其中，韩信被诛杀并族灭的影响最为深远，不但给汉朝的开国政治蒙上了一层血腥的色彩，刘邦历史上的名誉污点也多半与此有关。

翦除异姓诸王，是刘邦建国后的既定策略，同时也是韩信等人被杀的根本原因。

楚汉战争期间，刘邦分别立两韩信、彭越、英布、臧荼、张耳等为王。后来张耳之子张敖袭父位，臧荼因叛乱被杀，其位被卢绾所取代，此时仍有七个异姓诸侯王。经过刘邦的扫荡清洗，除长沙王吴芮保住性命并传了五世，张敖失国外，其余诸王或被缚杀，或被征灭，其罪名无一例外，都是"谋反"。

刘邦一面大肆铲除那些曾与他并肩作战、立下赫赫战功的异姓王，一面又大封自己的子侄兄弟为诸侯王。当时全国比较富饶和重要的地方全都被刘邦派了同姓王镇守，他的兄弟子侄，就连尚在襁褓中的婴儿也都被封为了王。

在几乎杀尽所有异姓王后，刘邦还不忘与诸大臣杀白马盟誓："非刘氏而王者，天下共击之。"然而汉初混乱政局亦因此而起。据《汉书·食货志》载，汉初社会动荡，战乱频仍，还发生了全国范围内的大饥荒，粮食价格急剧上涨。秦汉之际，正常年景下，每石米价格通常在几十到几百钱之间，而当时每石米则竟然高达五千钱。由于饥饿难耐，人们甚至相互残杀，取人肉为食，以致死者过半。

《汉书》把出现如此局面归结为秦末大乱，各路诸侯纷纷起兵推翻秦朝所造成的。问题是垓下会战后，大规模的战争本就应该结束了，放在别的开国时期，此时正是百废待兴，老百姓迎来和平安定好日子的开始。若非刘邦热衷除掉功臣异姓王，部分还没被杀或恐怕被杀的功臣异姓王亦起而反抗，又哪来这么多的战乱以及由此带来的饥荒？

相较于《史记》，《汉书》的官方色彩非常明显，但连《汉书》编写者也不得不承认，"汉兴，接秦之敝"，汉朝兴起之初，把秦朝末年的衰败状况完全继承下来了。

刘邦晚年，除了自己的兄弟子侄，对哪个功臣都不放心。赵王张敖（张耳之子）娶了刘邦的长女鲁元公主，是刘邦的女婿，却也因谋反的罪名被捕入狱。后发现张敖并无反心，才改判释放，但仍剥夺原有封国，降为侯爵。其他如原来最亲信的将领陈豨，丰沛集团中唯一封王的功臣兼"发小"卢绾等，也被杀或逃亡。

刘邦与卢绾反目时，正生病卧床，无法再亲自领兵征讨，于是便派樊哙代他攻打卢绾。樊哙走后，有人进谗言说樊哙的坏话，刘邦听后不辨真假，便勃然大怒说："樊哙见我病了，便盼望我死！"

他命陈平和周勃赶到外出平叛的樊哙大营，立即斩杀樊哙。陈平担心刘邦只是气愤之下才说出要杀樊哙的话，日后可能会后悔。更重要的是，樊哙是吕后的妹夫，吕后的手段大家都清楚，万一刘邦后悔了，吕后借机对他们进行报复，那可如何是好？于是便没有执行这个命令，而是选择了先将樊哙押解回京。就在陈平返回长安的路上，刘邦的死讯传来。吕后随即下令释放樊哙，并恢复了他的爵位和封邑，樊哙这才得以逃过一劫。

刘邦生前把功臣视为最大威胁，恨不得一扫而空，他不会想到，差点断送他刘家天下的，不是功臣，而是他所认为的最可靠的"自己人"——吕后。

吕后在丈夫死后掌权，她不仅两度临朝称制，掌握了实际权力，而且在其本人临终前，又将兵权交给娘家，从而引起诸吕之乱。危急时刻，反而是让刘邦忌惮的功臣们力挽狂澜，陈平、周勃等人奋起反击，在关键时刻尽诛吕氏，挽救了危机。若非如此，汉朝恐怕就要步秦朝"二世而亡"的后尘了。

刘邦分封兄弟子侄为王，自以为"天下同姓一家"，可以相继而无变。这些同姓诸侯王被封王时多为幼童，封国的军政大权实际掌握在丞相手中，所以在汉初时倒还相安无事。可是到了汉文帝时期，诸王都长大了，政治经验逐渐丰富，手段也日益老练，最后不但没能起到刘邦预想中屏藩中央的作用，还与朝廷分庭抗礼，乃至发展成了"七国之乱"。这也是刘邦万万没有料及的。

不及淮阴有将坛

在民间，韩信一直是一个被冤杀的英雄形象。

明人张燧在其史论随笔集《千百年眼》中，记载了一则传说。韩信被杀后，朝廷派人去韩府收捕韩信家人。恰好有人在韩信家中做客，情急之下，这位客人便用计将韩信一个三岁大的儿子藏匿了起来。后来此客人探得相国萧何与韩信是知己好友，便悄悄前去拜访萧何，谈话间故意提及韩信家人全部被诛，没有后代的事，以试探萧何的态度。

萧何听后深有感触，当场泪流满面，为韩信大叹冤枉。此客人见状便将真情相告。得知韩信之子尚存，萧何既惊且喜，便嘱咐他们马上离开中原，逃往南方去投靠南越王赵佗。为此，他还写了封亲笔信给赵佗，嘱咐赵佗照顾好韩信之子。

韩信之子被带到南越国后，果然得到了赵佗的接纳和悉心照顾，被赵佗收为养子，并封给一块海滨之地，赐姓韦。韦字是韩字的右边旁，韦姓就表示寓有韩姓的一半。韦氏家族后来很是兴旺，世世代代皆为豪门大族。韦家据说还收藏着一个祖传大鼎，鼎上铸刻有萧何写给赵佗的那封信和赵佗所赐诏书，韦家以此作为他们家族是韩信后裔的证据。

虽是民间传说，但张燧基本相信这件事是真的，他特别强调此事并非仅他一人所闻并记录，在张玄羽所著的《支离漫语》中也有同样内容。然而《支离漫语》早已失传，"韩信后裔"在正史中也没有记载。当代专家经过考证，多认为"韩信后裔"说不能成立。

其一，藏匿不足信。韩信是被诱杀的，家人毫不知情，对于顷刻降临的灾难应是措手不及，无法做出防范。官府在进行抓捕时，为防止韩信家人逃跑，事先一定会严格保密，并在抓捕过程中进行突袭和包围，如果真有这样一个客人，事实上也很难把韩信之子带出韩府。退一步说，就算有人漏网，官府通过缉捕名单即能很快发现，既然吕后要的是斩草除根，则官府追到天涯海角也会把人再抓回来杀掉。

其二，萧何不足信。萧何本就是陷害韩信的推手，民间相信他会帮助韩信之子逃亡，其实还是受了"萧何月下追韩信"的影响，以为他一直同情和保护着韩信。萧何在帮助吕后诱杀韩信后，曾得到刘邦封赏，但萧何仍旧怕刘邦对他起疑心，于是便在别人建议下主动辞让封赏，并把自己的全部家财私产拿出来资助军需，这才得到了刘邦的欢心。可想而知，如此心态下的萧何，既不敢也不可能冒险保护韩信之子。

其三，赵佗不足信。赵佗原为秦朝官吏，秦朝灭亡后，他乘机割据自立为南越王。刘邦因暂无力量吞并南越，便承认了赵佗的割据地位，并派专使对他进行监管。赵佗与韩信既非同乡，也从未谋面交谈，他与萧何的关系亦无记载。在这种情况下，赵佗有何必要为了保护"韩信后裔"而得罪强大的刘邦，从而引火烧身，自取其祸呢？

由此可见，"韩信后裔"终究只是传说。然而，这个传说却曲折地反映出民间对韩信的高度认可和深切同情。人们都真诚地希望韩信的家人能够幸免于难，至少韩信的血脉能够在世上继续延续下去。

韩信离世时还相当年轻。清代湖北越调《韩信算卦》，剧情叙述韩信功成名就后，在回朝途中曾遇到一个算卦者。韩信让他为自己算卦，查问自己的寿命。算卦者预言他"三十二岁染黄泉"。尽管史家对韩信的生年有不同认定，但根据这些认定所推算出的韩信卒年，最多也不超过三十五岁。

清代《老残游记》的作者刘鹗寓居淮安，当他游览至漂母亭、钓鱼台和千金亭等古迹时，联想韩信立下赫赫功绩，最终却落得被害长乐宫的下场，不觉泪珠滚滚，忍不住以诗代哭："故乡风景年年好，惟问王孙归不归。"

韩信才能之卓越，军功之辉煌，丧命之悲惨，均超越常人，极致对比下，总使人有神思恍惚之感。无怪乎唐刘禹锡的《韩信庙》会引起那么多的共鸣：

将略兵机命世雄，苍黄钟室叹良弓。遂令后代登坛者，每一寻思怕立功。

好在英雄的故事，并不会就此烟消云散，国士虽逝，其所代表和追求的士人精神也依旧令后人高山仰止。在汉中拜将台遗迹的石碑上，刻着一首无名氏的小诗，道出了人们的心声：

辜负孤忠一片丹，未央宫（应为长乐宫）月剑光寒。沛公帝业今何在，不及淮阴有将坛！

后 记

　　笔者在准备着手撰写本书之前，曾驱车前往山西游学。在经过一处隧道时，突然看到隧道口上方写着："韩信岭隧道"。当时就想既然叫韩信岭，那眼前这座看似很普通的山岭，则必然与韩信有关。

　　此后查阅资料，得知韩信岭原名高壁岭。据说吕后在长乐宫谋杀韩信后，即将韩信首级放于函中，遣人送去给刘邦看。此时刘邦已结束平定陈豨之役，正在返回长安途中，当他率军路过高壁岭时，韩信首级恰好送到。于是，刘邦便顺手将韩信首级葬在岭上，随从军士每人捧土一掬，堆垒成墓。后人为纪念韩信，遂将高壁岭改名为韩信岭。

　　如同项羽墓非止一处一样，韩信墓也有两处，除韩信岭外，西安灞桥尚有一座韩信墓。传说韩信被斩首后，其头颅滚至灞桥东，秦人怜而葬之，并负土成坟。

　　资料显示，两处韩信墓都曾为历代游历和吟咏胜地，但韩信岭墓地的地表建筑如今已破坏无遗，现仅存一座墓堆以及地面的一些残砖败瓦，灞桥韩信墓更是早已被夷为平地。

笔者随手抄录了清人《过韩侯岭》中的前后两句，凑成一首，附于此处：

千秋峻岭号韩侯，一冢荒凉岭上头。
断碣残碑多感慨，教人转忆五湖舟。

尔文

2023年度
"百道新知类品牌影响力TOP10"

尔文是四川人民出版社旗下出版品牌,立足经典与新知、趣物与博思、科学与智识,聚焦博物学史、科学技术史、物质文明史、社会史、环境史、民俗史、神话史、艺术史等领域,秉承传播科学与知识、诠释物质与文明、感知艺术与生活、关照自然与心灵、探索过去与未来的出版旨趣,致力为读者提供有深度、有温度、有态度的文化产品。

欢迎关注尔文官方账号

豆瓣

小红书

图书在版编目（CIP）数据

军神韩信／关河五十州著. -- 成都：四川人民出
版社, 2025.8. -- ISBN 978-7-220-14165-2

Ⅰ. K825.2

中国国家版本馆 CIP 数据核字第 2025PN4483 号

JUNSHEN HANXIN

军神韩信

出 版 人	黄立新
策划统筹	赵 静
责任编辑	彭靖雨 赵 静
特约编辑	谭云红
特约校对	王思鈜
装帧设计	李其飞
责任印制	周 奇
出版发行	四川人民出版社（成都市三色路 238 号）
网 址	http：//www. scpph. com
E-mail	scrmcbs@ sina. com
新浪微博	@ 四川人民出版社
微博公众号	四川人民出版社
发行部业务电话	（028）86361653 86361656
防盗版举报电话	（028）86361653
排 版	⬤⬤ 四川看熊猫杂志有限公司
印 刷	成都东江印务有限公司
成品尺寸	145 mm×210 mm
印 张	14.5
字 数	320 千
版 次	2025 年 8 月第 1 版
印 次	2025 年 8 月第 1 次印刷
书 号	ISBN 978-7-220-14165-2
定 价	88.00 元